DIREITO DE FAMÍLIA
CONFORME INTERPRETAÇÃO DO STJ

ORGANIZADORES

RUI **PORTANOVA**

RAFAEL **CALMON**

GUSTAVO **D'ALESSANDRO**

20 25

VOLUME **CINCO**

AUTORES

ANA CAROLINA **RANGEL COUTINHO CUNHA**
ANA **LUZ**
ANDRÉ **PEREIRA CRESPO**
ARLINDO **DA SILVA CASTRO**
BRUNO **AMARAL MACHADO**
CRISTINA **ALVES TUBINO**
DANIEL **COLNAGO RODRIGUES**
DANIELA **TEIXEIRA**
ELIENE **FERREIRA BASTOS**
ELOISA **DE SOUSA ARRUDA**
FERNANDO CESAR **FERREIRA PETRUNGARO**
FERNANDO **SALZER E SILVA**
FLAVIA **BRANDÃO MAIA PEREZ**
JOÃO PAULO **DAS NEVES**
KARLA **DE SOUSA ARAUJO**
LAURA **CARNEIRO**
MARIA DOMITILA **PRADO MANSSUR**
MARIELLA **AMORIM NUNES RIVAU ALVAREZ**
MIRELA **ERBISTI**
NATTASHA **FEIGHELSTEIN ERMEL**
RUI **PORTANOVA**
SAMANTHA **KHOURY CREPALDI DUFNER**
TATIANA MARIA **BRONZATO NOGUEIRA**
THIMOTIE **ARAGON HEEMANN**

LEI MARIA DA PENHA

PREFÁCIO **MINISTRO ROGERIO SCHIETTI CRUZ**

APRESENTAÇÃO DE **LUIZA BRUNET**

EDIÇÃO COMEMORATIVA DOS **19 NOS** DA VIGÊNCIA DA **LEI MARIA** DA **PENHA**

Dados Internacionais de Catalogação na Publicação (CIP) de acordo com ISBD

D598

    Direito de família conforme interpretação do STJ: Lei Maria da Penha / Ana Carolina Rangel Coutinho Cunha ... [et al.] ; coordenado por Rafael Calmon, Rui Portanova, Gustavo D'Alessandro. - Indaiatuba, SP : Editora Foco, 2025.

    356 p. ; 17cm x 24cm.

    Inclui bibliografia e índice.

    ISBN: 978-65-6120-238-1

    1. Direito. 2. Direito de família. 3. Lei Maria da Penha. I. Cunha, Ana Carolina Rangel Coutinho. II. Luz, Ana. III. Crespo, André Pereira. IV. Castro, Arlindo da Silva. V. Machado, Bruno Amaral. VI. Tubino, Cristina Alves. VII. Rodrigues, Daniel Colnago. VIII. Teixeira, Daniela. IX. Bastos, Eliene Ferreira. X. Arruda, Eloisa de Sousa. XI. Petrungaro, Fernando Cesar Ferreira. XII. Silva, Fernando Salzer e. XIII. Perez, Flavia Brandão Maia. XIV. Neves, João Paulo das. XV. Araujo, Karla de Sousa. XVI. Carneiro, Laura. XVII. Manssur, Maria Domitila Prado. XVIII. Alvarez, Mariella Amorim Nunes Rivau. XIX. Erbisti, Mirela. XX. Ermel, Nattasha Feighelstein. XXI. Portanova, Rui. XXII. Dufner, Samantha Khoury Crepaldi. XXIII. Nogueira, Tatiana Maria Bronzato. XXIV. Heemann, Thimotie Aragon. XXV. Calmon, Rafael. XXVI. D'Alessandro, Gustavo. XXVII. Título.

2024-4578   CDD 342.16   CDU 347.61

Elaborado por Vagner Rodolfo da Silva - CRB-8/9410

Índices para Catálogo Sistemático:

1. Direito de família 342.16

2. Direito de família 347.61

DIREITO DE FAMÍLIA
CONFORME INTERPRETAÇÃO DO STJ

ORGANIZADORES

RUI
PORTANOVA

RAFAEL
CALMON

GUSTAVO
D'ALESSANDRO

VOLUME **CINCO**

AUTORES

ANA CAROLINA **RANGEL COUTINHO CUNHA**

ANA **LUZ**

ANDRÉ **PEREIRA CRESPO**

ARLINDO **DA SILVA CASTRO**

BRUNO **AMARAL MACHADO**

CRISTINA **ALVES TUBINO**

DANIEL **COLNAGO RODRIGUES**

DANIELA **TEIXEIRA**

ELIENE **FERREIRA BASTOS**

ELOISA **DE SOUSA ARRUDA**

FERNANDO CESAR **FERREIRA PETRUNGARO**

FERNANDO **SALZER E SILVA**

FLAVIA **BRANDÃO MAIA PEREZ**

JOÃO PAULO **DAS NEVES**

KARLA **DE SOUSA ARAUJO**

LAURA **CARNEIRO**

MARIA DOMITILA **PRADO MANSSUR**

MARIELLA **AMORIM NUNES RIVAU ALVAREZ**

MIRELA **ERBISTI**

NATTASHA **FEIGHELSTEIN ERMEL**

RUI **PORTANOVA**

SAMANTHA **KHOURY CREPALDI DUFNER**

TATIANA MARIA **BRONZATO NOGUEIRA**

THIMOTIE **ARAGON HEEMANN**

LEI MARIA DA PENHA

PREFÁCIO **MINISTRO**
ROGERIO SCHIETTI CRUZ

APRESENTAÇÃO DE
LUIZA BRUNET

EDIÇÃO COMEMORATIVA
DOS **19 NOS DA VIGÊNCIA** DA
LEI MARIA DA **PENHA**

2025 © Editora Foco

Organizadores: Rui Portanova, Rafael Calmon e Gustavo D'Alessandro
Autores: Ana Carolina Rangel Coutinho Cunha, Ana Luz, André Pereira Crespo, Arlindo da Silva Castro,
Bruno Amaral Machado, Cristina Alves Tubino, Daniel Colnago Rodrigues, Daniela Teixeira,
Eliene Ferreira Bastos, Eloisa de Sousa Arruda, Fernando Cesar Ferreira Petrungaro, Fernando Salzer e Silva,
Flavia Brandão Maia Perez, João Paulo das Neves, Karla de Sousa Araujo, Laura Carneiro,
Maria Domitila Prado Manssur, Mariella Amorim Nunes Rivau Alvarez, Mirela Erbisti,
Nattasha Feighelstein Ermel, Rui Portanova, Samantha Khoury Crepaldi Dufner,
Tatiana Maria Bronzato Nogueira e Thimotie Aragon Heemann
Diretor Acadêmico: Leonardo Pereira
Editor: Roberta Densa
Coordenadora Editorial: Paula Morishita
Revisora Sênior: Georgia Renata Dias
Revisora Júnior: Adriana Souza Lima
Capa Criação: Leonardo Hermano
Diagramação: Ladislau Lima e Aparecida Lima
Impressão miolo e capa: META BRASIL

DIREITOS AUTORAIS: É proibida a reprodução parcial ou total desta publicação, por qualquer forma ou meio, sem a prévia autorização da Editora FOCO, com exceção do teor das questões de concursos públicos que, por serem atos oficiais, não são protegidas como Direitos Autorais, na forma do Artigo 8º, IV, da Lei 9.610/1998. Referida vedação se estende às características gráficas da obra e sua editoração. A punição para a violação dos Direitos Autorais é crime previsto no Artigo 184 do Código Penal e as sanções civis às violações dos Direitos Autorais estão previstas nos Artigos 101 a 110 da Lei 9.610/1998. Os comentários das questões são de responsabilidade dos autores.

NOTAS DA EDITORA:

Atualizações e erratas: A presente obra é vendida como está, atualizada até a data do seu fechamento, informação que consta na página II do livro. Havendo a publicação de legislação de suma relevância, a editora, de forma discricionária, se empenhará em disponibilizar atualização futura.

Erratas: A Editora se compromete a disponibilizar no site www.editorafoco.com.br, na seção Atualizações, eventuais erratas por razões de erros técnicos ou de conteúdo. Solicitamos, outrossim, que o leitor faça a gentileza de colaborar com a perfeição da obra, comunicando eventual erro encontrado por meio de mensagem para contato@editorafoco.com.br. O acesso será disponibilizado durante a vigência da edição da obra.

Impresso no Brasil (1.2025) – Data de Fechamento (1.2025)

2025
Todos os direitos reservados à
Editora Foco Jurídico Ltda.
Rua Antonio Brunetti, 593 – Jd. Morada do Sol
CEP 13348-533 – Indaiatuba – SP

E-mail: contato@editorafoco.com.br
www.editorafoco.com.br

NOTA DOS ORGANIZADORES

A ideia desta coleção nasceu da necessidade de consolidar, ao menos numa primeira assentada, análise de juristas interessados na temática dos regimes de bens entre cônjuges e companheiros.

Em face da abrangência do tema foi necessário fechar o foco. Daí porque, aqui, o enfrentamento tomou em consideração as decisões vindas exclusivamente do Superior Tribunal de Justiça.

Esta foi a forma que imaginamos para tentar aliar o entendimento da literatura sobre os regimes patrimoniais à orientação do Tribunal encarregado de dar a última palavra do Judiciário sobre o tema, com alguma ideia de atender às peculiaridades vindas com a dinamicidade dos novos tempos.

Neste volume, os regimes abordados são os da separação de bens.

Tendo em vista a dimensão continental de nosso Brasil, buscamos juristas de muitos recantos e entendimentos. E, objetivando dar nossa contribuição à redução do déficit na participação feminina na literatura jurídica nacional, convidamos muitas mulheres para participar do projeto.

O resultado: um livro que reúne diversos sotaques, posicionamentos e culturas.

Com o material doutrinário recolhido e o apoio irrestrito da Editora Foco, é hora de agradecer aos autores dos textos e colocar à disposição do público esta contribuição, que nos engrandeceu em conhecimento e, esperamos, também seja relevante para os leitores.

Porto Alegre, Vitória e Brasília, outubro de 2022.

Rui Portanova

Pós-Doutor (Universidade de Bruxelas). Doutor (UFPR) e Mestre (UFRGS) em Direito. Doutor em Letras (PUC/RS). Desembargador do TJRS.

Rafael Calmon

Doutor (UERJ) e Mestre (UFES) em Direito. Juiz de Direito do TJES.

Gustavo D'Alessandro

Mestre em Direito (UnB). Pós-graduado em Direito de Família e Sucessões. Instrutor do gabinete na prática jurídica no STJ. Assessor de Ministro (STJ)

PREFÁCIO

Em um mundo onde a violência de gênero permeia as esferas mais íntimas da sociedade, a Lei Maria da Penha emerge como um farol de justiça e proteção.

Partindo dessa percepção, este livro realiza um mergulho profundo nas complexas teias legais e culturais que envolvem a violência doméstica, oferecendo uma análise multifacetada e comparativa de sua aplicação e implicações em diferentes contextos geográficos e sociais.

Escritores estrangeiros contribuem fornecendo uma visão detalhada do contexto da violência doméstica em Angola, explorando a tensão entre cultura e lei, e traçando paralelos e contrastes com o cenário brasileiro. A comparação estende-se ao tratamento jurídico da violência doméstica em Portugal, proporcionando uma perspectiva rica e diversificada sobre como diferentes sistemas legais abordam o mesmo flagelo social.

Os autores brasileiros também nos brindam com análises ricas e variadas. A aplicabilidade dos alimentos compensatórios no divórcio, à luz de um julgamento com perspectiva de gênero, por exemplo, nos leva a refletir sobre a justiça restaurativa e as nuances de proteção em situações de violência. As medidas protetivas de urgência e o princípio do contraditório são analisados minuciosamente, destacando as complexidades e desafios inerentes à aplicação imediata da justiça. O feminicídio, combatido ferozmente no âmbito da violência de gênero, é esmiuçado com atenção ao olhar do Superior Tribunal de Justiça e à natureza da qualificadora. A compreensão do Protocolo de Julgamento com Perspectiva de Gênero como política pública surge como um pilar fundamental na efetivação de direitos e na proteção das mulheres. A violência institucional, a correlação entre a Lei Maria da Penha e a Lei Henry Borel, e as inovações trazidas pela Lei Federal nº 14.713/2023, abordam a constante evolução do direito frente à necessidade de amparo e justiça.

E a obra continua fornecendo importantíssima contribuição para todos os que se interessam pelo tão intrigante quanto sensível tema da violência doméstica e familiar contra a mulher. Ao revisitar a presunção de vulnerabilidade e a mudança de jurisprudência sobre a necessidade de prova da subjugação feminina, um texto desafia pressupostos e busca reavaliar práticas jurídicas. A incompatibilidade da guarda compartilhada em casos de violência doméstica e familiar é outro tópico crucial que é enfrentado de forma cuidadosa e empática, enquanto o silêncio mortal da violência indireta contra crianças e adolescentes à luz do STJ revela as sombras que persistem e a urgência de uma resposta jurídica eficaz.

Por fim, o debate sobre gênero, corpos e sexualidade, especialmente no contexto das personalidades LGBTQIAPN+, a revogação das medidas protetivas de urgência, o combate no parlamento à violência contra a mulher e a análise dos grupos reflexivos para homens autores de violência trazem à tona a interseccionalidade das lutas por justiça e igualdade.

Enfim. Este compêndio não é apenas uma análise legal da violência doméstica e das formas de seu combate no âmbito nacional e internacional; é um chamado à ação, uma reflexão profunda e um convite à mudança. Que ele sirva, portanto, como uma ferramenta de conhecimento e como um impulso para continuarmos a lutar pela erradicação da violência de gênero em todas as suas formas.

Parabéns à editora Foco, aos autores e aos coordenadores Rui Portanova, Rafael Calmon e Gustavo D'Alessandro pela riquíssima obra.

Brasília, 2025.

Ministro Rogerio Schietti Machado Cruz

APRESENTAÇÃO

Linda, famosa e bem-sucedida, uma referência de mulher para o Brasil e para o mundo! Cresci, vivi e ainda vivo ouvindo corriqueiramente essa afirmação.

Mas, poucos sabem o que passei para me tornar a pessoa que sou e que me possibilitou estar aqui, fazendo a apresentação de um livro dedicado ao tema Violência Doméstica em uma das mais importantes coletâneas sobre o Direito das Famílias no mundo, pelo convite dos coordenadores Rui Portanova, Rafael Calmon e Gustavo D'Alessandro.

A minha infância foi muito difícil, envolvida em privações e em um ambiente de autoritarismo e truculência. Essa fase, no entanto, ficou guardada nas profundezas da minha memória; busquei seguir em frente e tocar a minha vida, esquecendo desse momento nefasto.

Após dois matrimônios e dois filhos maravilhosos, casai-me novamente; logo após, em 2016, a minha vida deu um looping, um verdadeiro giro de 360° graus. Muito provavelmente por um desígnio maior do destino, fui obrigada a passar, outra vez, pelo drama da violência. Agora, como vítima de agressões físicas e psicológicas do meu terceiro marido.

Superado o abalo físico e psicológico sofrido, percebi que a minha coragem em denunciar o caso acabou ajudando a trazer uma maior visibilidade para a causa da violência doméstica, abrindo espaço para a discussão de tema tão sensível e delicado, especialmente em relação ao papel da sociedade no amparo a essas vítimas. Descobri que a minha atitude também acabou cultivando e incentivando outras mulheres a procurarem ajuda e delatar o seu agressor.

Recebi, assim, um novo propósito de vida: tornei-me, além de modelo e empresária, uma porta-voz da luta contra a Violência Doméstica, uma defensora dos direitos de mulheres vítimas que sofram abusos físicos, psicológicos, emocionais, sexuais ou financeiros dentro de suas próprias casas.

Justamente em razão desse novo mister, recebi o convite para apresentar a presente obra, um volume especialmente dedicado à Violência Doméstica em comemoração aos 18 anos da Lei Maria da Penha e que, com incrível fluidez, incursiona em questões tão caras para a sociedade, brasileira e estrangeira, de maneira técnica e profunda, de forma muito atualizada, sempre buscando interpretações, proposições e soluções em prol do fortalecimento e da proteção das vítimas tipificadas em referida legislação.

A ministra do STJ, Daniela Teixeira, em coautoria com Cristina Alvez Tubino, sob o título "Feminicídio, o Combate à Violência de Gênero e a Visão do Superior Tribunal de Justiça Quanto à Natureza da Qualificadora" nos brindou com relevantíssimo artigo analisando a inclusão da qualificadora do feminicídio no sistema penal brasileiro e suas características.

O magistrado angolano Arlindo da Silva Castro tratou do contexto da violência doméstica naquele país, trazendo uma visão comparada interessantíssima entre o sistema de Angola e o do Brasil.

Esse também foi o foco da jurista portuguesa Ana Luz que nos convidou a refletir sobre o tratamento jurídico da violência doméstica em Portugal.

A violência institucional praticada por agentes do Estado contra as mulheres foi o ensaio proposto por Eliene Ferreira Bastos em que a autora buscou reforçar a necessidade de promoção de políticas públicas para o enfrentamento da cultura misógina por agentes públicos.

A Deputada Federal Laura Carneiro, diante de toda sua *expertise* na área, trouxe, em minudente artigo intitulado "Avanços Legislativos do Combate à Violência contra a Mulher: da Lei Maria da Penha à 2024", diversas proposições legislativas correntes no Congresso Nacional voltadas a fortalecer a atual legislação, garantindo maior segurança jurídica e assistência às vítimas da violência.

Thimotie Aragon Heemann abrilhantou o volume 5 da Coletânea com o ensaio "Grupos Reflexivos para Homens Autores de Violência Doméstica e Familiar contra a Mulher: Contributos do Superior Tribunal de Justiça ao Tema No Brasil", cuja abordagem reconheceu a importância do STJ no aprimoramento do sistema de combate à violência doméstica e familiar após decorridos dezoito anos da vigência da Lei Maria da Penha, mostrando-se como um lócus relevante na proteção das mulheres e meninas, destacando a necessidade de se aprofundar o tratamento da situação dos homens agressores.

A autora Ana Carolina Rangel Coutinho Cunha, por sua vez, trabalhou com a discussão dos alimentos compensatórios no âmbito da violência doméstica e em observância ao Julgamento com Perspectiva de Gênero do CNJ, especialmente diante da mudança do papel da mulher na sociedade.

Em texto elaborado em coautoria, Eloisa de Sousa Arruda e Maria Domitila Prado Manssur, enfatizaram a necessidade de compreensão do protocolo de julgamento com perspectiva de gênero como uma questão de política pública.

Fernando Cesar Ferreira Petrungaro analisou a relação entre a Lei Henry Borel e a Lei Maria de Penha, identificando as alterações promovidas mais relevantes e destacando o fato de a nova lei constituir importante marco no preenchimento de lacunas de cunho protetivo.

Também buscando refletir sobre as inovações legislativas, um dos grandes marcos deste 5° volume, Fernando Salzer e Silva estuda as inovações trazidas pela Lei Federal 14.713/2023, cujo escopo foi justamente o de estabelecer o procedimento a ser adotado para apuração de indícios de violência doméstica e familiar nas varas de família.

Daniel Colnago Rodrigues tratou das medidas protetivas e o princípio do contraditório, especialmente em relação às medidas concedidas de urgência, trazendo uma ressignificação para a justificação prévia e meditando sobre a necessidade de estruturação do sistema com eficaz equacionamento dos déficits de contraditório.

Em trabalho intitulado "Silêncio Mortal: a violência indireta contra crianças e adolescentes sob a égide da Lei Maria da Penha à luz do STJ", Flavia Brandão Maia Perez buscou avaliar a posição dos Tribunais Superiores em um foco especial, qual seja, a violência indireta intrafamiliar contra crianças e adolescentes, filhos e filhas de uma família em que a violência doméstica e familiar esteja presente e que foi denunciada pela mulher-mãe.

A jurista Mariella Amorim Nunes Rivau Alvarez elaborou artigo doutrinário em que buscou trazer o leitor a raciocinar sobre a natureza jurídica das medidas protetivas de urgência e os efeitos da cláusula *rebus sic stantibus*.

João Paulo das Neves e Karla de Sousa Araujo buscaram sugerir, diante da necessidade de proteção aos vulneráveis, uma perspectiva de proteção à pessoa idosa a partir do diálogo entre a Lei Maria da Penha e o Estatuto da Pessoa Idosa.

A análise sobre a incompatibilidade da guarda compartilhada em casos envolvendo violência doméstica e familiar foi o cerne do estudo de Nattasha Feighelstein Ermel.

O coordenador da coletânea, Rui Portanova, presenteou a obra com um artigo reflexivo sobre os danos morais e psicológicos decorrentes de atos de violência doméstica à luz do Tema Repetitivo 983 do STJ, trazendo ponderações sobre a necessidade de uma justa reparação monetária.

Mirela Erbisti propôs uma reavaliação sobre a presunção de vulnerabilidade, ponderando sobre a alteração da jurisprudência do STJ sobre a necessidade de prova da subjugação feminina no contexto da violência doméstica e familiar.

A conjugação da Lei Maria da Penha com o universo LGBTQIAPN+ foi a proposta de análise de Samantha Khoury Crepaldi Dufner, trazendo o debate sobre gênero, corpos e sexualidade na perspectiva do STJ e do protocolo para julgamento com perspectiva de gênero.

Sob o título "A Revogação das Medidas Protetivas de Urgência: uma Reanálise do Formulário de Avaliação de Risco", Tatiana Maria Bronzato Nogueira enfatizou a necessidade que se deve dar à prevenção (e não só à coação), especialmente nas hipóteses em que se constatar que o pedido de revogação de medidas protetivas decorreu da própria vítima e, por outro lado, que quando a análise do Formulário de Avaliação de Risco indicar risco elevado para ofensas graves ou feminicídio a qualquer tempo, medidas preventivas de novas violências deverão ser tomadas, como a inserção do agressor em programas de reflexão psicossocial.

O último trabalho, encabeçado por André Pereira Crespo e Bruno Amaral Machado, explorou o potencial das audiências de custódia como arranjo institucional para o enfrentamento da violência contra as mulheres.

Enfim, como disse no início desta apresentação, trata-se de obra de extrema importância para a literatura brasileira por nos permitir pensar, diagnosticar, propor, dialogar sobre tema tão sensível, convidando o leitor a refletir e disseminar a proteção de mulheres em situação de vulnerabilidade. Fruto de intensos estudos e reflexões, o livro merece uma posição de destaque nas bibliotecas do nosso País. Parabéns aos coordenadores e à Editora Foco por encabeçarem este projeto. Cumprimentos a todos os autores pela coragem e eficiência na abordagem dos temas. E congratulações a todos os leitores desta publicação, aqueles que, sem dúvidas, serão os maiores responsáveis por disseminar os ensinamentos e proposições aqui apresentadas.

Minhas felicitações, caríssimos Rui Porta Nova, Rafael Calmon e Gustavo D'Alessandro!

Outubro de 2024.

Luiza Brunet.

SUMÁRIO

NOTA DOS ORGANIZADORES

Rui Portanova, Rafael Calmon e Gustavo D'Alessandro V

PREFÁCIO

Ministro Rogerio Schietti Machado Cruz VII

APRESENTAÇÃO

Luiza Brunet. IX

FEMINICÍDIO, O COMBATE À VIOLÊNCIA DE GÊNERO E A VISÃO DO SUPERIOR TRIBUNAL DE JUSTIÇA QUANTO À NATUREZA DA QUALIFICADORA

Daniela Teixeira e Cristina Alves Tubino 1

O CONTEXTO DA VIOLÊNCIA DOMÉSTICA EM ANGOLA: ENTRE A CULTURA E A LEI (UMA VISÃO COMPARADA ENTRE ANGOLA E O BRASIL)

Arlindo da Silva Castro 15

VIOLÊNCIA DOMÉSTICA E O SEU TRATAMENTO JURÍDICO EM PORTUGAL

Ana Luz 33

A LEI DA VIOLÊNCIA INSTITUCIONAL E AS MULHERES

Eliene Ferreira Bastos 47

AVANÇOS LEGISLATIVOS DO COMBATE À VIOLÊNCIA CONTRA A MULHER: DA LEI MARIA DA PENHA À 2024

Laura Carneiro 61

GRUPOS REFLEXIVOS PARA HOMENS AUTORES DE VIOLÊNCIA DOMÉSTICA E FAMILIAR CONTRA A MULHER: CONTRIBUTOS DO SUPERIOR TRIBUNAL DE JUSTIÇA AO TEMA NO BRASIL

Thimotie Aragon Heemann 73

DA APLICABILIDADE DOS ALIMENTOS COMPENSATÓRIOS NO DIVÓRCIO E NO CONTEXTO DE VIOLÊNCIA DOMÉSTICA À LUZ DO JULGAMENTO COM PERSPECTIVA DE GÊNERO

Ana Carolina Rangel Coutinho Cunha 93

A COMPREENSÃO DO PROTOCOLO DE JULGAMENTO COM PERSPECTIVA DE GÊNERO COMO POLÍTICA PÚBLICA

Eloisa de Sousa Arruda e Maria Domitila Prado Manssur 111

AS CORRELAÇÕES ENTRE A LEI MARIA DA PENHA E A LEI HENRY BOREL

Fernando Cesar Ferreira Petrungaro 123

O RITO PARA APURAÇÃO DE INDÍCIOS DE VIOLÊNCIA DOMÉSTICA E FAMI-LIAR NAS VARAS DE FAMÍLIA: AS INOVAÇÕES TRAZIDAS PELA LEI FEDERAL 14.713/2023

Fernando Salzer e Silva 141

AS MEDIDAS PROTETIVAS DE URGÊNCIA E O PRINCÍPIO DO CONTRADITÓRIO

Daniel Colnago Rodrigues 159

SILÊNCIO MORTAL: A VIOLÊNCIA INDIRETA CONTRA CRIANÇAS E ADOLES-CENTES SOB A ÉGIDE DA LEI MARIA DA PENHA À LUZ DO STJ

Flavia Brandão Maia Perez 175

A NATUREZA JURÍDICA DAS MEDIDAS PROTETIVAS DE URGÊNCIA E OS EFEI-TOS DA CLÁUSULA *REBUS SIC STANTIBUS*

Mariella Amorim Nunes Rivau Alvarez 189

A LEI MARIA DA PENHA E A PROTEÇÃO DAS PESSOAS IDOSAS A PARTIR DO DIÁLOGO DAS FONTES

João Paulo das Neves e Karla de Sousa Araujo 213

A INCOMPATIBILIDADE DA GUARDA COMPARTILHADA EM CASOS DE VIO-LÊNCIA DOMÉSTICA E FAMILIAR

Nattasha Feighelstein Ermel 231

LEI MARIA DA PENHA – TEMA REPETITIVO 983 DO STJ – DANOS MORAIS E PSI-

COLÓGICOS

Rui Portanova 249

REAVALIANDO A PRESUNÇÃO DE VULNERABILIDADE: UMA ANÁLISE DA MU-
DANÇA DA JURISPRUDÊNCIA DO SUPERIOR TRIBUNAL DE JUSTIÇA SOBRE
A NECESSIDADE DE PROVA DA SUBJUGAÇÃO FEMININA NO CONTEXTO DA
VIOLÊNCIA DOMÉSTICA E FAMILIAR

Mirela Erbisti 267

LEI MARIA DA PENHA E AS PERSONALIDADES LGBTQIAPN+: UM DEBATE SO-
BRE GÊNERO, CORPOS E SEXUALIDADE NA PERSPECTIVA DO STJ E DO PROTO-
COLO PARA JULGAMENTO COM PERSPECTIVA DE GÊNERO

Samantha Khoury Crepaldi Dufner 283

A REVOGAÇÃO DAS MEDIDAS PROTETIVAS DE URGÊNCIA: UMA REANÁLISE
DO FORMULÁRIO DE AVALIAÇÃO DE RISCO

Tatiana Maria Bronzato Nogueira 301

"NUNCA PRATIQUEI CRIME, SÓ LEI MARIA DA PENHA": AS AUDIÊNCIAS DE
CUSTÓDIA E O ENFRENTAMENTO À VIOLÊNCIA CONTRA A MULHER

André Pereira Crespo e Bruno Amaral Machado 315

FEMINICÍDIO, O COMBATE À VIOLÊNCIA DE GÊNERO E A VISÃO DO SUPERIOR TRIBUNAL DE JUSTIÇA QUANTO À NATUREZA DA QUALIFICADORA

Daniela Teixeira

Ministra do Superior Tribunal de Justiça.

Cristina Alves Tubino

Assessora no Superior Tribunal de Justiça.

Sumário: Introdução – 1. A violência contra a mulher, a Lei 11.340/06 e o feminicídio. – 2. O surgimento do tipo penal específico – 3. O porquê da nomenclatura utilizada – 4. Sobre a natureza jurídica da qualificadora do feminicídio – Considerações finais – Referências.

INTRODUÇÃO

A violência contra a mulher, especialmente aquela que retira – ou tenta retirar-sua vida, é problema persistente e grave no Brasil. A Lei 13.104/2015, chamada de Lei do Feminicídio, foi promulgada com o objetivo de reconhecer e penalizar de forma mais severa os homicídios de mulheres motivados por questões de gênero ou decorrentes de violência doméstica e familiar.

A referida legislação estabelece que o crime doloso contra a vida, quando cometido contra mulheres, nas circunstâncias acima descritas, caracteriza crime hediondo, qualificado e que traz consigo diversas circunstâncias e características próprias que fazem com que seja tratado com maior severidade pelo Estado. Dessa conceituação resumida, verifica-se, primeiramente, que nem todo homicídio contra mulheres deve ser enquadrado como feminicídio. Em um segundo momento mostra que há, realmente, a necessidade de distinção entre o chamado feminicídio e as demais modalidades de homicídios previstos na legislação material penal brasileira a fim de se verificar, inclusive, a possibilidade de que tal qualificadora seja compatível com outras previstas no artigo 121 do Código Penal Brasileiro.

Dados trazidos pelo Atlas da Violência, do Instituto de Pesquisa Econômica Aplicada (Ipea) em parceria com o Fórum Brasileiro de Segurança Pública (FBSP) e recentemente divulgados, mostram que a violência contra a mulher, no ano de 2023, aumentou em todas as suas formas, inclusive os casos de feminicídio e homicídios contra mulheres (IPEA, 2024).

Tais dados fazem parecer que mesmo após 9 (nove) anos da entrada em vigor da alteração do Código Penal, haja uma grande dificuldade do poder público em coibir a violência doméstica como um todo e, especialmente, em coibir ou mesmo diminuir os casos extremos de violência contra a mulher que têm como consequência a interrupção de sua vida. Estudos mostram que a aproximadamente cada uma hora e meia uma mulher é vítima de feminicídio no Brasil e, infelizmente, não há perspectiva de sua diminuição, quiçá erradicação.

Todavia, irá se verificar que após o advento da Lei do Feminicídio diversos tem sido os instrumentos criados para o combate à esta violência extrema e, apesar do aumento recente dos números de violência contra a mulher, os agentes estatais e os poderes constituídos, em especial o poder judiciário, têm agido de forma a combater a violência contra a vida da mulher, seja com um posicionamento jurisprudencial no sentido de reconhecer a necessidade de maior proteção à vítima te dais crimes, presumindo sua vulnerabilidade, seja por meios concretos de prevenção e repressão àqueles que cometam tais atos.

Este artigo tem como objetivo, portanto, analisar a eficácia da qualificadora do feminicídio na redução da violência contra a mulher no Brasil, avaliando se esta medida legal tem cumprido seu propósito de combate à violência de gênero e como o Superior Tribunal de Justiça vem tratando do tema.

1. A VIOLÊNCIA CONTRA A MULHER, A LEI 11.340/06 E O FEMINICÍDIO

A violência cometida contra a mulher não é algo novo. Ao contrário, ao longo dos séculos, decorre da desigualdade social, do desequilíbrio de direitos entre os gêneros e encontra raízes nas sociedades de estrutura patriarcal que formaram, historicamente, um sistema de dominação da mulher, de sua sujeição e sua subordinação, de forma tão reiterada passa a ter ares de normalidade para aqueles mais desatentos.

De fato, desde a Antiguidade Clássica até os dias de hoje, mulheres sempre foram obrigadas a romper paradigmas para assegurar seus lugares, direitos sobre sua sexualidade, seu corpo, sua intelectualidade e sua liberdade. Para se compreender a violência doméstica e familiar contra a mulher, é necessário um resgate histórico, desde o crescimento e fortalecimento do patriarcado até as percepções de gênero.

Historicamente, um dos elementos principais da sociedade patriarcal está, especificamente, no controle da sexualidade da mulher, a fim de assegurar a fidelidade da esposa a seu marido (Saffioti, 2004). Desde o século XV a.C., em especial no Código de Hamurabi, tem-se a posse, pelos homens, sobre a virgindade das mulheres e controle da natalidade. A virgindade da noiva era condição para o casamento. De fato, as mulheres eram coisificadas e transformadas em mercadorias, pois presumidamente eram coagidas com facilidade, especialmente, por meio de violência sexual (Lerner, 2019).

A violência física também foi historicamente aceita no Brasil, conforme bem expõe Figueiredo (2023):

Com efeito, o discurso baseado no determinismo biológico cai se tornando insuficiente para garantir, por si só, a obediência das vítimas potenciais aos ditames do patriarca. Surge, então, a necessidade de fazer uso de um sem-número de formas diferentes de agressão: psicológicas, verbais, patrimoniais, físicas, religiosas, racistas e é claro, sexuais.

O direito expresso em lei, de castigar fisicamente a mulher foi abolido somente em 1830, com a promulgação do Código Criminal Brasileiro. Até então era permitido, inclusive, o assassinato da esposa caso ela fosse flagrada em adultério.

Segundo a Organização Mundial da Saúde (OMS, 2013), a violência contra a mulher é um problema de saúde global de proporções epidêmicas. Relatos de atos de violência contra a mulher, independentemente de idade ou classe social, são frequentes e, infelizmente, têm sido frequentemente noticiados na imprensa nacional.

Apesar de a Constituição Federal (CRFB/1988) trazer previsão sobre a igualdade de direitos e de tratamento entre homens e mulheres, apenas em 2006, com a promulgação da Lei 11.340/06, se verificou um avanço significativo no combate à violência doméstica e familiar contra a mulher, ao estabelecer, sobretudo, mecanismos para sua prevenção (Cunha, 2024).

A Lei Maria da Penha trouxe conceitos importantes para a realidade brasileira. Entre eles, o conceito do que é considerado violência doméstica e familiar contra a mulher e usa o termo violência como uma forma de violação a direito da mulher. Desta forma, no dizer de Fernandes (2024), a "tradicional distinção entre "ameaça" e "violência" (física) deixa de existir quando se trata de violência doméstica e familiar".

A legislação determina que caracteriza violência doméstica e familiar contra a mulher qualquer ação ou omissão que se baseie no gênero e que cause morte, lesão ou sofrimento físico, sexual, psicológico e dano moral ou patrimonial (artigo 5º), independentemente da causa ou da motivação dos atos de violência e da condição do ofensor ou da ofendida (artigo 40-A). Já o artigo 7º traz diversas modalidades de violência (física, psicológica, sexual, patrimonial e moral, ampliando, assim as formas de violência anteriormente previstas na Convenção de Belém do Pará que fala, em sua redação, apenas das violências sexual, física e psicológica.

Com base nesse parâmetro legal, se vê que o Atlas da Violência de 2024, no capítulo que trata da violência contra a mulher, concluiu que houve crescimento de todas as formas de violências contra as mulheres. As agressões decorrentes de violência doméstica contaram com 258.941 registros em órgãos oficiais de segurança pública (aumento de 9,8% para os anos anteriores). A violência Psicológica mostrou crescimento de 33,8% (IPEA, 2024).

No que se refere à morte de mulheres, enquanto em 2022 presume-se[1] que tenham ocorrido 1.313 feminicídios, em 2023 foram contabilizados 1.467. Os feminicídios

---

1. No Atlas da Violência elaborado pelo IPEA em conjunto com o FBSP há a seguinte observação quanto à estatística de feminicídios consumados e tentados: "embora o feminicídio exista na legislação brasileira,

tiveram, portanto, crescimento de 0,8%. Por outro lado, foram verificadas, no último ano, 2797 tentativas de feminicídio, representando um aumento de 7,1% com relação ao ano anterior (IPEA, 2024).

Segundo dados de relatório divulgado pela Organização das Nações Unidas (ONU) em 2022, no ano de 2021, 81,1 mil mulheres foram mortas no mundo. Desse total, 56% foram mortas por seus maridos, companheiros ou outro membro da família. Em razão de informações coletadas pela ONU Mulher ao longo de vários anos, acabou por fazer com que a referida Organização reconhecesse essa violência de gênero como um fenômeno mundial e clara violação dos Direitos Humanos.

Por fim, importante contextualizar que com a entrada em vigor da Lei Maria da Penha (Lei 11.340/06), a questão da violência contra a mulher, além de obter maior visibilidade no país, delegou aos órgãos já mencionados, mas especialmente ao judiciário, um papel de protagonista, a partir da determinação da criação de varas específicas para análise e julgamento de tais crimes, os Juizados de Violência Doméstica e Familiar contra a mulher. Não apenas a criação de varas especializadas, mas a previsão de medidas cautelares de urgência com o objetivo de fazer parar a violência cometida, seja essa violência física, moral, psicológica sexual ou patrimonial, fizeram com que muitas mulheres, em situação de violência, acuadas e desesperançadas, tomassem coragem e dessem um fim ao ciclo de violência em que se encontravam. Não menos importante, é necessário lembrar que em 2023, com a Lei 14.550/23), novas alterações foram feitas na Lei Maria da Penha a fim de promover relevantes alterações quanto às medidas protetivas mencionadas.

2. O SURGIMENTO DO TIPO PENAL ESPECÍFICO

Originariamente, à exceção do artigo 44, a Lei 11.340/06 não trouxe qualquer previsão de tipo penal específico decorrente da violência contra a mulher. Assim, além dessa alteração pontual e que não disse respeito à violência exclusivamente contra pessoa do sexo feminino – na medida em que previu a criação do parágrafo 9° do artigo 129 do Código Penal que dispõe sobre lesão corporal cometida no contexto doméstico e familiar-, os tipos penais se mantiveram os mesmos já existentes sem, contudo, haver qualquer diferenciação no capítulo dos crimes dolosos contra a vida do CP quanto ao homicídio de mulheres.

Posteriormente, foi inserido o artigo 24-A na Lei Maria da Penha, tipificando o crime de descumprimento das medidas protetivas, especialmente em razão da insegurança jurídica causada a partir de casos práticos em que se questionava se haveria crime quando do descumprimento daquelas medidas e qual seria ele. Em 2021, a Lei 14.188, inseriu o parágrafo 13° no artigo 129 do Código Penal para pre-

---

não é possível identificar os casos assim qualificados a partir dos registros de declaração de óbitos, uma vez que a tipificação do crime deve ser feita no âmbito do sistema de justiça criminal, e não do sistema de saúde" (Atlas, p. 40). Desta forma, foi feita uma aproximação dos números entre aqueles cometidos por motivos relacionados ao gênero ao se analisar os chamados homicídios femininos cometidos nas residências das vítimas.

ver, especificamente, o crime de lesão corporal cometido contra mulher por razões do sexo feminino.

Em 2015, conforme dito anteriormente, foi sancionada e entrou em vigor a lei 13.104/2015, nomeada como Lei do Feminicídio, que alterou o Código Penal Brasileiro, especificamente em seu artigo 121, acrescentando inciso no seu parágrafo segundo, bem como incluindo causas de aumento de pena correlacionadas ao dispositivo.

Em que pese tal alteração do Código Penal, desde a década de 2000 os homicídios em razão de gênero já vinham sendo descritos e tipificados em legislações de outros países da América Latina. No Brasil, na Convenção de Belém do Pará, a OEA (Organização dos Estados Americanos), trouxe uma declaração sobre o Feminicídio ressaltando a necessidade da ampliação de seu debate. Mais do que a ampliação do debate a respeito do assunto, por mais que em um primeiro momento possa parecer desnecessário, a inclusão na lei penal de um homicídio qualificado com o *nomen iuris* de "feminicídio" mostrou-se essencial, pois, do ponto de vista de uma política criminal feminista, retira o fato da sua "invisibilidade social" (Mello, 2017, XI).

3. O PORQUÊ DA NOMENCLATURA UTILIZADA

Resolvido o problema da previsão legal, torna-se necessário explicar o que vem a ser o Feminicídio e qual tem sido o entendimento dos operadores do direito, em especial dos Tribunais Superiores, a respeito dele. Diversos são os conceitos trazidos de Feminicídio. Há, inclusive, discussão quanto à nomenclatura utilizada uma vez que se observa, no mundo, o uso das expressões *Femicídio* e *Feminicídio*, sendo certo que na América Latina ainda não existe um consenso a respeito da terminologia.

Em 1976 utilizou-se pela primeira vez a expressão *femicide* (do inglês) no Tribunal Internacional de Crimes contra as Mulheres realizado na Bélgica. Naquela oportunidade, a socióloga Diana Russel (Radford, Russel, 1992) usou a expressão para identificar a morte de mulheres, por homens, em razão de serem mulheres, ou seja, com a motivação de gênero. De acordo com a socióloga, o uso de uma nomenclatura que significa a "morte de mulheres" é passo relevante para a evidenciação desse tipo de violência. O uso da expressão *femicídio* como alternativa ao termo *homicídio* seria necessário para retirar a invisibilidade da violência sistemática contra as mulheres, posto que poder nomear um tipo penal fornece meios de se problematizar a questão, o que, normalmente, precede o enfrentamento do tema (Radford, Russel, 1992).

Na América Latina, o termo passou a ser utilizado com maior habitualidade após a morte de diversas jovens na cidade de Juarez, México, dentro de um contexto de conflitos sociais e políticos. Explica Figueredo (2023):

> Os casos ganharam destaque em todo o mundo devido à falta de ações efetivas, por parte do Estado quanto à investigação e à punição dos crimes. Também chamou a atenção o grau de brutalidade com que as mortes foram praticadas. Os corpos das vítimas foram encontrados com sinais de tortura, mutilações e violência sexual.

Pasinato (2001) utiliza a nomenclatura *femicídio* de forma ampliada, reconhecendo que se trataria de um "ponto final de um contínuo de terror que inclui agressões verbais físicas e uma extensa gama de manifestações de violência e privações a que as mulheres são submetidas ao longo de suas vidas" (Mello, 2020).

Assim, ao se analisar sob uma perspectiva jurídico-penal, feminicídio corresponde à morte das mulheres, não necessariamente relacionada à condição do sexo feminino (Bianchini; Gomes, 2015), mas sim abrangeria todas as mortes evitáveis de mulheres, fossem elas evitáveis ou não, criminais ou não. A autora diferencia, portanto, os conceitos de *femicídio* e *feminicídio*, afirmando que o primeiro se refere à morte de mulher enquanto que o segundo é a morte de uma mulher por razões de gênero (por discriminação ou menosprezo à condição de sexo feminino).

Mello (2020) usa o termo feminicídio e entende que ele se refere à ideia de "morte de mulheres em razão de seu gênero e, em dois contextos, o doméstico e o familiar baseado no gênero, ou seja, o primeiro corresponde à mulher assassinada por parceiro íntimo atual ou ex-parceiro, e o segundo seria a morte de mulher por pessoa desconhecida da vítima, mas por motivação de gênero".

As Diretrizes Nacionais para Investigar, Processar e Julgar com Perspectiva de Gênero as Mortes Violentas (ONU, 2016) determinaram que o conceito de feminicídio é amplo e deve incluir todas as mortes violentas intencionais, imediatas ou potenciais, de mulheres, tendo como a desigualdade de gênero como causa principal.

No Brasil, a escolha da nomenclatura deu-se por escolha do legislador, que optou pela expressão *Feminicídio*, conforme se vê no Código Penal vigente. Assim, estabeleceu a Lei, que passa a ser homicídio qualificado a morte de mulher por razões de sexo feminino (, art. 121, § 2º, VI, do Código Penal). No § 2º-A do mesmo artigo, o legislador listou as situações que são consideradas como razões de condição do sexo feminino: violência doméstica e familiar – nos termos já definidos pela Lei 11.340/06 –, menosprezo ou discriminação à condição de mulher.

A Lei 13.104/2015 também incluiu o feminicídio no rol dos crimes hediondos, com a consequente modificação do artigo 1º da Lei 8.072/1990. Assim, sendo classificado como crime hediondo, segundo o descrito no artigo 5º, inciso XLIII, da Constituição da República de 1988, a lei proíbe a concessão de fiança, graça ou indulto, além de outras restrições legais.

Jeferson Botelho Pereira (Pereira, 2015) classifica o crime de feminicídio em três espécies: íntimo, não íntimo e por conexão. Feminicídio íntimo é entendido como aquele praticado por pessoas com as quais a vítima tem ou teve uma relação íntima, familiar, de convivência ou afins. Já o feminicídio não íntimo é perpetrado por pessoas com as quais a vítima não tinha relações íntimas, familiares ou de convivência. Já o feminicídio por conexão é aquele em que uma mulher não era o alvo inicial do agressor, que tentava matar outra mulher, o que pode acontecer na *aberratio ictus*", todavia, acaba sendo morta por estar no mesmo local.

Beatriz Figueiredo (Figueiredo, 2023) traz outras classificações entre as quais o feminicídio infantil – cometido contra pessoa menor de 14 anos e no contexto de relação de confiança, dependência e responsabilidade-; feminicídio familiar – quando cometido no âmbito familiar e de parentesco consanguíneo, por afinidade ou adoção –; feminicídio transfóbico – cometido contra mulher transgênero ou transexual em que o autor comete o crime por rejeição ou ódio à sua condição ou identidade –; sistêmico – aquele que se vincula a outro crime como sequestro, crime sexual ou tortura, por exemplo –; decorrentes de crimes de contrabando ou tráfico de pessoas; com motivação racista, lesbofóbica ou decorrente de mutilação genital feminina.

Fica claro, portanto, que para a caracterização do crime de feminicídio, o crime deverá ser praticado por *razões de condição de sexo feminino*, que efetivamente ocorrerá quando envolver violência doméstica e familiar e/ou menosprezo ou discriminação à condição de mulher. Para que haja o reconhecimento das hipóteses de violência doméstica e familiar deverá ser utilizado como referência o art. 5º, da Lei Maria da Penha. Já no caso do inciso II do parágrafo 2º-A do art. 121 do Código Penal, o homicídio receberá a qualificadora quando a morte da mulher se der por menosprezo ou discriminação à essa sua condição.

Greco entende que *Menosprezo* pode compreendido no sentido de desprezo, sentimento de aversão, repulsa, repugnância a uma pessoa do sexo feminino; enquanto que *discriminação* tem o sentido de tratar de forma diferente, distinguindo-se a vítima pela sua condição de mulher (Greco, 2015). Haverá, desta forma, menosprezo quando o agente praticar por ter pouca ou nenhuma estima ou apreço pela mulher que é vítima o crime, configurando, dentre outros, desdém, desprezo e desvalorização (Bianchini; Gomes, 2015).

A Lei 13.104/15 incluiu ainda no Código Penal brasileiro, causas de aumento de pena (artigo 121, parágrafo 7º) que deverão ser aplicadas quando da ocorrência do feminicídio. Veja-se:

§ 7º A pena do feminicídio é aumentada de 1/3 (um terço) até a metade se o crime for praticado:

I – durante a gestação ou nos 3 (três) meses posteriores ao parto;

II – contra pessoa menor de 14 (quatorze) anos, maior de 60 (sessenta) anos (6) ou com deficiência;

III – na presença de descendente ou de ascendente da vítima.

As circunstâncias acima descritas devem ser de conhecimento do autor (ou autora) do crime, uma vez que o desconhecimento pode caracterizar erro de tipo que excluirá a causa de aumento da pena.

No que se refere à variação do *quantum* de aumento de pena depende das circunstâncias do caso concreto e essa valoração será de competência do juiz da causa. Há, entretanto, algumas regras genéricas que deverão ser observadas, por exemplo, no caso de gestação é certo que quanto mais próximo do parto ou do parto já realizado, maior será o aumento em razão não apenas da vulnerabilidade da mulher, mas pela maior dependência da prole recém nascida; quanto mais idosa a mulher, maior o aumento (a majoração é, inclusive, maior do que a prevista no § 4º do art. 121); no caso de deficiência (art. 4º do Dec. 3.2988/1999, que regulamentou a Lei 7.8533/1989), deverá o magistrado valorar o grau da deficiência e a maior fragilidade da vítima, no caso concreto.

4. SOBRE A NATUREZA JURÍDICA DA QUALIFICADORA DO FEMINICÍDIO

A partir do momento em que a qualificadora do feminicídio foi incluída no texto penal pátrio, uma questão prática se apresentou quanto à sua natureza jurídica e a possibilidade de sua coexistência com outras circunstâncias que, em cada caso concreto, poderiam conviver.

Doutrinadores como Alice Bianchini (Bianchini, 2023), Cezar Roberto Bitencourt (Bitencourt, s.d) e Rogério Sanches Cunha (Cunha, 2024) entendem que a qualificadora teria natureza subjetiva. Todavia, outros como Nucci (2023), Fernandes (2024) e Chakian (Bianchini, Mazzo e Chakian, 2023) entendem que sua natureza é objetiva. Enquanto a doutrina ainda guarda divergências sobre a natureza objetiva ou subjetiva da qualificadora, o Superior Tribunal de Justiça tem se posicionado no sentido da objetividade da qualificadora. Neste sentido é importante mencionar os julgados:

Agravo regimental no agravo em recurso especial. Penal. Processual penal. Homicídio. Pronúncia. Qualificadoras do feminicídio. Juízo de valor. Competência do tribunal do júri. Natureza objetiva. Aferição. Animus. Desnecessidade. Precedentes. Agravo regimental desprovido.

1. A jurisprudência desta Corte Superior de Justiça está fixada no sentido de que "somente devem ser excluídas da decisão de pronúncia as circunstâncias qualificadoras manifestamente improcedentes ou sem nenhum amparo nos elementos dos autos, sob pena de usurpação da competência constitucional do Tribunal do Júri" (AgRg no HC 429.228/PR, Rel. Ministro Antonio Saldanha Palheiro, Sexta Turma, julgado em 26.02.2019, DJe 12.03.2019).

2. A qualificadora do feminicídio é de natureza objetiva, dispensando a análise do animus do agente. Assim, mostra-se descabida a sua exclusão na fase de pronúncia.

3. Agravo regimental desprovido.

(AgRg no AREsp 2.358.996/SP, relatora Ministra Laurita Vaz, Sexta Turma, julgado em 17.10.2023, DJe de 20.10.2023).

Direito penal. Agravo regimental no *habeas corpus*. Homicídio qualificado tentado. Dosimetria. Fixação da pena-base acima do mínimo legal. Possibilidade. Fundamentação concreta. Quantidade de aumento proporcional e razoável. Afastamento das qualificadoras do motivo fútil e feminicídio sob a alegação de ocorrência de bis in idem. Impossibilidade. Natureza diversa das circunstâncias. Agravo regimental desprovido.

I – É assente nesta Corte Superior de Justiça que o agravo regimental deve trazer novos argumentos capazes de alterar o entendimento anteriormente firmado, sob pena de ser mantida a r. decisão vergastada pelos próprios fundamentos.

II – Com efeito, a dosimetria da pena está inserida no âmbito de discricionariedade do julgador, estando atrelada às particularidades fáticas do caso concreto e subjetivas dos agentes, elementos que somente podem ser revistos por esta Corte em situações excepcionais, quando malferida alguma regra de direito.

III – Na presente hipótese, a Corte de origem analisando as circunstâncias do caso concreto, conjugadas com os princípios da proporcionalidade e da razoabilidade, manteve fixada a pena-base do agravante acima do mínimo legal, destacando para tanto, "o fato do crime ter sido praticado na presença de menores (1 (um) e 3 (três) anos de idade) [...], pois demonstra frieza por parte do homicida, ou seja, total insensibilidade do agente durante a prática do crime" (fl. 438).

IV – Ressalta-se, ainda, que "esta Corte possui o entendimento segundo o qual as qualificadoras do motivo torpe e do feminicídio não possuem a mesma natureza, sendo certo que a primeira tem caráter subjetivo, ao passo que a segunda é objetiva, não havendo, assim, qualquer óbice à sua imputação simultânea" (HC 430.222/MG, Quinta Turma, Rel. Min. Jorge Mussi, DJe 22.03.2018).

V – *In casu*, como bem destacado pela Corte de origem "diferentemente do alegado pela defesa, a qualificadora do feminicídio possui natureza objetiva, na medida em que está relacionada à condição de gênero feminino, enquanto a qualificadora do motivo fútil é de natureza subjetiva, pois diz respeito à pessoa do agente" (fl. 439).

Portanto, inexiste constrangimento legal a ser sanado no caso dos autos.

Agravo regimental desprovido.

(AgRg no HC 822.149/SC, relator Ministro Messod Azulay Neto, Quinta Turma, julgado em 25.09.2023, DJe de 28.09.2023).

Agravo regimental no agravo em recurso especial. Homicídio qualificado (feminicídio). Pronúncia. Qualificadora de natureza objetiva. Comunicação ao coautor. Ingresso na esfera de conhecimento do agente. Competência do conselho de sentença (tribunal do júri). Manutenção da sentença de pronúncia.

I. "'Segundo entendimento estabelecido nesta eg. Corte Superior de Justiça, 'somente se mostra possível a exclusão de qualificadora quando esta for manifestamente improcedente, sob pena de usurpação da competência do Tribunal do Júri' (AgRg no AREsp 789.389/SE, Quinta Turma, Rel. Min. Jorge Mussi, DJe de 1º.08.2018)" (AgRg no REsp n. 1.925.486/SC, relator Ministro Messod Azulay Neto, Quinta Turma, julgado em 20.03.2023, DJe de 27.03.2023).

II. "A Lei 13.104/2015 passou a prever como qualificadora o fato do delito de homicídio ter sido perpetrado contra mulher em virtude da condição de sexo feminino, a qual deve ser entendida como o delito que envolve violência doméstica e familiar ou, ainda, menosprezo ou discriminação pela condição de mulher (CP, art. 121, § 2º, VI, c/c o § 2º-A)" (HC 520.681/RJ, relator Ministro Ribeiro Dantas, Quinta Turma, julgado em 22.10.2019, DJe de 30.10.2019).

III. "A jurisprudência desta Corte de Justiça firmou o entendimento segundo o qual o feminicídio possui natureza objetiva, pois incide nos crimes praticados contra a mulher por razão do seu gênero feminino e/ou sempre que o crime estiver atrelado à violência doméstica e familiar propriamente dita, assim o animus do agente não é objeto de análise (AgRg no REsp 1.741.418/SP, Reynaldo Soares da Fonseca, Quinta Turma, DJe 15.06.2018)" (AgRg no AREsp 1.454.781/SP, relator Ministro Sebastião Reis Júnior, Sexta Turma, julgado em 17.12.2019, DJe de 19.12.2019).

IV. No caso, ao menos em tese, a circunstância qualificadora teria ingressado na esfera de conhecimento da ré ora agravada, eis concorreu em todo o iter criminis, sabendo, previamente, que a finalidade de respectiva ação era a de "dar um sumiço na vítima", ou seja, ceifar a sua vida, praticando, inclusive, atos que ajudaram na sua consumação.

V. Assim, a qualificadora não se mostra manifestamente incabível, mormente em se tratando de decisão de pronúncia, devendo, ao menos nessa fase processual de admissibilidade da acusação, ser comunicada à corré – seja ela coautora ou partícipe –, postergando-se a análise da sua incidência (ou não), quando do julgamento realizado pelo Conselho de Sentença, afastando-se, desse modo, eventual usurpação de competência do Tribunal do Júri.

VI. Agravo regimental provido. Mantida a sentença de pronúncia (Processo 0013114-53.2015.8.26.0269 – 2ª Vara Criminal de Itapetinga/SP).

(AgRg no AREsp 2.019.202/SP, relator Ministro Jesuíno Rissato (Desembargador Convocado do TJDFT), Sexta Turma, julgado em 18.04.2023, DJe de 24.04.2023).

Processual penal. Agravo regimental no agravo regimental no agravo em recurso especial. Homicídio qualificado. Motivo torpe e feminicídio. Imputação simultânea. Possibilidade. Natureza distinta. Pronúncia. Nulidade não configurada. Prejuízo não demonstrado. Indícios de autoria e materialidade. Exame das provas dos autos. Súmula 7/STJ. Exclusão das qualificadoras. Impossibilidade. Manifesta improcedência não configurada. Agravo regimental desprovido.

1. A jurisprudência desta Corte firmou-se no sentido de que a nulidade por inobservância ao art. 212 do Código de Processo Penal (inquirição do magistrado diretamente as testemunhas) é relativa e, portanto, sujeita-se à demonstração de efetivo prejuízo, o que não ocorreu no caso.

2. A Corte de origem confirmou a pronúncia por entender haver prova da materialidade e indícios de autoria dos delitos de homicídio.

3. Ao se prolatar a decisão de pronúncia, as qualificadoras somente podem ser afastadas quando se revelarem manifestamente improcedentes, o que não é o caso dos autos.

4. Para desconstituir o entendimento firmado pelo Tribunal de origem e decidir pela despronúncia do recorrente ou mesmo para decotar as qualificadoras, conforme pleiteado pela defesa, seria necessário o revolvimento do conjunto fático-probatório, o que é vedado pela Súmula 7/STJ.

5. O acórdão combatido se alinha ao entendimento desta Corte Superior segundo o qual "as qualificadoras do motivo torpe e do feminicídio não possuem a mesma natureza, sendo certo que a primeira tem caráter subjetivo, ao passo que a segunda é objetiva, não havendo, assim, qualquer óbice à sua imputação simultânea" (HC 430.222/MG, relator Ministro Jorge Mussi, Quinta Turma, julgado em 15.03.2018, DJe 22.03.2018).

6. Agravo regimental desprovido.

(AgRg no AgRg no AREsp 1.830.776/SP, relator Ministro Ribeiro Dantas, Quinta Turma, julgado em 24.08.2021, DJe de 30.08.2021).

Como se vê, esta Corte Superior tem entendido, com acerto, que a qualificadora do feminicídio é aplicável nos crimes praticados contra a mulher em razão do seu gênero feminino e/ou sempre que o crime estiver vinculado à violência doméstica e familiar propriamente dita. Desta forma, o *animus* do autor do crime não é objeto de análise. Outrossim, se fosse diferente os princípios da lei de proteção à mulher em evidente situação de hipossuficiência ou vulnerabilidade, seriam subvertidos, tornando em vão o esforço do legislador pátrio na criação da qualificadora, a qual veio com fundamento teórico da mesma doutrina da Lei Maria da Penha.

Por fim, mas não menos importante, há que se mencionar que corroboram o entendimento da Corte, os Enunciados 23 e 24 da COPEVID que dispõem:

Feminicídio: natureza objetiva da qualificadora (inciso I) Enunciado 23 (005/2015):

A qualificadora do feminicídio, na hipótese do art. 121, § 2º-A, inciso I, do Código Penal, é objetiva, nos termos do art. 5º da Lei 11.340/2006 (violência doméstica, familiar ou decorrente das relações de afeto), que prescinde de qualquer elemento volitivo específico. (Aprovado na II Reunião Ordinária do GNDH em 07.08.2015 e pelo Colegiado do CNPG em 22.09.2015).

Feminicídio: natureza objetiva da qualificadora (inciso II) Enunciado 24 (006/2015): A qualificadora do feminicídio, na hipótese do art. 121, § 2º-A, inciso II, do Código Penal, possui natureza objetiva, em razão da situação de desigualdade histórico-cultural de poder, construída e naturalizada como padrão de menosprezo ou discriminação à mulher. (Aprovado na II Reunião Ordinária do GNDH em 07.08.2015 e pelo Colegiado do CNPG em 22.09.2015).

E, no mesmo sentido, o Enunciado 39 do FONAVID:

Enunciado 39: A qualificadora do feminicídio, nos termos do art. 121, § 2º-A, I, do Código Penal, é objetiva, uma vez que o conceito de violência doméstica é aquele do art. 5º da Lei 11.340/06, prescindindo de qualquer valoração específica.

CONSIDERAÇÕES FINAIS

Analisados os aspectos objetivos da lei, fica claro que a problemática da violência contra a mulher ultrapassa a questão jurídica e se mostra muito mais ampla e complexa, requerendo uma análise dos aspectos sociais, psicológicos e familiares. De fato, uma das maiores dificuldades que se encontra quando o feminicídio se apresenta, se refere à existência de dados estatísticos sobre o assunto. O que se percebe é a enorme dificuldade no acesso a tais dados e a compreensão das estatísticas oficiais apresentadas, especialmente pela sua disparidade, entre os fornecidos pelos serviços de saúde e pelos órgãos judiciais e de segurança.

O Brasil, num grupo de 83 países com dados homogêneos, fornecidos pela Organização Mundial da Saúde, ocupa, pasmem, a 5ª posição, evidenciando que os índices locais excedem, em muito, os encontrados na maior parte dos países do mundo. Temos 48 vezes mais homicídios femininos que o Reino Unido; 24 vezes mais homicídios femininos que Irlanda ou Dinamarca; e 16 vezes mais homicídios femininos que Japão ou Escócia.

O aumento de todas as formas de violência contra as mulheres, inclusive do feminicídio – consumados e tentados –, mostra que apesar da existência de legislações que buscam a prevenção e o combate da violência cometida contra a mulher no Brasil e do posicionamento adotado pelo Superior Tribunal de Justiça de indicar a natureza objetiva da qualificadora, o que faz com que – caso seja ela reconhecida pelo Conselho de Sentença no julgamento pelo Tribunal do Júri –, seja aplicada uma pena mais severa, ainda estamos longe de ter números que mostrem sua real e efetiva diminuição.

Persistem preconceitos e estereótipos na prática dos operadores do direito; há na maioria dos municípios e estados a demora no início das investigações dos casos envolvendo os crimes contra as mulheres, a inatividade de expedientes, a irregularidade e as falhas na colheita de provas dos crimes, o descaso das autoridades e as dúvidas que mostram com relação às vítimas. A resistência na aplicação das Diretrizes Nacionais para Investigar, Processar e Julgar o Feminicídio, bem como o Protocolo para Julgamento com Perspectiva de Gênero (CNJ, 2021) demonstram o tratamento inadequado dos crimes dolosos contra a vida das mulheres, que desestimula, muitas das vezes, as mulheres a buscarem ajuda e faz com que as vítimas desistam de denunciar seus agressores e acabem, em razão do agravamento da violência contra si, tendo o mais cruel e definitivo destino: a morte.

Não há dúvidas que a simples tipificação de um crime não tem o condão de, por si só, prevenir sua ocorrência ou mesmo diminuir a violência contra a mulher. Especialmente porque quando há a provocação do Estado, seja pela necessária atuação de seus agentes de polícia, seja pelo Judiciário na instrução e julgamento de uma ação penal, já terá havido a lesão ao bem jurídico tutelado. O mais importante é, de fato, prevenir, educar, orientar, mudar a visão equivocada que decorre de uma herança histórico-cultural patriarcal, incutindo em cada um a certeza da igualdade entre homens e mulheres.

Infelizmente, mulheres continuam sendo mortas. Talvez pelo medo ou pelo ódio que se tenha delas. De fato, sempre se matou no mundo por medo ou por ódio e, ao contrário do que alguns homicidas tentam alegar, não se mata por amor.

REFERÊNCIAS

ANDRADE, Léo Rosa. *Feminicídio, monogamia, violência contra mulheres*. Disponível em: http://leorosa.jusbrasil.com.br/artigos/172692529/feminicidio-monogamia-violencia-contra-mulheres. Acesso em: 24 out. 2024.

BIANCHINI, A.; GOMES L. F. *Feminicídio*: entenda as questões controvertidas da Lei 13.104/15. Disponível em: https://professorlfg.jusbrasil.com.br/artigos/173139525/feminicidio-entenda-as-questoes-controvertidas-da-lei-13104-2015. Acesso em: 27 jul. 2024.

BIANCHINI, A; BAZZO, M; CHAKIAN, S. *Lei Maria da Penha, Crimes Sexuais e Feminicídio*. 5. ed. rev., atual. e ampl. São Paulo. JusPodivm, 2023.

BITENCOURT, Cezar Roberto. *Homicídio discriminatório por razões de gênero*. Disponível em: https://www.cezarbitencourt.adv.br/index.php/artigos/37-homicidio-discriminatorio-por-razoes-de-genero. Acesso em: 26 jul. 2024.

BRASIL. Lei 11.340, de 7 de agosto de 2006. Lei Maria da Penha. Diário Oficial da União, Brasília, 2006.

BRASIL. Lei 13.104, de 9 de março de 2015. Lei do Feminicídio. Diário Oficial da União, Brasília, 2015.

CERQUEIRA, Daniel et. al. *Atlas da Violência 2019*. IPEA e Fórum Brasileiro de Segurança Pública. Disponível em: https://www.ipea.gov.br/atlasviolencia/arquivos/downloads/6537-atlas2019.pdf. Acesso em: 24 out. 2024.

CONSELHO NACIONAL DE JUSTIÇA. Protocolo para Julgamento com perspectiva de gênero. Disponível em: https://www.cnj.jus.br/wp-content/uploads/2021/10/protocolo-para-julgamento-com-perspectiva-de-genero-cnj-24-03-2022.pdf. Acesso em: 02 fev. 2024.

CUNHA, Rogério Sanches; PINTO, Ronaldo Batista. *Violência Doméstica*: Lei Maria da Penha. Lei 11.340/2006. Comentada artigo por artigo. 14. ed. rev. atual. e ampl. Salvador: JusPodivm, 2024.

CUNHA, Rogério Sanches. *Lei do Feminicídio*: breves comentários. Disponível em: http://rogeriosanches2.jusbrasil.com.br/artigos/172946388/lei-do-feminicidio-breves-comentarios?ref=... Acesso em: 24 out. 2024.

DELMANTO, C; DELMANTO, R; JÚNIOR, D.R; DELMANTO F.M.de A. *Código Penal Comentado*. 9. ed. São Paulo: SaraivaJur, 2017.

FERNANDES, Valéria Diez Scarance. *Lei Maria da Penha*: O processo no caminho da efetividade. 5. ed. rev., ampl. e atual. São Paulo: JusPodivm, 2024.

FIGUEIREDO, Beatriz. *Feminicídio*: Perícia Criminal e valor jurídico da prova material. Campinas/SP: Millennium, 2023.

GRECO, R. *Feminicídio* – Comentários sobre a Lei 13.104, de 9 de março de 2015. Disponível em: https://rogeriogreco.jusbrasil.com.br/artigos/173950062/feminicidio-comentarios-sobre-a-lei-n-13104-de--9-de-marco-de-2015. Acesso em: 24 out. 2024.

IPEA, *Atlas da violência 2024*. Disponível em: https://www.ipea.gov.br/atlasviolencia/arquivos/artigos/7868-atlas-violencia-2024-v11.pdf. Acesso em 27/07/2024. Acesso em: 24 out. 2024.

LERNER, Gerda. *A criação do Patriarcado*: história da opressão das mulheres pelos homens. Trad. Luiza Sellera. São Paula: Cultrix, 2019.

MELLO, A. R. *Feminicídio. Uma análise sociojurídica da violência contra a mulher no Brasil*. Rio de Janeiro: GZ, 2017.

MELLO, A. R. *Feminicídio. Uma análise sociojurídica da violência contra a mulher no Brasil*. 3. ed. Rio de Janeiro, GZ, 2020.

NUCCI, Guilherme de Souza. *Código Penal Comentado*. 23. ed. Rio de Janeiro. Editora Forense, 2023.

ONU MULHERES; SPM; SENASP. *Feminicídios*: diretrizes nacionais para investigar, processar e julgar com perspectiva de gênero as mortes violentas de mulheres. Brasília: ONU Mulheres, SPM e SENASP, 2016.

ONU MULHERES. *Diretrizes Nacionais Feminicídio* – Investigar, Processar e Julgar. Secretaria Especial de Política Para Mulheres; Ministério da Mulher, da Igualdade Racial e dos Direitos Humanos, 2016.

PEREIRA, Jeferson Botelho. *Breves apontamentos sobe a Lei 13.104/2015, que cria o crime de feminicídio no ordenamento jurídico brasileiro*. Disponível em: http://jus.com.br/artigos/37061/breves-apontamentos-sobrealein13-104-2015-que-cria-de-crime-feminicidio-no-ordenamento-juridico-brasileiro. Acesso em: 24 out. 2024.

PIEROBOM, Thiago; MESQUITA, Cristhiane Raisse de Paula. O Conceito Jurídico de "Violência Baseada no Gênero": Um Estudo da Aplicabilidade da Lei Maria da Penha à Violência Fraterna. *Quaestio Iuris*, v. 13, n. 01, Rio de Janeiro, 2020.

RADFORD, J.; RUSSEL, D. E. H. *Feminicide*: the Politics od wiman killing. New York: Tawayne, 1992.

ROMERO, Sandra. *Feminicídio*: Aspectos Legais e Sociais. São Paulo: Saraiva, 2014.

SAFFIOTI, Heleieth Iara Bongiovani. *Gênero, Patriarcado, Violência*. São Paulo: Fundação Perseu Abramo, 2004.

SCHLOTTFELD, S. Femicídio, feminicídio e o entendimento dos operadores do Direito brasileiro ao tratar a morte de mulheres em razão do gênero. *Boletim IBCRIM*, São Paulo, n. 291, fev. 2017.

SEGATO, Rita L. *Las estructuras elementales de la violencia*. Buenos Aires: Universidad de Buenos Aires, 2006.

TELES, Maria A. de Almeida; MELO, Mônica. *O que é violência contra a mulher*. São Paulo: Brasiliense, 2002.

WAISELFISZ, J. J. *Mapa da Violência 2015*: Homicídio de mulheres no Brasil. Brasília: SPM, ONU Mulheres e OPAS/OMS, 2015.

O CONTEXTO DA VIOLÊNCIA DOMÉSTICA EM ANGOLA: ENTRE A CULTURA E A LEI (UMA VISÃO COMPARADA ENTRE ANGOLA E O BRASIL)

Arlindo da Silva Castro

Pós-Graduado em Direito das Crianças e Jovens pela Universidade de Coimbra. Especializações em Direito de Família, Adopção e Apadrinhamento Civil. Presidente do Núcleo do IBDFAM Angola. Juiz de Direito.

Sumário: Introdução – 1. Considerações sociais e culturais – 2. Enquadramento legal da violência doméstica – 3. Conceito e tipos de violência doméstica – 4. A proteção da vítima de violência doméstica – Considerações finais – Referências.

INTRODUÇÃO

A violência doméstica é um problema global que afeta milhões de pessoas, independentemente da nacionalidade, condição social, raça e gênero. Em África, em Angola, em particular, esse problema apresenta contornos preocupantes, porque em muitos casos possui raízes culturais e sociais.

A igualdade entre homens e mulheres, apesar de ser uma conquista inegável, ainda luta por um espaço no plano prático e real. As mulheres e crianças continuam a ser vistas como subalternas dentro da família, onde o homem ocupa a posição de chefe e provedor, legitimado a impor a sua vontade, frequentemente por meio da violência. Essa realidade, em uma sociedade pluricultural, compromete a efetivação prática das leis, demandando uma intervenção mais significativa do Estado na educação e proteção dos sujeitos vulneráveis nas relações familiares e vítimas de violência doméstica.

Neste artigo, que não pretende esgotar o tema, buscamos, por meio da análise bibliográfica, apresentar o Contexto da Violência Doméstica em Angola. Discutiremos as considerações sociais e culturais que, em nosso entendimento, moldam as relações entre os membros da família, considerada o palco principal desse flagelo social.

Prosseguiremos com o enquadramento legal da violência doméstica, abordando a sua conceptualização e traços distintivos em comparação com outras realidades, em particular a brasileira. Por fim, antecipando as considerações finais, apresentaremos as medidas existentes no ordenamento jurídico angolano para proteção da vítima e a necessidade de uma maior intervenção do Estado, a fim de garantir efetivamente a dignidade da pessoa humana, especialmente da mulher.

1. CONSIDERAÇÕES SOCIAIS E CULTURAIS

O país que hoje se chama Angola e cujos limites foram definidos durante a fase final do século XIX, precisamente a partir das decisões tomadas na Conferência de Berlim, é habitado, majoritariamente, por povos de origem *bantu*[1] que, a partir do século VI,[2] vindos do norte de África, ocuparam grande parte deste território, tendo dado lugar posteriormente a vários reinos.

Porque a abordagem que aqui se faz é sobre violência doméstica e esta ocorre, em tese, nas famílias, importa ter em consideração que o conceito de família inerente ao povo *bantu* é extenso, tratando-se-lhe como uma comunidade de parentes e pessoas próximas. Assim, família não é apenas constituída por pai, mãe e filhos. São também os tios, os avós, os primos, os cunhados, os sogros, os amigos e até os vizinhos, ou seja, a comunidade.[3] Aliás é usual dizer-se em Angola que *vizinho é família*.

O grupo *bantu* presente em Angola reparte-se em nove grandes grupos etnolinguísticos, nomeadamente *Bakongo, Ambundu, Ovimbundu, Tchokwe, Nganguela, Nhaneca-Humbe, Ambós, Hereros, Xindongas*, tendo cada um os seus próprios costumes, tradições, e sistema de crenças e língua nativa. Essa diversidade se reflete também em termos de direito consuetudinário, que coexiste com o direito formal do Estado.

Trata-se de uma realidade que advém desde o período da colonização, em que existiam duas formas de exercício de poder, nomeadamente o poder central, do Estado colonizador, e o poder periférico, ou seja, o poder tradicional.[4]

A Constituição da República de Angola, depois de invocar no seu preâmbulo *a memória dos antepassados* e de apelar à *sabedoria das lições da história comum e das raízes seculares e das culturas que enriquecem a unidade do povo e do Estado de Angola*, reconhece no artigo 7.º a validade e a força jurídica do costume que não seja contrário à Constituição nem atente contra a dignidade da pessoa humana. Destarte, o costume tem tutela constitucional, estando em igualdade com a lei, não sendo nenhum, por si mesmo, superior ao outro e ambos devem subordinação à Constituição e aos direitos humanos, no que se refere à centralidade do valor da dignidade da pessoa humana.[5]

---

1. Os *bantu* têm sido definidos, simplificadamente, como um grupo de povos que se serve de qualquer forma da raís *ntu*, para qualificar as pessoas humanas. Essa raís, com o prefixo do plural *ba*, forma conjunto *ba-ntu*, e daí as formas *bantu* ou *banto* que os designam (REDINHA, José. *Etnias e Culturas de Angola*. Associação das Universidades de Língua Portuguesa, 2009, p. 27).
2. A população original da região, os *khoisan*, mais baixos e com um tom de pele mais claro, ainda existe em pequenas áreas mais ou menos isoladas no Sul do país.
3. GAVIÃO, Isabel Harriet Gourgel. *A Violência Doméstica no Seio da Relação Conjugal e a sua Relação com o Estatuto da Mulher na Sociedade*: O Caso de Angola. Dissertação de Mestrado apresentada ao programa da Faculdade de Direito da Universidade Autónoma de Lisboa, 2015, p. 19.
4. Nos termos do Decreto-Lei 39.666, de 20 de Maio de 1954, que promulgou o Estatuto dos Indígenas Portugueses das províncias da Guiné, Angola e Moçambique, a convivência social regia-se pelos usos, costumes e o direito escrito provindo de Portugal, assente numa base discriminatória, em razão de ser ou não pessoa de raça negra ou descendente destas.
5. Neste sentido: FEIJÓ, Carlos. *A Coexistência Normativa entre o Estado e as Autoridades Tradicionais na Ordem Jurídica Plural Angolana*. Coimbra: Almedina. 2012, p. 391.

Por conseguinte, assim como reconhece a validade do costume, a Constituição da República de Angola também reconhece as instituições do poder tradicional, que são exercidas pelos líderes comunitários. Esses líderes desempenham um papel importante na administração local, bem como na justiça e resolução dos conflitos, de acordo com os costumes e tradições de cada grupo. Isso pode ser observado nos artigos seguintes:

Artigo 223.º

Reconhecimento

1. O Estado reconhece o estatuto, o papel e as funções das instituições do poder tradicional constituídas de acordo com o direito consuetudinário e que não contrariam a Constituição.

2. O reconhecimento das instituições do poder tradicional obriga as entidades públicas e privadas a respeitarem, nas suas relações com aquelas instituições, os valores e normas consuetudinários observados no seio das organizações político-comunitárias tradicionais e que não sejam conflituantes com a Constituição nem com a dignidade da pessoa humana.

Artigo 224.º

Autoridades Tradicionais

As autoridades tradicionais são entidades que personificam e exercem o poder no seio da respectiva organização político-comunitária tradicional, de acordo com os valores e normas consuetudinários e no respeito pela Constituição e pela lei.

Assim, consagrando um verdadeiro pluralismo jurídico, assume-se que o costume e o poder tradicional fazem parte da vida social e jurídica dos angolanos, desde que respeitem à Constituição e a dignidade da pessoa humana, enquanto base fundacional do Estado, como previsto no artigo 1.º da nossa Constituição – *Angola é uma República independente, baseada na dignidade da pessoa humana [...]*.

Desta feita, aliado ao facto de Angola ter mais de 1,2 milhão de quilómetros quadrados, mais de 30 milhões de habitantes, e de o seu território estar dividido em 21 províncias,[6] algumas com a sua própria língua nativa – apesar de o português ser a oficial –, a sua forma de estar e ser, a sua cultura, os seus hábitos e costumes contribuem para que se tenha um entendimento distinto sobre a violência doméstica, pois para uns, na situação conjugal, trata-se de um facto suscetível de ser resolvido entre as pessoas com mais experiência nas famílias, visando manter o casamento e garantir um lar sólido para os cônjuges e, em especial, para os filhos, para outros trata-se de uma situação normal, porque "as mulheres entram em conflito com os maridos e a violência faz parte da relação, pelo que só devia existir uma intervenção do Estado nos casos em que o agressor chegue a um extremo".[7]

Em relação ao que pode ser considerada violência doméstica na perspectiva cultural ou tradicional, recorremos ao grande estudioso sobre o direito consuetudi-

---

6. A Lei 14/24, de 5 de Setembro veio estabelecer a nova divisão político-administrativa da República de Angola, passando-se de 18 para 21 províncias.

7. POIARES, Nuno. *A Violência Doméstica em África, O Ensino do Direito Penal em Contexto Multicultural*. Coimbra: Almedina, 2023, p. 83.

nário em Angola, Chicoadão,[8] que, embora não defina o fenômeno, identifica certas condutas que podem ser classificadas como violência doméstica. Ele destaca que há uma distinção na qualificação depedendo do gênero da pessoa que a pratica. Assim, é violência doméstica:

Pelo homem

Espancar a mulher, com ou sem razão; Abandonar o lar, dando lugar a que a sua mulher seja infiel; bater a sogra; injuriar a mulher e apodá-la de feiticeira; seduzir mulher alheia com perseguições sucessivas; ainda que infrutíferas; não participar com a mulher no amanho da terra e colheita dos produtos agrícolas; exigir relações sexuais depois do quarto mês de gravidez e antes da criança atingir entre dois a três anos, exigir relações sexuais e confecção de alimentos pela mulher durante o período menstrual desta e recusar-se a lundular e a ser lundulado.[9]

Pela mulher

Cometer adultério seja qual for o pretexto; confecionar alimentos durante o período menstrual; bater na sogra; injuriar as irmãs do marido, sobretudo a irmã mais velha da mãe deste; desobedecer às ordens e faltar respeito à "Mãe-ya-kota" ou seja à primeira mulher do marido; recusar-se a ser lundulada; ficar desleixada, não cuidar da higiene pessoal e de não se aprontar para atrair o marido.

No que diz respeito aos atos praticados contra os filhos e os demais membros da família, são tidos como violência doméstica contra a criança, cometida pelo pai, *não prestar alimentos aos filhos; não proteger os filhos contra feitiçaria; bater nos filhos; faltar com carinho e afeto paternais aos filhos da viúva lundulada; não construir a casa de filho adulto que vai desposar a filha alheia.* E pela mãe, *não tratar como sendo biologicamente seus os filhos do marido tidos com as outras mulheres, já que não há enteados nem madrastas na família ancestral, onde aqueles são filhos e estas, mães.*

E quanto aos demais membros que compõem a família, constitui violência doméstica a *recusa, pelo marido, da assumção dos seus deveres sociais para com os membros da família da mulher; recusa, pela mulher, da assumção dos seus deveres sociais para com os membros da família do marido; recusa, pela mulher ou sua família, da realização, por parte da família do marido, da cerimónia de Kuzobwexa (certificação espiritual da paternidade biológica, ou seja, uma prova equivalente ao actual exame de DNA).*[10]

É inegável que determinadas condutas descritas colocam em causa direitos fundamentais, especialmente o princípio da igualdade entre o homem e a mulher,

---

8. CHICOADÃO, António Francisco Adão Cortez. *Manual do Direito Costumeiro e do Poder Tradicional dos Povos de Angola.* 2. ed. Luanda: Mayamba, 2015, p. 255-256.

9. *Lundular* (do verbo Kimbundu *ku lundula*) – acto de um familiar próximo do *de cujus* herdar a viúva ou o viúvo do parente falecido (a). Nas situações em que o marido é que morre, quem lundula a viúva é o primeiro dos irmãos do falecido. Trata-se de uma forma de não deixar desamparados a viúva e os seus filhos, que, de seguida, passam sob a proteção do lundulador, de quem fica encarregado a educação dos sobrinhos, os quais, sob a vigilância da comunidade, deve tratar como seus próprios filhos. Disponível em: https://www.jornaldeangola.ao/ao/noticias/detalhes.php?id=426140. Acesso em: 11 ago. 2024.

10. É importante ressaltar que, em Angola, é comum, mesmo entre pessoas informadas, que o pai registre a criança apenas após esta ter sido vista pela mãe (avó da criança) ou pela sua tia mais velha, que deve confirmar a existência de traços característicos entre eles.

consagrado no artigo 23.º da Constituição, com implicações diretas nas relações familiares, particularmente entre cônjuges.

O Código da Família angolano estabelece que *o homem e a mulher são iguais no seio da família, gozando dos mesmos direitos e cabendo-lhes os mesmos deveres,*[11] no entanto, por aquilo que foi descrito, persiste uma disparidade na aplicação desse princípio. É exemplo disso o fato de o adultério feminino ser considerado violência doméstica, enquanto o masculino é socialmente tolerado, impondo-se, em alguns casos, que a segunda esposa seja obrigada a respeitar a primeira, reforçando a desigualdade de gênero.

Além disso, verifica-se que certos atos estão relacionados a tabus vinculados à condição biológica da mulher, como é o caso da prática de relações sexuais entre os cônjuges a partir do quarto mês de gravidez até que a criança complete pelo menos dois anos, assim como durante o período menstrual. Repare-se que em muitas regiões a mulher, em período menstrual, é vista como impura, não podendo, por exemplo, confecionar os alimentos,[12] entrar nos currais de gado e, sob o temor de ficarem estéreis, comer ovos, aves ou tomar leite.[13]

Ora, não se tratando de práticas generalizadas e por serem de caráter íntimo, é difícil mensurar até que ponto as mesmas são seguidas à risca, mas fica claro que até a condição biológica da mulher serve de base para definição do que pode ser considerado como violência doméstica e, quiçá, para imposição de restrições e controle sobre o seu comportamento e autonomia, que, como veremos, na perspectiva legal também pode ser violência, no caso psicológica.

Prosseguindo, é importante destacar que chamar uma mulher de feiticeira também pode ser considerado violência doméstica. Em África, de modo geral, o misticismo ainda permeia as relações sociais, e Angola não é exceção. Observe-se que, em determinadas regiões do país, essa acusação é grave, especialmente nas relações familiares, pois a pessoa rotulada como feiticeira é vista como um ser misterioso que vive à margem da lei, podendo enfrentar riscos extremos, incluindo a morte, se descoberta.[14]

Um exemplo paradigmático em Angola é o processo *Kamutukuleno,*[15] cuja factualidade foi apreciada na Câmara Criminal do Tribunal Supremo. Nesse caso, oito camponeses foram mortos sob a acusação de feitiçaria na província do Cuando Cubango, em decorrência de rumores de que pessoas falecidas estariam trabalhando em seus campos, o que supostamente explicava boas colheitas. A situação gerou pâ-

---

11. Artigo 3.º, n. 1, do Código da Família angolano.
12. CHICOADÃO, op. cit., p. 140.
13. ALTUNA, RAUL Ruiz de Asúa. *Cultura Tradicional Bantu.* 2. ed. Paulinas, 2014, p.260.
14. REDINHA, José, op. cit. p. 347.
15. *Kamutukuleno* é uma palavra originária da República da Zâmbia e no município do Cuíto Cuanavale, em Angola, o mesmo fenómeno chama-se *Vuhole* e há zonas onde é designado *Mayombola* e, segundo CHICOADÃO, op. cit., p.357, é considerado como um processo espiritualista de transferência de uma pessoa da vida real para um além onde fica refém e à mercê do feiticeiro.

nico na comunidade, levando uma comissão de autoridades tradicionais a apresentar um relatório ao então governador, que ordenou a execução dos acusados, os quais foram fuzilados e seus corpos descartados no rio.[16]

Ora, todas essas visões culturais, embora em grande parte atenuadas pela migração de pessoas das zonas rurais para as grandes cidades, em razão do conflito armado que Angola enfrentou por mais de 27 anos, ainda são muito presentes nas famílias e influenciam a resolução de litígios e conflitos. Por exemplo, em casos de violência doméstica conjugal, é comum convocar uma reunião com a participação de membros mais velhos de ambas as famílias, pois, segundo a cultura *bantu,* o casamento não envolve apenas duas pessoas, mas sim duas famílias, destacando o caráter comunitário em detrimento do individual.

Assim, quando ocorrem desentendimentos entre os cônjuges ou parceiros, surgem vários intermediários e conselheiros de ambos os lados que acreditam que a união matrimonial não deve ser rompida apenas pela vontade de duas pessoas (marido e mulher), uma vez que compromete dois grupos interligados.[17] Isso frequentemente resulta na relativização e na continuidade da violência doméstica, pois a vítima pode sentir-se pressionada a não buscar ajuda do Estado contra o agressor, visando preservar o pacto familiar, comumente selado pelo *alambamento,* ato que precede ao casamento, por via do qual a família do noivo entrega à da noiva certa quantia de dinheiro, objetos, bebidas e animais. Por seu turno, a família do noivo, em troca, recebe a mulher.[18]

Dando continuidade, se não for possível encontrar uma solução familiar, naquelas comunidades onde há uma forte presença da autoridade tradicional e as instituições do Estado, como a polícia ou tribunais, estão ausentes, as situações de violência doméstica são resolvidas pelo *Soba,* enquanto pessoa investida do poder tradicional, ou pelos seus súbditos (*Seculo, Ajudante do Soba Grande, Ajudante do Soba*).[19]

Esse é um recorte da realidade social e cultural da violência doméstica em Angola, com enfase do que ocorre no âmbito rural, cujos reflexos se estendem para a zona urbana. A seguir, abordaremos seu enquadramento legal.

2. ENQUADRAMENTO LEGAL DA VIOLÊNCIA DOMÉSTICA

A violência doméstica em Angola tem tratamento específico na Lei 25/11, de 14 de Julho, que aprova a Lei Contra a Violência Doméstica. Esta lei tem essencialmente um pendor mais preventivo (curativo) do que repressivo, consagrando um conjunto de condutas comissivas ou omissivas que configuram violência doméstica.

---

16. SEBASTIÃO, Luzia Bebiana. *Legalidade Penal, Costume e Pluralismo Jurídico, A Experiência Angolana, o(s) Direito(s) e o(s) Facto(s).* Petrony, 2021, p. 29.
17. ALTUNA, Raul Ruiz de Asúa, op. cit. p. 311.
18. Ibidem, p. 323.
19. As autoridades tradicionais têm direito a um subsídio mensal pago pelo Estado e fixado por via do Decreto Presidencial 115/12, de 8 de Junho.

Ela foi aprovada um ano depois da entrada em vigor da Constituição angolana e foi regulamentada por via do Decreto Presidencial 124/13, de 18 de Agosto, momento em que também foi aprovado o Plano Executivo contra a Violência Doméstica e o respectivo Cronograma de Acções.[20]

A Lei Contra a Violência Doméstica reconhece a família como núcleo fundamental da sociedade, assim como faz a Constituição no seu artigo 35.º, exigindo proteção redobrada e especial. Ademais, considera a violência doméstica como um flagelo social que contribui para desestruturação e instabilidade emocional das famílias e, consequentemente, da sociedade. Contudo, é importante observar que até ao momento da sua aprovação a violência doméstica não tinha um tratamento específico, sendo todas as condutas que pudessem ser configuradas como tal, como é o caso de ofensas corporais voluntárias simples e outros, regulados pelo Código Penal de 1886, que vinha de Portugal enquanto administração colonial.

O Código Penal oitocentista previa o adultério como um crime e, ao ser cometido pela mulher, era punido com pena de prisão de dois a oito anos, mas, se cometido pelo homem, a pena era de multa a determinar entre um mínimo de três meses e o máximo de três anos.[21] Portanto, é evidente que aquele diploma consagrava uma punição mais severa para o adultério feminino em comparação ao masculino, pois, se a mulher enfrentava uma pena de privação de dois a oito anos, o homem apenas precisava pagar uma quantia em dinheiro, cujo limite máximo, atualmente, corresponderia a cerca de Kz 43 920 (quarenta e três mil e novecentos e vinte kwanzas) ou, em reais, BRL 267 (duzentos e sessenta e sete reais).[22]

Curiosamente, mesmo após Angola ter alcançado a independência em 11 de novembro de 1975 e ter aprovado sucessivas leis constitucionais, culminando na Constituição de 2010, a discriminação com relação à mulher permaneceu no Código Penal.

Embora não haja conhecimento de condenações baseadas naquelas normas, é inegável que a simples inclusão dessas disposições no ordenamento jurídico e a sua manutenção por um longo período refletiam e reforçavam a desigualdade social e de gênero no sistema de punição.

Prosseguindo, no ano de 2020 foi aprovado o primeiro Código Penal angolano[23] que buscou a aprovação de uma lei criminal adequada aos princípios e valores fun-

---

20. Decreto Presidencial 26/13, de 8 de Maio.
21. O Código Penal de 1886 consagrava no artigo 63.º o sistema de dias-multa, impondo que a mesma multa fosse fixada em função de um certo número de dias, não sendo, por dia, inferior a Kz 2,00 (dois kwanzas), nem superior a Kz 40 (quarenta kwanzas), o que, de acordo com o câmbio do dia 12.Set.2024, não chegava no seu limite mínimo e máximo a BRL 1 (um real).
22. O Código Penal de 1886 consagrava no artigo 63.º o sistema de dias-multa, impondo que a mesma multa fosse fixada em função de um certo número de dias, não sendo, por dia, inferior a Kz 2,00 (dois kwanzas), nem superior a Kz 40 (quarenta kwanzas). De acordo com o câmbio do dia 12.Set.2024, Kz 1,00 correspondia a BRL 0,00608.
23. As Leis 38/20 e 39/20, de 11 de Novembro, aprovaram o Código Penal e o Código do Processo Penal angolano, revogando o Código Penal de 1886 e o Código de Processo Penal de 1929.

damentais consagrados na Constituição, aos progressos da ciência do direito penal e às fundamentais linhas orientadoras da política criminal moderna.

Neste diploma, não foi consagrado um tipo legal específico para violência doméstica, mas determinadas condutas previstas na Lei Contra a Violência Doméstica foram absorvidas e agravadas.

Repare-se que, embora o escopo principal da Lei Contra a Violência Doméstica não fosse criar tipos legais, um vazio normativo existente na época de sua aprovação levou o legislador a tipificar, no artigo 25.º, crimes não contemplados no Código Penal anterior, puníveis com pena de prisão até dois anos, a menos que outra pena mais grave se aplicasse. Essas condutas incluem a falta reiterada de prestação de alimentos à criança e de assistência devida à mulher grávida; a apropriação indevida de bens da herança que, pelo seu valor pecuniário, atente contra a dignidade social dos herdeiros; a sonegação, alienação ou oneração de bens patrimoniais da família, tendo em conta o seu valor pecuniário; a prática de casamento tradicional ou não com menores de catorze anos de idade ou incapazes.

No entanto, apesar de a lei penal vigente ter revogado expressamente as disposições em sentido contrário, como é o caso de determinados tipos previstos da Lei Contra a Violência Doméstica, na prática, observa-se um movimento contínuo de aplicação simultânea e indistinta das normas constantes deste diploma e no Código Penal, com especial ênfase nas situações de falta de prestação de alimentos. Diante disso, resta saber como os Tribunais da Relação e o Tribunal Supremo, instâncias de recurso, poderão decidir a esse respeito quando forem provocados.

Retomando, a Lei Contra a Violência Doméstica, diferente do que sucede no Brasil, que assume como sujeito de proteção a mulher, é neutra em termos de gênero, mas isso não afasta a realidade de que o fenômeno da violência doméstica em Angola seja tendencialmente (mas não exclusivamente) uma violência de gênero.

Por essa razão, é importante destacar que, no domínio internacional, Angola ratificou alguns documentos que versam precisamente sobre a violência praticada contra as mulheres, com destaque para a Convenção sobre a Eliminação de todas as Formas de Discriminação contra a Mulher, adotada pela Assembleia Geral das Nações Unidas em 18 de dezembro de 1979, ratificada aos 17 de setembro de 1986, pela Resolução da Assembleia do Povo 15/84, de 19 de setembro.

A Convenção impõe aos Estados, entre outras, a modificação dos padrões sociais e culturais que perpetuam preconceitos e a eliminação de práticas baseadas na ideia de inferioridade ou superioridade de qualquer dos sexos, bem como em papéis estereotipados. No contexto africano, aqui angolano, essa tarefa se mostra desafiadora, dada a prevalência do costume e das práticas tradicionais que conferem ao homem uma posição de destaque, conforme mencionado anteriormente. Mas é necessário todo um esforço para que se alcance tal resultado, uma vez que o direito internacional geral ou comum, recebido nos termos da Constituição, faz parte da ordem jurídica angolana, conforme artigo 13.º da Carta Magna.

Agora, feita a exposição que antecede, é momento de compreender o conceito e os tipos de violência doméstica, o que apresentamos a seguir.

3. CONCEITO E TIPOS DE VIOLÊNCIA DOMÉSTICA

A literatura sugere que a violência doméstica, pelo menos nos moldes em que a conhecemos atualmente, tenha tido origem em estudos desenvolvidos nos Estados Unidos da América na década de 70 do século passado0.[24] Segundo Isabel Dias, trata-se de *qualquer ato (mesmo uma omissão, como negligência), ou ameaça que provoque nas vítimas danos físicos, psicológicos ou emocionais. Actos estes praticados por pessoas com as quais as vítimas têm uma relação de parentesco consanguíneo, legal ou de facto.*[25]

Na perspectiva legal, a Lei Contra a Violência Doméstica, no seu artigo 3.º, vem determinar que *entende-se por violência doméstica, toda acção ou omissão que cause lesão grave ou deformação física e dano psicológico temporário ou permanente que atente contra a pessoa humana no âmbito das relações previstas no artigo anterior.* O artigo a que se faz referência determina o âmbito de aplicação da Lei Contra a Violência Doméstica, expondo que esta se aplica aos *factos ocorridos no seio familiar ou outro que, por razões de proximidade, afecto, relações naturais e de educação, tenham lugar, em especial: a) nos infantários; b) nos asilos para idosos; c) nos hospitais; d) nas escolas; e) nos internatos femininos ou masculinos; f) nos espaços equiparados de relevante interesse comunitário ou social.*

Ora, pelo que fica exposto, é possível notar que a violência doméstica não é um crime em termos dogmáticos, trata-se, na verdade, de um conceito abstrato que busca abarcar um conjunto de ilícitos de diferentes espécies e naturezas, ocorrendo em um espaço de convívio familiar e além dele. Neste domínio é importante destacar que o conceito previsto no ordenamento jurídico angolano vai para além do que é estabelecido no Brasil. A Lei Maria da Penha, que segundo Maria Berenice Dias[26] é um microssistema, enquanto moderna técnica de atender os segmentos alvos da vulnerabilidade social, circunscreve o conceito de violência doméstica e familiar no âmbito da unidade doméstica, da família e em qualquer relação íntima de afeto (artigo 5.º da Lei 11.340/06). Em Angola, por sua vez, a violência pode ser considerada doméstica mesmo quando fora desse âmbito, como em infantários, asilos, hospitais, escolas e internatos, onde a relação entre o agressor e a vítima é, em tese, fundamentada em um dever de cuidado e/ou na prestação de um serviço.

Ademais, outra questão que nos parece já não ser discutível no Brasil é a possibilidade de se considerar violência doméstica os atos perpetrados após o fim do relacionamento. Em Angola esta questão não é pacífica, porque o artigo 2.º do Regulamento da Lei Contra a Violência Doméstica dispõe que se aplica a:

---

24. DIAS, Isabel. *Violência na família*: uma abordagem sociológica. Porto: Afrontamento, 2004, p. 91
25. Ibidem.
26. DIAS, Maria Berenice. *A Lei Maria da Penha na Justiça*. 5. ed. Salvador: JusPodivm, 2018, p. 10.

todos os sujeitos do crime de violência, angolanos e estrangeiros residentes ou em trânsito em Angola que tenham entre si, uma relação intersubjectiva de afecto fundada no amor, parentesco, afinidade, união de facto, casamento, adopção ou uma relação de cuidado, sem prejuízo do estabelecido em Tratados Internacionais de que a República de Angola faz parte.

Portanto, ao dizer que "tenham entre si", nos parece que a lei impõe atualidade da relação, posição com a qual não concordamos, pois a violência doméstica não cessa com o fim do relacionamento, seja ele por divórcio ou separação. Aliás, isto é reconhecido no Plano Executivo Contra Violência Doméstica quando dita no enquadramento geral que, *em relação à situação conjugal, a violência doméstica tem sido uma realidade onde muitas mulheres têm sido vítimas de violência física, psicológica, sexual e patrimonial mesmo após a ruptura da relação.*

Por seu turno, a literatura também vai no mesmo sentido, na medida em que Maria Clara Sottomayor afirma que, *em relação à situação conjugal, a violência doméstica tem sido uma realidade onde muitas mulheres têm sido vítimas de violência física, psicológica, sexual e patrimonial mesmo após a ruptura da relação.*[27]

Assim sendo, alinhamos na visão de que o mais eficaz é tomar-se em consideração a conservação ou não de laços de proximidade entre o agressor e a vítima, por via dos quais esta se encontra investida numa expectativa de confiança perante aquele, sobre o qual recai um especial dever de respeito e de abstenção de comportamentos maltratantes, ou até mesmo a insistência do agressor em manter tais laços contra a vontade da vítima.[28]

Exposto o conceito de violência doméstica, importa agora questionar como ela se classifica no ordenamento jurídico angolano.

A norma do artigo 3.º, n. 2, da Lei Contra a Violência Doméstica dita que ela pode ser: *a) violência sexual* – qualquer conduta que obrigue a presenciar, a manter ou participar de relação sexual por meio de violência, coacção, ameaça, ou colocação da pessoa em situação de inconsciência ou de impossibilidade de resistir; *b) violência patrimonial* – toda a acção que configure a retenção, a subtracção, a destruição parcial ou total dos objectos, documentos, instrumentos de trabalho, bens móveis ou imóveis, valores e direitos da vítima; *c) violência psicológica* – qualquer conduta que cause dano emocional, diminuição de autoestima ou que prejudique e perturbe o pleno desenvolvimento psico-social; *d) violência verbal* – toda a acção que envolva a utilização de impropérios, acompanhados ou não de gestos ofensivos, que tenha como finalidade humilhar e desconsiderar a vítima, configurando calúnia, difamação ou injúria; *e) violência física* – toda a conduta que ofenda a integridade ou a saúde corporal da pessoa e; *f) abandono familiar* – qualquer conduta que desrespeite, de forma grave e reiterada, a prestação de assistência nos termos da lei.

---

27. SOTTOMAYOR, Maria Clara. *Regulação do Exercício das Responsabilidades Parentais nos Casos de Divórcio*, 7. ed. Coimbra: Almedina, 2021, p. 362.
28. SÁDIO, Daniela Sofia. *O Crime de Violência Doméstica e o Estatuto da Vítima*. Dissertação de Mestrado apresentada ao programa de Direito da Universidade Católica Portuguesa, 2021, p. 19.

Em relação ao abandono familiar, importa destacar que o artigo 8.º do Regulamento da Lei Contra a Violência Doméstica,[29] fruto do conceito aberto que aquele termo encerra, veio concretizar que se considera como tal *o responsável por alimentos que, injustificadamente, abandona os membros do seu agregado familiar e não presta assistência devida aos mesmos.* Isto é extensível ao cônjuge que, estando separado de pessoas e bens,[30] não preste alimentos ou não participe das despesas domésticas.

Feito este pequeno esclarecimento, é importante ressaltar que as formas de violência descritas não ocorrem isoladamente e se inserem em um contexto de poder e controle, onde as vítimas, predominantemente mulheres e crianças, são submetidas a um ciclo de intimidação e agressão. Essas condutas comprometem diretamente a integridade pessoal da vítima, um direito fundamental consagrado no artigo 31.º da Constituição da República de Angola, que estabelece que nenhuma entidade pública ou privada pode comprometer a integridade física, intelectual e moral dos cidadãos, e que o Estado deve proteger essa integridade.

Adicionalmente, a Carta Africana dos Direitos do Homem e dos Povos, da qual Angola é signatária,[31] reafirma essa proteção no artigo 4.º, que proclama a inviolabilidade da pessoa humana, garantindo a todo ser humano o direito ao respeito pela sua vida e à integridade física e moral, afirmando que ninguém pode ser arbitrariamente privado desse direito.

Então, diante da violência doméstica, como se pode garantir a proteção da vítima? É disso que trataremos a seguir.

4. A PROTEÇÃO DA VÍTIMA DE VIOLÊNCIA DOMÉSTICA

A violência doméstica faz as suas vítimas tanto em uma perspectiva cultural quanto legal e, como demonstrado, existem fatos considerados violência doméstica em ambas as realidades. Sucede, porém, no que diz respeito à proteção da vítima, que as medidas legais são fundamentais, especialmente para as mulheres, que são as mais impactadas por esse flagelo social.

A Organização Mundial da Saúde classifica a violência contra as mulheres como um sério problema de saúde pública,[32] o que impõe dos Estados uma atenção redobrada para este segmento. O artigo 29.º da Constituição da República de Angola assegura a todas as pessoas, físicas ou jurídicas, o acesso à justiça e aos tribunais para a proteção dos seus interesses legítimos. Nas situações de violência doméstica, essa

---

29. Decreto Presidencial 124/13, de 28 de Agosto.
30. Há aqui um claro equívoco do legislador porque em Angola não há o regime de separação de pessoas e bens, enquanto uma forma de modificação do vínculo matrimonial e alternativo ao divórcio, como ocorre por exemplo em Portugal. O que se verifica em Angola é a separação de facto ou o divórcio, estando este, enquanto forma de dissolução do casamento, regulado no Código da Família.
31. Resolução 1/91 de 19 de Janeiro.
32. Disponível em: https://www.paho.org/pt/topics/violence-against-women. Acesso em: 23 ago. 2024.

proteção é igualmente válida, pois não se trata apenas de um problema familiar, mas sim do Estado e sua justiça.

Por sua vez, o artigo 6.º da Lei Contra a Violência Doméstica estabelece o princípio da responsabilidade criminal, determinando que quem praticar atos de violência doméstica será punido de acordo com as disposições dessa lei e a legislação penal em geral.

A lei também exige a criação de serviços especializados para tratar os crimes de violência doméstica nos órgãos de investigação e instrução criminal e do Ministério Público (artigo 28.º, n. 2). Entretanto, até onde se sabe, somente na província de Luanda foi criado um serviço especializado, vinculado ao Serviço de Investigação Criminal e ao Ministério Público, para condução da ação penal nesses casos. Nas demais províncias, o que corresponde aos estados no Brasil, essa orientação legal ainda não foi implementada, resultando no tratamento dos crimes de violência doméstica juntamente com outros delitos, o que compromete a celeridade e o enfoque necessário para lidar com esse fenômeno.

Voltando à vítima, é necessário recorrer ao artigo 11.º da Lei Contra a Violência Doméstica para saber quem se enquadra neste estatuto:

> Instaurado o processo criminal por infracção considerada violência doméstica, nos termos da presente lei, o lesado adquire automaticamente o estatuto de vítima para os efeitos legais, nomeadamente: a) acesso aos espaços de abrigo; b) atendimento preferencial para obtenção de prova pelas autoridades competentes; c) atendimento institucional, público ou privado, gratuito; d) emissão de declaração da condição de vítima de violência doméstica.[33]

A vítima, de acordo com a norma do artigo mencionado, é a pessoa lesada, considerando-se como tal todas aquelas que sofrem um dano físico, psicológico ou patrimonial. Contudo, é importante ressaltar que, na prática, a qualificação de vítima em casos de violência doméstica tem sido negligenciada.

Por exemplo, em uma situação de agressão do homem contra a mulher na presença dos filhos, muitas vezes apenas a mulher é considerada a vítima.[34] Estudos demonstram que a criança que assiste à violência entre os progenitores, especialmente quando esses atos são sistemáticos e prolongados, se encontra em uma situação de vitimização, muitas vezes mais graves do que a vivenciada pelo(a) progenitor(a) diretamente agredido(a).[35] Assim, se um homem agride a mãe de seus filhos na pre-

---

33. A declaração de vítima é emitida pela autoridade que instrui o processo, a pedido da pessoa lesada, e tem como finalidade comprovar tal estatuto.
34. No Acórdão da 1.ª Secção da Câmara Criminal do Tribunal Supremo, Proc. 4566/20 consegue-se verificar que foi dado como provado no Tribunal *a quo* que a agressão do progenitor à mãe foi cometida diante dos filhos que "estavam em choros e assustados", mas em momento nenhum se teve estes como vítimas, tão somente aquela a quem se atribuiu uma indenização de Kz 1 000 000 (um milhão de kwanzas).
35. PAULINO, Mauro. *Violência Doméstica e Exposição à Violência Interparental*. Jornadas sobre Violência Doméstica. Conselho Regional de Lisboa da Ordem dos Advogados, p. 109-112. Disponível em: https://crlisboa.org. Acesso em: 25 ago. 2024.

O CONTEXTO DA VIOLÊNCIA DOMÉSTICA EM ANGOLA **27**

sença destes, estamos diante de um concurso de crimes:[36] um em que a progenitora é a vítima e outro em que a criança, por assistir às agressões, pode ser considerada vítima de maus-tratos[37] e violência psicológica.

Tenha-se presente que é comum, em casos de agressão, as vítimas, mulheres, recorrerem a instituições como a Organização da Mulher Angolana (OMA),[38] e/ou aos Centros de Aconselhamento Familiar do Ministério da Acção Social Família e Promoção da Mulher. Esses centros, conforme o Regulamento da Lei Contra a Violência Doméstica, são compostos por especialistas que atendem casos de violência doméstica e oferecem aconselhamento para harmonização e conciliação familiar.[39]

É importante realçar que o recurso àquelas instituições nas situações de violência doméstica ocorre devido a uma prática enraizada na consciência social, que as vê como defensoras dos interesses das mulheres, mesmo em casos que configuram crimes e que, em tese, são questões de polícia.

Retomando, o n. 1 do artigo 12.º da Lei Contra a Violência Doméstica estabelece que:

> É assegurada protecção à vítima, à sua família ou às pessoas em situação equiparada, sempre que as autoridades competentes considerem que existe uma ameaça séria de actos de vingança ou fortes indícios de que a sua privacidade seja gravemente perturbada.

Do que resulta do n. 2 daquele artigo, para além de outras medidas previstas no Código do Processo Penal,[40] como é o caso, por exemplo, da prisão preventiva, justificando-se a gravidade da situação, a proteção da pessoa que sofreu ato de violência doméstica poderá passar pelo seguinte:

> a) encaminhar a vítima de violência doméstica provisoriamente para um espaço de abrigo temporário; b) proibir o contacto entre a vítima e o agente em locais que impliquem diligências na presença de ambos, nomeadamente nos edifícios dos tribunais e outros; c) determinar o apoio psicossocial por período não superior a seis meses, salvo se circunstâncias excepcionais impuserem a sua prorrogação; d) proibir ou restringir a presença do agente do crime no domicílio ou residência, em lugares de trabalho, de estudos e noutros frequentados regularmente pela vítima; e) apreender as armas que o agente tenha em seu poder, que permanecem sob custódia das autoridades na forma em que estas se estimem pertinentes; f) proibir ao autor o uso e posse de armas de fogo, oficiando à autoridade competente para as providências necessárias; g) determinar o retorno à residência a quem dela haja saído por razões de segurança pessoal, na presença da autoridade competente.

---

36. Artigo 28.º, do Código Penal: Concurso de Crimes. 1. O número de crimes determina-se pelo número de tipos de crime efetivamente preenchidos, ou pelo número de vezes que o mesmo tipo de crime for realizado pela conduta do agente.
37. Artigo 168.º Maus-tratos a menores, incapazes ou familiares.
38. Estrutura feminina do partido político MPLA. Durante muito tempo esta organização política teve uma ascensão na resolução das situações em que envolvesse violência contra a mulher, agindo como um órgão integrante da Administração do Estado. O fato é que muitas vezes os agressores preferiam ser apresentados à polícia, em que podiam encontrar alguma condescendência relacionada à visão patriarcal, a se apresentar à OMA, que inclusive emitia convocatórias.
39. Cfr. Artigo 9.º do Regulamento da Lei Contra a Violência Doméstica.
40. Artigo 269.º ao 284.º do Código de Processo Penal.

Acrescenta o n. 3 nos casos em que o agente viva em economia comum, a medida de injunção a opor àquele é o seu afastamento da residência, sempre que tal medida se afigure necessária.

Veja-se que as medidas acima descritas coincidem com algumas das medidas protetivas de urgência previstas nos artigos 22.º a 24.º da Lei Maria da Penha, o que aproxima o regime angolano de proteção da vítima ao do brasileiro.

No entanto, na prática, observa-se um distanciamento, exemplificado pela ausência de espaços de abrigo temporário para vítimas, uma medida que nunca foi implementada em Angola, mesmo após treze anos da aprovação da Lei Contra a Violência Doméstica. Assim, quando ocorrem situações de violência doméstica, as autoridades, além do apoio psicossocial e da apreensão ou proibição de armas nos casos em que se justifica, têm aplicado a proibição de contato e/ou o afastamento do agressor da residência. Contudo, essas medidas apresentam desafios significativos na sua execução.

Senão vejamos!

No que diz respeito à proibição de contato, embora o Código do Processo Penal preveja o uso de meios eletrônicos para monitorar seu cumprimento, esses recursos não estão disponíveis. Assim, a responsabilidade recai sobre a vítima, que deve informar às autoridades se o agressor descumpriu a medida.[41] Ora, claramente, essa situação não proporciona segurança nem conforto, deixando a vítima em constante medo, sem mecanismos eficazes para controlar a aproximação do agressor.

A literatura indica que, em casos de tentativas indevidas de aproximação e conflitos, a intervenção imediata das forças de segurança é crucial.[42] Sem essa atuação, a proteção efetiva da vítima não é garantida.

Por seu turno, o afastamento do agressor da residência também apresenta dificuldades práticas. Muitas vezes, é ele o proprietário da casa e o principal provedor da família, o que complica ainda mais a situação para a vítima em razão da dependência econômica. Acrescenta-se o fato, como já dissemos anteriormente, que o conceito de família em Angola é extenso, incluindo não apenas os cônjuges e filhos, mas também parentes que muitas vezes coabitam. Isso significa que, mesmo com o afastamento do agressor, a vítima pode conviver com os parentes dele, gerando pressão psicológica ou novos conflitos e, por isso, uma ineficácia da medida protetiva.

A violência doméstica impacta na saúde física e mental, segurança, contexto familiar e capacidade económica das vítimas. Portanto, uma intervenção integrada e coordenada é essencial para abordar a vulnerabilidade decorrente da agressão e

---

41. Em Angola não há um tipo legal específico pelo não cumprimento da medida, sendo tratado como crime de desobediência.

42. QUINTAS, Jorge. Justiça e Protecção para as Vítimas de Violência Doméstica: As Repostas do Sistema de Justiça Criminal. In: MORAIS, Teresa (Coord.). *Violência Doméstica* – Novas Questões Antigas. Coimbra: Almedina, 2022, p. 291-305.

proporcionar autonomia às vítimas.[43] Note-se que, embora o regime jurídico preveja a determinação de alimentos no processo criminal, a lentidão desse processo é preocupante. A tramitação pode levar mais de um ano devido à falta de um tratamento especial para crimes de violência doméstica e à priorização de casos com arguidos presos.

No contexto angolano, ao contrário do que ocorre no Brasil, onde prevalece o individualismo, a interferência da família extensa na vida conjugal é significativa. Essa pressão leva a vítima a manter a unidade familiar e a evitar expor a situação de violência, dificultando a busca por ajuda e inibindo a intervenção do Estado. Assim, como resultado, poucos casos de violência doméstica chegam a julgamento, muitos são encerrados devido à desistência da vítima. Veja-se que, mesmo quando o crime não admite desistência, a vítima, para que o processo não prossiga, simplesmente não colabora, não comparece às diligências e some.

Ora, em nosso entendimento, isso pode ser atribuído à ausência de medidas de proteção efetivas e à fragilidade do sistema de monitoramento. A falta de estruturas para abrigar as vítimas limita a efetividade dessas ações, deixando-as vulneráveis e sem suporte seguro.

Por isso, para que as vítimas, especialmente mulheres, se sintam seguras e apoiadas, é crucial implementar um sistema robusto que lhes garanta segurança e autonomia, com maior realce para o aspecto econômico, pois muitas delas permanecem no lar em que são agredidas devido à dependência financeira, pressão familiar, embasadas pela ideia cultural que apontamos. Talvez se deva admitir a possibilidade de concessão de um subsídio provisório às vítimas de violência doméstica ou a inserção em programas que lhes permitam se autossustentar, enquanto forma de garantir a sua autonomia.

Temos a convicção de que, com maior autonomia, as vítimas estarão mais dispostas a buscar justiça e a sair de ambientes de agressão, ainda que culturalmente justificados, pois o valor fundamental é a dignidade da pessoa humana e, certamente, não há ninguém que queira sofrer agressão por costume.

CONSIDERAÇÕES FINAIS

Nas sociedades pluriculturais como é o caso de Angola, a prática de atos que configuram violência doméstica pode ser influenciada por crenças e tradições específicas de cada grupo. No entanto, essas particularidades culturais não podem comprometer os princípios jurídico-constitucionais, nem afetar o Estado Democrático de Direito. É fundamental que as especificidades culturais sejam respeitadas, desde que não coloquem em risco a Constituição e os direitos humanos.

---

43. Associação Portuguesa de Apoio à Vítima. Necessidades Especiais das Vítimas de Violência Doméstica. In: MORAIS, Teresa (Coord.). *Violência Doméstica* – Novas Questões Antigas. Coimbra: Almedina, 2022, p. 37-79.

O princípio da igualdade, especialmente entre homens e mulheres, deve ser garantido em todo o território nacional, o que requer um esforço progressivo através da educação e sensibilização. Nesse processo, as autoridades tradicionais e as organizações da sociedade civil têm um papel crucial a desempenhar.

A Lei Contra a Violência Doméstica é uma ferramenta significativa para que o Estado assuma sua responsabilidade diante desse flagelo social. Entretanto, com a promulgação do Código Penal e do Processo Penal angolanos, a atualização se torna necessária, para que esteja em conformidade com esses novos diplomas, que refletem melhor os preceitos da Constituição e, por outro lado, para que se evite a aplicação indistinta de um ou outro diploma em torno da violência doméstica, como se tem verificado na prática.

O estado atual da violência doméstica em Angola não é apenas uma questão de legislação, mas sim de efetivação prática das leis existentes, além de requerer uma intervenção integrada e coordenada na proteção das vítimas, especialmente das mulheres. A insegurança e a falta de confiança das vítimas nas autoridades podem levar ao seu afastamento e silenciamento, o que agrava ainda mais o problema. Por isso, é essencial que sejam implementadas para garantir um suporte real e eficaz às vítimas, promovendo um ambiente seguro e propício para sua recuperação e autonomia.

No panorama jurídico, o estudo comparado exerce um papel fundamental e, no domínio da violência doméstica, o Brasil, com a Lei Maria da Penha, pode servir de referência para melhoria deste sistema sobre violência doméstica em Angola, uma vez que já ficaram demonstradas algumas semelhanças entre a lei brasileira e a Lei Contra a Violência Doméstica.

REFERÊNCIAS

ALTUNA, Raul Ruiz de Asúa. *Cultura Tradicional Bantu*. 2. ed. Paulinas, 2014.

DIAS, Isabel. *Violência na família*: uma abordagem sociológica. Porto: Afrontamento, 2004.

DIAS, Maria Berenice. *A Lei Maria da Penha na Justiça*. 5. ed. Salvador: JusPodivm, 2018.

FEIJÓ, Carlos. *A Coexistência Normativa entre o Estado e as Autoridades Tradicionais na Ordem Jurídica Plural Angolana*. Coimbra: Almedina, 2012.

GAVIÃO, Isabel Harriet Gourgel. *A Violência Doméstica no Seio da Relação Conjugal e a sua Relação com o Estatuto da Mulher na Sociedade*: O Caso de Angola. Dissertação de Mestrado apresentada ao programa da Faculdade de Direito da Universidade Autónoma de Lisboa, 2015.

MORAIS, Teresa (Coord.). *Violência Doméstica – Novas Questões Antigas*. Coimbra: Almedina, 2022.

PAULINO, Mauro. Violência Doméstica e Exposição à Violência Interparental. Jornadas sobre Violência Doméstica. Conselho Regional de Lisboa da Ordem dos Advogados. Disponível em: https://www.crlisboa.org/.

POIARES, Nuno. *A Violência Doméstica em África, O Ensino do Direito Penal em Contexto Multicultural*. Coimbra: Almedina, 2023.

REDINHA, José. *Etnias e Culturas de Angola*. Associação das Universidades de Língua Portuguesa, 2009.

SÁDIO, Daniela Sofia. *O Crime de Violência Doméstica e o Estatuto da Vítima.* Dissertação de Mestrado apresentada ao programa de Direito da Universidade Católica Portuguesa, 2021.

SEBASTIÃO, Luzia Bebiana. *Legalidade Penal, Costume e Pluralismo Jurídico, A Experiência Angolana, o(s) Direito(s) e o(s) Facto(s).* Petrony, 2021.

SOTTOMAYOR, Maria Clara. *Regulação do Exercício das Responsabilidades Parentais nos Casos de Divórcio.* 7. ed. Coimbra: Almedina, 2021.

VIOLÊNCIA DOMÉSTICA E O
SEU TRATAMENTO JURÍDICO EM PORTUGAL

Ana Luz

Advogada com a cédula profissional 15550L. Formadora na Área da Prática Processual Penal nos Conselhos Regionais de Lisboa e de Évora da Ordem dos Advogados
Portugueses

O tipo de crime "violência doméstica" obteve consagração legal no Código Penal Português, pela primeira vez, na alteração legislativa operada pela Lei 24/1982, de 23 de Agosto, sob a epígrafe, então no artigo 153º, de "Maus tratos ou sobrecarga de menores e de subordinados entre cônjuges", tendo natureza pública. Sendo um crime de tal natureza, significa que o Ministério Público, titular da ação penal, tinha legitimidade, por si, qualquer que fosse a forma pelo qual adquirisse a notícia do crime, para instaurar o competente inquérito crime e promovesse todas as diligências de prova, com vista à obtenção de indícios suficientes da verificação do crime e do seu agente, a fim de formular o despacho de acusação no encerramento do inquérito. Exigia, ainda, o tipo subjetivo um elemento especial de malvadez ou egoísmo, no perpetrar da conduta por parte do agente.

Até então, ou seja, antes de Agosto de 1982, um indivíduo que agredisse verbal ou fisicamente alguém, que a ele estivesse ligado por uma relação emocional, de proximidade ou subordinação, era punido nos termos gerais, por recurso à tipificação do crime de injúria ou ao crime de ofensa à integridade física, eventualmente nas suas formas agravadas ou qualificadas.

O Código Penal volta a sofrer alteração, pelo Decreto-Lei n.º 48/95, de 15 de março, e consagrando a máxima da sabedoria popular de que *"entre marido e mulher não se mete a colher"*, o legislador entendeu proceder à alteração da natureza do crime, passando então, sob a epigrafe "Maus tratos ou sobrecarga de menores, de incapazes ou do cônjuge", a revestir natureza semipública. Desta forma, o crime passou a depender de queixa a formular pelo ofendido, que dessa forma dava o impulso para a instauração do devido inquérito crime, com vista à investigação. Em termos de articulação do Código, o ilícito em análise deixa de estar consagrado no artigo 153º e passa a ter consagração no artigo 152º, disposição onde se mantém até hoje.

A 2 de Setembro de 1998, pela Lei n.º 65/98, sob a epígrafe "Maus tratos e infrações de regras de Segurança", o ilícito passou a ter uma natureza híbrida, na medida em que o procedimento, para ser instaurado dependia de queixa do ofendido, mas após a mesma ser formulada, o Ministério Público passava a ser total detentor da ação penal, pois se o interesse do ofendido o impusesse e não existisse oposição do mesmo, antes do encerramento do inquérito, este deveria formular a acusação, não sendo já possível, após a sua dedução, a formulação de uma desistência de queixa.

A 27 de maio, pela Lei n.º 7/2000, foi introduzida, além da punição na pena principal de prisão, a possibilidade de o julgador sancionar o agente com uma pena acessória de proibição de contacto com a vítima, incluindo o afastamento da sua residência.

Em Setembro de 2007, pela Lei n.º 59/2007, é finalmente consagrada a designação do crime como "Violência doméstica", sendo o teor do artigo, no essencial, o mesmo que até hoje se mantém, e que aqui se transcreve:

> *Artigo 152.º*
>
> *Violência doméstica*
>
> *1 – Quem, de modo reiterado ou não, infligir maus tratos físicos ou psíquicos, incluindo castigos corporais, privações da liberdade e ofensas sexuais:*
>
> *a) Ao cônjuge ou ex-cônjuge;*
>
> *b) A pessoa de outro ou do mesmo sexo com quem o agente mantenha ou tenha mantido uma relação análoga à dos cônjuges, ainda que sem coabitação;*
>
> *c) A progenitor de descendente comum em 1.º grau; ou*
>
> *d) A pessoa particularmente indefesa, em razão de idade, deficiência, doença, gravidez ou dependência económica, que com ele coabite;*
>
> *é punido com pena de prisão de um a cinco anos, se pena mais grave lhe não couber por força de outra disposição legal.*
>
> *2 – No caso previsto no número anterior, se o agente praticar o facto contra menor, na presença de menor, no domicílio comum ou no domicílio da vítima é punido com pena de prisão de dois a cinco anos.*
>
> *3 – Se dos factos previstos no n.º 1 resultar:*
>
> *a) Ofensa à integridade física grave, o agente é punido com pena de prisão de dois a oito anos;*
>
> *b) A morte, o agente é punido com pena de prisão de três a dez anos.*
>
> *4 – Nos casos previstos nos números anteriores, podem ser aplicadas ao arguido as penas acessórias de proibição de contacto com a vítima e de proibição de uso e porte de armas, pelo período de seis meses a cinco anos, e de obrigação de frequência de programas específicos de prevenção da violência doméstica.*
>
> *5 – A pena acessória de proibição de contacto com a vítima pode incluir o afastamento da residência ou do local de trabalho desta e o seu cumprimento pode ser fiscalizado por meios técnicos de controlo à distância.*
>
> *6 – Quem for condenado por crime previsto neste artigo pode, atenta a concreta gravidade do facto e a sua conexão com a função exercida pelo agente, ser inibido do exercício do poder paternal, da tutela ou da curatela por um período de um a dez anos.*

Hoje, a referida disposição legal, pela redação da Lei n.º 57/2021, de 16 de Agosto, tem a seguinte redação:

Artigo 152.º

Violência doméstica

1 – Quem, de modo reiterado ou não, infligir maus tratos físicos ou psíquicos, incluindo castigos corporais, privações da liberdade, ofensas sexuais ou impedir o acesso ou fruição aos recursos económicos e patrimoniais próprios ou comuns:

a) Ao cônjuge ou ex-cônjuge;

b) A pessoa de outro ou do mesmo sexo com quem o agente mantenha ou tenha mantido uma relação de namoro ou uma relação análoga à dos cônjuges, ainda que sem coabitação;

c) A progenitor de descendente comum em 1.º grau; ou

d) A pessoa particularmente indefesa, nomeadamente em razão da idade, deficiência, doença, gravidez ou dependência económica, que com ele coabite;

e) A menor que seja seu descendente ou de uma das pessoas referidas nas alíneas a), b) e c), ainda que com ele não coabite;

é punido com pena de prisão de um a cinco anos, se pena mais grave lhe não couber por força de outra disposição legal.

2 – No caso previsto no número anterior, se o agente:

a) Praticar o facto contra menor, na presença de menor, no domicílio comum ou no domicílio da vítima; ou

b) Difundir através da Internet ou de outros meios de difusão pública generalizada, dados pessoais, designadamente imagem ou som, relativos à intimidade da vida privada de uma das vítimas sem o seu consentimento;

é punido com pena de prisão de dois a cinco anos.

3 – Se dos factos previstos no n.º 1 resultar:

a) Ofensa à integridade física grave, o agente é punido com pena de prisão de dois a oito anos;

b) A morte, o agente é punido com pena de prisão de três a dez anos.

4 – Nos casos previstos nos números anteriores, incluindo aqueles em que couber pena mais grave por força de outra disposição legal, podem ser aplicadas ao arguido as penas acessórias de proibição de contacto com a vítima e de proibição de uso e porte de armas, pelo período de seis meses a cinco anos, e de obrigação de frequência de programas específicos de prevenção da violência doméstica.

5 – A pena acessória de proibição de contacto com a vítima deve incluir o afastamento da residência ou do local de trabalho desta e o seu cumprimento deve ser fiscalizado por meios técnicos de controlo à distância.

6 – Quem for condenado por crime previsto no presente artigo pode, atenta a concreta gravidade do facto e a sua conexão com a função exercida pelo agente, ser inibido do exercício de responsabilidades parentais, da tutela ou do exercício de medidas relativas a maior acompanhado por um período de 1 a 10 anos.

O bem jurídico tutelado pela incriminação resulta, pois, da proteção à integridade física e psíquica, da liberdade pessoal, da liberdade e autodeterminação sexual e ainda da honra. Aquilo que a Doutrina Portuguesa classifica como um bem pluricomposto, que se designa por "Dignidade da Pessoa Humana".

O crime pode, ainda, revestir a forma qualificada, prevendo a norma no seu n.º 2 quatro situações qualificadores do ilícito, duas em função da menoridade e outras duas em função do local da prática do ato, e, bem assim, revestir a forma agravada, atento o disposto no n.º 3 da norma, que estabelece duas agravações, uma em função do resultado da lesão grave da integridade física e outra em função do resultado morte.

Pelo que fica exposto, a norma em causa apresenta-se, por vezes, em concurso, seja real seja aparente, com outras disposições legais. Tal significa que haverá que aferir, em concreto, o enquadramento a efetuar em cada situação, pois como refere a Lei *"é punido com pena de prisão de um a cinco anos, se pena mais grave lhe não couber por força de outra disposição legal"*.

Citando jurisprudência dos Tribunais Superiores, nomeadamente o Acórdão do Venerando Tribunal da Relação de Lisboa, proferido a 5 de Julho de 2016, pela 5ª secção, no processo n.º 662/13.9GDMFR.L1, pode ler-se:

> *1. O crime de violência doméstica, p. p. no art. 152.º CP, após a autonomização operada pela Lei n.º 59/2007, de 4/9, visa, acima de tudo, proteger a dignidade humana, tutelando, não só, a integridade física da pessoa individual, mas também a integridade psíquica, protegendo a saúde do agente passivo, tomada no seu sentido mais amplo de ambiente propício a um salutar e digno modo de vida.*
>
> *2. (…) o crime de violência doméstica é punido mais gravemente que os ilícitos de ofensas à integridade física, ameaças, coação, sequestro, difamação e injúrias, etc., porque é distinto o bem jurídico tutelado pela respectiva norma incriminadora (…).*
>
> *3. O que importa e é decisivo, para efeitos de avaliar se uma conduta é subsumível ao tipo de violência doméstica é atentar no seu carácter violento ou na sua configuração global de desrespeito pela dignidade da pessoa da vítima, ou de desejo de prevalência, dominação e controlo sobre a mesma.*
>
> *4. No conceito de maus tratos psíquicos está contemplado um leque variado de condutas, que se podem manifestar mediante humilhações, provocações, ameaças, tanto de natureza física ou verbal, insultos, críticas e comentários destrutivos, achincalhantes ou vexatórios, restrições arbitrárias à entrada e saída da habitação ou de partes da habitação comum, etc.*

Em suma, o concurso que parece existir entre normas, não é, a maioria das vezes, um concurso real, mas apenas aparente, porquanto há que avaliar se a agressão perpetrada é de tal forma grave, seja ela verbal ou física, de modo que atinge a vítima no mais íntimo do seu Ser. Vai além da mera agressão emocional ou física, atingido a vítima naquilo que é o âmago do seu Ser, num valor moral e espiritual inerente ao próprio Ser Humano, princípio fundamental desde logo consagrado no artigo 1º da Constituição da República Portuguesa, onde se lê: *"Portugal é uma República soberana, baseada na dignidade da pessoa humana e na vontade popular e empenhada na construção de uma sociedade livre, justa e solidária"*.

Em abstrato, o crime de violência doméstica concorre, aparentemente, com o crime de ofensa à integridade física simples, no que ao mau trato físico respeita; com o crime de ameaça simples ou agravada, com a coação simples, e a difamação e injúrias, simples e qualificadas, no que ao mau trato psíquico se refere; com o crime de coação sexual, importunação sexual e abuso sexual de menores dependentes, no que às ofensas sexuais diz respeito; e, por último, com o crime de sequestro simples, no que respeita à privação da liberdade.

Situações se verificarão, em concreto, em que existirá um concurso efetivo de ilícitos, devendo o agente ser julgado e condenado por ambos, ou em que a punição por crime mais grave afastará a subsunção do tipo "violência doméstica".

A título de exemplo, traz-se aqui à colação o Douto Acórdão do Colendo Supremo Tribunal de Justiça, proferido em 21 de novembro de 2018, no processo n.º 574/16.4PBAGH.S1, da 3ª secção, em que se pode ler:

I – O art. 164.º, n.º 1, do CP descreve o crime de violação como um caso especial de coacção sexual, uma coacção sexual qualificada. O agente constrange a vítima (por meio de violência, ameaça grave ou depois de, para esse fim, a ter tornado inconsciente ou posto na impossibilidade de resistir), seja menor ou adulto, homem ou mulher, a sofrer ou praticar, consigo ou com outrem, cópula, coito anal ou coito oral; ou a sofrer introdução vaginal ou anal de partes do corpo ou objectos. Com o que se criminalizam condutas que atentam gravemente contra a liberdade da vontade do sujeito, através de coacção grave ou violência.

II – No caso presente, de acordo com a factualidade provada, a conduta do arguido integra os elementos objectivos [agarrou a ofendida, empurrou-a para cima da cama, deu-lhe duas pancadas nas pernas e agarrou-a pelo pescoço», tirou-lhe a roupa que envergava, colocou-se sobre o corpo da mesma, afastou-lhe as pernas com o uso da força física e penetrou-a na vagina com o pénis erecto, tendo continuado com a sua actuação apesar de a ofendida lhe ter pedido que a largasse] e subjectivos do tipo de ilícito que lhe vinha imputado, impondo-se a conclusão de que cometeu um crime de violação.

III – Sistematicamente integrado, no CP, no título dedicado aos crimes contra as pessoas e, especificamente, no capítulo dos crimes contra a integridade física, a teleologia do crime de violência doméstica assenta na protecção da pessoa individual e da sua dignidade humana, punindo aquelas condutas que lesam esta dignidade, quer na vertente física como psíquica.

IV – O n.º 1 do art. 152.º do CP, com o segmento «se pena mais grave lhe não couber por força de outra disposição legal», consagra, de modo expresso, regra da subsidiariedade, significando, segundo alguns, que a punição por este crime apenas terá lugar quando ao crime geral a que corresponde a ofensa não seja aplicada uma pena mais grave.

V – Neste entendimento, se a punição do(s) crime(s) concorrente(s) for superior a 5 anos – pena mais elevada do que a máxima abstracta prevista para a violência doméstica – estaremos perante um concurso aparente de crimes, sendo a incriminação do art. 152.º afastada em resultado da regra da subsidiariedade.

VI – Uma aplicação meramente formal e positivista da regra da subsidiariedade expressa no citado art. 152.º, do CP poderá traduzir-se numa injustiça material de muitas decisões e num benefício para o infractor-arguido dificilmente tolerável.

VII – A prática mais ou menos constante e reiterada das condutas descritas no art. 152.º, do CP desde que cada uma dessas condutas não permita a sua autonomização, dará origem a uma unicidade normativo-social, tipicamente imposta, pelo que o agente terá praticado um só crime, desde que esteja em causa uma só vítima.

VIII – Esta unidade pode vir a cindir-se, no entanto, quando algum dos actos isolados permita a verificação do tipo social de um crime mais grave – ofensa à integridade física grave, violação, homicídio -, devendo o agente ser punido em concurso efectivo com os crimes de violência doméstica.

IX – Na relação do crime de violência doméstica com outros de pena mais elevada, considera-se, pois, que a prática de crime mais grave é um factor de cisão da unicidade do crime, devendo concorrer, em concurso efectivo, o crime mais grave e a violência doméstica.

X – Como salienta Maria Paula Ribeiro Faria, «para afirmar a pluralidade criminosa é necessário que se deixe afirmar em relação ao agente mais do que um juízo de censura referida a uma pluralidade de processos resolutivos» . Segundo a mesma autora, há que «acrescentar à pluralidade de bens jurídicos violados uma pluralidade de processos volitivos merecedores de distintos juízos de censura», justificando-se a unidade ou pluralidade desses juízos de censura numa «valoração mais global que corresponde ao significado social do facto que inspira a própria formulação dos tipos legais de crime» – o sentido social da ilicitude material.

XI – No caso apreciado, a actuação do arguido na agressão sexual cometida se afasta-se do conjunto de agressões e outras ofensas praticadas sobre a ofendida, então sua companheira, tendo obedecido a uma autónoma resolução perfeitamente cindível das reiteradas resoluções presentes nos demais comportamentos. Tendo presente o perfil das ofensas reiteradamente cometidas sobre a ofendida, tem-se como evidente que a violação praticada em finais de 2014 não radica no mesmo processo volitivo presente naquelas ofensas.

XII – Constituindo igualmente uma evidência que os bens protegidos com as incriminações de violência doméstica e de violação, tendo pontos de contacto, não são coincidentes. O significado social e o sentido social da ilicitude material de uma e de outra das ditas incriminações são distintos, não obstante os pontos comuns que se podem aí observar.

XIII – O juízo de censura pela prática do crime de violação assume autonomia relativamente ao que deve ser formulado relativamente às ofensas unificadas na violência doméstica.

XIV – Tudo ponderado, considera-se que o crime de violação cometido pelo arguido assume autonomia relativamente aos restantes actos ofensivos, encontrando-se numa relação de concurso efectivo com o crime de violência doméstica.

XV – Há que ponderar, à luz dos critérios estabelecidos pelo art. 71.º, do CP, que, quanto ao crime de violação, são elevadíssimas as necessidades de prevenção geral, derivadas do facto de a incriminação em causa se apresentar, cada vez mais, frequente por todo o país, com um claro alarme social e incidência nesta comarca, e, por vezes, com graves consequências para as vítimas, justificando-se a fixação de uma pena de 4 anos de prisão pela prática de tal crime.

XVI – De acordo com o disposto no art. 70.º, do CP, se ao crime forem aplicáveis, em alternativa, pena privativa e pena não privativa da liberdade, o tribunal dá preferência à segunda sempre que esta realizar de forma adequada e suficiente as finalidades da punição.

XVII – Como o STJ já se pronunciou, sempre que, na pena única conjunta tenha de ser incluída uma pena de prisão, impõe-se, na medida do possível, não aplicar pena de multa a um ou mais dos demais crimes em concurso, por também aí se verificarem os inconvenientes geralmente atribuídos às chamadas "penas mistas" de prisão e multa.

XVIII – Assim, nenhuma censura merece a opção pela pena de prisão em detrimento da pena de multa pois as circunstâncias referentes às exigências de prevenção desaconselham a opção pela pena não privativa da liberdade relativamente ao crime de violação de domicílio agravado, aos dois crimes de ofensas à integridade física simples e ao crime de dano, em relação de concurso efectivo com os crimes de violência doméstica e de violação, punidos com pena privativa da liberdade, não merecendo censura a medida de cada uma das penas de prisão aplicadas na decisão recorrida pela prática daqueles crimes, respectivamente: 5 meses, 1 ano, 1 ano e 1 mês e 6 meses.

XIX – Como o STJ vem entendendo, em abundante jurisprudência, com "a fixação da pena conjunta se pretende sancionar o agente, não só pelos factos individualmente considerados, mas também e especialmente pelo respectivo conjunto, não como mero somatório de factos criminosos, mas enquanto revelador da dimensão e gravidade global do comportamento delituoso do agente, visto que a lei manda se considere e pondere, em conjunto, (e não unitariamente) os factos e a personalidade do agente".

XX – Na determinação da pena conjunta, impõe-se atender aos "princípios da proporcionalidade, da adequação e proibição do excesso", imbuídos da sua dimensão constitucional, pois que "[a] decisão que efectua o cúmulo jurídico de penas, tem de demonstrar a relação de proporcionalidade que existe entre a pena conjunta a aplicar e a avaliação – conjunta – dos factos e da personalida-

de, importando, para tanto, saber (...) se os crimes praticados são resultado de uma tendência criminosa ou têm qualquer outro motivo na sua génese, por exemplo se foram fruto de impulso momentâneo ou actuação irreflectida, ou se de um plano previamente elaborado pelo arguido".

XXI – Numa moldura penal do concurso compreendida entre a pena de 4 anos de prisão (limite mínimo) e o limite máximo de 9 anos e 6 meses de prisão (4 anos + 2 anos e 6 meses + 5 meses +6 meses + 1 ano + 1 ano e 1 mês), tendo presente que a ilicitude global do comportamento do arguido está decisivamente marcada pela prática do crime de violação e conexão entre a violência a que foi sujeita a ofendida e os demais crimes, que desde os factos aqui apreciados o arguido não importunou mais a ofendida, existindo, no presente, contactos adequados entre ambos sobretudo relativos à filha que têm em comum, a relação próxima que aquele mantém com a menor, sua filha, que passa todos os domingos com ele, revelando uma grande preocupação no acompanhamento da filha e em ser uma figura presente, que o mesmo é tido como bom vizinho, trabalhador, educado e respeitador no meio social em que se insere, considera-se justa e adequada a uma pena conjunta de 5 anos de prisão, procedendo parcialmente o recurso nesta parte.

XXII – A pena conjunta aplicada ao arguido, porque não superior a 5 anos, poderá ser suspensa na sua execução desde que verificado o pressuposto material enunciado no art. 50.°, n.° 1, do CP.

XXIII – Considera-se, perante os elementos recolhidos, ser possível a formulação de um juízo de prognose favorável à reinserção social do arguido junto da sua família, convictos de que a ameaça da pena constituirá para ele uma séria advertência para não voltar a delinquir e satisfaz as exigências de prevenção, sobretudo de prevenção geral, que o caso exige, pelo que se suspende a execução da pena de prisão aplicada por igual período de tempo, mediante regime de prova assente em plano de reinserção social, executado com vigilância e apoio dos serviços de reinserção social.

Quanto ao tipo de crime, a violência doméstica pode ser classificado, quanto ao agente, como um crime específico, na medida em que o mesmo tem de deter uma determinada qualidade; e impróprio, porquanto se exige uma relação especial entre o agente e a vítima, sendo pois de aplicação quando se verifica uma especial relação, seja familiar, emocional ou de dependência entre ambos.

Quanto ao bem jurídico, o ilícito é classificado como um crime de dano, na medida em que não se consuma com a mera existência de perigo, sendo necessário que ocorra efetiva lesão do bem protegido, e quanto ao objeto da ação como crime de resultado ou material, o que significa que a consumação só ocorre caso se verifique o evento antijurídico que a incriminação pretende evitar.

Por tudo o que fica supra exposto, é possível verificar que a punição do agressor em contexto de violência doméstica, em Portugal, vem já da versão do Código Penal de 1982, ou seja, tendo já mais de quatro décadas de consagração legal.

Porém, o legislador sentiu necessidade de reforçar a proteção da vítima e, em 2009, pela Lei 112/2009, de 16 de Setembro, veio estabelecer o regime jurídico aplicável à prevenção da violência doméstica, à proteção e à assistência das suas vítimas.

Ao contrário do Brasil, que antes da Lei Maria da Penha (Lei n° 11.340), apenas protegia as mulheres vítimas de agressão neste contexto, pela Lei n° 9.099/95, a qual regulava os crimes de menor potencial ofensivo, de algum modo descaraterizando ou desvalorizando este tipo de agressão, até por permitir o cumprimento de pena pelo agressor convertendo-a em prestação de serviço à comunidade, Portugal conseguiu estar na vanguarda da produção legislativa, não só pela embrionária consagração legal, como pela evolução constante do Código Penal, e ainda pela regulamentação dos direitos das vítimas antes da própria Convenção de Istambul, Convenção esta do Conselho da Europa para a Prevenção e o Combate à Violência contras as Mulheres e a Violência Doméstica, aprovada a 11 de maio de 2011, e adotada por Portugal pela Resolução da Assembleia da República n.º 4/2013, aprovada a 14/12/2012.

O evoluir social impôs já várias alterações à Lei n.º 112/2009, de 16 de Setembro, nomeadamente pelos seguintes diplomas legais: Lei n.º 19/2013, de 21 de fevereiro; Lei nº 82º-B/2014, de 31 de Dezembro; Lei nº 129/2015, de 3 de setembro; Lei n.º 42/2016, de 28 de Dezembro; Lei n.º 24/2017, de 24 de Maio; Decreto-lei n.º 101/2020, de 26 de Novembro; Lei n.º 54/2020, de 26 de Agosto; Lei n.º 2/2020, de 31 de Março; e por último, a Lei n.º 57/2021, de 16 de Agosto.

A importância deste diploma legal resulta, desde logo, entre outras medidas e procedimentos, da consagração de medidas de coação para além da tipificação e condições de aplicação previstas no Código de Processo Penal (artigos 191º a 211º), possibilitando que, reunidas condições objetivas de manifesta urgência e necessidade, que no espaço de 48 horas e mesmo não existindo flagrante delito, o agente do crime possa ser presente ao juiz de instrução criminal, para efeitos de primeiro interrogatório judicial e aplicação de medida(s) de coação. O juiz deverá atender aqui, além dos princípios gerais da necessidade, proporcionalidade e adequação, a todas as circunstâncias que perante a urgência impunham uma tomada de decisão cautelar (artigo 31º da Lei n.º 112/2009).

E o que são, para a Lei Processual Penal portuguesa, medidas de coação. São medidas processuais que visam acautelar a eficácia do procedimento, condicionando a liberdade do arguido (sujeito processual, formalmente constituído como tal, ou contra quem haja sido deduzida uma acusação ou aberta a instrução, por sobre ele recaírem, num certo momento processual, fundadas suspeitas de ter praticado ou comparticipado na prática de um crime), procurando assim garantir a sua contactabilidade; a não repetição da atividade criminosa e a produção de certos efeitos processuais.

A lei portuguesa consagra as seguintes medidas, cujo elenco nos limitamos a efetuar, pela impossibilidade de avaliação de *per si*: termo de identidade e residência; caução; obrigação de apresentação periódica; suspensão do exercício de funções, de profissão e de direitos; proibição de permanência, de ausência e contactos; obrigação de permanência na habitação e prisão preventiva.

O artigo 31º da Lei 112/2009, já referido, consagra o seguinte:

Artigo 31.º

Medidas de coacção urgentes

1 – Após a constituição de arguido pela prática do crime de violência doméstica, o tribunal pondera, no prazo máximo de 48 horas, a aplicação, sem prejuízo das demais medidas de coacção previstas no Código de Processo Penal e com respeito pelos pressupostos gerais e específicos de aplicação nele referidos, de medida ou medidas de entre as seguintes:

a) Não adquirir, não usar ou entregar, de forma imediata, armas ou outros objectos e utensílios que detiver, capazes de facilitar a continuação da actividade criminosa;

b) Sujeitar, mediante consentimento prévio, a frequência de programa para arguidos em crimes no contexto da violência doméstica;

c) Não permanecer na residência onde o crime tenha sido cometido ou onde habite a vítima;

d) Não contactar com a vítima, com determinadas pessoas ou frequentar certos lugares ou certos meios.

2 – O disposto nas alíneas c) e d) do número anterior mantém a sua relevância mesmo nos casos em que a vítima tenha abandonado a residência em razão da prática ou de ameaça séria do cometimento do crime de violência doméstica.

Procurou, pois, o legislador, reforçar as garantias da vítima, antecipando a tutela do Tribunal, e assegurando-lhe a efetividade de direitos, diremos "conexos", com o contexto de vivência comum, como é desde logo, o afastamento do agressor da residência comum ou a obrigação de frequência de programa de reabilitação por parte do arguido. A frequência deste tipo de programas pode operar não só em contexto de medida de coação, como de pena acessória na medida em que se traduz numa resposta estruturada aplicada pela Direção Geral de Reinserção e Serviços Prisionais, a qual visa promover a consciência e assunção da responsabilidade do comportamento violento e a utilização de estratégias alternativas ao mesmo, objetivando a diminuição da reincidência. Para a integração neste programa é necessária avaliação prévia pela Direção Geral, feita em sede de Relatório Social, com a aplicação de um instrumento de avaliação do risco de violência conjugal–SARA (Spousal Assault Risk Assessement). Visa apenas sujeitos do sexo masculino, sem doença psiquiátrica grave e/ou défices cognitivos acentuados, pressupondo a realização de um diagnóstico prévio; a suspensão da Execução da Pena de Prisão, com regime de prova; ou agregada ao sistema de Vigilância Eletrónica Medida/sanção penal, tendo a duração mínima de 18 meses. Constituem critérios de exclusão a não adesão às componentes do programa, as faltas injustificadas às sessões da componente Psicoeducacional e a recidiva de comportamento violentos

Relativamente, ainda, à aplicação das medidas de coação não privativas da liberdade, podem as mesmas ser sujeitas a meio de controlo e vigilância eletrónica, funcionando assim como alternativa à aplicação da prisão preventiva, evitando-se o contágio do meio prisional.

Na aplicação de tal vigilância associa-se o controlo do arguido à proteção da vítima, mecanismos estes que permitem aos operadores judiciários da geo-localização, para fiscalização da proibição de contactos entre Agressor/Vítima. Estes mecanismos são controlados pelas equipas da Direção de Serviços de Vigilância Eletrónica da Direcção Geral de Reinserção e Serviços Prisionais, e definem as zonas de proteção à vítima e o seu raio, adaptando-as em função das circunstâncias dos envolvidos (por exemplo, levando em contas as rotinas diárias nomeadamente de trabalho e condicionalismos de natureza geográfica). Este mecanismo funciona através de dois aparelhos, um na posse do agressor – um dispositivo de identificação pessoal (pulseira eletrónica), com uma unidade de posicionamento móvel que devem estar sempre próximos -, e outro na posse da vítima – uma unidade de proteção à vítima, que deve ser sempre transportada por si e estabelece relação com o GPS permitindo aos serviços da vigilância detetarem a aproximação do agressor. Se este se aproximar ou entrar nas zonas de exclusão ou se a vítima se aproxima daquele, é a mesma informada dessa aproximação e, eventualmente, acionados mecanismos de intervenção por parte dos órgãos de polícia criminal.

A Lei Portuguesa (artigo 20º n.ºs 4 e 5 da Lei 112/2009) prevê, ainda, um outro mecanismo de proteção às vítimas, designado por Teleassistência. Trata-se de uma forma específica de proteção, organizada em torno de um sistema tecnológico que integra um leque de respostas/intervenções que vão do apoio psicossocial à proteção policial, por um período não superior a 6 meses, salvo se a entidade judiciária entender pela sua prorrogação. Este sistema surgiu da necessidade de garantir proteção e segurança às vítimas e diminuir o seu risco de revitimação, e tem como objetivo fundamental aumentar a sua proteção e segurança, garantindo, 24 horas por dia e de forma gratuita, uma resposta adequada quer a situações de emergência, quer em situações de crise.

De referir, por ser de extrema relevância, que o regime legal de proteção às vítimas assente num princípio fundamental de consentimento, pelo que qualquer sistema de proteção só é aplicado se a vítima prestar o seu consentimento livre e esclarecido.

Por último, referiremos a propósito da tramitação processual, a contagem de prazos. Estes processos, isto é, todos os processos que sejam atuados e acusados pelo crime de violência doméstica têm natureza urgente. Esta urgência impõe, desde logo, a não suspensão de prazos judicias por qualquer motivo, nomeadamente fruto das férias judiciais, assim como a precedência dos mesmos no agendamento das diligências judiciais (artigo 103º n.º 2 alínea h) do Código de Processo Penal e artigo 28º da Lei 112/2009).

A jeito de conclusão, diremos que a prevenção da prática deste tipo de crimes é um desafio, social, político e legal. Pese embora os esforço de construção de um edifício legislativo que, em abstrato, até se considera profícuo e estruturado, a verdade é que a sua aplicação, a transposição da letra da lei à prática judiciária, não se tem feito da melhor forma ou, pelo menos, com os resultados almejados e a eficácia exigida.

A violência doméstica foi, é e certamente continuará a ser, um flagelo social, em que a repressão e punição não serão o único ou a melhor resposta. Um Estado de Direito Democrático tem de punir as condutas anti sociais, desconformes ao Direito, mas tem de antes de mais de prevenir a prática das mesmas. Tem de investir na educação, na formação e na reabilitação e reintegração e enquanto tais objetivos políticos não se concretizarem, continuaremos a lamentar o número de crimes e o elevado número de mortes que surgem em tal contexto.

Em Setembro de 2015, o Governo português criou a primeira Equipa de Análise e Retrospectiva de Homicídio em Violência Doméstica, procurando com a mesma proceder à análise dos homicídios verificados neste contexto, através do estudo das decisões já transitadas em julgados ou de inquéritos arquivados ou processos não pronunciados, e deles retirando conclusões que permitam a implementação de novas metodologias preventivas ao nível dos respetivos procedimentos e produção de recomendações às entidades públicas e privadas com intervenção nesta área. Visa-se, com uma análise empírica, prevenir novos comportamentos e estudar novas soluções que possam vir a ser implementadas.

Sintetizando-se, dir-se-á que dúvidas não subsistem de que a violência doméstica é um flagelo social e um drama que a todos deve envergonhar. Pese embora se trate, ainda hoje, de um problema que afeta sobretudo as mulheres, é cada vez mais evidente a sua proliferação quer com idosos e crianças, mas também com homens, o que até ao momento poderia estar camuflado com a vergonha da sua divulgação social. Outra realidade cada vez mais florescente, é a violência em relações de namoro e de natureza homossexual.

A violência doméstica é um problema que não tem apenas dois polos, o agressor e a vítima, mas que arrasta com estes toda uma família, desde os filhos que são expostos aos comportamentos violentos, como pais, avós, tios, que passam a viver toda esta tragédia, alastrando consequentemente também para a comunidade.

As crianças que nascem, se desenvolvem e crescem assistindo e vivenciando comportamentos violentos, banalizam a violência, quer entre pares, quer em contexto afetivo. Infelizmente, hoje pela perda de alguns valores e referências, os jovens consideram cada vez mais normal a assunção de comportamentos, violadores ou meramente limitadores da liberdade do outro, com quem partilham uma relação afetiva. Controlar amizades, as redes sociais ou aquilo que o outro veste, são condutas que os jovens e adolescentes consideram hoje uma "normalidade", que diremos está envenenada.

O problema da violência doméstica não é do presente, é sim um problema que se arrasta há décadas, mas que vem de um contexto social, familiar e religioso que "justificava" certos e determinados comportamentos. Em pleno Estado Novo, o marido tinha o poder de correção sobre o cônjuge. Era ele o pilar da família. O sistema jurídico aceitava alguns atos que agora condena. A emancipação da mulher, em Portugal sobretudo fruto do contexto de liberdade decorrente do 25 de Abril de 1974, conduziu à sua afirmação e, sobretudo, à sua independência económica ao deixar de ser dona de casa e ingressar no mercado de trabalho, o que, consequentemente, lhe consolidou a autoestima, lhe permitiu a emancipação, a não dependência económica, e a fez afirmar como mãe, como mulher e como profissional. A família deixou de estar centrada na figura do pai como chefe de família, passando a verificar-se de alguma forma uma inversão de papeis, passando muitas das responsabilidades a estarem, hoje, centradas na mãe. E tal evolução social que pareceria trazer algo de positivo, não denota atualmente qualquer elemento significativo digno de registo.

Na verdade, se olharmos os dados estatísticos disponíveis nos sítios oficiais do Governo, podemos verificar a seguinte informação quanto ao número de mortes neste contexto de violência:

Período	Total	Mulheres	Crianças	Homens
1Trimeste2024	9	8	0	1
4Trimeste2023	3	3	0	0
3Trimeste2023	4	3	0	1
2Trimeste2023	9	8	0	1
1Trimeste2023	6	3	2	1
4Trimeste2022	5	4	1	0
3Trimeste2022	5	4	1	0
2Trimeste2022	10	9	1	0
1Trimeste2022	8	7	1	0
4Trimeste2021	3	1	2	0
3Trimeste2021	7	5	0	2
2Trimeste2021	6	5	0	1
1Trimeste2021	7	5	0	2
4Trimeste2020	12	11	0	1
3Trimeste2020	10	9	1	0
2Trimeste2020	5	3	1	1
1Trimeste2020	5	4	0	1
4Trimeste2019	8	7	0	1
3Trimeste2019	9	5	0	4
2Trimeste2019	7	5	0	2
1Trimeste2019	11	9	1	1
4Trimeste2018	4	4	0	0

Cremos que não resultará apenas da análise empírica feita pela Equipa de Análise e Retrospectiva de Homicídio em Violência Doméstica, o apuramento das causas da violência doméstica, da análise dos seus efeitos e medidas a adotar. Para compreensão cabal, haverá que ter em consideração as condições sociais geradoras de violência, sejam sociais, culturais e/ou económicas, e não apenas episódios ocasionais que podem contribuir, em muito, para as estatísticas de pendências e condenações transitadas em julgado.

Fatores como a pobreza, a exclusão social, o alcoolismo, a toxicodependência, as crenças religiosas, as vivências sociais anteriores, fatores educacionais e/ou culturais, todos eles de *per si* ou conjugados, contribuirão para a formação de personalidades e a assunção de comportamentos, alguns dos quais resultarão do replicar do que se viu, ouviu ou assistiu quando ainda se era criança.

Analisar e desenvolver políticas capazes de obstar a este flagelo social, resultará certamente de um plano integrado de várias ciências e, o Direito Penal, será apenas mais uma delas e deverá, ou deveria, ser a última rácio. A punição só deveria operar quando todas as demais soluções se tivessem esgotados. E para tal, a sociedade enquanto grupo disciplinado e de integração deve procurar formar e educar, para não ter de punir. E essa formação e educação deve começar na família, mas para o Estado deve começar nos bancos de escola, onde gemina a sua primeira tarefa fundamental no sentido de *"promover o bem-estar e a qualidade de vida do povo e a igualdade real entre os portugueses, bem como a efetivação dos direitos económicos, sociais, culturais e ambientais, mediante a transformação e modernização das estruturas económicas e sociais"* (artigo 7º da Constituição da República Portuguesa).

A introdução de novos mecanismos na lei processual penal, como o instituto da suspensão provisória do processo (artigo 281º do Código de Processo Penal), veio procurar flexibilizar soluções, no sentido de se buscar uma maior paz social. Tal instituto, marcado pelo princípio da oportunidade, está previsto para ser aplicado a crimes considerados de "reduzida gravidade", e em que o Ministério Público, com o acordo do arguido e do assistente (ou vítima) e a homologação do Juiz de Instrução Criminal, paralisa temporariamente os efeitos do processo, determinando a sujeição do arguido a regras de comportamento ou injunções, e após a preclusão de tal lapso de tempo, arquiva se as mesmas se mostrarem cumpridas; e acusa se tiver existido incumprimento.

Tal instituto visou primacialmente a possibilidade de resolução de "pequenos" e "médios" conflitos penais, isto é, a resolução de factos integráveis na pequena ou média criminalidade, sem a submissão do agente infrator à estigmatização de uma audiência de discussão e julgamento e ao eventual cumprimento de uma pena, caso se verificassem os pressupostos legalmente exigidos por lei. Com a devida bondade que se considera ter presidido à opção legislativa, tal opção tem-se vindo a generalizar, considerando-se que, por vezes, sem a ponderação e a objetividade devidas, pela "atração" que resulta do arquivamento de processos, e a redução de pendências nas estatísticas.

E assim o que deveria ser exceção, quase que se transformou numa regra, facto que apenas beneficia o infrator, e muitas vezes, ou a maior parte delas, não contribui para a ressocialização tão necessária e premente.

Não podemos deixar de trazer à colação, e na perspetiva do exercício da advocacia, que infelizmente muitas denúncias de violência doméstica também surgem com objetivos torpes de condicionar tomadas de decisão por parte das Autoridades

Judiciárias, na sequência de separações e consequentes divórcios, sobretudo no que aos regimes de regulação das responsabilidades parentais dos filhos menores respeita. A articulação entre as seções criminais e as seções de família e menores, pecam muitas vezes pelo défice de eficiência, quando de facto a violência doméstica existe e é necessário e premente acautelar a sua continuidade, e, por outras, condicionam decisões desfavorecendo o pretenso agressor e valorizando a versão da putativa vítima.

Mais do que legislar, há que operacionalizar meios, humanos e técnicos, que permitam um eficaz combate à violência doméstica. Há que educar e formar traçando um Plano Nacional de Educação a ser implementado nas escolas, que permita sensibilizar consciências e formar cidadãos livres e esclarecidos. Que cada um saiba defender-se e auxiliar o outro, que saiba traçar limites e exercer plenamente os seus direitos, sem atropelo ao próximo.

As estratégias definidas para os adultos, com campanhas de sensibilização, são formas de alterar comportamentos, mas se conseguirmos construir na raiz, lançando as sementes para que as crianças e jovens cresçam sabendo e defendendo, preconizando e executando, certamente que a punição surgirá em menor escala, porque os comportamentos desviantes também serão estatisticamente menores.

A LEI DA VIOLÊNCIA INSTITUCIONAL E AS MULHERES

Eliene Ferreira Bastos

Doutora e Mestre em Direito Civil pela PUC/SP. Diretora da Região Centro-Oeste do IBDFAM. Advogada em Brasília.

Sumário: Introdução – 1. Fragmentos históricos da discriminação e das violências praticadas contra as mulheres – 2. A efetividade dos direitos fundamentais das mulheres – 3. A violência institucional praticada contra mulheres – Considerações finais – Referências.

INTRODUÇÃO

De maneira perfunctória, este ensaio pretende discorrer sobre a violência institucional praticada contra as mulheres, recentemente reconhecida na decisão monocrática proferida pelo Eminente Relator, Ministro Rogério Schietti Cruz, do Superior Tribunal de Justiça, por ocasião da apreciação do *Habeas Corpus* 879004/SC.

No contexto das várias e brutais violências perpetradas contra as mulheres no Brasil, insere-se a violência institucional praticada por agentes públicos, identificada e tipificada como crime pela Lei 14.321 de 31 de março de 2022, que introduziu o artigo 15-A na Lei 13.869 de 2019, a chamada Lei contra o abuso de autoridade. Embora a conduta criminosa prevista na referida Lei possa ser praticada contra todas as pessoas, a realidade é de que as mulheres são as principais vítimas de todos os tipos de violência pelo simples fato de serem mulheres. O que, por óbvio, também ocorre em relação aos atos de violência institucional praticados por agentes públicos.

A tipificação, em suas vertentes preventivas e repressivas, do crime de violência institucional tem por objetivo impedir e punir agentes públicos que submetam vítimas de infrações penais ou testemunhas de crimes violentos, a procedimentos desnecessários, repetitivos ou invasivos, de serem revitimizadas, intimidadas ou estigmatizadas, ou ainda que possam causar-lhes sofrimento. O advento dessa Lei dá início para o enfrentamento da ineficiência de instituições públicas que deixam de cumprir, através de seus agentes, a função de proteção e de assistência, em especial das mulheres, o que também pode ocorrer em outros tipos de procedimentos, como no julgado paradigma, ocorrido fora do sistema punitivo.

1. FRAGMENTOS HISTÓRICOS DA DISCRIMINAÇÃO E DAS VIOLÊNCIAS PRATICADAS CONTRA AS MULHERES

A Lei 11.340 de 7 de agosto de 2006, a chamada Lei Maria da Penha, foi a primeira lei específica de assistência e de proteção de vítimas de violência doméstica e familiar, de prevenção e de combate aos crimes praticados contra as mulheres, em razão da condição de serem mulheres.

À época que antecedeu o advento da referida Lei, foi marcada pela luta protagonizada por entidades feministas (Centro pela Justiça e do Direito Internacional – CEJIL e o Comitê Latino-Americano e do Caribe para a Defesa dos Direitos da Mulher – CLADEM) que, com força e persistência contra o descaso e a inércia do Poder Legislativo e da Justiça brasileira no enfrentamento das violências sofridas pela cearense Maria da Penha Maia Fernandes, perpetradas pelo seu ex-marido. As referidas associações protocolaram denúncia junto à Comissão Interamericana de Direitos Humanos da Organização dos Estados Americanos (OEA), sediada em Washington. Essa denúncia resultou na condenação do Brasil por negligência e omissão em relação à violência doméstica,[1] pelo descumprimento da Convenção Americana de Direitos Humanos de Eliminação de todas as formas de discriminação contra a mulher (CEDAW – 1979) e da Convenção Interamericana para Prevenir, Punir e Erradicar a Violência Contra Mulher, (Convenção de Belém, aprovada em 1993), as quais o País já era signatário.

Só a partir daquela condenação, ainda que apenas de caráter moral, foi impulsionado o movimento que culminou na chamada Lei Maria da Penha, fato que elimina qualquer hipótese imaginativa de que a propositura da referida Lei teria sido originada da responsabilidade funcional do legislador.

A mencionada Lei criou mecanismos para a assistência às vítimas, a prevenção, a proibição e a punição da violência doméstica e familiar contra as mulheres, de acordo com as previsões constitucionais,[2] a Convenção sobre a Eliminação de Todas as Formas de Discriminação contra as Mulheres e a Convenção Interamericana para Prevenir, Punir e Erradicar a Violência contra a Mulher.

A edição da Lei que criminaliza a violência institucional constitui-se em mais um instrumento de conscientização, de proteção, proibição e de combate às violências ocorridas no âmbito da condução dos procedimentos públicos, praticados por servidores públicos.

O Protocolo de Julgamento com Perspectiva de Gênero do Conselho Nacional de Justiça – CNJ identifica a ocorrência da violência institucional no âmbito de instituições públicas e, em outros contextos, como empresas e instituições de ensino.[3] Em situações análogas a previsão legislativa específica, ocorre violência institucional

---

1. DIAS, Maria Berenice. *A Lei Maria da Penha na Justiça*. 7. ed. rev. e atual. Salvador: JusPodivm, 2021, p. 18.
2. Art. 226. A família, base da sociedade, tem especial proteção do Estado.
   § 8º O Estado assegurará a assistência à família na pessoa de cada um dos que a integram, criando mecanismos para coibir a violência no âmbito de suas relações.
3. Protocolo de Julgamento com Perspectiva de Gênero do Conselho Nacional de Justiça. Disponível em: https://www.cnj.jus.br/wp-content/uploads/2021/10/protocolo-18-10-2021-final.pdf. Acesso em: 05 fev. 2024, p. 32. "Violências praticadas por instituições, como empresas (ignorar ou minimizar denúncias de assédio sexual), instituições de ensino (permitir atividades sexistas, como trotes e/ou músicas machistas), Poder Judiciário (expor ou permitir a exposição e levar em consideração a vida sexual pregressa de uma

em audiências, em especial, perante os juízos de família, quando mulheres na condição de autoras, requerentes, requeridas ou representantes de pessoas em situação de vulnerabilidade, são tratadas, pelos agentes públicos, de forma inferiorizada ou estereotipadas.

Os levantamentos e o monitoramento dos dados estatísticos para o conhecimento da conjuntura das violências praticadas contra as mulheres, inclusive da violência institucional, se justificam porque essas são as mais vulneráveis nas relações interpessoais.

A observância aos princípios da taxatividade e da legalidade[4] justificam a imprescindibilidade de leis específicas que protejam as mulheres, que previnam e criminalizem as violências a que são submetidas. Entretanto verifica-se que as normas jurídicas são insuficientes para erradicar a perversa conjuntura de desigualdades e de preconceitos impostos às mulheres brasileiras, e alterar a realidade de subjugação, submissão e de negação que se consubstanciam nas violências sofridas pelas mulheres, como os numerosos e estarrecedores números de feminicídios.

O permanente aperfeiçoamento de formas para enfrentar e eliminar a crueldade das violências praticadas contra as mulheres é dever do Poder Público e de toda a sociedade civil organizada, a exemplo do projeto "Elas Vivem: dados que não se calam" promovido pela "Rede de observatórios da segurança", formada por organizações civis e instituições acadêmicas de oito estados brasileiros, para o acompanhamento de políticas públicas de segurança, fenômenos de violência e de criminalidade.[5]

Os movimentos feministas, sempre questionaram a ordem estabelecida de dominação masculina, e neste sentido vale considerar também as causas e os efeitos sociais de dominação simbólica segundo Pierre Bourdieu.

> (...) se a unidade doméstica é um dos lugares em que a dominação masculina se manifesta de maneira indiscutível (e não só através do recurso à violência física), o princípio de perpetuação das relações de força materiais e simbólicas que aí se exercem se coloca essencialmente fora desta unidade, em instâncias como a Igreja, a Escola ou o Estado e em suas ações propriamente políticas, declaradas ou disfarçadas, oficiais ou oficiosas...[6]

As lutas por igualdade substancial e material a muito são pautadas pelos movimentos feministas. A multiplicidade de experiências e de contextos que estão inseridas impedem que as mulheres sejam associadas a uma única imagem de mulher

---

vítima de estupro, taxar uma mulher de vingativa ou ressentida em disputas envolvendo alienação parental ou divórcio)".

4. DIAS, Maria Berenice. *A Lei Maria da Penha na Justiça*. 7. ed. rev. e atual. Salvador: JusPodivm, 2021, p. 87.

5. Projeto "Elas Vivem: dados que não se calam". Disponível em: http://observatorioseguranca.com.br/wordpress/wp-content/uploads/2023/03/RELATORIO_REDE-DE-OBS-elas-vivem_final-2.pdf. Acesso em: 25 jan. 2023.

6. BOURDIEU, Pierre. *A dominação masculina*. Trad. Mara Helena Kühner. 22. ed. Rio de Janeiro: Bertrand Brasil, 2023, p. 188.

universal, e sim a uma pluralidade e diversidade que justificam a existência de vários feminismos.

> Diversas teóricas e ativistas feministas vêm alertando que, para realmente essa igualdade, é necessário considerar as múltiplas e diversas experiências em contextos específicos. Surge, assim, a percepção de que não existe a mulher universal – geralmente associada à imagem da mulher branca ocidental –, e sim uma pluralidade e diversidade de mulheres que não são abarcadas pelo feminismo inspirado no iluminismo. Daí, decorre a ideia de que não existe nem é cabível conjecturar a existência de um único feminismo. Devem ser consideradas, dentro desse movimento plural, as inúmeras iniciativas de teorização e ação política que têm como ponto de partida as experiências e subjetividades das mulheres negras, indígenas, trabalhadoras, LGBTI+, idosas, migrantes, refugiadas, mulheres com deficiência, entre tantas outras.[7]

Invocar os feminismos para questionar as estruturas, as relações sociais assimétricas de gênero, os discursos e as práticas que insistem no androcentrismo, na supremacia masculina, na manutenção dos privilégios, na impunidade dos homens e na inferioridade das mulheres é medida que se impõe.

O feminismo decolonial representa um marco epistemológico que revê de forma crítica as estruturas de dominação do conhecimento e dos poderes por ele instrumentalizados.[8] Os feminismos, de forma geral, possuem três objetivos comuns:

> (...) *evidenciar* a dor infligida pelas discriminações e menosprezo que sofremos apenas pelo fato de termos nascido mulheres; *contestar* as estruturas, práticas e discursos sexistas e discriminatórios subjacentes aos diversos contextos de violência que permeiam as vidas das mulheres; por fim, *transformar* essas estruturas, práticas e discursos, de forma a construir uma sociedade pautada pelos ideais de igualdade e justiça social, com respeito às diferenças.[9]

A submissão, a subjugação e a negação concretizadas pelas situações de violências, cotidianas de desvalorização e de sofrimento que são impostos as mulheres e aos seus corpos, possuem múltiplas e complexas raízes, desde os tempos mais remotos na história de discriminação e de preconceito. Rosa Montero, sobre o preconceito à condição de mulher, alerta que: "Devemos nos esforçar para extirpar de nossa cabeça esse parasita do pensamento que é o preconceito".[10]

A discriminação das mulheres reflete também a invisibilidade que durou bastante tempo ao serem forjadas e desconsideradas pela história e pela sociedade, pois na verdade realizaram feitos memoráveis, foram responsáveis por várias transformações no campo social, artístico e do conhecimento e pelo desenvolvimento da humanidade,

---

7. PIMENTEL, Silvia. BIANCHINI, Alice. *Leituras críticas importam.* In: GONZAGA, Alvaro de Azevedo (Coord.). São Paulo: Matrioska Editora, 2021, p. 7.
8. ROSSI, Amélia Sampaio; FERREIRA, Erika Carvalho. Constitucionalismo e gênero em uma perspectiva decolonial. In: SILVA, Christine Oliveira Peter da; BARBOZA, Estefânia Maria de Queiroz; FACHIN, Melina Girardi (Coord.). *Constitucionalismo feminista*: expressão das políticas públicas voltadas à igualdade de gênero. Salvador: JusPodivm, 2020, p. 189.
9. PIMENTEL, op. cit., p. 8.
10. MONTERO, Rosa. *Nós, mulheres*: Grandes vidas femininas. Trad. Josely Vianna Baptista. São Paulo: Todavia, 2020, p. 14.

realidade resgatada após a revisitação dos fatos.[11] Entretanto, os homens continuam a ser mais estimulados, priorizados e valorizados do que as mulheres.

> O sexismo é uma ideologia na qual todos nós somos educados e está profundamente arraigado em nosso cérebro. Numerosos experimentos demonstram que a sociedade continua a estimular, priorizar e valorizar muito mais o homem que a mulher, e nós, sem perceber, tomamos parte desse mesmo desdém discriminatório. É isso que os preconceitos têm: por serem anteriores ao conceito, são invisíveis.[12]

As estruturas institucionais, econômicas e políticas, os padrões culturais e as relações sociais contribuem para as práticas discriminatórias, as desigualdades e as violências submetidas às mulheres e por isso são seriamente enfrentadas pelos movimentos feministas com o objetivo de promoção da almejada equidade e emancipação.

> Em sua crítica a matrizes de dominação em que se combinam capitalismo, racismo, sexismo, misoginia, homofobia e colonialismo, mostra as conexões entre impedimentos estruturais, regras formais e obstáculos informais cotidianos. As barreiras cumulativas à sua participação convergem com a posição desigual dos grupos no cotidiano da vida, no acesso a tempo e a recursos para cuidar e receber cuidado, assim como para o lazer e o cultivo das disposições criativas e das relações amorosas. Do mesmo modo, o acesso desigual à renda e a um trabalho que faça sentido está vinculado às garantias, também desiguais, de integridade física e psíquica.[13]

Flávia Biroli alerta que os feminismos "encarnam a potência de projetos e discursos emancipatórios que confrontam a ordem corrente e põe em xeque o infeliz casamento entre neoliberalismo e conservadorismo moral".[14]

A perspectiva política desenvolvida pelas teorias feministas permite a identificação e os questionamentos das desigualdades, da dominação e das resistências cotidianas[15] e é por isso que devem integrar o foco das discussões acerca da condição das mulheres, e sobretudo para o aprofundamento, tratamento e eliminação de todas as formas de violência, inclusive a violência institucional.

2. A EFETIVIDADE DOS DIREITOS FUNDAMENTAIS DAS MULHERES

As violências praticadas contra as mulheres escancaram as desigualdades socioeconômico e culturais, o que remete a reflexão sobre a ineficiência das previsões normativas e a realidade vivenciada desprovida de efetividade das garantias de igualdade de mulheres e homens asseguradas pelos direitos fundamentais constitucionais.

O ordenamento jurídico, o processo interpretativo de regras, princípios e valores consagrados constitucionalmente são vetores para a efetividade de uma sociedade

---

11. MONTERO, op. cit., p. 13.
12. Idem, ibidem.
13. BIROLI, Flávia. *Gênero e desigualdades*: os limites da democracia no Brasil. São Paulo: Boitempo, 2018, p. 212.
14. Idem, ibidem.
15. Idem, ibidem.

livre, justa, solidária e sem preconceitos, com a observância da igualdade de todos sem distinção de qualquer natureza.

A doutrina tem proposto ressignificar as ondas do feminismo para relacioná-las aos direitos fundamentais. A primeira onda dos movimentos, atrelada à primeira geração dos direitos fundamentais, buscou a igualdade de gênero nos séculos XIX e XX, com o reconhecimento dos direitos fundamentais civis e políticos. A segunda onda, como segunda geração dos direitos fundamentais, centrava-se nos direitos à liberdade sexual e na ampliação dos direitos trabalhistas, portanto igualdade substancial entre os gêneros na sociedade. E a terceira onda, relacionada aos direitos da coletividade e aos direitos transindividuais, compreendido pelo combate à violência doméstica e outros direitos.[16]

A Constituição Federal, em consonância com a Convenção das Nações Unidas sobre a Eliminação de Todas as Formas de Violência contra as Mulheres, ratificada pelo Brasil pelo Decreto 4.377 de 13 de 2002, além de alcançar o Objetivo Sustentável de Desenvolvimento (ODS 5) da ONU para a agenda 2030, assegura a normatividade na proteção dos direitos humanos das mulheres, notadamente em seu art. 226, § 8º, o qual estabelece que "(...) o Estado assegurará a assistência à família na pessoa de cada um dos que a integram, criando mecanismos para coibir a violência no âmbito de suas relações".[17]

O princípio da igualdade de mulheres e homens preconizado pela Constituição Federal e os compromissos internacionais do Estado brasileiro, na promoção e na proteção dos direitos humanos, impõem a adoção muito além da previsão legislativa. É uma obrigação de toda a sociedade, de políticas públicas de assistência e proteção de mulheres e de prevenção e combate das violências, inclusive de políticas públicas judiciárias, que promovam a efetividade das garantias constitucionais, em razão sobretudo pelos graves problemas que a obviedade dessa igualdade formal mascara.[18]

A efetividade dos direitos constitucionais perpassa pela compreensão da dimensão histórica do conceito de Direitos Humanos e, em especial a construção gradativa "(...) dos direitos humanos das mulheres, levando, ao mesmo tempo, alguns questionamentos na perspectiva de gênero, bem como apresentando algumas sugestões, no sentido de contribuir para a concretização cada vez maior desse conceito".[19]

---

16. FERNANDES, Og; ERHARDT, André Cavalcanti, O papel da atividade jurisdicional na concretização de direitos fundamentais das mulheres: A tutela do direito à educação sob o viés da teoria constitucional feminista. In: FONSECA, Reynaldo Soares da; DANTAS, Marcelo Navarro Ribeiro (Coord.); BRITO, Rafaela Silva; TAYA, Sandra; ESTEVES, Fábio Francisco (Org.). *As políticas públicas no direito constitucional fraterno*: estudos em homenagem à Ministra Laurita Vaz. Belo Horizonte, São Paulo: D'Plácido, 2023, p. 548.

17. Art. 226. A família, base da sociedade, tem especial proteção do Estado.

(...)

§ 8º O Estado assegurará a assistência à família na pessoa de cada um dos que a integram, criando mecanismos para coibir a violência no âmbito de suas relações.

18. PIMENTEL, op. cit., p. 175.

19. Idem, p. 176.

No processo interpretativo, que, à princípio, pode parecer que está adstrito apenas ao magistrado

A ação do intérprete é fundamental para a concretização do Direito. O constitucionalismo feminista exige do aplicador do Direito uma atuação proativa para afastar a aparente neutralidade normativa em prol da consecução da igualdade de gênero e do desenvolvimento de uma agenda feminista.[20]

A efetividade dos direitos humanos das mulheres envolve conscientização, interpretação e a aplicabilidade imediata do sistema protetivo e punitivo, bem como do controle de constitucionalidade e de convencionalidade, inclusive sob a perspectiva da teoria do impacto desproporcional,[21] além de todos os outros mecanismos disponíveis.

Os direitos humanos das mulheres têm em alguma medida recepcionado suas aspirações, valores, necessidades biológicas, econômicas, sociais e culturais, ainda que insuficientes.[22]

O desequilíbrio de poder existente entre mulheres e homens, sustentado na opressão, na discriminação e na inferioridade das mulheres deve ser superado para que os seus direitos humanos sejam efetivamente concretizados.[23]

Ao discorrerem sobre teóricas que trabalham com a relação gênero e direito, na perspectiva do direito das mulheres, e como o direito pode representar um mecanismo emancipatório, Silvia Pimentel e Alice Bianchini citam Alda Facio e Lorena Fries que propõem ressignificar o Direito para que seja um instrumento transformador de uma sociedade mais justa e igualitária. Pois o Direito, não é neutro e sim androcêntrico, ao manter e reproduzir o sistema que menospreza a vida e as experiências de metade da humanidade.[24]

A ausência de efetividade dos direitos de igualdade e de proteção destinados as mulheres perpetuam as violências a que são submetidas a merecer o permanente e profundo letramento da igualdade substancial de gênero, sob a perspectiva da teoria feminista constitucional, no sentido de concretizar as ações afirmativas no âmbito da sociedade civil e dos poderes Judiciário, Executivo e Legislativo. "A busca de marcos conceituais e operativos para enfrentar desigualdades e discriminações, através da normativa e da jurisprudência nacional e internacional, é uma tarefa estratégica e está em curso".[25]

A atividade jurisdicional envolve a identificação do comando legal aplicável, a avaliação ampliada do contexto, as consequências práticas da decisão e os aspectos socioculturais que possam impedir a igualdade substantiva. Os métodos interpretativos

---

20. FERNANDES, Og, op. cit., p. 547.
21. ADI 5355/DF, do Supremo Tribunal Federal.
22. PIMENTEL, op. cit., p. 179.
23. Idem, ibidem.
24. Idem, p. 158.
25. Idem, ibidem.

tradicionais somam-se aos utilizados no Protocolo de Julgamento sob Perspectiva de Gênero do CNJ em convergência com a necessária desconstrução das desigualdades estruturais, com a identificação das relações assimétricas dentro do contexto sociocultural e familiar e com o rompimento da reprodução dos estereótipos de gênero.[26]

> Os estereótipos traduzem visões ou pré-compreensões generalizadas sobre atributos ou características que membros de um determinado grupo têm, ou sobre os papéis que desempenham ou devem desempenhar, pela simples razão de fazerem parte desse grupo em particular, independentemente de suas características individuais. A ideia de estereótipos de gênero é muito importante, na medida em que, quando permeiam – consciente ou inconscientemente – a atividade jurisdicional podem reproduzir inúmeras formas de violência e discriminação.[27]

As violências sofridas refletem o processo discriminatório e a manutenção dos estereótipos que insistem em submeter as mulheres a condições de subjugação, submissão e anulação dos seus direitos.[28]

> A posição de vulnerabilidade tradicionalmente ocupada pelas mulheres, seja no plano político e econômico, ou ainda no aspecto social e cultural, exige do intérprete a adoção de providências tendentes a consagrar o princípio da igualdade substantiva e a superar o *status quo* de marginalização atribuído à condição feminina.[29]

A neutralidade do sistema normativo jurídico camufla as inconsistências existentes na aplicação do Direito a garantir a efetividade da igualdade substancial de mulheres e homens.

3. A VIOLÊNCIA INSTITUCIONAL PRATICADA CONTRA MULHERES

Várias são as formas de violência doméstica e familiar praticadas contra as mulheres,[30] física, moral, psicológica, patrimonial, sexual e reprodutiva, dentre outras,

---

26. "Tradicionalmente, as mulheres estiveram alijadas do centro de tomada de decisões estatal, tendo sua importância relegada às tarefas de cuidado e aos afazeres domésticos. Essa situação, seja por razões de ordem histórica, cultural e social, seja em função de justificativas de cunho político e econômico, ensejou uma visão estereotipada da figura feminina e a existência de abordagens discriminatórias e sexistas, inclusive no âmbito normativo". FERNANDES, Og, op. cit., p. 547.
27. Protocolo de Julgamento sob Perspectiva de Gênero do CNJ, p. 27.
28. PIMENTEL, op. cit., p. 159.
29. FERNANDES, Og, op. cit. p. 558.
30. Art. 7° São formas de violência doméstica e familiar contra a mulher, entre outras:

    I – a violência física, entendida como qualquer conduta que ofenda sua integridade ou saúde corporal;

    II – a violência psicológica, entendida como qualquer conduta que lhe cause dano emocional e diminuição da autoestima ou que lhe prejudique e perturbe o pleno desenvolvimento ou que vise degradar ou controlar suas ações, comportamentos, crenças e decisões, mediante ameaça, constrangimento, humilhação, manipulação, isolamento, vigilância constante, perseguição contumaz, insulto, chantagem, violação de sua intimidade, ridicularização, exploração e limitação do direito de ir e vir ou qualquer outro meio que lhe cause prejuízo à saúde psicológica e à autodeterminação;

    III – a violência sexual, entendida como qualquer conduta que a constranja a presenciar, a manter ou a participar de relação sexual não desejada, mediante intimidação, ameaça, coação ou uso da força; que a induza a comercializar ou a utilizar, de qualquer modo, a sua sexualidade, que a impeça de usar qualquer método contraceptivo ou que a force ao matrimônio, à gravidez, ao aborto ou à prostituição, mediante

todas violadoras dos direitos humanos das mulheres que são constitucionalmente protegidos, inclusive no exercício dos seus direitos individuais.[31]

A violência institucional, antes invisibilizada pela ausência de lei específica, é mais uma prática delituosa que é impingida às mulheres.

O Estado, por meio dos seus agentes e servidores públicos, está obrigado a cumprir as normas do ordenamento jurídico, portanto vedada às condutas discriminatórias que possam causar prejuízos, provocar sofrimento ou estigma, em especial às mulheres que se encontram envolvidas, direta ou indiretamente, em situações de vulnerabilidade a merecer assistência e proteção.

Os agentes públicos no exercício funcional têm o dever de impedir ou interromper a violência praticada contra as mulheres. Se agem de forma contrária, submetendo-as a procedimentos repetitivos ou invasivos, a situações geradoras de sofrimento, tratamento desrespeitoso ou degradante incorrem no crime tipificado como violência institucional.

A violência institucional reflete a ausência de eficiência e de capacitação dos agentes públicos pelo Estado em cumprir os preceitos constitucionais de igualdade e de proteção das mulheres.

Por ocasião da decisão monocrática proferida pelo Ministro Relator Rogério Schietti Cruz, do Superior Tribunal de Justiça, no *Habeas Corpus* 879004/SC, (2023/0459854-5), concedeu a ordem por caracterização de flagrante violência institucional e permitiu o procedimento para a interrupção de gravidez, decorrente de estupro de vulnerável praticado por pessoa adulta contra adolescente, com respaldo legal do inciso II do artigo 128 do Código Penal.[32]

A previsão legal do chamado aborto humanitário se justifica pela proteção e pela preservação da vida e da saúde da mulher, ainda que em detrimento da vida intrauterina, em obediência sobretudo ao princípio da dignidade humana.

Embora no caso acima referido houvesse a autorização do aborto humanitário por decisão do juízo de primeiro grau por presunção absoluta do crime de estupro em razão da menoridade da vítima, o pai da vítima, que comprovadamente não exercia a autoridade parental, em sede de Agravo de Instrumento, recorreu da decisão

---

coação, chantagem, suborno ou manipulação; ou que limite ou anule o exercício de seus direitos sexuais e reprodutivos;

IV – a violência patrimonial, entendida como qualquer conduta que configure retenção, subtração, destruição parcial ou total de seus objetos, instrumentos de trabalho, documentos pessoais, bens, valores e direitos ou recursos econômicos, incluindo os destinados a satisfazer suas necessidades;

V – a violência moral, entendida como qualquer conduta que configure calúnia, difamação ou injúria.

31. PIMENTEL, op. cit., p. 183.

32. Art. 128 Não se pune o aborto praticado por médico:

I – se não há outro meio de salvar a vida da gestante;

II – se a gravidez resulta de estupro e o aborto é precedido de consentimento da gestante ou, quando incapaz, de seu representante legal.

judicial, a qual foi reformada pelo Tribunal de Justiça do Estado de Santa Catarina, que ensejou a impetração do Habeas Corpus perante o Superior Tribunal de Justiça.

As violações praticadas por ocasião do julgamento perante o TJ/SC que reformou a decisão judicial de 1° grau que autorizava o aborto humanitário, reforça o pensamento opressor patriarcal que envolve o tema aborto, conforme salientado pelo eminente Ministro Rogério Schietti.[33]

No caso em análise, houve a autorização expressa da vítima e de sua mãe, representante legal, por exercer unilateralmente a guarda judicial da filha, uma vez que o pai por expressa e comprovada negligência deixou de cumprir os deveres inerentes à paternidade responsável quando desistiu judicialmente da convivência familiar com a filha.

Assim o deferimento judicial da pretensão do pai pelo TJ/SC em suspender o aborto humanitário, caracteriza-se no acolhimento e na supremacia da sua manifestação, em detrimento da vontade da vítima, em flagrante violação da base legal que a protegia, provavelmente a partir da concepção estereotipada de que a mãe e a filha seriam inaptas para se expressarem judicialmente no alcance de seus direitos legalmente previstos.

Está-se diante, portanto, de mais um caso de *violência institucional praticada pelos atores judiciais* que estão impedindo a realização do procedimento de interrupção da gravidez resultado de um estupro.[34] (Grifou-se).

O ordenamento jurídico protetivo, o Protocolo de Julgamento sob Perspectiva de Gênero do CNJ, e outros mecanismos que devem respaldar o processo interpretativo deixaram de ser aplicados por ocasião da análise perante o TJ/SC, o que foi constatado pela decisão monocrática proferida pelo Eminente Ministro Rogério Schietti Cruz que reconheceu a violência institucional pela afronta aos direitos da adolescente.

> É evidente que a decisão em questão apresenta uma preocupante ausência de fundamentação. Com efeito, a exigência constitucional e legal de uma decisão judicial devidamente fundamentada é intransigente e reflete um dos pilares do devido processo legal. A omissão dessa exigência não é apenas uma infração às normativas processuais, mas uma afronta direta aos princípios da ampla defesa e do contraditório. No caso vertente, que perpassa a esfera dos direitos fundamentais sensíveis, a robustez na fundamentação das decisões judiciais assume um caráter ainda mais crítico. *A deliberação impugnada, ao falhar na apresentação de uma base argumentativa sólida, compromete a retidão do processo e põe em risco a realização de justiça substancial. Ademais, se baseia em uma suposta ausência de vontade da menor de se submeter ao procedimento, premissa que não encontra respaldo em nenhum elemento de prova produzido na instrução processual.*
>
> É imperativo reconhecer que a questão do aborto transita entre as esferas da saúde pública, ética e direitos humanos, impondo uma obrigação de diligência e cautela redobradas no exame judicial. A vida, saúde e autonomia das mulheres encontram-se intrinsecamente ligadas às resoluções judiciais sobre essa matéria, exigindo uma abordagem meticulosa e pormenorizada. A decisão

---

33. *Habeas Corpus* 879004/SC, do STJ, p. 15.
34. *Habeas Corpus* 879004/SC, do STJ, p. 17.

A LEI DA VIOLÊNCIA INSTITUCIONAL E AS MULHERES **57**

impugnada carece de fundamentação e ignora a intrincada tessitura dos direitos à vida, à saúde, à autonomia e à privacidade, essenciais em casos de aborto. A ausência de uma análise profunda e considerada desses direitos pode desembocar em violações de significativa gravidade.

[...]

Nesse contexto, *a decisão questionada não só transgride normas processuais, mas evidencia um descaso flagrante com a tutela dos direitos fundamentais. Tal lacuna impõe a anulação da decisão, compelindo a uma reflexão e a uma apreciação mais acurada por parte do julgador. Ao proferir a cassação da decisão, o julgador omitiu uma análise comparativa indispensável, que deveria ponderar a congruência das decisões antecedentes com o arcabouço legal e jurisprudencial vigente. A ausência de indicação dos motivos pelos quais as decisões pregressas seriam inadequadas ou insuficientes revela um descuido com a fundamentação que é exigida por princípios jurídicos consolidados.*

[...]

No caso em concreto, a então adolescente foi ouvida pela equipe técnica da Vara da Infância e em juízo, tendo sido constatada a informação expressa quanto ao desejo pela interrupção da gravidez.

[...]

Da mesma forma, *observa-se a urgência da situação, já que a cada dia que se adia o procedimento legal de interrupção da gravidez, o risco para a vida da paciente, que é uma adolescente de 13 anos, aumenta significativamente.* Ainda se deve anotar que um aspecto essencial na decisão de primeiro grau é a consideração pelo direito de autonomia da adolescente. A decisão ressalta que qualquer mudança de posicionamento da adolescente, seja ela expressa perante a equipe técnica da casa de acolhimento ou os profissionais de saúde, deve ser respeitada. Isso indica que, embora tenha-se tomado uma decisão baseada nas circunstâncias médicas e legais, enfatiza-se a importância de ouvir e respeitar a vontade da adolescente. A decisão está equilibrando a necessidade de uma ação médica imediata devido à condição gestacional avançada, com o respeito pela autonomia e pela vontade da adolescente. Esta abordagem reflete uma ponderação cuidadosa entre as necessidades médicas e os direitos individuais, enfatizando que qualquer decisão tomada pela adolescente deve ser comunicada e respeitada, alterando potencialmente o curso da ação inicialmente planejada. Isso demonstra uma abordagem holística e sensível ao caso, considerando tanto os aspectos de saúde quanto os direitos pessoais da adolescente[35] (Grifou-se).

O direito fundamental da proteção integral de crianças e adolescentes inclusive, sob a perspectiva do princípio do direito constitucional fraterno, impõe ações concretas, articuladas, coordenadas e efetivas, conforme dispõe o artigo 14 da chamada Lei do depoimento especial e da escuta qualificada, Lei 13.431, de 4 de abril de 2017.[36]

As diretrizes do Protocolo de Julgamento sob Perspectiva de Gênero do CNJ, no que diz respeito aos marcadores estruturais, de gênero, raça, classe e sexualidade deixaram de ser verificados no caso paradigma.

(...) a visão interseccional dentro da seara jurídica, para um julgamento efetivamente justo, compromete-se com uma política judiciária que enxerga a sociedade como ela é, dentre todos as suas

---

35. *Habeas Corpus* 879004/SC, do STJ, p. 19.
36. FERNANDES, Beatriz Torres; BASTOS, Eliene Ferreira; SALES, Thamires Nunes. Políticas públicas judiciárias para a escuta adequada de crianças e adolescentes. In: FONSECA, Reynaldo Soares da. DANTAS, Marcelo Navarro Ribeiro (Coord.); BRITO, Rafaela Silva; TAYA, Sandra; ESTEVES, Fábio Francisco (Org.). *As políticas públicas no direito constitucional fraterno*: estudos em homenagem à Ministra Laurita Vaz. Belo Horizonte, São Paulo: D'Plácido, 2023, p. 280.

características, a que melhor a define é quanto à sua pluralidade. A população, quando se utiliza do acionamento do Poder Judiciário, deseja que esse a veja em raça, gênero e classe, além das inúmeras vulnerabilidades outras que possam existir.[37]

A violência institucional identificada na decisão do Eminente Ministro Rogério Schietti Cruz evidencia como o Direito pode contribuir para a transformação das realidades de violências, sobretudo as institucionais, sofridas por mulheres e meninas.

CONSIDERAÇÕES FINAIS

A vida e a história registram as desigualdades e os preconceitos que são submetidas as mulheres. A naturalização dos papéis de gênero reforça o aprisionamento do lugar permitido às mulheres e do lugar de privilégio dos homens.[38]

Esse ensaio tem a modesta pretensão apenas de reforçar a importância do enfrentamento da violação dos direitos das mulheres que se configuram na violência praticada por agentes do Estado. A violência institucional praticada contra as mulheres deve receber atenção consistente e profunda.

São imprescindíveis a promoção de políticas públicas, inclusive judiciárias, que promovam a capacitação dos agentes públicos para o enfrentamento da cultura misógina que favorece a violência institucional e que contribuam para o levantamento e o conhecimento da realidade judiciária que impede a efetividade dos direitos fundamentais das mulheres. A formação envolve uma conscientização crítica que rompa com a manutenção dos estereótipos, das desigualdades estruturais que impedem o exercício da igualdade de gênero.

A escritora, professora e militante feminista Silvia Federici sustenta que toda violência contra as mulheres é institucional pelo sentimento de impunidade dos homens,[39] o que evidencia a necessária e urgente capacitação e formação para a prevenção e o combate da violência institucional.

A equiparação dos direitos de homens e mulheres no processo interpretativo deve considerar as diferenças e as vulnerabilidades identificadas nas relações assimétricas de gênero e os marcadores sociais[40] para que seja alcançada a efetividade dos direitos humanos das mulheres.

---

37. ELEUTÉRIO, op. cit., p. 32.
38. KARNAL, Leandro; ESTEVAM, Luiz. *Preconceito*: uma história. São Paulo: Companhia das Letras, 2023, p. 45.
39. DAVIS, Angela; COLLINS, Patricia Hill; FEDERICI, Silvia. *Democracia para quem?* Ensaios de resistência. São Paulo: Boitempo, 2023, p. 119.
40. ELEUTÉRIO, Julia Melim Borges; BIANCHINI, Alice. Advocacia e a atuação com perspectiva de gênero como enfrentamento e combate à violência contra mulheres e meninas. In: ANTUNES, Ana Paula; BARBOSA, Gabriela Jacinto; ELEUTÉRIO, Júlia Melim Borges (Org.). *Protocolo para julgamento com perspectiva de gênero*: aplicações, conceitos e práticas. Florianópolis: Habitus, 2024, p. 119.

O caso analisado pelo Ministro Rogério Schietti traduz a violência institucional praticada por agente público no âmbito do TJ/SC que revela a importância do enfrentamento, da conscientização, prevenção e combate das várias nuances de violências praticadas contra as mulheres e meninas no âmbito das instituições.

A utilização do Protocolo para Julgamento sob Perspectiva de Gênero do CNJ é instrumento, que pode e deve ser adotado, para que juntamente com as diretrizes da Lei da Escuta Qualificada e do Depoimento Especial possam romper com as discriminações e propiciar a almejada concretude dos direitos envolvidos.

A união de esforços é essencial para reconhecer, promover e garantir cotidianamente os direitos das mulheres.

REFERÊNCIAS

BARBOSA, Gabriela Jacinto; BIANCHINI, Alice. Um protocolo interseccional: a centralidade da perspectiva de gênero, classe e raça nas análises judiciais em direito das famílias. In: ANTUNES, Ana Paula. BARBOSA, Gabriela Jacinto. ELEUTÉRIO, Júlia Melim Borges (Org.). *Protocolo para julgamento com perspectiva de gênero*: aplicações, conceitos e práticas. Florianópolis: Habitus, 2024.

BIROLI, Flávia. *Gênero e desigualdades*: os limites da democracia no Brasil. São Paulo: Boitempo, 2018.

BOURDIEU, Pierre. *A dominação masculina*. Trad. Mara Helena Kühner. 22. ed. Rio de Janeiro: Bertrand Brasil, 2023.

DAVIS, Angela; COLLINS, Patricia Hill; FEDERICI, Silvia. *Democracia para quem?* Ensaios de resistência. São Paulo: Boitempo, 2023.

DIAS, Maria Berenice. *A Lei Maria da Penha na Justiça*. 7. ed. rev. e atual. Salvador: JusPodivm, 2021.

ELEUTÉRIO, Julia Melim Borges; BIANCHINI, Alice. Advocacia e a atuação com perspectiva de gênero como enfrentamento e combate à violência contra mulheres e meninas. In: ANTUNES, Ana Paula; BARBOSA, Gabriela Jacinto; ELEUTÉRIO, Júlia Melim Borges (Org.). *Protocolo para julgamento com perspectiva de gênero*: aplicações, conceitos e práticas. Florianópolis: Habitus, 2024.

FERNANDES, Beatriz Torres; BASTOS, Eliene Ferreira; SALES, Thamires Nunes. Políticas públicas judiciárias para a escuta adequada de crianças e adolescentes. In: FONSECA, Reynaldo Soares da; DANTAS, Marcelo Navarro Ribeiro (Coord.); BRITO, Rafaela Silva; TAYA, Sandra; ESTEVES; Fábio Francisco (Org.). *As políticas públicas no direito constitucional fraterno*: estudos em homenagem à Ministra Laurita Vaz. Belo Horizonte, São Paulo: D'Plácido, 2023.

FERNANDES, Og; ERHARDT, André Cavalcanti. O papel da atividade jurisdicional na concretização de direitos fundamentais das mulheres: A tutela do direito à educação sob o viés da teoria constitucional feminista. In: FONSECA, Reynaldo Soares da; DANTAS; Marcelo Navarro Ribeiro (Coord.); BRITO, Rafaela Silva; TAYA, Sandra; ESTEVES; Fábio Francisco (Org.). *As políticas públicas no direito constitucional fraterno*: estudos em homenagem à Ministra Laurita Vaz. Coordenadores: Belo Horizonte, São Paulo: D'Plácido, 2023.

FIDELIS NETO, Geraldo Fernandes. A dupla vulnerabilidade da mulher em privação de liberdade e a aplicação de métodos restaurativos. In: CAMPOS, Amini Haddad (Org.). *Vulnerabilidades e direitos*: a perspectiva da realidade nos debates de direitos humanos. Dedicado à ministra Rosa Weber. Londrina, PR: Thoth, 2023.

KARNAL, Leandro. ESTEVAM, Luiz. *Preconceito*: uma história. São Paulo: Companhia das Letras, 2023.

MENDES, Soraia. DOURADO, Isadora. *Lawfare de gênero*: o uso do direito como arma de guerra contra as mulheres. Disponível em: https://assets-institucional-ipg.sfo2.digitaloceanspaces.com/2022/02/SoraiMendesIsadoraDourado_LAWFAREDEGENEROjaneiro2022.pdf. Acesso em: 1º fev. 2024.

MONTERO, Rosa. *Nós, mulheres*: Grandes vidas femininas. Trad. Josely Vianna Baptista. São Paulo: Todavia, 2020.

PIMENTEL, Silvia. BIANCHINI, Alice. *Leituras críticas importam*. In: GONZAGA, Alvaro de Azevedo (Coord.). São Paulo: Matrioska Editora, 2021.

PROTOCOLO DE JULGAMENTO SOB PERSPECTIVA DE GÊNERO DO CONSELHO NACIONAL DE JUSTIÇA: Disponível em: https://www.cnj.jus.br/wp-content/uploads/2021/10/protocolo--18-10-2021-final.pdf. Acesso em: 05 fev. 2024.

PROJETO "ELAS VIVEM: DADOS QUE NÃO SE CALAM". Disponível em: https://www.gov.br/mj/pt-br/assuntos/noticias/projeto-mirante-apoiado-pelo-mjsp-sera-apresentado-nesta-terca-feira-16-no--rio-de-janeiro. Acesso em: 25 jan. 2024.

ROSSI, Amélia Sampaio; FERREIRA, Erika Carvalho. Constitucionalismo e gênero em uma perspectiva decolonial. In: SILVA, Christine Oliveira Peter da; BARBOZA, Estefânia Maria de Queiroz; FACHIN, Melina Girardi (Coord.). *Constitucionalismo feminista*: expressão das políticas públicas voltadas à igualdade de gênero. Coordenadoras Salvador: JusPodivm, 2020.

AVANÇOS LEGISLATIVOS DO COMBATE À VIOLÊNCIA CONTRA A MULHER: DA LEI MARIA DA PENHA À 2024

Laura Carneiro

Advogada e deputada federal (PSD-RJ).

Sumário: Introdução – 1. Conscientização e aumento do número de denúncias – 2. Principais instrumentos legais; 2.1 Efeitos das medidas protetivas; 2.2 Delegacias, varas judiciais especializadas e toda rede de proteção – 3. Novos desafios e aperfeiçoamentos da lei – 4. A cultura de respeito às mulheres pelo fim da violência – Referências.

INTRODUÇÃO

O Parlamento brasileiro tem construído uma das redes protetivas para a mulher mais avançadas do mundo. Marco na defesa dos direitos femininos, considerando a violência doméstica e familiar como grave violação dos direitos humanos, a Lei Maria da Penha foi promulgada há quase 20 anos, depois do trabalho exaustivo de parlamentares e de tantas outras que abraçaram a causa. Fizemos um esforço enorme para que fosse aprovada e continuamos empenhadas em sofisticar a legislação ainda mais.

A estatística da violência contra a mulher no Brasil é assombrosa. É como se o país não conhecesse os preceitos mais básicos de uma civilização. Ao longo desses anos, temos tentado compreender a razão por trás desses números tão elevados, mesmo com o aperfeiçoamento contínuo do escopo jurídico. Uma das possíveis causas é a volatilidade com que estão ocorrendo os relacionamentos humanos.[1]

Estamos vivendo em uma sociedade em que os afetos, os amores, se liquefazem. A febre desenfreada de consumo simplesmente descarta bens e pessoas quando deixam de ser convenientes. É um mundo de frágeis laços humanos. Então, como estabelecer a confiança entre os parceiros? Como erigir um relacionamento sólido e verdadeiramente respeitoso? Quem não respeita o outro, dificilmente respeitará a lei.

A insegurança é a tônica: o Estado brasileiro, nas suas várias esferas, mostra-se ineficaz na proteção das mulheres, apesar de contar com uma base legal poderosa. Ao menos do ponto de vista normativo, a legislação atual é sofisticada e oferece mecanismos avançados para prevenir os casos, promover a recuperação da vítima e punir o agressor.

---

1. Como teoriza o sociólogo polonês Zygmunt Bauman, estamos numa "sociedade líquida".

Em seus estudos, o psicólogo suíço Carl G. Jung descreveu a capacidade de transformação do ser quando em convivência com outro ser. Segundo ele, "a reunião de duas personalidades é como o contato de duas substâncias químicas: se houver alguma reação, ambas são transformadas". Ou seja, estar com o outro impulsiona os sentidos e pode, dependendo do desenvolvimento daquela relação, produzir experiências que levem a aprendizados construtivos. Contudo, pode também gerar rupturas emocionais explosivas, violentas, que machucam o outro.

Acima de tudo, o amor deveria envolver um respeito profundo. Em qualquer palavra, gesto, ação. E o que temos assistido

Em 2023, 1.238.208 brasileiras sofreram violência, incluindo homicídio, feminicídio e estupro, segundo a 18ª edição do Anuário Brasileiro de Segurança Pública, divulgada em julho de 2024. O feminicídio aumentou 0,8%. Foram 1.467 mulheres mortas por razões de gênero, o maior número já registrado desde a publicação da lei que tipifica o crime. E 64,3% foram assassinadas dentro de casa – o aspecto mais tenebroso da violência doméstica.

A violência doméstica aumentou em quase 10%. Em 2023, foram 258.941 vítimas mulheres, um crescimento de 9,8% em relação a 2022. O número de mulheres ameaçadas subiu 16,5%: foram 778.921 as mulheres que vivenciaram essa situação, com boletim de ocorrência junto à polícia.

Homens representam 90% dos assassinos de mulheres, sendo 63% parceiro íntimo da vítima, 21,2% ex-parceiro e, 8,7%, algum familiar. A maior parte dos criminosos estabelecem laços aparentemente amorosos com a sua futura vítima. O rompimento trágico se dá quando esses laços se dissolvem – como diz Bauman – ou quando entram em curto-circuito – na visão de Jung.

Outros especialistas ressaltam, nesse contexto, o grau de influência do poder dominante sobre os povos, especialmente sobre as mulheres. Uma das pioneiras nas pesquisas sobre relações de gênero e da violência contra a mulher no Brasil foi a socióloga brasileira Heleieth Saffioti. Ela evidencia a interseção entre a opressão de gênero, classe e raça. Para Saffioti, a violência de gênero não é um problema isolado, mas resultado de um sistema patriarcal que perpassa os nexos de poder em diferentes esferas. Ela aborda a violência como uma forma de controle sobre as mulheres, reforçada pela desigualdade social.

> A violência contra a mulher é um fenômeno que reflete a estrutura patriarcal da sociedade, onde a dominação masculina se expressa em todas as esferas da vida social, inclusive no âmbito doméstico (Saffioti, p. 50, 2000).

Uma outra importante pensadora sobre as relações de gênero é a socióloga australiana Raewyn Connell, conhecida por seus estudos sobre masculinidade, e pelas contribuições à compreensão das relações de poder e violência de gênero. Sua teoria sobre a "masculinidade hegemônica" é central para entender como certos padrões de comportamento masculino contribuem para a violência contra as mulheres.

Connell enfatiza que a violência de gênero está profundamente conectada a formas dominantes de masculinidade, que exigem o exercício de poder e controle. Sua obra sugere que questionar e reformular essas masculinidades pode ser um caminho para reduzir a violência.

> A violência contra as mulheres está intimamente ligada à masculinidade hegemônica, que se baseia no controle, na força e na repressão de outras formas de masculinidade, bem como na subordinação das mulheres (Connell, p 83, 2005).

Já a socióloga e filósofa americana Judith Butler explora as questões de gênero, poder e vulnerabilidade. Embora seu trabalho seja mais voltado para a teoria de gênero, suas reflexões sobre a violência são fundamentais para entender as violências estruturais contra grupos marginalizados, incluindo as mulheres.

Butler argumenta que a violência contra as mulheres está ligada à desumanização e à marginalização de certos corpos. Para ela, a violência está enraizada nas normas que regem quem é considerado digno de proteção e de direitos. Butler afirma que a violência de gênero é parte de um sistema em que corpos são normatizados de maneira que estabelecem quem é reconhecido como humano, e quem é descartado como tal.

A violência contra a mulher é um fenômeno complexo que envolve fatores estruturais, sociais e culturais, como mostram as obras dessas três autoras. Saffioti, em "Gênero, Patriarcado e Violência", defende que essa violência é uma manifestação do patriarcado, um sistema de dominação masculina que permeia todas as esferas da vida, especialmente o ambiente doméstico.

Butler, em "Quadros de Guerra", acrescenta que a violência de gênero resulta da desumanização de certos corpos, que são excluídos das normas que protegem a vida, revelando uma hierarquia social que define quem é digno de direitos.

Connell, em "Masculinities", contribui mostrando que a masculinidade hegemônica – baseada no controle e na força – está diretamente ligada à perpetuação da violência contra as mulheres, pois as subordina e impõe padrões de poder sobre os homens.

Juntas, essas autoras destacam que a violência contra a mulher não é apenas um problema individual, mas uma questão estrutural e cultural, enraizada nas normas de poder e controle da sociedade patriarcal. Para combatê-la, é necessário transformar essas estruturas, questionando tanto o patriarcado quanto às formas dominantes de masculinidade.

Amores líquidos, poderes dominantes e o desrespeito profundo nas relações de gênero: essa aparenta ser a fórmula da violência contra a mulher no Brasil.

1. CONSCIENTIZAÇÃO E AUMENTO DO NÚMERO DE DENÚNCIAS

Estou no meu quinto mandato de deputada federal e uma das minhas maiores prioridades continua sendo atenuar esse quadro. Com a Lei Maria da Penha (Lei

11.340/2006) foi estabelecido um marco na proteção dos direitos das mulheres no Brasil, especialmente no combate à violência doméstica. E sua eficácia pode ser analisada sob diferentes perspectivas.

Primeiro, essa lei ajudou a aumentar a conscientização sobre a violência doméstica e a importância de denunciar abusos. A partir de sua promulgação, incentivando a realização de campanhas educativas e ações de prevenção à violência, o número de denúncias aumentou significativamente, o que demonstra que mais mulheres passaram a procurar ajuda.

Foram sendo rompidos o silêncio e a vergonha que frequentemente cercavam esses casos. O patamar de conscientização da sociedade se alargou. Ao analisarmos a linha do tempo, identificamos que, logo após a implementação da lei, esse aumento foi significativo. Por exemplo, entre 2006 e 2011, as denúncias de agressão cresceram em cerca de 600%, de acordo com dados do governo brasileiro e de organizações de defesa dos direitos das mulheres.

Em paralelo, as chamadas para o 180 – a Central de Atendimento à Mulher – registraram um aumento progressivo. Em 2006, foram cerca de 12 mil atendimentos; já em 2021, o serviço recebeu mais de 105 mil denúncias. Do total de registros, 72% (75,7 mil denúncias) são referentes a violência doméstica e familiar contra a mulher. Vem estabelecendo-se no país um novo parâmetro de conscientização, tanto entre as mulheres vítimas, como entre aqueles que queiram protegê-las. Paulatinamente, o grau de impunidade vai diminuindo e uma nova mentalidade protetiva é criada.

Com a lei, mais mulheres passaram a conhecer seus direitos, encorajando-as a denunciarem agressões antes que evoluíssem para crimes mais graves. A Lei Maria da Penha criou mecanismos de proteção que antes não estavam disponíveis ou não eram amplamente acessados, resultando em maior visibilidade e conscientização.

A percepção sobre a não denúncia é gerada por fatores variáveis, como a faixa de renda. De acordo com a Pesquisa Nacional de Violência Contra a Mulher, do Instituto DataSenado, de novembro de 2023, mais de um quarto das mulheres que possuem renda de até dois salários mínimos (28%) acreditam que as mulheres que sofrem violência doméstica e familiar não denunciam o fato às autoridades.

Ao mesmo tempo, comparando-se a renda das mulheres que declaram já ter sofrido algum tipo de violência doméstica ou familiar provocada por homem, percebe-se que quanto menor a renda, maior a chance de ela ter sido agredida em algum momento da vida. Enquanto 35% das mulheres com até dois salários mínimos relatam casos de violência, esse patamar diminuiu para 28% entre as mulheres que recebem de dois a seis salários mínimos e chega a 20% entre as que ganham mais de seis salários mínimos.

De qualquer maneira, avançamos. Antes da promulgação da lei em 2006, a violência doméstica muitas vezes era tratada como um problema privado e não recebia a devida atenção pública e judicial. A lei gerou um movimento de conscientização nacional sobre a violência de gênero, levando a campanhas educativas, a programas voltados para a conscientização sobre os direitos das mulheres nas escolas e comunidades, e a uma maior cobertura midiática sobre o tema. A violência doméstica passou a ser entendida como uma questão de saúde pública e de direitos humanos, e não apenas como um conflito familiar. E esse entendimento é fundamental para reduzir estigmas e preconceitos.

Antes da Lei Maria da Penha, muitos casos de violência doméstica eram tratados como crimes de menor potencial ofensivo, resultando em punições leves. A lei trouxe mudanças importantes, incluindo a possibilidade da prisão preventiva do agressor e aumento das penas.

A lei reconhece a violência doméstica contra a mulher como crime, ampliando as formas de punição, indo além da violência física e incluindo a violência psicológica, sexual, patrimonial e moral. Isso significa que a Lei Maria da Penha se preocupa com todas as formas de abuso que podem ocorrer dentro do ambiente familiar e afetivo, reconhecendo que a violência contra a mulher vai além das agressões físicas.

Paralelo ao estabelecimento de mecanismos como o Ligue 180, houve um aumento expressivo do número de delegacias especializadas, que tem ajudado a tornar o atendimento mais acessível e incentivado a busca por apoio.

A Lei Maria da Penha estimulou, ainda, a formulação e o aprimoramento de políticas públicas específicas, como a criação de casas-abrigo, centros de atendimento multidisciplinar para as vítimas e a integração dos serviços de segurança pública, assistência social e saúde.

Também foram geradas pela Lei Maria da Penha iniciativas educacionais e programas voltados à prevenção da violência, ajudando a desmistificar a noção de que a violência contra a mulher é "normal" ou "aceitável" em alguns contextos.

O aumento da visibilidade permitiu que a sociedade brasileira discutisse mais abertamente o problema, levando à criação de espaços de diálogo sobre machismo, desigualdade de gênero e violência. Embora a violência contra a mulher ainda seja um desafio significativo, a Lei Maria da Penha foi fundamental para trazer o tema à tona e catalisar mudanças sociais e institucionais.

2. PRINCIPAIS INSTRUMENTOS LEGAIS

2.1 Efeitos das medidas protetivas

Um dos instrumentos legais mais importantes da Lei Maria da Penha são as medidas protetivas de urgência, como a proibição do agressor de se aproximar da vítima ou de seus familiares. Enquanto a mulher busca justiça, tem sido uma ferramenta eficaz para proteger as que estão em risco iminente e, em muitos casos, para salvar vidas.

A rapidez na aplicação das medidas protetivas transformou-se num fator chave na rede de defesa da mulher brasileira. Podem ser concedidas de forma imediata e sem a necessidade de um processo judicial longo, o que permite uma resposta ágil e eficiente à violência. A vítima pode solicitá-la diretamente à autoridade policial ou ao juiz, que tem até 48 horas para decidir sobre o pedido. O afastamento do agressor do lar, do local de trabalho ou de convivência da vítima, evita o contato físico entre o agressor e a mulher, minimizando o risco de novas agressões.

Além de proibir a aproximação física, as medidas também podem restringir qualquer tipo de contato do agressor com a vítima, seja por telefone, mensagens, redes sociais, ou outras formas de comunicação. Essa proteção é essencial para preservar o bem-estar psicológico da vítima. E para proteção de filhos e outros familiares, as medidas protetivas podem se estender para todos aqueles que estejam em risco, garantindo uma proteção mais ampla à vítima e ao seu círculo próximo.

Em caso de descumprimento das medidas protetivas, o agressor pode ser preso preventivamente, o que reforça a eficácia dessas ordens e atua como um mecanismo dissuasório contra novas agressões.

A lei estabelece também que a mulher tenha suporte financeiro, a guarda dos filhos ou a proibição de venda de bens, quando necessário, ajudando a proteger não só a integridade física, mas também a estabilidade econômica da vítima.

Essas medidas se tornaram uma ferramenta potente no enfrentamento da violência doméstica, oferecendo uma proteção imediata que antes não existia. Ao garantir que o agressor seja afastado rapidamente e que a mulher receba apoio, a lei busca interromper o ciclo de violência. Estudos mostram que, após a implementação dessas medidas, houve uma redução nos casos de feminicídios em situações em que as ordens protetivas foram cumpridas.

Apesar do sucesso, há desafios, como a falta de recursos para monitorar o cumprimento das ordens e a necessidade de capacitar as autoridades para garantir sua aplicação eficiente. No entanto, o saldo geral das medidas protetivas é positivo, representando um grande avanço no combate à violência contra a mulher no Brasil.

2.2 Delegacias, varas judiciais especializadas e toda rede de proteção

A criação de delegacias especializadas na defesa da mulher e varas judiciais focadas em casos de violência doméstica melhorou o atendimento às vítimas e facilitou o processo judicial contra os agressores. Esses espaços, que atendem de forma específica mulheres em situação de violência, permitiram um atendimento mais humanizado, eficiente e especializado, o que ajudou a fortalecer a aplicação da Lei Maria da Penha.

As delegacias especializadas são compostas por profissionais capacitados para lidar com questões relacionadas à violência de gênero. Isso permite um atendimento mais sensível às necessidades das vítimas, com acolhimento e encaminhamento adequado. A empatia e a formação especializada reduzem a revitimização, que muitas vezes acontecia em delegacias comuns.

Com a criação de delegacias, as vítimas de violência doméstica passaram a ter um canal específico e mais acessível para fazer denúncias e buscar proteção. Esse atendimento especializado muitas vezes ocorre em locais menos intimidadores e mais preparados para acolher as mulheres.

Os Juizados de Violência Doméstica e Familiar contra a Mulher foram criados para julgar com mais rapidez e eficiência os casos que envolvem esse tipo de crime. Têm o papel de atender com celeridade e sensibilidade as mulheres que sofrem violência, garantindo que suas queixas sejam ouvidas e tratadas com a seriedade que merecem. Isso diminui a morosidade processual, garantindo que medidas protetivas e decisões judiciais sejam tomadas com maior celeridade.

As delegacias especializadas têm também como objetivo acompanhar as vítimas após o registro da ocorrência, orientando-as sobre seus direitos e encaminhando-as a serviços de assistência social, psicológica e jurídica. Esse acompanhamento contínuo é essencial para garantir a proteção e o fortalecimento das mulheres após a denúncia.

As delegacias e varas especializadas são parte de uma rede de proteção que inclui casas-abrigo, centros de referência para mulheres, e programas de apoio psicológico e jurídico. Essa integração facilita o acesso das vítimas a diversos serviços, promovendo uma abordagem mais ampla e multidisciplinar no enfrentamento à violência. A Lei Maria da Penha estabelece que o Estado deve fornecer apoio integral às mulheres em situação de violência, ajudando-as a reintegrar-se à sociedade. Assim, essa rede de abrigo e acolhimento deve ser expandida, garantindo que as mulheres tenham um local seguro para ficar temporariamente quando necessário.

Com a criação de delegacias, houve um maior incentivo à capacitação das autoridades policiais e judiciais sobre violência de gênero, o que resultou em maior sensibilidade no tratamento dos casos. Isso é fundamental, já que muitas vezes, em delegacias comuns, a violência contra a mulher era minimizada ou tratada como um conflito privado.

Embora a criação de delegacias e varas tenha representado um grande avanço, ainda há desafios, como a necessidade de expandir a rede de delegacias especializadas para regiões mais distantes e de melhorar a infraestrutura e os recursos disponíveis. Nem todas as cidades brasileiras contam com uma delegacia da mulher, e em algumas localidades o atendimento é insuficiente.

Contudo, o impacto geral tem sido positivo. As delegacias e varas especializadas não apenas garantem que os casos de violência doméstica sejam tratados com a seriedade devida, como também incentivam mais mulheres a denunciarem seus agressores, sabendo que terão acesso a um atendimento mais adequado. Esse é um passo importante para a prevenção da violência e para a promoção de uma cultura de respeito aos direitos das mulheres.

Antes da lei, era comum que os agressores recebessem penas alternativas, como pagamento de cestas básicas. A Lei Maria da Penha endureceu as penalidades, impedindo essa prática em casos de violência doméstica.

Na cidade do Rio de Janeiro, também foram criadas políticas protetivas importantes. Como o cartão Move-Mulher: um auxílio voltado para o pagamento de passagem nos transportes para as mulheres em situação de violência familiar e doméstica. O benefício ajuda as vítimas, em busca de socorro, a chegarem até os centros de atendimento especializados. Podendo ser renovado caso seja necessário. Enquanto as Casas da Mulher Carioca são ambientes para promover interação, capacitação e empoderamento feminino com a aplicação de estratégias efetivas com vistas à prevenção das situações de violência contra a mulher, exercício da cidadania e construção da autonomia.

3. NOVOS DESAFIOS E APERFEIÇOAMENTOS DA LEI

Esses avanços contribuíram para uma maior responsabilização dos agressores e para a proteção das vítimas, embora ainda existam desafios a serem vencidos em todo o país. A falta de recursos, capacitação inadequada de profissionais e, em algumas regiões, ausência de delegacias especializadas limitam a eficácia da lei.

Muitas regiões do Brasil, especialmente em áreas rurais e cidades menores, não possuem delegacias especializadas, centros de acolhimento ou juizados de violência doméstica. Isso dificulta o acesso das vítimas aos mecanismos de proteção previstos pela lei.

Os policiais, juízes, promotores e outros profissionais envolvidos na aplicação da lei nem sempre estão suficientemente capacitados para lidar com casos de violência doméstica. Falta sensibilidade e conhecimento específico sobre a questão, o que pode levar ao descaso ou ao tratamento inadequado das vítimas.

Embora a lei preveja medidas protetivas de urgência, em algumas regiões o processo é lento, deixando as vítimas vulneráveis enquanto aguardam a decisão judicial. A falta de recursos e a sobrecarga do sistema judiciário contribuem para essa demora. Ademais, mesmo quando as medidas protetivas são concedidas, a fiscalização é limitada. Faltam mecanismos para garantir que os agressores cumpram as restrições impostas, o que pode colocar a vida das vítimas em risco.

A violência doméstica está enraizada em uma cultura de machismo e desigualdade de gênero, o que pode levar à tolerância ou minimização da violência por parte da sociedade e das autoridades. Muitas vítimas, por medo ou pressão social, não denunciam os agressores. Muitas mulheres ainda não denunciam a violência por medo de represálias, dependência financeira ou emocional do agressor, vergonha ou descrença nas instituições de justiça. Isso limita a efetividade da lei na proteção das vítimas.

A falta de investimentos em políticas públicas para combater a violência doméstica e apoiar as vítimas é um desafio significativo. Muitas vezes, não há fundos suficientes para manter programas de acolhimento, atendimento psicológico e assistência jurídica gratuita.

Desde que foi sancionada, a Lei Maria da Penha passou por diversos aperfeiçoamentos. Como a ampliação das medidas protetivas mencionadas anteriormente. Em 2015, a Lei 13.104, popularmente conhecida como "Lei do Feminicídio", alterou o Código Penal para reconhecer o feminicídio como um crime hediondo. Essa mudança fortaleceu as medidas protetivas da Lei Maria da Penha, tornando as punições mais severas para os agressores e reconhecendo a violência motivada por gênero como uma questão social.

Este ano, fui relatora do Projeto de Lei 2966/23, e do PL 2474/24, apensado, prevendo uma elevação das penas de reclusão de 12-30 anos para 20-40 anos. A gravidade dos crimes, muitas vezes premeditados e executados com crueldade, justificam essa medida. Então, em 9 de outubro, foi sancionada a Lei 14.994, elevando a 40 anos a pena para o crime de feminicídio – o assassinato de mulheres em contexto de violência ou de gênero. É a maior pena privativa de liberdade da legislação brasileira. A nova lei torna o feminicídio um crime autônomo e estabelece outras medidas para prevenir e coibir a violência contra a mulher. Pela legislação anterior, o feminicídio era definido como um crime no âmbito do homicídio qualificado. Agora, o feminicídio torna-se um tipo penal independente, sendo desnecessário qualificá-lo para aplicar penas mais rigorosas.

Com o aperfeiçoamento da legislação, o acesso à Justiça também foi facilitado, incluindo a criação de canais específicos e serviços especializados nas delegacias, permitindo que as mulheres denunciem casos de abuso de forma mais acolhedora e menos burocrática.

Em 2021, a Lei 14.188/2021 atualizou a Lei Maria da Penha para incluir a violência psicológica como uma forma reconhecida de agressão. Essa modificação reconhece a gravidade dos danos causados pela violência psicológica e busca promover apoio e tratamento às vítimas.

O Legislativo também promoveu mecanismos que garantiram a participação da sociedade civil na formulação e execução de políticas públicas relacionadas à violência contra a mulher. Isso envolve a criação de conselhos e a realização de audiências públicas, permitindo que as experiências e necessidades das mulheres sejam ouvidas.

Esses aperfeiçoamentos demonstram o nosso compromisso, como parlamentares, em fortalecer e adaptar a Lei Maria da Penha às necessidades das mulheres e à realidade da violência de gênero no país. Embora ainda existam obstáculos a serem enfrentados, as mudanças promovidas ao longo dos anos têm gerado um impacto positivo e uma maior proteção às mulheres em situações de vulnerabilidade. Por meio da continuidade dessas iniciativas e da conscientização social, a esperança é de um futuro com menos violência e mais igualdade.

Nosso trabalho de aprimorar a legislação cada vez mais, dessa forma, deve ser contínuo. Facilitar o acesso à Justiça é crucial. Criar mais delegacias especializadas, ampliar o horário de atendimento e oferecer serviços jurídicos gratuitos para mulheres em situação de vulnerabilidade podem ser benéficos. Promover o atendimento integrado às vítimas, reunindo psicólogos, assistentes sociais e advogados em um só local, melhorando a experiência de quem busca ajuda. Também cabe à legislação de proteção aos direitos da mulher oferecer programas de capacitação financeira e empreendedorismo para mulheres vítimas de violência, ajudando-as a se tornarem economicamente independentes.

É fundamental, ainda, que essa rede protetiva se estenda aos familiares de maneira cada vez mais efetiva. Este ano, foi sancionada a Lei 14.987, de 25 de setembro de 2024, de minha autoria, que assegura amparo psicológico e social para crianças e adolescentes que enfrentam situações de extrema vulnerabilidade, que tiveram qualquer dos pais ou responsáveis vitimados por grave violência ou presos em regime fechado. Embora abranja uma série de situações, a nova lei é de especial relevância para os filhos de vítimas de feminicídio, proporcionando-lhes um suporte vital em um momento de dor e ruptura familiar. Esses jovens são subitamente confrontados com a perda brutal de suas mães, muitas vezes pelo próprio pai ou companheiro da vítima. Traumatizadas pela violência, essas crianças e adolescentes se encontram em uma situação de vulnerabilidade social, expostos a um ambiente de insegurança, medo e desamparo.

O atendimento psicossocial previsto pela lei envolve uma combinação de cuidados médicos, psicológicos e sociais, visando fornecer às crianças e adolescentes um espaço seguro para expressar seus sentimentos e lidar com o trauma.

Além da dor emocional, muitas vezes há uma mudança radical nas condições de vida da criança. Para endereçar esse cenário, a lei prevê assistência social, oportunizando a adoção de medidas para proteger a criança de situações de vulnerabilidade, como a falta de moradia ou de recursos financeiros.

A nova lei busca, então, mitigar os efeitos devastadores dessa violência para os filhos das vítimas. Ao garantir o atendimento psicossocial como um direito, contribui para que essas crianças e adolescentes não sejam esquecidos, sendo assistidos de maneira humanizada, com foco em seu processo de cura e reintegração social.

Sendo um importante marco no acolhimento dessas vítimas indiretas, a lei também reforça o compromisso do Estado com a responsabilidade social de apoiar e reabilitar indivíduos afetados por crimes graves, ajudando a quebrar o ciclo de violência familiar e oferecendo esperança e suporte para um futuro mais seguro e digno.

Antes, em setembro de 2018, foi sancionada outra lei de minha autoria, a de n. 13.715, alterando os Códigos Penal e Civil, para dispor sobre as hipóteses de perda do poder familiar pelo autor de determinados crimes contra membros de sua própria família. As mulheres são as maiores vítimas nesses casos: segundo Relatório da Organização das Nações Unidas (ONU), publicado em novembro de 2022, em 56% dos casos de mulheres assassinadas o autor do crime é o marido, parceiro ou outro membro da família.

Em 2019, conseguimos proibir o casamento infantil no Brasil. Quase 900 mil meninas dos 10 aos 15 anos viviam essa realidade no país. A Lei 13.811/19 confere nova redação ao artigo 1520 da Lei 10.406, de 10 de janeiro de 2002, de modo a suprimir as exceções legais à essa prática. Esses casamentos, muitas vezes, envolvem vários tipos de violência contra a mulher e até põem suas vidas em risco.

4. A CULTURA DE RESPEITO ÀS MULHERES PELO FIM DA VIOLÊNCIA

Somente neste mandato, apresentei uma série de outros projetos de lei para fortalecer a legislação vigente, garantindo maior segurança jurídica e assistência às vítimas. O PL 3112/2023 visa ajustar o procedimento da audiência de retratação nos casos de violência doméstica. Atualmente, a audiência é um momento em que a vítima pode desistir da denúncia contra o agressor. No entanto, é necessário garantir que essa decisão seja feita de forma consciente e sem coerção. O projeto propõe melhorias no processo, minimizando o risco de que a vítima seja pressionada a retirar a queixa.

O PL 421/2023 altera o Código Penal e a Lei Maria da Penha para dobrar o prazo em que a vítima de violência doméstica pode oferecer representação criminal contra o agressor, passando a ser de 12 meses. Atualmente, muitas mulheres enfrentam dificuldades em tomar essa decisão dentro dos prazos legais, seja por medo, por pressão ou por questões psicológicas. Ao ampliar esse prazo, o projeto pretende dar mais tempo para que a vítima possa agir de forma segura e informada.

Para prevenir e reprimir a violência obstétrica, o PL 422/2023 trata dessa forma de violência sofrida por mulheres durante o período de gestação, parto e pós-parto. O objetivo é integrar esforços dos diferentes poderes do Estado, incluindo essa proteção dentro do escopo da Lei Maria da Penha, para o reconhecimento desse tipo de violência e a promoção de políticas públicas para sua erradicação. No Brasil, estudo da Fundação Perseu Abramo, de 2010, revelou que uma em cada quatro mulheres sofre algum tipo de violência na assistência ao parto. Gritos, procedimentos sem autorização ou informação, falta de analgesia e negligência figuram como os mais frequentes.

O PL 5663/2023, por sua vez, altera o Código Penal e a Lei Maria da Penha para estabelecer novas hipóteses de flagrante delito e para regulamentar quais meios de prova são admitidos em casos de violência doméstica. Essas mudanças visam facilitar a ação das autoridades no momento da prisão do agressor e garantir que provas obtidas, como gravações e testemunhos, sejam devidamente aceitas no processo judicial.

Outro projeto, o PL 5145/2023, busca incluir as organizações da sociedade civil como parte integrante da Rede de Enfrentamento à Violência contra a Mulher. A ideia é formalizar a atuação dessas organizações, que desempenham um papel essencial no apoio às vítimas e na promoção de campanhas de conscientização. Com isso, o enfrentamento da violência se torna mais amplo e colaborativo.

O PL 5037/2023 trata do dano moral causado à vítima no contexto da violência doméstica e familiar. Ele propõe a criação de mecanismos que garantam a reparação financeira por parte do agressor, compensando o sofrimento psicológico e emocional causado pela violência. Esse projeto visa reforçar a responsabilidade do agressor e dar à vítima uma forma de compensação pelo trauma sofrido.

Propus, ainda, no PL 1608/2023, a garantia do direito da mulher em situação de violência doméstica de acessar os valores depositados em uma conta corrente conjunta. O objetivo é assegurar que a vítima tenha recursos financeiros suficientes para se reacomodar em um local seguro, evitando que ela fique dependente do agressor ou sem condições de buscar refúgio.

Finalmente, através do PL 1442/2024, proponho que as vítimas de violência doméstica e familiar tenham prioridade na realização de exames periciais, essenciais para a produção de provas no processo judicial. A medida busca agilizar o atendimento das mulheres que passam por essa situação, garantindo que elas tenham acesso rápido aos exames necessários para comprovar a violência sofrida.

Meu compromisso com o fortalecimento da defesa dos direitos das mulheres, especialmente no combate à violência doméstica, é intermitente. Ao buscar ajustar procedimentos legais, ampliar prazos e garantir novos direitos e proteções, trabalho sem medir esforços pela construção de uma sociedade mais justa e segura para todas as mulheres. Sempre buscando melhorias institucionais, estruturais, e incentivando mudanças comportamentais profundas. Afinal, a violência começa, muitas vezes, com uma palavra ríspida, evoluindo para um gesto brusco, depois para uma forte agressão, até que, em algum momento, essa violência pode tornar-se uma sentença de morte.

O processo de redução real da violência contra a mulher é de longo prazo. A cultura de respeito aos direitos das mulheres deve envolver, indistintamente, corações e mentes Brasil a fora.

REFERÊNCIAS

BAUMAN, Z. *Modernidade Líquida*. São Paulo: Editora Schwarcz, Companhia das Letras, 2021

BUTLER, Judith. *Quadros de Guerra*: Quando a Vida é Passível de Luto? Trad. Rogério Bettoni. Rio de Janeiro: Civilização Brasileira, 2015.

CONNELL, Raewyn. *Masculinities*. 2. ed. Berkeley: University of California Press, 2005.

JUNG, C. G. *Os Arquétipos e o Inconsciente Coletivo*. Petrópolis: Vozes, 2000.

SAFFIOTI, Heleieth I. B. *Gênero, Patriarcado e Violência*. São Paulo: Fundação Perseu Abramo, 2004.

GRUPOS REFLEXIVOS PARA HOMENS AUTORES DE VIOLÊNCIA DOMÉSTICA E FAMILIAR CONTRA A MULHER: CONTRIBUTOS DO SUPERIOR TRIBUNAL DE JUSTIÇA AO TEMA NO BRASIL

Thimotie Aragon Heemann

Especialista em Direito. Bacharel em Direito pela Fundação Escola Superior do Ministério Público do Rio Grande do Sul (FMP). Professor de Direito Constitucional e Direitos Humanos da Fundação Escola do Ministério Público do Estado do Paraná (FEMPAR) e da Escola da Magistratura do Estado do Paraná (EMAP). Editor da coluna "Direito dos Grupos Vulneráveis" no site JOTA. Autor de livros e artigos jurídicos. Promotor de Justiça do Ministério Público do Estado do Paraná. E-mail: taheemann@mppr.mp.br.

Sumário: Introdução – 1. Origem dos grupos reflexivos e perfil dos homens autores de violência doméstica – 2. Natureza jurídica dos grupos reflexivos, previsão legal e formas de encaminhamento do agressor; 2.1 Encaminhamento do agressor ao grupo como espécie de medida protetiva de urgência; – 2.1.1 Natureza compulsória da medida protetiva de urgência idealizada pelo legislador – 2.1.2 Impossibilidade de reconhecimento do cumprimento da medida protetiva de urgência de comparecimento ao grupo como atenuante genérica; 2.2 Encaminhamento do agressor ao grupo como condição ao cumprimento de pena em regime aberto; 2.3 Encaminhamento do agressor ao grupo como condição ao cumprimento da suspensão condicional da pena; 2.4 Encaminhamento de mulheres autoras de violência doméstica e familiar para programas de reeducação – 3. Principais formas de criação dos grupos reflexivos para homens autores de violência doméstica – 4. Encaminhamento ao grupo reflexivo para homens autores e princípio constitucional da presunção de inocência – 5. Pedido de revogação das medidas protetivas de urgência pela vítima e legalidade da manutenção do comparecimento no grupo reflexivo – 6. Consequências ao agressor pelo não comparecimento ao grupo reflexivo – 7. Funcionamento dos grupos: estrutura arquitetônica, dispêndio de recursos financeiros, contratação de pessoal, tema das reuniões, número de encontros, número de participantes etc.; 7.1 Estrutura arquitetônica para o funcionamento dos grupos reflexivos; 7.2 Dispêndio de recursos financeiros para a estruturação dos grupos reflexivos; 7.3 Tema das reuniões; 7.4 Número de encontros; 7.5 Número de participantes – 8. Taxa de sucesso dos grupos reflexivos para homens autores de violência doméstica e familiar contra a mulher – 9. Conclusão – Referências.

INTRODUÇÃO

Dados estatísticos coletados pelo Anuário de Segurança Pública em 2023 revelaram um cenário inóspito e já conhecido por todos: os índices de violência doméstica e familiar contra a mulher continuam em curva ascendente em território nacional.[1] A aplicação do direito penal de forma isolada e sem a conjugação de outras áreas do saber (v.g., sociologia, psicologia assistência social etc.) tem se mostrado insuficiente na contenção do aumento de casos, e a conclusão colocada à disposição daqueles

---

1. FÓRUM BRASILEIRO DE SEGURANÇA PÚBLICA. *17º Anuário Brasileiro de Segurança Pública*. São Paulo: Fórum Brasileiro de Segurança Pública, 2023. Disponível em: https://forumseguranca.org.br/wp-content/uploads/2023/07/anuario-2023.pdf. Acesso em: 26 dez. 2023.

que integram o sistema de justiça parece ser uma só: é necessário a busca por novas alternativas – somadas ao processo penal – para um enfrentamento integral e eficaz à violência doméstica e familiar contra a mulher.[2]

Diante desse estado de coisas, a criação dos programas de reeducação e recuperação para homens autores de violência doméstica e familiar contra a mulher vem ganhando capilaridade em todo o país, especialmente diante de suas significativas "taxas de sucesso" na redução da reincidência dos agressores. Baseado em experiências exitosas no direito comparado, assim como em iniciativas isoladas de determinados atores do sistema de justiça brasileiro, o Congresso Nacional optou por inserir dispositivos a respeito da temática no corpo da Lei Maria da Penha e da Lei de Execução Penal, dois dos principais diplomas normativos aplicados aos homens autores de violência doméstica.

Tribunais de Justiça Brasil afora começam a formar suas orientações jurisprudenciais a respeito do tema. Nessa perspectiva, o Superior Tribunal de Justiça já inúmeras – e muito importantes – decisões, e que caracterizam de verdadeiras contribuições à consolidação da compreensão dos programas de intervenção com homens autores de violência doméstica como uma das principais formas de evitação da recidiva por parte dos agressores.

Além disso, o STJ, fazendo valer a sua popular alcunha de Tribunal da Cidadania, parece compreender a importância dos grupos reflexivos como política pública de transformação social, apta a provocar um rompimento de padrões comportamentais anteriormente internalizados por homens ao longo da vivência em sociedade, e que, ao final dessa equação, resultam na violação de direitos de mulheres e meninas.

O presente artigo, portanto, objetiva apresentar ao leitor os principais aspectos teóricos e práticos dos programas de recuperação e reeducação para homens autores de violência doméstica e familiar contra a mulher. Nesse contexto, buscar-se-á dar ênfase aos contributos do Superior Tribunal de Justiça à consolidação do referido serviço como uma política pública de transformação social.

1. ORIGEM DOS GRUPOS REFLEXIVOS E PERFIL DOS HOMENS AUTORES DE VIOLÊNCIA DOMÉSTICA

O direito comparado apresenta diversas experiências exitosas no trabalho com homens autores de violência doméstica e familiar contra a mulher, especialmente em países como Estados Unidos, Espanha, Noruega e Portugal.[3]

---

2. Um aprofundamento acerca da insuficiência da aplicação do Direito Penal de forma isolada no combate à violência doméstica e familiar contra a mulher pode ser realizado em: MENDONÇA, Sandra Magali Brito Silva. *Violência doméstica e justiça restaurativa – para além da cultura jurídica da punição. Grupos reflexivos com homens acusados de violência doméstica*. Curitiba: Juruá, 2023. p. 29.

3. Para um aprofundamento acerca do funcionamento de programas de intervenção com homens autores de violência doméstica, recomenda-se a leitura de: BARIN, Catiuce Ribas. *Violência doméstica contra a mulher. Programas de intervenção com agressores e sua eficácia como resposta penal*. Curitiba: Juruá, 2016.

Dado o profundo recorte cultural que permeia o tema da violência doméstica e familiar contra a mulher, a literatura especializada e a prática revelam o perfil heterogêneo do agressor. Diferentemente de outros perfis de criminosos, aquele que incide na prática de atos de violência doméstica e familiar contra a mulher não necessariamente ostenta uma extensa folha de antecedentes, possui filiação em organização criminosa ou adota modus operandi próprio e específico.[4] Pelo contrário, noticiário e páginas de jornais – ou de sítios eletrônicos – revelam algo que parece ser óbvio: agressores de mulheres ostentam o perfil do homem "comum". Estão presentes nas mais variadas classes sociais, inseridos no mercado de trabalho, e frequentam todo e qualquer tipo de ambiente.

O mesmo ocorre com as mulheres vítimas de violência doméstica. Ainda que mulheres negras, periféricas e com baixo poder econômico estejam mais expostas a situações perigosas dado o caráter interseccional dos fatores de discriminação,[5] o fenômeno da violência doméstica e familiar atinge mulheres todas as classes sociais.

Embora não se trate de expressão típica de justiça restaurativa, dada a compulsoriedade do encaminhamento dos agressores aos grupos, o funcionamento programas de intervenção e reeducação tem por base experiências oriundas de práticas restaurativas.[6] Tais programas não são capazes de substituir o processo penal propriamente dito, mas complementam o sistema de combate à violência doméstica a partir da utilização de saberes de outras áreas do conhecimento humano, mediante a realização de reuniões e palestras. Resumindo a ideia dos grupos reflexivos, Maria Berenice Dias afirma: "[t]alvez esta seja a medida mais eficaz para propiciar uma mudança de comportamento de quem, muitas vezes, não entende o caráter criminoso de seu sagir".[7]

Frequentemente mencionados em leis, decretos e resoluções como "programas de recuperação e reeducação", a expressão "grupos reflexivos" é usualmente empregada na doutrina e na jurisprudência dos tribunais – inclusive do Superior Tribunal de Justiça, motivo pelo qual este autor utilizará ambas as formas ao longo deste texto para abordar o assunto.

2. NATUREZA JURÍDICA DOS GRUPOS REFLEXIVOS, PREVISÃO LEGAL E FORMAS DE ENCAMINHAMENTO DO AGRESSOR

Três são as principais formas de encaminhamento do homem autor de violência doméstica aos programas de reeducação: a) como espécie de medida protetiva de

---

4. Apenas a título de exemplo, este autor já atuou, na condição de Promotor de Justiça, em diversos casos de feminicídio perante o Tribunal do Júri nos quais os autores não possuíam sequer uma única anotação em sua ficha criminal.
5. PINTO, Rodrigo da Silva Vernes. *Discriminação múltipla como discriminação interseccional*. 2. ed. Rio de Janeiro: Lumen Juris, 2022. p. 122.
6. VIEIRA, Grasielle. *Grupos reflexivos para os autores da violência doméstica*: responsabilização e restauração. Lumen Juris: Rio de Janeiro, 2018. p 32-34.
7. DIAS, Maria Berenice. *A Lei Maria da Penha na Justiça*. 8. ed. São Paulo: JusPodivm, 2022. p. 128.

urgência; b) como condição ao regime aberto; c) como condição para a suspensão condicional da pena. A depender da forma de encaminhamento do agressor ao grupo, transmuta-se a sua natureza jurídica.

2.1 Encaminhamento do agressor ao grupo como espécie de medida protetiva de urgência

Em abril de 2020, a Lei 13.984/2020 alterou o artigo 22 da Lei Maria da Penha, inserindo no rol "das medidas protetivas que obrigam o agressor", a possibilidade de determinação judicial do comparecimento do homem autor de violência doméstica a "programas de recuperação e reeducação" (inciso VI) ou o "acompanhamento psicossocial do agressor, por meio de atendimento individual ou em grupo" (inciso VII).

Em que pese fosse possível o encaminhamento aos grupos reflexivos desde antes da alteração legislativa,[8] a partir da aplicação de uma "medida protetiva de urgência inominada", dada a natureza meramente exemplificativa do rol do artigo 22 da Lei Maria 11.340/2006 (princípio da atipicidade das medidas protetivas de urgência), sustenta-se neste texto que, ao menos desde a mudança legislativa realizada em abril de 2020, o Poder Público possui a obrigação primária de instituir ao menos um grupo reflexivo por Comarca em todo território nacional, sob pena de se admitir a existência de duas medidas protetivas típicas previstas ao agressor (incisos VI e VII do art. 22) desprovidas de eficácia social (*v.g.*, juiz determina o encaminhamento do homem autor de violência doméstica ao grupo reflexivo, porém não há grupo em funcionamento na Comarca), situação absolutamente incompatível com a característica da aplicabilidade imediata das medidas protetivas de urgência.

É dever do Estado, portanto, a instituição de ao menos um grupo reflexivo por comarca, embora o cenário perfeito em termos de praticidade e eficiência remonte à ideia da criação de um programa reeducativo por município, objetivando a promoção da capilaridade do serviço e a resolução preventiva de problemas de ordem prática (*v.g.*, agressor que precisa realizar viagem a trabalho e, objetivando dar cumprimento à medida protetiva de urgência, formula requerimento para comparecer nas reuniões do grupo reflexivo da cidade onde estará temporariamente exercendo suas funções laborais ou, ainda, tornar menos custoso o comparecimento do agressor ao grupo, tendo em vista que nem sempre os homens autores de violência doméstica residem na cidade onde fora instituído o grupo).

---

8. Na última edição de seu livro, publicada de antes da alteração legislativa promovida em abril de 2020, Maria Berenice Dias já alertava: "[n]ada impede, porém, que a frequência a estes programas seja determinada de imediato como medida protetiva que obriga o agressor". DIAS, Maria Berenice. *A Lei Maria da Penha na Justiça*. 5. ed. Bahia: JusPodivm, 2019. p. 41. No mesmo sentido, foi editado, à época, o Enunciado nº 26 do Fórum Nacional de Juízes de Violência Doméstica (FONAVID): "[o] juiz, a título de medida protetiva de urgência, poderá determinar o comparecimento obrigatório do agressor para atendimento psicossocial e pedagógico, como prática de enfrentamento à violência doméstica e familiar contra a mulher".

Não por acaso, a partir da alteração legislativa promovida na Lei 11.340/2006, o Conselho Nacional de Justiça (CNJ) e o Conselho Nacional do Ministério Público (CNMP) editaram no ano de 2022, recomendações com o objetivo de fomentar a instituição de projetos de reeducação e recuperação de autores de violência doméstica no âmbito dos Tribunais de Justiça[9] e dos Ministérios Públicos.[10]

A despeito da existência de inúmeras formas de encaminhamento dos homens autores de violência aos grupos de reflexão,[11] a sua aplicação enquanto medida protetiva de urgência vem se mostrando o caminho mais eficaz na busca pela evitação da reincidência em atos de violência doméstica e familiar contra a mulher. Isso porque, quando o agressor é encaminhado imediatamente após a situação de violência doméstica, densifica-se a celeridade objetivada pelo legislador quando da instituição do sistema brasileiro de enfrentamento à violência contra a mulher, sem se descurar da natureza cível e pedagógica do serviço reeducativo, conforme já reconhecido pelo Superior Tribunal de Justiça.[12]

Uma vez encaminhado, espera-se que o agressor compareça aos encontros propostos e cumpra o ciclo de palestras determinadas pelo juízo. Após o comparecimento em todas as reuniões, a medida protetiva de urgência restará cumprida, ao menos no tocante ao ponto envolvendo a participação do noticiado no programa de reeducação.

O tema não se esgota com o deferimento das medidas protetivas de urgência previstas nos incisos VI e VII do art. 22, e a prática vem revelando inúmeros desafios a serem superados. Vejamos alguns destes pontos.

2.1.1 *Natureza compulsória da medida protetiva de urgência idealizada pelo legislador*

A prática vem revelando, ainda, uma terceira situação que merece atenção dos leitores: a determinação pelo juízo do comparecimento "facultativo" do autor de violência doméstica e familiar ao grupo reflexivo. Trata-se de abissal *error in procedendo*. Não há espaço para que o próprio agressor decida se pretende ou não cumprir as medidas protetivas de urgência determinadas pelo Judiciário. E o caminho para a referida conclusão é simples: o próprio título da Seção II da Lei Maria da Penha, local topográfico onde se encontra o artigo 22 da Lei Maria da Penha é intitulado "medidas protetivas que obrigam o agressor".

---

9. Recomendação 124/2022 do Conselho Nacional de Justiça (CNJ).
10. Recomendação 13/2022 do Conselho Nacional do Ministério Público (CNMP).
11. Além do encaminhamento aos programas de reeducação a partir da decisão que decreta medidas protetivas de urgência (MPUs), é possível o encaminhamento de homens autores de violência doméstica aos grupos reflexivos por outras vias (v.g., durante a execução penal, como condição de cumprimento ao regime aberto, cumprimento de suspensão condicional da pena etc.). Um detalhamento sobre cada uma destas possibilidades fora realizada ao longo deste livro.
12. Superior Tribunal de Justiça. HC 875791. Rel. Min. Joel Ilan Paciornik, j. 19.12.2023 (decisão monocrática).

Logo, o encaminhamento "facultativo" ao grupo reflexivo deve ser objeto do ajuizamento de correição parcial perante o respectivo Tribunal de Justiça. Recentemente, o Egrégio Tribunal de Justiça do Estado do Paraná foi instado a se manifestar sobre esta questão e reconheceu a ilegalidade do encaminhamento facultativo do homem autor de violência doméstica ao grupo reflexivo.[13]

2.1.2 *Impossibilidade de reconhecimento do cumprimento da medida protetiva de urgência de comparecimento ao grupo como atenuante genérica*

Sustenta-se, neste artigo, o equívoco da tese que advoga ser possível o reconhecimento do cumprimento da medida protetiva de urgência como atenuante genérica (art. 66 do Código Penal), para fins de dosimetria da pena no momento da prolação de eventual sentença penal condenatória pelos mesmos fatos. Ao comparecer às reuniões propostas pelo programa reeducativo, o agressor está – de forma compulsória – dando cumprimento à ordem emanada pelo Poder Judiciário, sob pena de responder pelo crime previsto no artigo 24-A da Lei Maria da Penha caso assim não o faça.

Inexiste, portanto, espontaneidade e voluntariedade por parte do agressor, não sendo possível a atenuação de sua pena com base no cumprimento da medida protetiva de urgência esculpida nos incisos VI e VII da Lei Maria da Penha. Este é, inclusive, o posicionamento do Tribunal de Justiça do Distrito Federal e Territórios (TJDFT)[14] a respeito do tema.

2.2 Encaminhamento do agressor ao grupo como condição ao cumprimento de pena em regime aberto

Além da possibilidade de encaminhamento do agressor aos grupos reflexivos enquanto medida protetiva de urgência, o legislador brasileiro também previu a possibilidade ao juízo de, durante a execução penal, decretar o comparecimento obrigatório do autor de infração penal cometida em contexto de violência doméstica e familiar contra a mulher a programas de recuperação e reeducação, nos termos do art. 152, parágrafo único, da Lei 7.210/84 (Lei de Execuções Penais).

A despeito da via em comento não possuir a mesma eficácia do encaminhamento como cumprimento de MPU, já que somente após o trânsito em julgado, o agressor será encaminhado ao programa de reeducação, trata-se de importante previsão legislativa introduzida na Lei 7.210/1984 pelo artigo 45 da Lei Maria da Penha, especialmente em razão de dois fatores: a) nem sempre a mulher vítima de infração penal cometida em contexto de violência doméstica fará o requerimento de medidas protetivas de urgência e; b) o dispositivo da Lei de Execuções Penais permite a rea-

---

13. PARANÁ. Tribunal de Justiça do Estado do Paraná. Apelação Criminal 0001294.98.2023.8.16.0054. Rel. Desa. Substituta. Dilmari Helena Kessler. j. 15.03.2024.

14. DISTRITO FEDERAL. Tribunal de Justiça do Distrito Federal e Territórios. Apelação Criminal 00019767320198070012. Rel. Des. Asiel Henrique de Souza, 1ª Turma, j. 18.05.2023.

lização de encaminhamento pelo sistema de justiça de homens autores de violência aos programas de reeducação por fatos praticados anteriores à instituição do grupo reflexivo na Comarca. Vejamos.

Suponhamos que o grupo reflexivo foi instituído pelo Município em parceria com o Ministério Público apenas ao final de 2023. Havendo um emaranhado de ações penais em tramitação por fatos ocorridos em 2022 na Comarca, uma vez reconhecida a responsabilidade criminal dos inúmeros agressores, estes poderão ser encaminhados ao grupo como condição de cumprimento ao regime aberto, nos termos do art. 152, parágrafo único da LEP. Assim, ainda que o serviço de reeducação tenha sido implementado após o fato delituoso, uma vez em funcionamento em período anterior a fixação das condições para o cumprimento do regime aberto pelo magistrado, este poderá encaminhar o agressor para o frequentar as palestras e aulas.

Em casos nos quais o homem autor de violência doméstica foi encaminhado ao grupo pela via da Lei de Execução Penal (art. 152, parágrafo único) como condição ao cumprimento do regime aberto, o seu não comparecimento configurará – em tese – falta grave (art. 50, V, da LEP); cujo reconhecimento é apto a interromper a concessão de determinados benefícios no cumprimento da pena, além de importar em possível regressão de regime, caso não seja aceita a justificativa formulada pelo apenado.

Nestes casos, sugere-se que seja verificado caso a caso, os motivos pelos quais o agressor não compareceu ao grupo reflexivo. Por vezes, motivos de força maior justificam – temporariamente – o seu não comparecimento, devendo-lhe ser dada nova oportunidade de ingresso no programa. Em regra, contudo, a desídia do agressor importará como falta grave, implicando nas consequências legais mencionadas (v.g., regressão de regime, interrupção do prazo para a aquisição de benefícios etc.).

2.3 Encaminhamento do agressor ao grupo como condição ao cumprimento da suspensão condicional da pena

Por fim, existe ainda a possibilidade de encaminhamento também como condição para o benefício da suspensão condicional da pena (art. 77 do Código Penal). Essa hipótese, embora pouco usual atualmente, dado ser mais benéfico ao apenado optar pelo regime aberto, possui as mesmas vantagens e desvantagens do encaminhamento como condição para o cumprimento de pena em regime aberto.

Trata-se, portanto, de um terceiro caminho possível para o encaminhamento de homens autores de violência doméstica aos programas de reeducação e recuperação.

2.4 Encaminhamento de mulheres autoras de violência doméstica e familiar para programas de reeducação

Outro ponto de suma importância, embora praticamente ignorado pela doutrina, diz respeito a possibilidade ou não de que sejam encaminhadas mulheres autoras de violência doméstica e familiar para programas de educação.

A Lei Maria da Penha não exclui, em nenhum momento, a possibilidade de sua aplicação entre mulheres, bastando que estejam previstas uma das hipóteses de incidência do seu artigo 5°: "ação ou omissão baseada no gênero que lhe cause morte, lesão, sofrimento físico, sexual ou psicológico e dano moral ou patrimonial" no âmbito da unidade doméstica (inciso I), no âmbito da família (inciso II) ou em qualquer relação íntima de afeto (inciso III).

Ao menos desde 2008, o Superior Tribunal de Justiça é categórico ao afirmar que o: "[s]ujeito passivo da violência doméstica, objeto da referida lei, é a mulher. Sujeito ativo pode ser tanto o homem quanto a mulher, desde que fique caracterizado o vínculo de relação doméstica, familiar ou de afetividade".[15] Seguindo esta linha de raciocínio, a Corte já reconheceu ao longo de sua evolução, a aplicação da Lei Maria da Penha em situações envolvendo violência perpetrada por filha contra mãe,[16] nora contra sogra[17] e tia contra sobrinha.[18]

Superado este ponto, a indagação que faz-se necessária é: seria adequado encaminhar uma mulher autora de violência doméstica e familiar contra a mulher para um programa de reeducação? A resposta sugerida por este autor é: para um grupo reflexivo de homens, obviamente não, uma vez que os grupos funcionam como um espaço destinado aos próprios homens, parcela substancial dos autores de atos praticados no contexto de incidência da Lei Maria da Penha.

Dada a esporadicidade da caracterização de mulheres como autoras de violência doméstica, a solução mais adequada nos parece ser a aplicação do mesmo inciso VII do art. 22, porém da sua parte inicial: o encaminhamento para "tratamento individual". Isso porque, uma vez reconhecido como equívoco o encaminhamento de uma mulher autora de violência doméstica para um programa de reeducação idealizado por homens, dificilmente determinada localidade possuirá demanda para formar um grupo exclusivo de mulheres autoras de violência doméstica.

Assim, o tratamento individual se mostra como alternativa mais viável a atingir os fins almejados.

3. PRINCIPAIS FORMAS DE CRIAÇÃO DOS GRUPOS REFLEXIVOS PARA HOMENS AUTORES DE VIOLÊNCIA DOMÉSTICA

Diversos são os caminhos possíveis para a instituição dos programas de recuperação e reeducação de homens autores de violência doméstica e familiar contra a mulher, e as peculiaridades locais costumam influenciar diretamente na escolha do modelo a ser adotado. Comumente, são três as modalidades com maior difusão em território brasileiro: a) a instituição do grupo reflexivo pela assistência social do

---

15. BRASIL. Superior Tribunal de Justiça. CC 88.027/MG. Rel. Min. Og Fernandes, j. 18.12.2008.
16. BRASIL. Superior Tribunal de Justiça. HC 277.561/AL. Rel. Min. Jorge Mussi, Quinta Turma, j. 06.11.2014.
17. BRASIL. Superior Tribunal de Justiça. HC 175.816/RS. Rel. Min. Marco Aurélio Bellizze, Quinta Turma, j. 20.06.2013.
18. BRASIL. Superior Tribunal de Justiça. HC 250.435/RJ. Rel. Min. Laurita Vaz, Quinta Turma, j. 19.09.2013.

município, em parceria com o sistema de justiça; b) a criação do serviço pelo sistema de justiça em parceria com uma instituição de ensino superior local ou regional e; c) a instituição do programa de reeducação pela própria equipe de serventuários do Fórum de Justiça, por vezes, inclusive, em parceria com o Conselho da Comunidade.

A instituição do grupo reflexivo a partir de uma união de esforços entre a equipe da assistência social do município, Poder Judiciário e Ministério Público é uma combinação de grande capilaridade no território nacional. Isso certamente deriva do seguinte ponto de partida: todo município possui uma secretaria de assistência social e está abrangido por uma comarca. Portanto, até mesmo em municípios menores, com quantidade diminuta de habitantes, será possível a instituição dessa política pública. Em tais casos, o potencial de transformação social do grupo reflexivo poderá, inclusive, ser visualizado em um menor espaço de tempo.

Um segundo modelo de instituição dos programas de reeducação para homens autores de violência também é visualizado com alguma frequência em território brasileiro: a realização de parcerias/projetos com instituições de ensino superior, geralmente do curso de psicologia e/ou serviço social. Trata-se de uma forma igualmente eficaz de instituição do serviço, porém com uma característica própria: os grupos instituídos a partir desta via geralmente estão atrelados a grandes centros, uma vez que não é toda região que possui uma universidade. Por fim, uma terceira possibilidade concerne à instituição do grupo reflexivo unicamente com a participação dos servidores do sistema de justiça (*v.g.*, psicólogos, assistentes sociais etc.). Embora igualmente eficaz, esta modalidade de criação dos grupos reflexivos geralmente está concentrada nas capitais dos Estados, uma vez que no interior, por vezes, inexiste corpo de pessoal com formação em outros saberes além do direito à disposição do Judiciário, Ministério Público etc.

A propósito, nada impede que, havendo demanda e possibilidade, as três (ou duas) modalidades sejam conjugadas em grandes centros (*v.g.*, grande extensão territorial da cidade, expressivo número de homens autores de violência doméstica aguardando para serem inseridos nos grupos etc.). Não se tratam, portanto, de modalidades excludentes entre si.

A experiência prática deste autor na condição de Promotor de Justiça tem revelado um dado alvissareiro: em parcela significativa das localidades brasileiras, aqueles imbuídos no esforço de concretizar a formação do primeiro grupo reflexivo não costumam encontrar resistência das autoridades estatais. Em última *ratio*, acaso infrutíferas as tratativas para a instituição do serviço, e diante da obrigação primária do Estado em estruturar os programas de reeducação para homens autores de violência doméstica, seria possível – em tese – o ajuizamento de ação civil pública por parte do Ministério Público objetivando a criação do serviço.[19]

---

19. Indo ao encontro desse raciocínio, o Superior Tribunal de Justiça reconheceu, em setembro de 2023, a legitimidade do Ministério Público para tutelar interesses de mulheres em situação de violência doméstica e

Independentemente do modelo adotado, a triagem e formação das turmas deve ser realizada por profissional especializado, nos termos propostos pelo Enunciado 68 do Fórum Nacional de Juízes e Juízas de Violência Doméstica e Familiar contra a Mulher (FONAVID): "Nos grupos reflexivos e responsabilizantes para homens autores de violência doméstica e familiar contra mulheres, realizados no âmbito do Poder Judiciário, ou em parceria, a indicação de autores de violência será feita, quando possível, mediante procedimento de triagem por profissional de equipe multidisciplinar e/ou de facilitação, podendo ser reavaliada a adequação da participação no grupo, caso necessário".

4. ENCAMINHAMENTO AO GRUPO REFLEXIVO PARA HOMENS AUTORES E PRINCÍPIO CONSTITUCIONAL DA PRESUNÇÃO DE INOCÊNCIA

Conforme mencionado *en passant* neste artigo, o encaminhamento do agressor ao programa de reeducação, quando da decretação das medidas protetivas de urgência vem se apresentando como a forma mais eficaz de se evitar a recidiva.

Entretanto, não é incomum a alegação perante o Poder Judiciário, por parte de homens autores de violência incomodados com obrigatoriedade de ter de participar das reuniões do grupo reflexivo, de que os incisos VI e VII do art. 22 caracterizariam uma espécie de "antecipação de pena", sustentando, a partir deste argumento, uma suposta violação ao princípio constitucional da presunção de inocência (art. 5º, inciso LVII, da Constituição Federal de 1988). O raciocínio não prospera por diversas razões.

De início, é oportuno lembrar que, com as alterações promovidas pela Lei 14.550/2023 na Lei Maria da Penha, o legislador desvinculou – de uma vez por todas – o requerimento das medidas protetivas de urgência da existência de uma infração penal subjacente aos fatos declarados pela vítima à autoridade policial. O novel §5º do artigo 19 é categórico: "[a]s medidas protetivas de urgência serão concedidas independentemente da tipificação penal da violência, do ajuizamento de ação penal ou cível, da existência de inquérito policial ou do registro de boletim de ocorrência".

Repita-se: nem todo requerimento de MPU será baseado em fato criminoso. Ainda, a mulher vítima de violência doméstica poderá optar tão somente pelo requerimento das medidas protetivas, sem o registro do boletim de ocorrência. Portanto, nem sempre haverá "inocência" a ser aferida em processo criminal pelos fatos que consubstanciaram o deferimento das MPUs. Corroborando este raciocínio – e conforme já mencionado neste tópico –, o próprio Superior Tribunal de Justiça reconheceu recentemente que: "a medida protetiva aplicada ao ora paciente, qual seja, compa-

---

familiar: BRASIL. Superior Tribunal de Justiça. AREsp 1.828.546. Rel. Min. Jesuino Rissato (Desembargador convocado do TJDFT), 6ª Turma, j. 12.09.2023.

recimento do agressor a programas de recuperação e reeducação, inserida no inciso VI do art. 22 da Lei 11.340/2006 tem natureza eminentemente civil".[20]

Soma-se a isto, ainda, o fato de que o encaminhamento do agressor aos programas de reeducação pouco se diferencia em termos de aplicabilidade e cumprimento das demais medidas protetivas de urgência constantes no rol do art. 22 da Lei Maria da Penha desde o longínquo ano de 2006, e que jamais foram objeto de questionamento à luz do princípio da presunção de inocência. Seria necessário um esforço hercúleo – e muito equivocado – do intérprete para compreender o encaminhamento ao grupo reflexivo como atentatório à presunção de inocência, mas não exercer o mesmo raciocínio – do qual este autor discorda frontalmente – em casos envolvendo a determinação de outras medidas protetivas de urgência que obrigam o agressor (*v.g.*, afastamento do lar, suspensão do porte de arma, restrição ou suspensão de visitas aos dependentes menores etc.).

Os grupos reflexivos tampouco configuram uma espécie de pena. Tratam-se, conforme demonstra a própria posição topográfica dos incisos VI e VII do art. 22, de medidas protetivas de urgências de caráter pedagógico, e que objetivam não apenas evitar a reincidência dos participantes, mas promover uma transformação da sociedade pela via da educação em direitos. Aliás, nesse sentido concluiu o Superior Tribunal de Justiça ao se manifestar sobre o tema, em decisão de lavra do Ministro Rogério Schietti: "A participação em grupos reflexivos longe de constituir uma penalidade configura, em verdade, um benefício, pois seu objetivo não é outro senão o de conscientizar os autores e supostos autores de violência doméstica a respeito das questões de gênero, e, assim, tentar evitar a recidiva de seus participantes nesse tipo de conduta delitiva".[21]

Em 2024, o Superior Tribunal de Justiça proferiu pela primeira vez decisão colegiada sobre o tema. Na oportunidade, a Quinta Turma da Corte reconheceu a possibilidade do encaminhamento do homem autor de violência doméstica aos grupos reflexivos, já no momento de decretação das medidas protetivas de urgência, "especialmente porque não implica a antecipação da condenação ou a violação à presunção de inocência daquele que a recebe".[22]

O entendimento do Tribunal da Cidadania deve ser festejado, uma vez que vai ao encontro, não apenas dos argumentos expostos durante o desenvolvimento deste tópico, mas – e sobretudo – da intenção do legislador quando da introdução dos grupos reflexivos para homens autores de violência doméstica e familiar contra a mulher no rol de medidas protetivas de urgência do art. 22 da Lei Maria da Penha.

---

20. BRASIL. Superior Tribunal de Justiça. HC 875.791. Rel. Min. Joel Ilan Paciornik, j. 19.12.2023 (decisão monocrática).
21. BRASIL. Superior Tribunal de Justiça. HC 408.116. Rel. Min. Rogério Schietti Cruz, j. 31.08.2018 (decisão monocrática).
22. BRASIL, Superior Tribunal de Justiça, AgRg no HC 893.551/MG, Rel. Min. Daniela Teixeira, Quinta Turma, julgado em 13.08.2024.

5. PEDIDO DE REVOGAÇÃO DAS MEDIDAS PROTETIVAS DE URGÊNCIA PELA VÍTIMA E LEGALIDADE DA MANUTENÇÃO DO COMPARECIMENTO NO GRUPO REFLEXIVO

Dados os contornos específicos que circundam as relações permeadas por atos de violência doméstica e familiar contra a mulher (v.g., dificuldade em rompimento do ciclo de violência, intensa pressão do agressor e por vezes de seus familiares etc.), não é incomum que, após a realização do pedido de medidas protetivas de urgência pela vítima e o seu consequente deferimento pelo Poder Judiciário, a própria mulher em situação de violência doméstica se dirija até o Fórum de Justiça e solicite a revogação das MPUs.

Nesse contexto, a posição deste autor é muito clara: devem ser revogadas as medidas protetivas de urgência que guardam correlação com a integridade da vítima (v.g., afastamento do lar, proibição de contato, proibição de frequentar determinados locais etc.), porém, mantido o comparecimento do agressor ao programa de reeducação. E esta interpretação é construída a partir do seguinte raciocínio.

As medidas protetivas de urgência que resultam no encaminhamento de homens autores de violência doméstica aos grupos reflexivos caracterizam-se como as únicas dentre as arroladas expressamente pela Lei 11.340/2006 como "medidas protetivas que obrigam o agressor" que não guardam correlação direta e frontal com a integridade da mulher.

Soma-se a este argumento, uma questão de ordem processual: a prática forense tem revelado que o encaminhamento dos agressores aos programas de reeducação é realizado, via de regra, não a pedido da vítima – que por vezes sequer saber da existência do serviço em sua localidade –, mas a partir de parecer do Ministério Público. Portanto – e apenas a título de reforço argumentativo –, a determinação pelo Poder Judiciário, da manutenção da frequência aos encontros periódicos dos grupos reflexivos, mesmo diante do pedido de revogação das MPUs formulado pela vítima, não possui o condão de caracterizar transgressão ao princípio da congruência.

Por fim, o oferecimento do serviço dos programas de reeducação para homens autores de violência doméstica consubstanciam uma verdadeira política pública, e assim, dentre as características da sua prestação estão a permanência e continuidade, a fim de promover uma transformação social por meio da educação, conforme já reconhecido pelo próprio Superior Tribunal de Justiça.[23]

Em dezembro de 2023, o Superior Tribunal de Justiça foi instado a se manifestar sobre a validade da tese defendida neste tópico. A Corte, mesmo diante do pedido de revogação das medidas protetivas de urgência por parte da ofendida, reconheceu a inexistência de ilegalidade na decisão do magistrado que determinou a manutenção

---

23. BRASIL. Superior Tribunal de Justiça. HC 408.116. Rel. Min. Rogério Schietti Cruz, j. 31.08.2018 (decisão monocrática).

do comparecimento no grupo reflexivo.[24] Este entendimento também começa a ecoar na jurisprudência dos Tribunais de Justiça Brasil afora, conforme evidencia decisão do Tribunal de Justiça do estado do Paraná.[25]

Além de conferir densidade ao potencial transformador dos grupos reflexivos para homens autores de violência doméstica, o raciocínio defendido por este autor e chancelado pela jurisprudência, vai ao encontro do recente enunciado 69 do Fórum Nacional de Juízas e Juízes de Violência Doméstica e Familiar contra a Mulher (FONAVID): "Não cabe a vinculação entre tempo da medida protetiva de urgência ou pena, e duração da frequência de homem autor de violência a grupo reflexivo, devendo a duração da intervenção basear-se nos parâmetros técnicos pertinentes aos grupos".

6. CONSEQUÊNCIAS AO AGRESSOR PELO NÃO COMPARECIMENTO AO GRUPO REFLEXIVO

As consequências do não comparecimento grupo reflexivo dependerão da via utilizada pelo Poder Judiciário para encaminhar o agressor ao programa de reeducação. Caso o homem autor de violência doméstica e familiar contra a mulher tenha sido encaminhado pela decisão que deferiu medidas protetivas de urgência, nos termos desenvolvidos neste tópico, o seu não comparecimento ao programa de reeducação caracterizará o crime de descumprimento de medida protetiva de urgência (art. 24-A da LMP).[26] Sobre este ponto, inexistem maiores controvérsias.

Também será possível a formulação de pedido de prisão preventiva pelo Ministério Público, objetivando assegurar a execução da medida protetiva de urgência outrora deferida e descumprida (art. 313, inciso III, do CPP). Na opinião de autor, contudo, o caminho não se mostra racionalmente adequado. Explico.

Diante do contexto específico em que foram idealizadas os programas de reeducação enquanto medidas protetivas de urgência, repita-se, as únicas expressamente previstas dentre o rol do artigo 22 da LMP que não possuem relação direta com a integridade da vítima, o pedido de prisão preventiva em razão do não comparecimento ao programa reeducativo parece encontrar óbice no princípio da proporcionalidade, norma constitucional implícita no art. 5º, inciso LIV, da Constituição Federal de 1988 (devido processo legal em sua faceta substancial).[27] E este raciocínio é defendido, inclusive, por uma questão de coerência.

---

24. BRASIL. Superior Tribunal de Justiça. HC 875.791. Rel. Min. Joel Ilan Paciornik, j. 19.12.2023 (decisão monocrática).
25. PARANÁ. Tribunal de Justiça do Paraná. Habeas Corpus 0080003-18.2023.8.16.0000. Rel. Desa. Cristiane Tereza Willy Ferrari, 3ª Câmara Criminal, j. 18.09.2023.
26. DISTRITO FEDERAL. Tribunal de Justiça do Distrito Federal e Territórios. Recurso em Sentido Estrito 07165325220228070006 1749370. Rel. Des. Robson Barbosa de Azevedo, j. 24.08.2023
27. STF, HC 99.832.

Se em tópico anterior deste livro sustentou-se a possibilidade de manter o autor de violência no programa reeducativo, mesmo após o pedido de revogação das MPUs pela vítima, e sob o argumento da ausência de correlação entre comparecimento ao grupo e integridade física da mulher, por outro lado, o pedido de prisão preventiva em caso de não comparecimento ao programa de reeducação parece caracterizar transgressão ao princípio proporcionalidade, justamente diante da ausência de correlação entre não comparecimento ao grupo reflexivo e integridade física da vítima. Trocando em miúdos: a infrequência no grupo reflexivo não oferece risco à integridade da ofendida.

Há mais. A decretação da prisão preventiva do agressor por não comparecer ao programa de reeducação tampouco é necessária para salvaguardar o bem jurídico tutelado pelo art. 24-A da Lei Maria da Penha – administração da justiça.

Outrossim, a aplicação do artigo 313, inciso III, do CPP, não deve ser banalizada. Defendemos neste ponto, a adoção de uma postura criteriosa do intérprete, a partir de uma avaliação *in concreto* das circunstâncias caracterizadoras do descumprimento de MPUs (*v.g.*, perseguição no trânsito, local de trabalho ou nas redes sociais, realização de ameaças de morte, violação ao perímetro estipulado pela justiça como distância a não ser ultrapassada, ida até a casa da vítima etc.). Os exemplos mencionados parecem muito distantes do não comparecimento ao grupo, porém; evidenciam a intenção quando da confecção do art. 313, inciso III, do CPP: salvaguardar a integridade da mulher em situação de violência doméstica.

Nesta perspectiva, a decretação da prisão preventiva do agressor em razão do seu não comparecimento ao grupo de reflexão configuraria verdadeira disfuncionalidade no sistema de enfrentamento à violência doméstica e familiar contra a mulher.

Em casos nos quais o homem autor de violência doméstica foi encaminhado ao grupo pela via da Lei de Execução Penal (art. 152, parágrafo único) como condição ao cumprimento do regime aberto, o seu não comparecimento configurará – em tese – falta grave (art. 50, V, da LEP); cujo reconhecimento é apto a interromper a concessão de determinados benefícios no cumprimento da pena, além de importar em possível regressão de regime, caso não seja aceita a justificativa formulada pelo apenado.

Nestas hipóteses, sugere-se que seja verificado casuisticamente, os motivos pelos quais o agressor não compareceu ao grupo reflexivo. Por vezes, motivos de força maior justificam – temporariamente – o seu não comparecimento, devendo-lhe ser dada nova oportunidade de ingresso no programa. Em regra, contudo, a desídia do agressor importará como falta grave, implicando nas consequências legais mencionadas (v.g., regressão de regime, interrupção do prazo para a aquisição de benefícios etc.).

Em se tratando de encaminhamento como condição ao cumprimento da suspensão condicional da pena, o benefício poderá ser revogado, nos termos do art. 81, § 1º, do Código Penal.

7. FUNCIONAMENTO DOS GRUPOS: ESTRUTURA ARQUITETÔNICA, DISPÊNDIO DE RECURSOS FINANCEIROS, CONTRATAÇÃO DE PESSOAL, TEMA DAS REUNIÕES, NÚMERO DE ENCONTROS, NÚMERO DE PARTICIPANTES ETC.

O funcionamento dos grupos é, geralmente, um dos pontos que desperta maior interesse daqueles que objetivam dar início ao trabalho pedagógico com os homens autores de violência doméstica e familiar contra a mulher. Buscando tornar a compreensão mais palatável possível, este autor optou por dividir este ponto em cinco subtópicos: a) estrutura arquitetônica; b) dispêndio de recursos financeiros; c) tema das reuniões; d) número de encontros e; e) número de participantes.

7.1 Estrutura arquitetônica para o funcionamento dos grupos reflexivos

Em matéria de espaço físico para a realização das reuniões, não é necessária a utilização de um local com robusta estrutura arquitetônica ou iterativo com inúmeras ferramentas de ordem tecnológica. É necessário tão somente um cuidado: o local deve ser acolhedor ao ponto de deixar os participantes à vontade para partilhar suas experiências.

Em caso de adoção da estruturação do programa de reeducação mediante a realização da parceria entre a assistência social do município e o sistema de justiça, uma segunda cautela acerca do local das reuniões também precisa ser tomada: o local escolhido para a realização das reuniões não deve ser o mesmo que recebe as mulheres vítimas de violência doméstica. Nesse sentido, é o teor do Enunciado 66 do Fórum Nacional de Juízas e Juízes de Violência Doméstica e Familiar contra a Mulher (FONAVID): "Os serviços destinados aos supostos autores de violência não deverão ser realizados no mesmo local e tempo dos serviços voltados às vítimas mulheres".

Na hipótese de o serviço ter sido estruturado pelos próprios servidores do sistema de justiça, recomenda-se que as reuniões sejam realizadas fora do Fórum, objetivando resguardar o caráter pedagógico e transformador da política pública. As dependências do sistema de justiça, por vezes, representam para determinado grupo de pessoas, valores como conflituosidade, antagonismo, julgamento e outros que não se coadunam com o propósito dos grupos reflexivos.

7.2 Dispêndio de recursos financeiros para a estruturação dos grupos reflexivos

Dentre os pontos costumeiramente questionados durante os primeiros contatos para a estruturação dos programas de reeducação para agressores, a indagação acerca do custo para a estruturação do serviço ocupa posição de destaque. Desde já, adianto aos leitores uma boa notícia: independentemente da via adotada para a estruturação do grupo reflexivo, o dispêndio de recursos financeiros é diminuto, praticamente inexistente.

Conforme veremos no próximo tópico, não haverá a necessidade da contratação de pessoal específico, sendo possível a estrutura de pessoal já existente. Eventuais palestrantes convidados pelos organizadores do grupo também costumam realizar suas exposições de forma gratuita (*v.g.*, juíza da comarca, membro do Ministério Público, autoridade policial, profissional destacado na área da saúde etc.). Não é necessário, ao menos em regra, a contratação de pessoal específico para a realização dos trabalhos nos programas de reeducação.

Os gastos comumente contabilizados são aqueles relativos à utilização do local (luz, água etc.) e também aqueles realizados com o propósito de tornar o ambiente acolhedor, como a aquisição de produtos alimentícios para ofertar um lanche aos participantes. Em determinadas situações, é possível ainda que seja contratado algum profissional apto a oferecer uma capacitação aos facilitadores do grupo (pessoas responsáveis pelo gerenciamento das reuniões, passar a lista de presença etc.).

7.3   Tema das reuniões

Inexiste uma formatação fechada acerca dos assuntos a serem abordados durante as reuniões. A Recomendação 13/2022 do CNMP chega a sugerir em seu art. 3º, parágrafo único, um conteúdo mínimo de temas: "I – formas de violência e Lei Maria da Penha; II – machismo estrutural e estruturante; III – cultura da violência; IV – paternidade; V – responsabilização dos homens autores de violência; e VI – reflexão quanto a padrões comportamentais e alternativas à violência". A possibilidade de inclusão de temas não referidos pelo Conselho Nacional do Ministério Público em sua recomendação traz à tona um ponto muito interessante: a verificação por aqueles responsáveis pelo grupo a existência de demanda específica a ser abordada na realidade (*v.g.*, suponhamos que a turma em andamento conte com diversos participantes indígenas, dado o grande número de comunidades indígenas na localidade, o que – em tese – poderia ensejar uma abordagem de tema específico).

É recomendável, ainda, que não sejam abordados assuntos tão somente de caráter jurídico, mas também de outras áreas do saber (psicologia, sociologia, história etc.), dado o seu caráter multidisciplinar dos programas de reeducação para homens agressores.

7.4   Número de encontros

Também não há uma orientação fechada acerca do número mínimo ou máximo de encontros, sendo sugerido pelo Conselho Nacional de Justiça um período não inferior a 8 (oito) reuniões ou de 3 (três) meses para cada turma.[28] Este autor costuma sugerir aos colegas que objetivam fomentar a implementação do serviço em suas comarcas, o número mínimo de seis e o número máximo de doze encontros. As

---

28.   Art. 2º da Recomendação 124/2022 do CNJ.

referidas balizas costumam ser satisfatórias para abordagem mínima de temas necessários, sem se tornar o cumprimento da obrigação de comparecimento ao grupo algo extremamente longo do ponto de vista temporal.

Dado o seu caráter cível e pedagógico – e, portanto, não penal –, o cumprimento da obrigação não pode ser desproporcional ao excesso, conforme já mencionado ao longo do texto. Ainda, turmas muito alongadas podem prejudicar o atendimento de um número razoável de agressores a cada período determinado.

7.5   Número de participantes

Os programas para reeducação de homens autores de violência doméstica e familiar contra a mulher possuem, dentre os seus valores centrais, a confidencialidade, uma vez que as informações e trocas de experiências pessoais durante as reuniões não devem ser compartilhadas, e a escuta ativa dos participantes, conhecendo-os cada um pelo nome, e dando-lhes uma atenção quase que individualizada, embora as reuniões sejam realizadas de maneira coletiva. Há uma construção de vínculos baseada na confiança entre os participantes, facilitadores e palestrantes.

Deste modo, turmas excessivamente grandes parecem não atingir os fins e valores colimados pela existência do grupo reflexivo. Por outro lado, turmas pequenas também parecem não satisfazer os valores idealizados pelo serviço, uma vez que haverá pouca – ou nenhuma – troca de experiências e vivências entre os participantes.

O segredo está no equilíbrio, que deve ser analisado caso a caso e a partir da demanda existente na localidade. Porém, turmas com menos de três participantes, ou com mais de dez, parecem – ao menos na opinião deste autor – fugir dos propósitos almejados quando da estruturação do serviço.

8.   TAXA DE SUCESSO DOS GRUPOS REFLEXIVOS PARA HOMENS AUTORES DE VIOLÊNCIA DOMÉSTICA E FAMILIAR CONTRA A MULHER

O sucesso na evitação da reincidência de agressores a partir dos trabalhos reeducativos costumam ser extremamente altos. Diversas iniciativas Brasil afora ostentam índices superiores a 90% (noventa por cento) de não reincidência dentre os participantes.[29] Trata-se de uma política pública com potencialidade de promover uma verdadeira revolução no combate à violência doméstica e familiar pela via da educação.

Embora em um primeiro momento os agressores cheguem para as reuniões de forma contrariada – dado o caráter compulsório da medida – este autor pôde

---

29. Diversas são as pesquisas que evidenciam a alta taxa de sucesso dos grupos reflexivos para homens autores de violência doméstica. Nesse sentido: SOARES, Cecília Teixeira e GONÇALVES, Hebe Signorini. Grupos reflexivos para homens autores de violência contra a mulher: isso funciona? *Revista Direito em Movimento (TJRJ)*, v. 18, n. 2, 2020, p. 73-107; VERAS, Érica Verícia Canuto de Oliveira. *A masculinidade no banco dos réus*. São Paulo: Ecos, 2020.

perceber por experiência própria que muitos, ao final da turma, questionam acerca da possibilidade de continuar frequentando as reuniões, dada a profundidade da conscientização promovida.

9. CONCLUSÃO

Decorridos dezoito anos da vigência da Lei Maria da Penha, a importância do Superior Tribunal de Justiça no aprimoramento do sistema de enfrentamento à violência doméstica e familiar contra a mulher é de fácil constatação. Em absolutamente todos os aspectos da Lei 11.340/2006, a Corte se mostrou como *locus* relevante na proteção das mulheres e meninas, porém sem se descurar da importância em se trabalhar com os homens agressores.

Conforme mencionado, o tema foi analisado recentemente pela primeira vez por uma das Turmas Criminais da Corte.[30] Além disso, há muito tempo, o Tribunal da Cidadania profere decisões monocráticas que, embora emanadas por variados membros do Tribunal, formam um conjunto decisório que sinalizam não apenas a sensibilidade dos integrantes em relação ao tema, mas também o reconhecimento da sua importância. Dentre os principais pontos reconhecidos pelos membros da Corte a respeito dos grupos reflexivos, três certamente se destacam: a natureza pedagógica – e não de pena –, seu caráter cível e, mais recentemente, a legalidade do encaminhamento do agressor ao grupo reflexivo já no bojo da decisão que decreta medidas protetivas de urgência, sem que com isso ocorra violação ao princípio da presunção de inocência.

REFERÊNCIAS

ALEXY, Robert. *Teoria geral dos direitos fundamentais*. 3. ed. São Paulo: JusPodivm, 2024.

BARIN, Catiuce Ribas. *Violência doméstica contra a mulher.* Programas de intervenção com agressores e sua eficácia como resposta penal. Curitiba: Juruá, 2016.

BRASIL. Superior Tribunal de Justiça. AREsp 1.828.546. Rel. Min. Jesuino Rissato (Desembargador convocado do TJDFT), 6ª Turma, j. 12.09.2023.

BRASIL, Superior Tribunal de Justiça. AgRg no HC 893.551/MG, Rel. Min. Daniela Teixeira, Quinta Turma, julgado em 13.08.2024.

BRASIL. Superior Tribunal de Justiça. CC 88.027/MG. Rel. Min. Og Fernandes, j. 18.12.2008.

BRASIL. Superior Tribunal de Justiça. HC 175.816/RS. Rel. Min. Marco Aurélio Bellizze, Quinta Turma, j. 20.06.2013.

BRASIL. Superior Tribunal de Justiça. HC 250.435/RJ. Rel. Min. Laurita Vaz, Quinta Turma, j. 19.09.2013.

BRASIL. Superior Tribunal de Justiça. HC 277.561/AL. Rel. Min. Jorge Mussi, Quinta Turma, j. 06.11.2014.

BRASIL. Superior Tribunal de Justiça. HC 408.116. Rel. Min. Rogério Schietti Cruz, j. 31.08.2018 (decisão monocrática).

---

30. BRASIL, Superior Tribunal de Justiça, AgRg no HC 893.551/MG, Rel. Min. Daniela Teixeira, Quinta Turma, julgado em 13.08.2024.

BRASIL. Superior Tribunal de Justiça. HC 875.791. Rel. Min. Joel Ilan Paciornik, j. 19.12.2023 (decisão monocrática).

DIAS, Maria Berenice. *A Lei Maria da Penha na Justiça*. 8. ed. São Paulo: JusPodivm, 2022.

DISTRITO FEDERAL. Tribunal de Justiça do Distrito Federal e Territórios. Apelação Criminal 00019767320198070012. Rel. Des. Asiel Henrique de Souza, 1ª Turma, j. 18.05.2023.

DISTRITO FEDERAL. Tribunal de Justiça do Distrito Federal e Territórios. Recurso em Sentido Estrito 07165325220228070006 1749370. Rel. Des. Robson Barbosa de Azevedo, j. 24.08.2023.

FÓRUM BRASILEIRO DE SEGURANÇA PÚBLICA. 17º Anuário Brasileiro de Segurança Pública. São Paulo: Fórum Brasileiro de Segurança Pública, 2023. Disponível em: https://forumseguranca.org.br/wp-content/uploads/2023/07/anuario-2023.pdf. Acesso em: 26 dez. 2023.

MENDONÇA, Sandra Magali Brito Silva. *Violência doméstica e justiça restaurativa – para além da cultura jurídica da punição*. Grupos reflexivos com homens acusados de violência doméstica. Curitiba: Juruá, 2023.

PARANÁ. Tribunal de Justiça do Estado do Paraná. Apelação Criminal 0001294-98.2023.8.16.0054. Rel. Desa. Substituta. Dilmari Helena Kessler. j. 15.03.2024.

PARANÁ. Tribunal de Justiça do Estado do Paraná. Habeas Corpus 0080003-18.2023.8.16.0000. Rel. Desa. Cristiane Tereza Willy Ferrari, 3ª Câmara Criminal, j. 18.09.2023.

PINTO, Rodrigo da Silva Vernes. *Discriminação múltipla como discriminação interseccional*. 2. ed. Rio de Janeiro: Lumen Juris, 2022.

SOARES, Cecília Teixeira e GONÇALVES, Hebe Signorini. Grupos reflexivos para homens autores de violência contra a mulher: isso funciona? *Revista Direito em Movimento (TJRJ)*, v. 18, n. 2, p. 73-107. 2020.

VERAS, Érica Verícia Canuto de Oliveira. *A masculinidade no banco dos réus*. São Paulo: Ecos, 2020.

VIEIRA, Grasielle. *Grupos reflexivos para os autores da violência doméstica: responsabilização e restauração*. Lumen Juris: Rio de Janeiro, 2018.

DA APLICABILIDADE DOS ALIMENTOS COMPENSATÓRIOS NO DIVÓRCIO E NO CONTEXTO DE VIOLÊNCIA DOMÉSTICA À LUZ DO JULGAMENTO COM PERSPECTIVA DE GÊNERO

Ana Carolina Rangel Coutinho Cunha

Pós-graduada pela Fundação Getúlio Vargas/Rio de Janeiro em LLM. em Direito Civil e Processual Civil. Especialista em Direito de Família e Sucessões pela Faculdade CERS. Professora de cursos preparatórios como o Complexo de Ensino Renato Saraiva (CERS). Professora de Direito Civil da OAB do CERS e da Faculdade CERS. Professora da pós-graduação da UNAERP (Universidade de Ribeirão Preto) e seus cursos on-line como Dominando o Direito de Família e Manual do Familiarista. Membro do IBDFAM – Instituto Brasileiro de Direito de Família. Palestrante. CEO do escritório Ana Carolina Coutinho Advocacia.

Sumário: Introdução e contexto histórico – 1. Conceito de alimentos compensatórios – 2. Tipos de alimentos compensatórios e aplicabilidade no direito de família brasileiro – 3. Interpretação do STJ e entendimento jurisprudencial – 4. Alimentos compensatórios dentro do contexto de violência doméstica e adoção do protocolo do julgamento com perspectiva de gênero – Considerações finais – Referências.

INTRODUÇÃO E CONTEXTO HISTÓRICO

Por muitos séculos na trajetória humana, a mulher tinha para si pré-determinado um papel de construção familiar, enquanto o homem ocupava um papel superior e responsável pelo sustento da família. Não raro, então, que esposas e mães fossem dependentes economicamente, necessitando seguir os seus maridos independentes de suas vontades, já que, aqueles, à época, detinham capacidade para o trabalho, para administração do patrimônio e dos bens.

Esse contexto também esteve presente no Brasil e influenciou boa parte do ordenamento pátrio até o século XX. No Código Civil de 1916, por exemplo, a mulher era considerada relativamente incapaz enquanto fosse casada, portanto, enquanto subsistisse a sociedade conjugal (artigo 6º, inciso II do CC/16). Além disso, as mulheres deveriam pedir autorização aos seus respectivos maridos para trabalharem, não podendo exercer profissão sem consentimento (artigo 233, inciso IV do CC/16). Por fim, só competia à mulher direção e administração dos bens do casal em situações excepcionais (artigo 251 do CC/16).

Todavia, ao longo do século XX, o papel da mulher foi se transformando em face de mudanças culturais e tecnológicas, que impulsionaram a participação das mesmas no mercado de trabalho e em outras esferas. A partir da década de 30, se teve a introdução do direito ao voto e em 1940 o Código Penal já trouxe algumas evoluções como a proteção da mulher grávida e/ou do filho abandonado.[1]

Em âmbito familiar, o primeiro grande marco para a mudança desse contexto histórico se deu com a Lei 4.121, de 27 de agosto de 1962, que dispunha sobre a situação jurídica da mulher casada, de modo que, "devolveu plena capacidade à mulher, que passou à condição de colaboradora na administração da sociedade conjugal".[2]

Em seguida, tivemos a Lei do Divórcio 6.515, de 26 de dezembro de 1977 que passou a regular sobre a dissolução da sociedade conjugal e o casamento deixou de ser um vínculo indissolúvel, pois antes existia somente a figura do desquite judicial e naquela época, a mulher inocente e pobre que fazia jus a prestação de pensão alimentícia que o juiz fixasse.

Sendo assim, somente em 1977, que "o dever alimentar deixou de ser uma obrigação exclusivamente masculina. Tornou-se um dever recíproco, mas somente a favor de quem não tivesse sido o culpado pelo fim do casamento".[3]

Em que pese as evoluções, a grande reforma no Direito de Família se deu com a Constituição Federal de 1988, posto que pela primeira vez se enfatizou a igualdade entre homens e mulheres em direitos e obrigações, na forma do artigo 5°, inciso I e que os direitos e deveres da sociedade conjugal poderiam ser exercidos de forma igualitária pelo homem e mulher, consoante dispõe o artigo 226, § 5°.

O Código Civil de 2002 também trouxe mudanças significativas em que se reconheceu direitos e deveres do cônjuge e companheiro, a existência ou não de culpa pelo fim do relacionamento desaparece com a Emenda Constitucional 66 de 2010 e dentro desse contexto que surgem os alimentos compensatórios, como uma forma de reparar desequilíbrios econômico-financeiros que decorrem do fim da relação conjugal.

1. CONCEITO DE ALIMENTOS COMPENSATÓRIOS

O instituto dos alimentos compensatórios no Brasil não dispõe até o presente momento de previsão expressa em nossa legislação vigente, encontrando guarida inicialmente em nossa melhor doutrina (Madaleno, 2024; Berenice Dias, 2015) e tendo como pano de fundo o direito comparado com legislações estrangeiras, como no código civil francês e no espanhol (Madaleno, 2024).

---

1. Disponível em: https://www2.camara.leg.br/legin/fed/declei/1940-1949/decreto-lei-2848-7-dezembro--1940-412868-publicacaooriginal-1-pe.html.
2. DIAS, Maria Berenice. *O afeto merece ser visto como uma realidade digna de tutela*. A mulher no Código Civil. Disponível em: https://berenicedias.com.br/a-mulher-no-codigo-civil/.
3. DIAS, Maria Berenice. *Alimentos Compensatórios e Divisão dos frutos e rendimentos dos bens comuns*: não dá para confundir!

Conceitualmente, para Rolf Madaleno (2024) tem "os alimentos compensatórios o propósito específico de evitar o estabelecimento de um desequilíbrio econômico entre os consortes.[4] Já no entendimento de Maria Berenice Dias (2015), os alimentos compensatórios "não têm por finalidade suprir as necessidades de subsistência do credor, mas corrigir ou atenuar grave desequilíbrio econômico-financeiro ou abrupta alteração do padrão de vida do cônjuge desprovido de bens e de meação".[5]

Vale ressaltar que existe na doutrina, autores que não concordam com o instituto dos alimentos compensatórios (Tepedino e Greco Bandeira, 2019), alegando se tratar de uma confusão entre o dever alimentar e a divisão patrimonial. Ainda que respeitável o entendimento, não têm sido essa a corrente majoritária adotada em território nacional.

Na prática forense, os alimentos compensatórios vêm sendo aplicados excepcionalmente, quando diante do divórcio ou da dissolução da união estável se verifica o desequilíbrio econômico-financeiro, uma queda abrupta do padrão de vida. Tal desigualdade econômica entre os cônjuges ou conviventes, assim, com essa queda evidente e efetiva de recursos ao comparar com a situação econômica durante o casamento, faz-se necessária a aplicabilidade de uma indenização, justamente com cunho compensatório.

É comum, na prática da advocacia familiarista, ouvir que, diante de um divórcio ou dissolução da união estável, o padrão de vida automaticamente precisará cair, afinal, em razão dessa ruptura da sociedade conjugal, as partes envolvidas precisarão recomeçar dali em diante. Entretanto, caso estejamos à frente de um desequilíbrio econômico-financeiro evidente, surge justamente o instituto dos alimentos compensatórios.

Assim, não há dúvidas de que todo fim de relacionamento pode vir a implicar na redução do padrão de vida, mas os alimentos compensatórios destinam-se justamente a mitigar uma queda repentina do padrão de vida do ex-cônjuge ou ex-companheiro que, com o fim do relacionamento, possuirá patrimônio irrisório se comparado ao do outro consorte, sem, contudo, pretender a igualdade econômica do ex-casal, apenas reduzindo os efeitos deletérios oriundos da carência social.

Vamos pensar no seguinte caso hipotético para conseguirmos visualizar na prática como se daria a aplicabilidade desses alimentos:

João e Maria são casados há 28 (vinte e oito) anos pelo regime da comunhão parcial de bens e vivem com uma renda de R$150.000,00 (cento e cinquenta mil reais) mensais, residindo em um condomínio de alto padrão em Florianópolis. Ocorre que, resolveram pôr fim a união e com o divórcio, Maria, professora aposentada,

---

4. MADALENO, Rolf. *Responsabilidade civil na conjugalidade e alimentos compensatórios*. Disponível em: www.rolfmadaleno.com.br. Acesso em: 28 set. 2024.

5. DIAS, Maria Berenice. *Manual de Direito das Famílias*. 10. ed. rev. atual e ampl. São Paulo: RT, 2015, p. 595.

passará a viver apenas com uma renda mensal de R$ 6.000,00 (seis mil reais) de sua aposentadoria.

Consegue perceber que diante da ruptura da sociedade conjugal houve uma queda abrupta do padrão de vida? Um desequilíbrio econômico-financeiro decorrente desse divórcio? E que durante todos os anos de relacionamento, Maria viveu com uma realidade mensal e após divórcio viverá simplesmente com sua aposentadoria? É nesse cenário que se aplicam os alimentos compensatórios, principalmente quando se trata de um contexto comum, quando uma das partes renuncia ao mercado de trabalho para cuidar da casa e dos filhos, dando toda assistência para que o outro cônjuge possa ser o principal provedor financeiro do lar.

Os alimentos compensatórios não têm natureza alimentar, destinado à subsistência (necessidades vitais do alimentando) e diante de uma relação de dependência econômica, nos termos do artigo 1.694 do Código Civil, mas natureza indenizatória, pautado na equidade e solidariedade. Ademais, essa compensação pode se dar por pagamento mensal, transitório, por tempo indeterminado, ou até mesmo pelo pagamento de uma prestação única e entrega de algum bem.

O doutrinador Rolf Madaleno afirma que os alimentos compensatórios são devidos "apenas em razão do desequilíbrio econômico do casal, correspondendo a uma prestação periódica em dinheiro, na entrega de algum bem de valor econômico ou no pagamento de uma prestação única, efetuado por um cônjuge ou convivente em favor do outro, na ocasião do divórcio ou da dissolução da união estável, porquanto neste momento, produziu-se um desequilíbrio econômico em comparação com o estilo de vida experimentado durante a coabitação do casal".[6]

É necessário apontar que os alimentos compensatórios não se aplicam somente quando um dos cônjuges ou companheiros deixou de trabalhar e tenha se abdicado de sua vida profissional para se dedicar exclusivamente à família e aos filhos, totalmente voltado para uma assistência familiar, mas a compensação se aplicará quando falarmos em um desequilíbrio econômico diante da ruptura da sociedade conjugal.

Sendo assim, o momento crucial para se requerer pela aplicabilidade dos alimentos compensatórios é justamente logo após a dissolução do vínculo, sendo pertinente o requerimento pautado em uma tutela de urgência, na forma do artigo 300 do Código de Processo Civil e de forma fundamentada, comprovando a efetiva queda abrupta do padrão e desequilíbrio econômico-financeiro.

No Direito Brasileiro, os alimentos compensatórios são fixados com base em uma "quantia que seja destinada a compensar o desequilíbrio econômico e terá em mira o valor monetário capaz de fornecer ao consorte ou parceiro vulnerável uma adequada estabilidade financeira para que não se sinta em suas requisições materiais

---

6. MADALENO, Rolf. *Revista IBDFAM*: Famílias e Sucessões. Decisão comentada – TJMG – alimentos compensatórios. v. 10, p. 116-117, Belo Horizonte: IBDFAM, jul./ago. 2015.

uma brusca queda no padrão social e econômico experimentado durante a relação afetiva originária de um casamento ou de uma união estável".[7]

2. TIPOS DE ALIMENTOS COMPENSATÓRIOS E APLICABILIDADE NO DIREITO DE FAMÍLIA BRASILEIRO

A doutrina ainda faz uma diferenciação em relação ao instituto, com os alimentos compensatórios se dividindo em (i) humanitários, diante de um desequilíbrio econômico-financeiro gerado pela ruptura da sociedade conjugal e (ii) patrimoniais que defendem a compensação financeira pela administração exclusiva por um dos cônjuges ou conviventes de bens comuns.

Os patrimoniais encontram embasamento legal no parágrafo único, do artigo 4º da Lei de Alimentos (Lei 5.478/68), que afirma:

> Artigo 4º, parágrafo único. Se se tratar de alimentos provisórios pedidos pelo cônjuge, casado pelo regime da comunhão universal de bens, o juiz determinará igualmente que seja entregue ao credor, mensalmente, parte da renda líquida dos bens comuns, administrados pelo devedor.

Mesmo que o artigo supramencionado suscite sobre a comunhão universal de bens, importante que a aplicação bem como a interpretação sejam ampliadas para todos os regimes em que a propriedade dos bens seja comum, por se adequar à interpretação do ordenamento jurídico brasileiro.

Os tribunais atuais levam em consideração alguns critérios para fixar os alimentos compensatórios como a idade das partes envolvidas, renda familiar, realidade profissional de cada um, se ambos trabalham, estado de saúde, possibilidade de acesso e reinserção ao mercado de trabalho, dedicação exclusiva ao lar e a família, contribuição na atividade profissional do outro, ainda que tenha sido como dona de casa, colaborando para que o outro pudesse ascender profissionalmente, tempo de relação e por fim, condição econômica do provedor dos alimentos e do lar.

Existe ainda uma discussão acerca da aplicabilidade dos alimentos compensatórios somente nas relações em que vigoram o regime da separação de bens, por não haver comunicabilidade de patrimônio quando do divórcio ou da dissolução da união estável. Todavia, este não é o único critério adotado pela jurisprudência brasileira, ou seja, independente do regime de bens, desde que comprovado o desequilíbrio econômico-financeiro diante da ruptura da sociedade conjugal é possível aplicar o instituto.

Da mesma forma, a doutrina entende que os alimentos compensatórios não se vinculam, necessariamente, ao regime de bens. O patrimônio havido na constância da conjugalidade é apenas elemento de prova e demonstração para aferição da possibilidade de quem o detém e, consequentemente, da apuração do *quantum* alimentar compensatório. Não se trata de cobrança de frutos ou antecipação de partilha, mas

---

7. MADALENO, Rolf. *Alimentos Compensatórios Patrimoniais e Humanitários*. 2. ed. 2024, p. 45.

sim de cumprir regras e princípios da isonomia conjugal como dispõe o artigo 226, § 5°, da Constituição da República (Rodrigo da Cunha Pereira, 2016).[8] E uma das situações mais comuns, seriam [...] de escolha pelas partes do regime de separação convencional de bens, seja no casamento ou união estável, em que não há a comunicação de qualquer bem, por força do art. 1.687 do CC/2002. Finda a sociedade conjugal ou convivencial, é possível que um dos consortes pleiteie ao outro uma verba extra, a título de alimentos compensatórios, visando manter um mínimo de equilíbrio na dissolução da união (Flávio Tartuce, 2020).[9]

Vale esclarecer que a pensão compensatória não se dá de forma automática como acontece com os alimentos devidos aos filhos menores e a necessidade de se regulamentar a guarda e convivência quando da relação, sobrevierem filhos, mas esse cunho indenizatório tem efeito secundário, desse modo será aplicado se existir relevância e pressupostos que evidenciam a concessão dos alimentos compensatórios visando equilibrar um desequilíbrio econômico em razão da ruptura da sociedade conjugal.

Em razão de sua natureza, os alimentos compensatórios não comportam a imposição de prisão civil como medida coercitiva para o cumprimento da obrigação (RHC 117.996/RS, relator Ministro Marco Aurélio Bellizze, Terceira Turma, julgado em 02.06.2020, DJe de 08.06.2020).

3. INTERPRETAÇÃO DO STJ E ENTENDIMENTO JURISPRUDENCIAL

No que toca à jurisprudência, a primeira decisão sobre o instituto dos alimentos compensatórios se deu em 1989 pelo Tribunal de Justiça do Estado do Rio Grande do Sul, em que a ementa utilizada à época foi: "Alimentos. Ação Revisional. Peculiar natureza compensatória da pensão em prol da mulher, considerando que o vultoso patrimônio rentável tocou ao varão. Ação Improcedente. Sentença confirmada".[10]

No mesmo sentido, diversos Tribunais já se posicionam ao longo dos últimos anos confirmando a aplicabilidade dos alimentos compensatórios, vejamos essa jurisprudência do TJRJ, no sentido de reconhecer a alteração abrupta no padrão de vida:

Agravo de instrumento. *Alimentos compensatórios*. Fixação dos *alimentos* entre ex-cônjuges. Prestação alimentar destinada a permitir adaptações à abrupta alteração do padrão de vida do ex-cônjuge que teve sua independência financeira paralisada. No agravo de instrumento, a preocupação está, até que o juízo esgote o mérito, em saber se a agravante faz jus, mediante cognição sumária, aos *alimentos*

---

8. PEREIRA, Rodrigo da Cunha, 2013. p. 190 apud ROSA, Conrado Paulino da. *Curso de direito de família contemporâneo*. Salvador: JusPodivm, 2016.
9. TARTUCE, Flávio. Alimentos compensatórios. Possibilidade. *IBDFAM*, ,16 abr. 2013.
10. Rio Grande do Sul. Tribunal de Justiça. Apelação Cível 588071712. Alimentos. Ação Revisional. Peculiar natureza compensatória da pensão em prol da mulher, considerando que o vultoso patrimônio rentável tocou ao varão. Ação improcedente. Sentença confirmada. 5ª Câmara Cível. Comarca de Porto Alegre. Apelante: Jarbas Daniel Giuliani. Apelado: Mirto Marise Borges da Cunha. Relator: Des. Sérgio Pilla da Silva. Porto Alegre, 04 de abril de 1989.

compensatórios e transitórios. Apesar das mudanças provocadas na sociedade com a independência econômica da mulher, a fixação dos *alimentos* entre cônjuges é assegurada por lei, ainda que dependa de requisitos excepcionais e deve respeitar o trinômio necessidade, possibilidade e razoabilidade conforme prevê o Código Civil (arts. 1.704 c.c 1.694, § 1º). *Associado a isso tem-se, ainda, a ideia decorrente dos alimentos compensatórios (rectius: prestação compensatória) construídos conceitualmente pela doutrina e jurisprudência cujos requisitos e fixação devem ser ponderados com critério. Isso porque a expressão alimentos se liga umbilicalmente com a ideia de necessidade, enquanto a prestação seria mais abrangente visto permitir adaptações à abrupta alteração do padrão de vida do cônjuge que teve sua independência financeira paralisada.* O alimentante é médico bem-sucedido cujos rendimentos mensais estimados chegam, em média, a R$100.000,00, sem perder de vista, a depender ainda de mais provas, a posição de empresário alegada na inicial. A residência em imóvel avaliado em aproximadamente R$ 3.000.000,00, viagens internacionais em classe executiva, incluindo hospedagem em hotéis caros. O agravado reforça a linha de defesa de que a agravante concluiu 9 dos 10 períodos do curso de direito, ser empresária, exercer a função de influenciadora digital, consultora de imagem e estilo. Com a necessidade de gerir a casa, ainda que com vários funcionários, as redes sociais não foram priorizadas, e não há, por ora, provas suficientes de modo a permitir, de forma segura, que os trabalhos realizados pela agravante proporcionam uma fonte de renda suficiente para sua própria subsistência, levando em consideração o alto padrão de vida que tinha. Muito embora o agravado trouxesse provas das quais pudessem inferir que a agravante possui aptidão para o trabalho, há pontos inclusive no vídeo anexo que o investimento na ocupação profissional era alto e que o negócio ainda não lhe dava retorno por encontrar-se no vermelho, sem ignorar, ainda, as inúmeras dívidas imputadas à Pessoa Jurídica e que a média de rendimento era inferior ao salário-mínimo no site Enjoei. É inegável, sem nenhuma intenção de subestimá-la, que a agravante terá que se adaptar ao novo padrão de vida, tendo por referência aquilo que usufruía com o alimentante. No entanto, ela precisa de um período de transição, até que se comprove em fase instrutória que de fato ela recebe todo o recurso financeiro que o agravado diz ter, como outras contas bancárias e outras fontes, tudo a ser analisado mais detidamente pelo juízo. Ainda que por mérito do agravado, o estilo de vida foi compartilhado com os filhos e a agravante, por mais de 10 anos e tudo de forma consentida entre eles. E não dá para deixá-la entregue à própria sorte sem antes permitir provisoriamente condições de dar continuidade aos projetos realizados e alcançar os projetos futuros. A ideia dos *alimentos* transitórios, em virtude do desequilíbrio financeiro suportado em maior parte pela agravante, vincula-se à necessidade de dar a ela um tempo para as adaptações citadas e para alcançar a independência financeira. Recurso de agravo de instrumento provido, prejudicado o agravo interno. (0038533-86.2024.8.19.0000 – Agravo de Instrumento, Des(a). Marcos Alcino de Azevedo Torres – Julgamento: 25.09.2024 – Décima Primeira Câmara de Direito Privado (Antiga 27ª Câmara Cível).

Cabe elencar mais uma jurisprudência do TJMG sobre o instituto dos alimentos compensatórios e no caso em específico, por sua aplicação quando existe administração exclusiva dos bens comuns por um dos cônjuges:

Ementa: Agravo de Instrumento – *Ação de divórcio – Alimentos compensatórios – Desequilíbrio econômico-financeiro – Demonstração. Os alimentos compensatórios visam reduzir os efeitos do desequilíbrio econômico-financeiro entre o casal, quando uma das partes fica na administração exclusiva dos bens comuns ou quando há grave alteração no padrão de vida de um cônjuge em detrimento do outro.* Demonstrada nos autos situação flagrantemente desvantajosa da autora em relação ao requerido, há que se fixar os alimentos compensatórios pleiteados no presente agravo de instrumento (TJMG – Agravo de Instrumento-Cv 1.0000.21.197935-6/001, Relator: Edilson Olímpio Fernandes, 6ª Câmara Cível, data do julgamento: 14.12.2021).

O TJDFT concedeu alimentos compensatórios à ex-cônjuge, no importe de 04 (quatro) salários-mínimos, em que deferiu a tutela de urgência pleiteada por reconhecer o desequilíbrio econômico-financeiro pós-divórcio:

Agravo de instrumento. Civil. Processo civil. *Ação de alimentos compensatórios. Antecipação de tutela. Divórcio c/c partilha de bens recente. Desequilíbrio econômico-financeiro.* Necessidade de dilação probatória. Decisão reformada. 1. Trata-se, na origem, de ação de alimentos compensatórios ajuizada por ex-cônjuge mulher em que o d. Juízo a *quo* deferiu o pedido de tutela provisória de urgência para arbitrar alimentos provisórios a serem pagos pelo devedor no importe de 04 (quatro) salários-mínimos.

2. Os alimentos compensatórios visam reduzir os efeitos do desequilíbrio econômico-financeiro entre o casal, quando uma das partes fica na administração exclusiva dos bens comuns ou quando há grave alteração no padrão de vida de um cônjuge em detrimento do outro. 3. A tutela provisória de urgência está condicionada à demonstração de elementos que evidenciem, de plano, a probabilidade do direito e o perigo de dano ou o risco ao resultado útil do processo (art. 300 do CPC). Na hipótese, a pretensão antecipatória não se compatibiliza com o momento processual de apreciação não exauriente, já que há necessidade de dilação probatória acerca do ponto controvertido quanto à efetiva aferição de desequilíbrio econômico-financeiro após o divórcio e partilha de bens, ocorrida recentemente, devendo os fatos serem apurados com maior robustez durante a instrução probatória, eis que avaliar o empobrecimento ou enriquecimento substancial dos ex-cônjuges após o fim do relacionamento conjugal, em sede antecipatória, perpassa por um critério subjetivo, demonstrando que os alimentos compensatórios, se aplicados, devem permear todas as provas produzidas por ambas as partes litigantes, a tempo e modo. 4. Agravo de Instrumento conhecido e provido (TJDFT, Agravo de Instrumento 0749660-47.2023.8.07.0000, Relator: Desembargador Mauricio Silva Miranda, 6ª Turma Cível, data do julgamento: 15.02.2024).

No mesmo sentido, o TJSP concede alimentos compensatórios à ex-cônjuge diante da posse exclusiva de bens do casal pelo outro cônjuge:

Divórcio – Bloqueio de bens precipitado – Necessidade de aclaramento e falta de prova de dilapidação – *Alimentos compensatórios deferidos – ex-cônjuge com posse exclusiva de bens do casal – Varoa sem fonte de renda* – Decisão Em Parte Reformada – Agravo Parcialmente Provido. (...) e nem uma só palavra existe sobre dilapidação de bens pelo que nesse aspecto afasta-se o pleito; porém, quanto a *Alimentos compensatórios, podem ser concedidos, pois que em verdade a notícia é de que o R. ficou com a totalidade dos bens exclusivos do casal, e a insurgente sem fonte de renda para sua subsistência* (TJSP; Agravo de Instrumento 2087109-18.2023.8.26.0000;

Relator (a): Giffoni Ferreira; Órgão Julgador: 2ª Câmara de Direito Privado; Foro de Piquete – Vara Única; Data do Julgamento: 03.10.2023; Data de Registro: 03.10.2023).

O STJ acolheu pela fixação dos alimentos compensatórios em sua versão patrimonial (Tartuce, 2021), em recurso de *Habeas Corpus* 28.853/RS e cujo voto vencedor julgado em 1º.12.2011, afastou a possibilidade de prisão pela falta de alimentos compensatórios, justamente porque a verba não se destina à subsistência do credor, mas em antecipação da futura partilha:[11]

> Recurso ordinário em face de decisão denegatória de habeas corpus. Preliminar – exequente que não elege o rito do artigo 733, do Código de Processo Civil para o processamento da execução – Impossibilidade de o magistrado instar a parte sobre o rito a ser adotado – Concessão de ordem ex *officio* – Possibilidade. Mérito – Execução (apenas) *de verba correspondente aos frutos do patrimônio comum do casal a que a autora (exequente) faz jus, enquanto aquele se encontra na posse exclusiva do ex-marido – verba sem conteúdo alimentar (em sentido estrito) – viés compensatório/indenizatório pelo prejuízo presumido consistente na não imissão imediata nos bens afetos ao quinhão a que faz jus* – Recurso ordinário provido. I – (...) II – *No caso dos autos, executa-se a verba correspondente aos frutos do patrimônio comum do casal a que a autora faz jus, enquanto aquele se encontra na posse exclusiva do ex-marido. Tal verba, nestes termos reconhecida, não decorre do dever de solidariedade entre os cônjuges ou da mútua assistência, mas sim do direito de meação, evitando-se, enquanto não efetivada a partilha, o enriquecimento indevido por parte daquele que detém a posse dos bens comuns; III – A definição, assim, de um valor ou percentual correspondente aos frutos do patrimônio comum do casal a que a autora faz jus, enquanto aquele encontra-se na posse exclusiva do ex-marido, tem, na verdade, o condão de ressarci-la ou de compensá-la pelo prejuízo presumido consistente na não imissão imediata nos bens afetos ao quinhão a que faz jus.* Não há, assim, quando de seu reconhecimento, qualquer exame sobre o binômio "necessidade-possibilidade", na medida em que esta verba não se destina, ao menos imediatamente, à subsistência da autora, consistindo, na prática, numa antecipação da futura partilha; IV – Levando-se em conta o caráter compensatório e/ou ressarcitório da verba correspondente à parte dos frutos dos bens comuns, não se afigura possível que a respectiva execução se processe pelo meio coercitivo da prisão, restrita, é certo, à hipótese de inadimplemento de verba alimentar, destinada, efetivamente, à subsistência do alimentando; V – Recurso ordinário provido, concedendo-se, em definitivo, a ordem em favor do paciente (RHC 28853 / RS, Rel. Min. Nancy Andrighi, Terceira Turma, julgado em 1º.12.2011, DJe 12.03.2012).

O STJ encarou o tema acerca do cabimento dos alimentos compensatórios humanitários e patrimoniais em 2013, posicionamento que vêm sendo corroborado nos julgados a seguir:

Processual civil. Direito civil. Família. Separação judicial. Pensão alimentícia. Binômio necessidade/possibilidade. Art. 1.694 do CC/2002. Termo final. *Alimentos compensatórios (prestação compensatória). Possibilidade. Equilíbrio econômico-financeiro dos cônjuges.* Julgamento extra petita não configurado. Violação do art. 535 do CPC não demonstrada. (...). 2. Na ação de alimentos, a sentença não se subordina ao princípio da adstrição, podendo o magistrado arbitrá-los com base nos elementos

---

11. TARTUCE, Flávio. *Direito Civil, Direito de Família*. 16. ed. Rio de Janeiro: GEN/Forense, 2021, v. 5, p. 672-673.

fáticos que integram o binômio necessidade/capacidade, sem que a decisão incorra em violação dos arts. 128 e 460 do CPC. Precedentes do STJ. 3. Ademais, no caso concreto, uma vez constatada a continência entre a ação de separação judicial e a de oferta de alimentos, ambas ajuizadas pelo cônjuge varão, os processos foram reunidos para julgamento conjunto dos pedidos. A sentença não se restringiu, portanto, ao exame exclusivo da pretensão deduzida na ação de oferta da prestação alimentar. 4. Em tais circunstâncias, a suposta contrariedade ao princípio da congruência não se revelou configurada, pois a condenação ao pagamento de alimentos e da prestação compensatória baseou-se nos pedidos também formulados na ação de separação judicial, nos limites delineados pelas partes no curso do processo judicial, conforme se infere da sentença. 5. *Os chamados alimentos compensatórios, ou prestação compensatória, não têm por finalidade suprir as necessidades de subsistência do credor, tal como ocorre com a pensão alimentícia regulada pelo art. 1.694 do CC/2002, senão corrigir ou atenuar grave desequilíbrio econômico-financeiro ou abrupta alteração do padrão de vida do cônjuge desprovido de bens e de meação.* 6. Os alimentos devidos entre ex-cônjuges devem, em regra, ser fixados com termo certo, assegurando-se ao alimentando tempo hábil para sua inserção, recolocação ou progressão no mercado de trabalho, que lhe possibilite manter, pelas próprias forças, o status social similar ao período do relacionamento. 7. O Tribunal estadual, com fundamento em ampla cognição fático probatória, assentou que a recorrida, nada obstante ser pessoa jovem e com instrução de nível superior, não possui plenas condições de imediata inserção no mercado de trabalho, além de o rompimento do vínculo conjugal ter-lhe ocasionado nítido desequilíbrio econômico--financeiro. 8. Recurso especial parcialmente conhecido e, nessa parte, parcialmente provido para fixar o termo final da obrigação alimentar (REsp 1.290.313/AL, Rel. Min. Antônio Carlos Ferreira, Quarta Turma, julgado em 12.11.2013, DJe 07.11.2014).

Em seguida, a jurisprudência acolheu a verdadeira importância dos alimentos compensatórios em suas modalidades, quais sejam, alimentos compensatórios patrimoniais e humanitários, consoante julgado que ora destaca:

> Recurso especial. Direito de família. Negativa de prestação jurisdicional. Não ocorrência. *Administração exclusiva de patrimônio comum bilionário. Alimentos ressarcitórios.* Cabimento. Decisão extra petita. Inexistência. Recurso especial conhecido e desprovido. 1. O Tribunal de origem analisou todas as questões relevantes para a solução da lide de forma fundamentada, não havendo falar em negativa de prestação jurisdicional. 2. *Os alimentos compensatórios são fruto de construção doutrinária e jurisprudencial, fundada na dignidade da pessoa humana, na solidariedade familiar e na vedação ao abuso de direito. De natureza indenizatória e excepcional, destinam-se a mitigar uma queda repentina do padrão de vida do ex-cônjuge ou ex-companheiro que, com o fim do relacionamento, possuirá patrimônio irrisório se comparado ao do outro consorte, sem, contudo, pretender a igualdade econômica do ex-casal, apenas reduzindo os efeitos deletérios oriundos da carência social.* 3. Apesar da corriqueira confusão conceitual, a prestação compensatória não se confunde com os alimentos ressarcitórios, os quais configuram um pagamento ao ex-consorte por aquele que fica na administração exclusiva do patrimônio, enquanto não há partilha dos bens comuns, tendo como fundamento a vedação ao enriquecimento sem causa, ou seja, trata-se de uma verba de antecipação de renda líquida decorrente do usufruto ou da administração unilateral dos bens comuns. 4. *O alimentante está na administração exclusiva dos bens comuns do ex-casal*

desde o fim do relacionamento, haja vista que a partilha do patrimônio bilionário depende do fim da ação de separação litigiosa que já se arrasta por quase 20 (vinte) anos, o que justifica a fixação dos alimentos ressarcitórios. 5. Não existe decisão fora dos limites da demanda quando o julgador, mediante interpretação lógico-sistemática da petição inicial, examina a pretensão deduzida em juízo como um todo, afastando-se a alegação de ofensa ao princípio da adstrição ou congruência. As instâncias ordinárias apreciaram o pedido em concordância com a causa de pedir remota, dentro dos limites postulados na exordial, não havendo falar em decisão extra petita. 6. Recurso especial conhecido e desprovido (STJ, REsp 1954452 – SP (2021/0011820-2), 3ª Turma, Rel. Ministro Marco Aurélio Bellizze, j. 13.06.2023).

Ou seja, diante de julgamentos envolvendo o instituto no STJ, os excelentíssimos Ministros vêm fundamentando suas decisões no sentido de que os alimentos compensatórios são um válido fruto de construção doutrinária e jurisprudencial, fundada na dignidade da pessoa humana, na solidariedade familiar e na vedação ao abuso de direito. De natureza indenizatória e excepcional, destinam-se a mitigar uma queda repentina do padrão de vida do ex-cônjuge ou ex-companheiro que, com o fim do relacionamento, possuirá patrimônio irrisório se comparado ao do outro consorte, sem, contudo, pretender a igualdade econômica do ex-casal, apenas reduzindo os efeitos deletérios oriundos da carência social.

Ainda, "os chamados alimentos compensatórios ou prestação compensatória, não têm por finalidade suprir as necessidades de subsistência do credor, tal como ocorre com a pensão alimentícia regulada pelo art. 1.694 do CC/2002, senão corrigir ou atenuar grave desequilíbrio econômico-financeiro ou abrupta alteração do padrão de vida do cônjuge desprovido de bens e de meação" (REsp 1.290.313/AL, Rel. Ministro Antonio Carlos Ferreira, Quarta Turma, julgado em 12.11.2013, DJe de 07.11.2014).

Por fim, que os alimentos compensatórios devem ser tratados como forma de ressarcimento de dano efetivo àquele consorte que mais sofreu as perdas econômicas com o fim da entidade familiar.

4. ALIMENTOS COMPENSATÓRIOS DENTRO DO CONTEXTO DE VIOLÊNCIA DOMÉSTICA E ADOÇÃO DO PROTOCOLO DO JULGAMENTO COM PERSPECTIVA DE GÊNERO

Outro tema que passou a recentemente ganhar a companhia da discussão acerca dos alimentos compensatórios no Brasil é sua aplicação em contextos de violência doméstica e no âmbito da aplicação do protocolo com perspectiva de gênero (https://www.cnj.jus.br/programas-e-acoes/protocolo-para-julgamento-com-perspectiva--de-genero/).

Afinal, o Brasil ocupa o 5º (quinto) lugar no ranking mundial de Feminicídio, segundo o Alto Comissariado das Nações Unidas para os Direitos Humanos (AC-NUDH).[12]

---

12. Disponível em: https://vestibular.uol.com.br/resumo-das-disciplinas/atualidades/feminicidio-brasil-e-o--5-pais-em-morte-violentas-de-mulheres-no-mundo.htm. Acesso em: 28 set. 2024.

Feito um levantamento realizado pelo Fórum Brasileiro de Segurança Pública (FBSP)[13] aponta que ao menos 10.655 mulheres foram vítimas de feminicídio no Brasil, entre os anos de 2015 e 2023. Segundo o relatório, o número de feminicídios no país cresceu 1,4% entre 2022 e 2023 e atingiu a marca de 1.463 vítimas no ano passado, indicando que mais de quatro mulheres foram vitimadas a cada dia.[14]

Ainda à luz do DataSenado, cerca de metade das mulheres agredidas (52%) sofreram violência praticada pelo marido ou companheiro, e 15%, pelo ex-marido, ex-namorado ou ex-companheiro.[15] No mesmo sentido, o Fórum Brasileiro de Segurança Pública destacou que em 2022, cerca de 18,6 milhões de mulheres brasileiras foram vítimas de violência doméstica e familiar.[16]

Diante desse cenário, a Lei Maria da Penha, promulgada em 2006, trouxe medidas protetivas não só à integridade física da mulher, mas como também ao seu patrimônio, tanto no tocante à proteção da meação dos bens da sociedade conjugal quanto dos bens particulares, e que poderão ser adotadas em caráter liminar (Mário Luiz Delgado Régis, 2015).[17]

Tais medidas protetivas estão previstas no artigo 24 da Lei 11.340/2006:

> Art. 24. Para a proteção patrimonial dos bens da sociedade conjugal ou daqueles de propriedade particular da mulher, o juiz poderá determinar, liminarmente, as seguintes medidas, entre outras:
>
> I – restituição de bens indevidamente subtraídos pelo agressor à ofendida;
>
> II – proibição temporária para a celebração de atos e contratos de compra, venda e locação de propriedade em comum, salvo expressa autorização judicial;
>
> III – suspensão das procurações conferidas pela ofendida ao agressor;
>
> IV – prestação de caução provisória, mediante depósito judicial, por perdas e danos materiais decorrentes da prática de violência doméstica e familiar contra a ofendida.
>
> Parágrafo único. Deverá o juiz oficiar ao cartório competente para os fins previstos nos incisos II e III deste artigo.

Essas medidas protetivas são concedidas quando estamos diante de um cenário de violência patrimonial que é comum acontecer no curso de um divórcio, dissolução da união estável, partilha dos bens ou em caso de alimentos e têm a finalidade de prevenir o cometimento de violência patrimonial, proteger o patrimônio da mulher e direitos fundamentais.

Diante de um contexto de violência doméstica e familiar, de mulheres na grande maioria hipossuficientes, por estarem fora do mercado de trabalho e sem exercerem

---

13. Disponível em: https://publicacoes.forumseguranca.org.br/items/77f6dcce-06b7-49c1-b227-fd625d979c85.
14. Disponível em: https://publicacoes.forumseguranca.org.br/items/77f6dcce-06b7-49c1-b227-fd625d979c85.
15. Disponível em: https://www12.senado.leg.br/noticias/materias/2023/11/21/datasenado-aponta-que-3-a--cada-10-brasileiras-ja-sofreram-violencia-domestica.
16. Disponível em: https://fontesegura.forumseguranca.org.br/mais-de-18-milhoes-de-mulheres-sofreram-alguma-forma-de-violencia-em-2022-mostra-pesquisa-do-forum-brasileiro-de-seguranca-publica/.
17. RÉGIS, Mário Luiz Delgado. A Violência Patrimonial Contra a Mulher nos Litígios de Família. *Revista Nacional de Direito de Família e Sucessões*, v. 2, n. 9, p. 5-23, São Paulo, nov./dez. 2015.

qualquer atividade profissional remunerada, diante da ruptura da sociedade conjugal, surgem os alimentos compensatórios, em razão do desequilíbrio econômico-financeiro.

Os alimentos compensatórios servem para atenuar o desequilíbrio gerado por uma mulher desprovida de bens, meação e que pela idade mais avançada, possivelmente não conseguirá se reinserir no mercado de trabalho, atrelada a assimetria de gênero. Portanto, esses alimentos funcionariam como uma forma de reparação econômica, junto das medidas protetivas visando proteger direitos fundamentais e reestabelecer o equilíbrio patrimonial.

A violência doméstica pode gerar danos físicos, psicológicos e financeiros sofridos pela vítima e prejuízos econômicos significativos que acabam gerando um desequilíbrio patrimonial, sendo necessária a reparação e proteção econômica, justamente com aplicabilidade desses alimentos.

Adicionalmente, julgar com perspectiva de gênero implica diminuir as desigualdades existentes e impedir a própria violação estrutural dos direitos das mulheres. Quando se fala no Protocolo para Julgamento com Perspectiva de gênero, do Conselho Nacional de Justiça (CNJ 27, de 02/02/2021, Portaria 27/2021 do CNJ e Resolução 492/2023 do CNJ) o gênero feminino sempre que não se encaixa na expectativa social, é rotulado com estereótipos como a vingativa, louca, aquela que aumenta e inventa situações para tirar vantagem, ou seja, a credibilidade da palavra e intenções da mulher sempre são questionadas (CNJ, 2021, p. 95).

Além da aplicabilidade das medidas protetivas de urgência, quando estamos diante de violência patrimonial contra mulheres, na forma do artigo 24 da Lei 11.340/2006, podemos falar da possibilidade de fixação dos alimentos compensatórios em favor da mulher vítima de violência, por analogia ao que dispõe o artigo 22, inciso V, da Lei Maria da Penha.[18] Nos termos a seguir:

Art. 22. Constatada a prática de violência doméstica e familiar contra a mulher, nos termos desta Lei, o juiz poderá aplicar, de imediato, ao agressor, em conjunto ou separadamente, as seguintes medidas protetivas de urgência, entre outras:

(...)

V – prestação de alimentos provisionais ou provisórios.

A conexão existente entre alimentos compensatórios e violência doméstica/familiar ainda é um tema pouco explorado pela doutrina, mas os tribunais atuais começam a ter uma interpretação pautada nas lentes de gênero, no sentido de valorizar o trabalho desempenhado pelas mulheres que muitas das vezes é taxado de um capital invisível e não valorizado.

---

18. Disponível em: https://www.conjur.com.br/2022-set-09/fernando-salzer-violencia-patrimonial-medidas--protetivas/.

O que se observa é um movimento para reconhecer e valorizar o trabalho desempenhado pelas mulheres,[19] seja no cuidado com os filhos, com o lar, com a família, e que começam a ser sopesados no momento de fixação dos alimentos compensatórios, de modo que já tivemos algumas decisões pioneiras nos tribunais: TJGO[20] TJMS,[21] TJPR.[22]

Tanto é que em 08.01.2024, na ação de alimentos de n. 1018311-98.2023.8.26.0007, sob segredo de justiça, o juízo da 3ª Vara da Família e Sucessões de São Paulo/SP utilizou as diretrizes estabelecidas pelo Protocolo para Julgamento com Perspectiva de Gênero do CNJ para fixar a verba devida pelo genitor alimentante.

No julgado, a juíza considerou a existência da divisão sexual do trabalho, que deveria ser levado em consideração todo o trabalho de cuidado diário exercido com exclusividade pela genitora, que era a detentora da guarda, no que diz respeito à casa (limpeza, lavanderia, compras de mercado) e ao filho (higiene, alimentação, cuidados com a saúde).

Ademais, em sua fundamentação discorreu que "historicamente, em nossa sociedade, atribui-se aos homens o trabalho produtivo e remunerado, enquanto às mulheres é relevado o trabalho interno denominado 'economia de cuidado', geralmente desvalorizado. Referida condição deve ser observada nos julgamentos efetuados pelos magistrados do país e é adotado por este juízo".

Concluiu reiterando que o TJSP já havia se pronunciado sobre o tema, conforme elencado anteriormente de que é "evidente que a genitora do menor também é responsável pelo seu sustento e já possui o difícil encargo de cuidar do infante sem a ajuda presencial do réu/ genitor, o que deve ser considerado na fixação da pensão alimentícia" TJSP, 7ª Câmara de Direito Privado, Apelação Cível 1002401-70.2019.8.26.0201, relator desembargador Miguel Brandi, j. 30.05.2023).

No mesmo sentido, ainda existem famílias em que acordam que a mulher permanecerá dedicando-se exclusivamente ao lar, família e afazeres domésticos e quando ocorre a dissolução do vínculo conjugal, deve haver o pagamento dos alimentos compensatórios, diante de todo esforço e tempo dispendido nessa dedicação integral.

---

19. Disponível em: https://www.jota.info/opiniao-e-analise/colunas/direito-dos-grupos-vulneraveis/alimentos-compensatorios-e-perspectiva-de-genero-uma-nova-interpretacao.
20. GOIÁS. Tribunal de Justiça de Goiás. Agravo de Instrumento 5118965-13.2023.8.09.0164. Rel. Des. Gilberto Marques Filho, 3ª Câmara Cível, j. 15.05.2023.
21. Disponível em: https://ibdfam.org.br/noticias/11576/TJMS+mant%C3%A9m+alimentos+compensat%-C3%B3rios+%C3%A0+idosa%2C+em+decis%C3%A3o+que+considerou+Protocolo+para+Julgamento+-com+Perspectiva+de+G%C3%AAnero.
22. PARANÁ. Tribunal de Justiça do Paraná. Agravo de Instrumento 0055203-23.2023.8.16.0000. 12ª Câmara Cível, Rel. Des. Eduardo Augusto Salomão Cambi, j. 13.11.2023 e Agravo de Instrumento 0005377-28.2023.8.16.0000, 12ª Câmara Cível, Rel. Juíza Substituta Sandra Bauermann, j. 15.12.2023.

Assim entendeu o Tribunal de Justiça do Estado do Mato Grosso do Sul,[23] levando em consideração todo o tempo exclusivo em que a mulher se dedicou aos afazeres domésticos, como um dos referenciais para fixação dos alimentos compensatórios e com base no Protocolo de Julgamento com Perspectiva de Gênero.

Conclui-se que se busca garantir um processo regido por imparcialidade e mais equidade, valorizando o trabalho exercido pela mulher ainda que não remunerado, como atividades domésticas, suporte emocional e todo valor imaterial ao contribuir com o sucesso financeiro do outro cônjuge e contribuição da própria família.

Hoje temos, inclusive, um banco de sentença e decisões[24] que aplicam o Protocolo para Julgamento com Perspectiva de gênero que tornou obrigatórias as diretrizes pelo Poder judiciário, na busca pela ampliação ao acesso à justiça.

O Protocolo com perspectiva de gênero é uma tendência nos tribunais que estão cada vez mais sensíveis ao capital invisível e a aplicabilidade em processos de família e sucessões interligados aos casos de alienação parental, alimentos, violência patrimonial, moral, psicológica, doméstica e familiar, abandono moral e material e partilhas de bens.

No que toca ao cenário de violência doméstica e familiar contra a mulher, a Lei 11.240/2006 representou um grande avanço, em que pese não tenha criado novos tipos penais, propiciou a releitura de tipos penais existentes, ao mesmo tempo em que asseguro, no âmbito do processo penal, um tratamento diferenciado e protetivo a mulher de modo a suprir as diferenças decorrentes do gênero (Delgado, 2016).

Embora o STJ ainda não tenha consolidado o entendimento sobre alimentos compensatórios no contexto da violência doméstica, há uma tendência de reconhecimento crescente de que o desequilíbrio econômico resultante de uma relação abusiva pode ser reparado por meio de medidas compensatórias.

Por fim, enquanto não se tem um posicionamento firmado sobre o tema, pode-se aplicar por analogia o artigo 22, inciso V, da Lei Maria da Penha, bem como o artigo 24 da Lei, para aplicabilidade das medidas protetivas, visando preservar a vítima, mulher. E mais, cabendo aos advogados familiaristas inovarem nos pleitos, utilizando a legislação existente e as interpretações amplas da jurisprudência sobre violência doméstica para buscar a aplicação desse instituto em casos concretos.

CONSIDERAÇÕES FINAIS

Foi possível observar que mesmo que os alimentos compensatórios não estejam expressamente previstos na nossa legislação, são aplicáveis no nosso ordenamento

---

23. MATO GROSSO DO SUL. Tribunal de Justiça do Mato Grosso do Sul. Agravo de Instrumento 1420812-68.2023.8.12.0000. 5ª Câmara Cível, Rel. Desa. Jaceguara Dantas da Silva, j. 18.12.2023.
24. Disponível em: https://www.cnj.jus.br/programas-e-acoes/protocolo-para-julgamento-com-perspectiva--de-genero/.

jurídico diante do acolhimento judicial de uma construção doutrinária exitosa e fundada em sólidos ordenamentos estrangeiros comparados.

Atualmente, existe um Projeto de Lei 48/2023 que tramita na Câmara dos Deputados que busca acrescentar os §§ 1º e 2º ao artigo 1.702 da Lei 10.046, de 10 de janeiro de 2002 (Código Civil), para prever a possibilidade de arbitramento de alimentos compensatórios na legislação.

Art. 1.702

§ 1º Serão devidos alimentos compensatórios quando couber ao caso concreto.

§ 2º Não será decretada prisão do devedor pelo inadimplemento de alimentos compensatórios.

Ocorre que, a referida alteração está até em descompasso coma a atualidade, uma vez que em julgamento realizado no mês de novembro de 2023, o STF decidiu que a separação judicial não é um pré-requisito para o divórcio, não subsistindo como figura autônoma em nossa legislação face à Emenda Constitucional 66/2010 (RE 1.167.478 – Tema 1.053 da repercussão geral).

De outro lado, o Anteprojeto de revisão e atualização do Código Civil elaborado por uma Comissão de Juristas e entregue ao Senado Federal em abril de 2024, dedicou um capítulo específico para tratar do tema dos alimentos compensatórios, sobre seu cabimento.

O artigo 1.709-A do Anteprojeto foi elaborado com a seguinte redação: "O cônjuge ou convivente cuja dissolução do casamento ou da união estável produza um desequilíbrio econômico que importe em uma queda brusca do seu padrão de vida, terá direito aos alimentos compensatórios que poderão ser por prazo determinado ou não, pagos em uma prestação única, ou mediante a entrega de bens particulares do devedor".

Já o artigo 1.709-B do Anteprojeto disciplina que: "O cônjuge ou convivente, cuja meação seja formada por bens que geram rendas, e que se encontrem sob a posse e a administração exclusiva do seu parceiro, poderá requerer que lhe sejam pagos mensalmente pelo outro consorte ou convivente, parte da renda líquida destes bens comuns, a título de alimentos compensatórios patrimoniais, e que serão devidos até a efetiva partilha dos bens comuns."

E por fim, o artigo 1.709-C disposto que "A falta de pagamento dos alimentos compensatórios não enseja a prisão civil do seu devedor".

Ademais, o próprio STJ e diversos tribunais reconhecem a aplicabilidade de fixação dos alimentos compensatórios em casos em que fique evidente o desequilíbrio econômico-financeiro e queda abrupta do padrão de vida decorrente da ruptura da sociedade conjugal, consoante REsp 129.0313.AL e diversos outros julgados elencados acima, bem como para fixação dos respectivos alimentos quando estamos diante de posse exclusiva de bens do casal pelo outro cônjuge, os chamados alimentos compensatórios humanitários e patrimoniais, respectivamente.

No que tange ao contexto de violência doméstica e familiar ainda não temos um posicionamento do STJ acerca da fixação dos alimentos compensatórios, no entanto, acredito que em breve teremos entendimento nesse sentido como medida reparatória as vítimas de violência doméstica e familiar, principalmente em casos envolvendo violência patrimonial no âmbito do divórcio e dissolução da união estável, na busca de proteger os seus direitos fundamentais e em razão de um desequilíbrio econômico resultante de uma relação abusiva pode ser reparado por meio de medidas compensatórias.

Por fim, quando constatados indícios de violência doméstica, que cresce exponencialmente, que os magistrados e os próprios operadores do direito possam intervir de maneira mais efetiva e rápida, pugnando e requerendo por medidas protetivas de urgência, pela fixação de alimentos compensatórios, diante do desequilíbrio econômico-financeiro evidente e também como medida reparatória, além de adotar o julgamento com perspectiva de gênero, na busca por uma igualdade entre os ex--cônjuges envolvidos.

REFERÊNCIAS

AGÊNCIA SENADO. *DataSenado aponta que 3 a cada 10 brasileiras já sofreram violência doméstica*. Disponível em: https://www12.senado.leg.br/noticias/materias/2023/11/21/datasenado-aponta-que--3-a-cada-10-brasileiras-ja-sofreram-violencia-domestica. Acesso em: 28 set. 2024.

BUENO, Samira et al. *Feminicídios em 2023*. São Paulo: Fórum Brasileiro de Segurança Pública, 2024. Disponível em: https://publicacoes.forumseguranca.org.br/items/77f6dcce-06b7-49c1-b227-fd-625d979c85. Acesso em: 28 set. 2024.

CNJ. *Protocolo para julgar com perspectiva de gênero*. Disponível em: https://www.cnj.jus.br/programas--e-acoes/protocolo-para-julgamento-com-perspectiva-de-genero/. Acesso em: 28 set. 2024.

CUNHA, Carolina. Feminicídio – Brasil é o 5º país em morte violentas de mulheres no mundo. Disponível em: https://vestibular.uol.com.br/resumo-das-disciplinas/atualidades/feminicidio-brasil-e-o-5-pais--em-morte-violentas-de-mulheres-no-mundo.htm. Acesso em: 28 set. 2024.

DELGADO, Mário Luiz. *A violência patrimonial contra a mulher nos litígios de família*. ano 2, n. 2, 1047-1072. 2016.

DIAS, Maria Berenice. *O afeto merece ser visto como uma realidade digna de tutela. A mulher no Código Civil*. Disponível em: https://berenicedias.com.br/a-mulher-no-codigo-civil/. Acesso em: 28 set. 2024.

DIAS, Maria Berenice. *Alimentos Compensatórios e Divisão dos frutos e rendimentos dos bens comuns*: não dá para confundir !

DIAS, Maria Berenice. *Manual de Direito das Famílias*. 10. ed. rev. atual e ampl. São Paulo: RT, 2015.

FARIAS, Cristiano Chaves de; ROSENVALD, Nelson. *Direito das Famílias*. Salvador: JusPodivm, 2012.

FÓRUM BRASILEIRO DE SEGURANÇA PÚBLICA. *Visível e Invisível*: a Vitimização de Mulheres no Brasil. Disponível em: https://fontesegura.forumseguranca.org.br/mais-de-18-milhoes-de-mulhe-res-sofreram-alguma-forma-de-violencia-em-2022-mostra-pesquisa-do-forum-brasileiro-de-se-guranca-publica/. Acesso em: 28 set. 2024.

GOIÁS. Tribunal de Justiça de Goiás. Agravo de Instrumento 5118965-13.2023.8.09.0164. Rel. Des. Gilberto Marques Filho, 3ª Câmara Cível, j. 15.05.2023.

HEEMANN, Thimotie Aragon. Alimentos compensatórios e perspectiva de gênero: uma nova interpretação. Disponível em: https://www.jota.info/opiniao-e-analise/colunas/direito-dos-grupos-vulneraveis/alimentos-compensatorios-e-perspectiva-de-genero-uma-nova-interpretacao. Acesso em: 28 set. 2024.

IBDFAM. *TJMS mantém alimentos compensatórios à idosa, em decisão que considerou Protocolo para Julgamento com Perspectiva de Gênero*. Disponível em: https://ibdfam.org.br/noticias/11576/TJMS+mant%C3%A9m+alimentos+compensat%C3%B3rios+%C3%A0+idosa%2C+em+decis%C3%A3o+-que+considerou+Protocolo+para+Julgamento+com+Perspectiva+de+G%C3%AAnero. Acesso em: 28 set. 2024.

MADALENO, Rolf. *Alimentos Compensatórios Patrimoniais e Humanitários*. 2. ed. Rio de Janeiro: Forense, 2024.

MADALENO, Rolf. Famílias e Sucessões. Decisão comentada – TJMG – alimentos compensatórios. *Revista IBDFAM*: v. 10, p. 116-117, Belo Horizonte: *IBDFAM*, jul./ago. 2015.

MADALENO, Rolf. *Responsabilidade civil na conjugalidade e alimentos compensatórios*. Disponível em: www.rolfmadaleno.com.br. Acesso em: 28 set. 2024.

MATO GROSSO DO SUL. Tribunal de Justiça do Mato Grosso do Sul. Agravo de Instrumento 1420812-68.2023.8.12.0000. 5ª Câmara Cível, Rel. Desa. Jaceguara Dantas da Silva, j. 18.12.2023.

PARANÁ. Tribunal de Justiça do Paraná. Agravo de Instrumento 0055203-23.2023.8.16.0000. 12ª Câmara Cível, Rel. Des. Eduardo Augusto Salomão Cambi, j. 13.11.2023 e Agravo de Instrumento 0005377-28.2023.8.16.0000, 12ª Câmara Cível, Rel. Juíza Substituta Sandra Bauermann, j. 15.12.2023.

PEREIRA, Rodrigo da Cunha, 2013. p. 190 apud ROSA, Conrado Paulino da. *Curso de direito de família contemporâneo*. Salvador: JusPodivm, 2016.

RÉGIS, Mário Luiz Delgado. A Violência Patrimonial Contra a Mulher nos Litígios de Família. *Revista Nacional de Direito de Família e Sucessões*, v. 2, n. 9, p. 5-23, São Paulo, nov./dez. 2015.

RIO GRANDE DO SUL. Tribunal de Justiça. Apelação Cível 588071712. Alimentos. Ação Revisional. Peculiar natureza compensatória da pensão em prol da mulher, considerando que o vultoso patrimônio rentável tocou ao varão. Ação improcedente. Sentença confirmada. 5ª Câmara Cível. Comarca de Porto Alegre. Apelante: Jarbas Daniel Giuliani. Apelado: Mirto Marise Borges da Cunha. Relator: Des. Sérgio Pilla da Silva. Porto Alegre, 04 de abril de 1989.

ROSA, Conrado Paulino da. *Curso de direito de família contemporâneo*. 3. ed. rev. e atual. Salvador: JusPodivm, 2017.

SALZER, Fernando. *Violência patrimonial e a concessão de medidas protetivas de urgência*. Disponível em: https://www.conjur.com.br/2022-set-09/fernando-salzer-violencia-patrimonial-medidas-protetivas/. Acesso em: 28 set. 2024.

TARTUCE, Flávio. Alimentos compensatórios. Possibilidade. *IBDFAM*, 16 abr. 2013.

TARTUCE, Flávio. *Direito Civil, Direito de Família*. 16. ed. Rio de Janeiro: GEN/Forense, 2021, v. 5, p. 672-673.

A COMPREENSÃO DO PROTOCOLO DE JULGAMENTO COM PERSPECTIVA DE GÊNERO COMO POLÍTICA PÚBLICA

Eloisa de Sousa Arruda

Doutora em Direito das Relações Sociais (PUC/SP). Mestre em Direito das Relações Sociais (PUC/SP). Especialização em Investigação e Provas no Processo Penal e Justiça Constitucional e Direitos Humanos pela "Universidad de Castilla y La Mancha" – Espanha. Professora de Direito Processual Penal da PUC/SP (graduação e pós-graduação). Professora nos cursos de especialização da ESMP/SP e da EPM/SP. Membro da Comunidade de Juristas da Língua Portuguesa (CJLP). Atuou como Promotora de Justiça, indicada pela ONU, no Tribunal Especial para Crimes Graves em Timor Leste (2001-2002).

Maria Domitila Prado Manssur

Mestranda em Direito Processual Penal (PUC/SP). Presidente do Fonavid – 2015 Juíza Coordenadora da Coordenadoria de Violência Doméstica, Familiar e de Gênero da EPM (2022 até a presente data). Juíza de Direito Integrante da Comissão Judiciária Interdisciplinar sobre o Tráfico de Pessoas do TJSP. Integrou o Grupo de Trabalho para elaboração do Protocolo de Julgamento com Perspectiva de Gênero, estabelecido pela Portaria CNJ 27/2021. Integrante do Grupo de Trabalho para elaboração de estudos e propostas visando ao combate à violência doméstica e familiar contra a mulher, estabelecido pela Portaria CNJ 259/2020. Integrante do Comitê de Acompanhamento e Capacitação sobre Julgamento com Perspectiva de Gênero (Portaria CNJ n. 239/2023). Juíza de Direito do TJSP.

As políticas públicas de segurança são direcionadas à prevenção e à repressão qualificada da violação dos direitos humanos, com respeito à igualdade e à dignidade da pessoa humana, erigidas a princípios de envergadura constitucional (artigos 5º, I, e 1º, III, CF), e, nesse diapasão, questiona-se como o sistema de justiça tem agido nos processos que envolvem mulheres vítimas, recorrentes, de toda a sorte de violências.

Estão sendo alcançados os objetivos da jurisdição e aplicados os princípios constitucionais de proteção e defesa dos direitos fundamentais?

O Poder Judiciário está concretizando políticas públicas concatenadas, de efeitos transformadores, assegurando a todos os cidadãos e cidadãs os direitos que lhes são, de forma abstrata e genérica, reconhecidos pelo ordenamento jurídico nacional?

A construção de políticas públicas com recorte de gênero, assim entendidas as que reconhecem a diferença de gênero e, com base nesse reconhecimento, implementam ações diferenciadas dirigidas às mulheres, desenha-se como indispensável à afirmação do Brasil como Estado Democrático de Direito integrante de comunidade internacional comprometida com o enfrentamento à violência de gênero, que não pode ser enxergada de forma destacada da episódica vulnerabilidade da mulher e tampouco das variadas formas de discriminação que a atingem.

Em sociedades movidas pela ideia de supremacia masculina, a discriminação contra a mulher é marcante e explica as ondas crescentes de violências,[1] nos segmentos públicos e privados, independentemente das classes sociais e dos graus de instrução dos envolvidos, ainda que marcadores sociais específicos acentuem a vulnerabilidade causada pela violência de gênero, a exemplo da raça.

A vulnerabilidade da mulher em situação de violência se apresenta como fundamento da Convenção sobre a Eliminação de Todas as Formas de Discriminação contra as Mulheres (CEDAW), da Convenção Interamericana para Prevenir, Punir e Erradicar a Violência contra a Mulher (Convenção de Belém do Pará) e de outras convenções e tratados internacionais ratificados pelo Brasil, que, ademais, possui arcabouço legislativo robusto de proteção e enfrentamento à violência contra a mulher, que não se limita à Lei Maria da Penha, ainda que tal diploma legal desponte, no panorama nacional (e internacional) como modelo na defesa dos direitos das mulheres.[2]

Longe de afirmar a mulher, genericamente, como pessoa vulnerável, e, por essa condição, merecedora de privilegiada atenção, deve ser reconhecido que, em situação de violência, tem direito a específico tratamento estatal, em razão da episódica vulnerabilidade, qualificada pelo gênero feminino, que lhe dificulta o amplo acesso à justiça, constitucionalmente garantido (artigo 5º, XXXV, CF).

A vulnerabilidade está associada à ideia de fraqueza e à impossibilidade de reação a ataques.

As pessoas vulneráveis podem ser atingidas, mais facilmente, por suas condições, não só de gênero, como geracionais, sociais, culturais, políticas, étnicas, econômicas, educacionais e de saúde, encontrando-se em situação de desigualdade em relação a outros grupos, e, por isso, desenha-se imprescindível a qualificada atuação estatal na tutela dos seus interesses e na proteção dos seus direitos, não se cogitando de afronta ao princípio da igualdade, c que, como já ventilado, está constitucionalmente estabelecido.

---

1. Bell Hooks, depois de afirmar concordância com ideia de Susan Schechter, autora de amplo estudo sobre o movimento das mulheres vítimas de espancamento ("Women and Male Violence"), de que a violência contra a mulher no seio familiar é expressão da dominação masculina, enfatiza que "todos os atos de violência que, nessa sociedade, ocorrem entre os poderosos e os desprovidos de poder, os dominantes e os dominados, estão inextricavelmente associados. Se a supremacia masculina encoraja o uso da força abusiva a fim de manter a dominação masculina sobre a mulher, é a ideia filosófica ocidental de regras hierárquicas e autoridade coercitiva que está na raiz da violência contra a mulher, da violência do adulto contra a criança, de toda a violência entre aqueles que dominam e são dominados. Esse sistema de crenças é a base sobre a qual a ideologia sexista e as outras ideologias de opressão de grupo estão apoiadas; elas só podem ser eliminadas se essa base for eliminada" (HOOKS, Bell, p. 175-176).

2. De acordo com Relatório da UNIFEM, "Progresso das Mulheres no mundo – 2008/2009", a Lei Maria da Penha e as legislações da Espanha e da Mongólia foram reconhecidas como as mais avançadas do mundo, levando-se em consideração o respeito aos seus direitos fundamentais e a observância às consequências do princípio da igualdade. Íntegra do documento Disponível em: http://www.unifem.org.br/sites/700/710/00000395.pdf. Acesso em: 22 ago. 2024.

Em oposição direta à vulnerabilidade se encontra a integridade, que se traduz como inteireza e ausência de lesão;[3] pessoa nessa condição relaciona-se com seus pares, dispensando específica tutela estatal para o exercício de seus direitos.

No ordenamento jurídico nacional e internacional há normas e regras que integram sistema global de garantias de direitos de pessoas e grupos vulneráveis, por específicas razões.

Reconhece-se, assim, a facilidade de vilipêndio de bens jurídicos sob a titularidade dessas pessoas, vulneráveis, que, por outro lado que enfrentam obstáculos para o exercício do direito de ação no intuito de protegê-los, permanecendo, não raras vezes, às margens do sistema de justiça.

Não só pela relação de intimidade, usualmente existente entre a vítima e o agressor, como pelas circunstâncias de subordinação e hierarquização e a discriminação social que se inter-relacionam na violência de gênero, o julgamento sem exteriorização de preconceitos e estereótipos e considerações depreciativas sobre o comportamento da vítima,[4] observada a não revitimização, constitui procedimento jurídico justo, em juízo oportuno, efetivo e acessível, característico do direito fundamental ao amplo acesso à justiça e que pode ser compreendido por julgamento com perspectiva de gênero.

Resolvido pela Convenção de Belém do Pará que "a violência contra a mulher constitui uma violação dos direitos humanos e das liberdades individuais", em reafirmação de que a mulher é titular de direitos humanos protegidos pela normativa internacional, a mesma convenção reconhece que "a violência contra a mulher constitui ofensa contra a dignidade humana e é manifestação das relações de poder historicamente desiguais entre mulheres e homens" e indica como dever dos Estados

---

3. Vulnerabilidade é palavra de origem latina que deriva de *vulnerabilis*. Demonstra a incapacidade ou a fragilidade de alguém, motivada por circunstâncias especiais, adjetivando-se a pessoa vulnerável como a que pode ser fisicamente ferida, ou, ainda, o sujeito que pode ser atacado, derrotado, prejudicado ou ferido. Em contrapartida, a palavra integridade, também de origem latina, deriva de *integritas*, entendida como a qualidade de ser inteiro. Demonstra inteireza e é característica do que se apresenta ileso, intato, que não foi atingido ou agredido (HOUAISS; Villar, 2015. Vulnerável; p. 980 e Integridade; p. 550).

4. Maria Teresa Féria de Almeida, ao refletir sobre a reprodução de preconceitos sexistas que conduzem à criação de estereótipos prejudiciais ao julgamento imparcial, menciona o estudo realizado por Lynn Schafran em 1986, "How Stereotypes About Women Influences Judges" que identificou os três estereótipos mais marcantes nas decisões judiciais, "Eve, Mary e Superwoman". "Maria", a mulher casta/doméstica, para quem a maternidade é a suprema realização, e inábil para tomar qualquer posição que implique autoridade sobre outras pessoas; "Eva", a eterna tentadora que leva os homens a prevaricar ou delinquir, e que é também agente da sua própria vitimização, designadamente nos crimes sexuais; e a "Supermulher", aquela que está no mercado de trabalho em plenas condições de igualdade salarial com seus colegas homens, e que dispõe, em consequência, de recursos próprios para, por si, se sustentar e aos seus filhos, sem necessidade, portanto, de qualquer ajuda, ou prestação econômica, por parte do pai daqueles. Na sequência, citando "O lugar do Direito na violência contra as mulheres nas relações de intimidade", escrito por Madalena Duarte, após entrevistas com magistrados e magistradas portugueses, as categorizações de Schafran foram adaptadas e as vítimas estereotipadas foram identificadas, inclusive em julgados do Supremo Tribunal de Justiça, permitindo concluir que, em solo judicial, as mulheres são efetivamente afetadas por uso de mitos, estereótipos e preconceitos que abalam, evidentemente, a imparcialidade inerente ao dever jurisdicional (ALMEIDA, 2017).

Partes empenho em "estabelecer procedimentos jurídicos justos e eficazes para a mulher que tenha sido submetida à violência" (art. 7º, "f").[5]

De outro vértice, a Recomendação Geral CEDAW 35 que, na sua introdução, realça o reconhecimento da proibição da violência de gênero contra mulheres como princípio de direito internacional consuetudinário, remete à obrigação geral dos Estados Partes, em nível judicial, de garantir procedimentos legais que, além de imparciais e justos, não sejam afetados por estereótipos de gênero ou interpretações discriminatórias (item III, 26, "c", com remissão aos artigos 2, "d", "f" e 5, "a", da Convenção).[6]

Dos excertos referidos, extrai-se que o dever de julgamento com perspectiva de gênero está alinhado com o critério da devida diligência ("due diligence"), compreendida, na sistemática do Direito Internacional dos Direitos Humanos como obrigação jurídica assumida pelos Estados Partes perante a comunidade internacional após processo de ratificação, de garantia ao amplo acesso à justiça, por meio de ações transparentes e eficazes.

Nessa quadra, o Conselho Nacional de Justiça instituiu, para a implementação das políticas nacionais estabelecidas pelas Resoluções CNJ 254 e 255, de 4 de setembro de 2018, relativas, respectivamente, ao Enfrentamento à Violência contra as Mulheres pelo Poder Judiciário e ao Incentivo à Participação Feminina no Poder Judiciário, pela Portaria CNJ 27, de 02.02.2021, Grupo de Trabalho, composto por magistrados e magistradas das Justiças Estadual, Federal, Trabalhista e Eleitoral, pesquisadoras e acadêmicas, com a incumbência de incumbido de elaborar o Protocolo de Julgamento com Perspectiva de Gênero, que traz em realce, no seu prefácio, reconhecimento de avanço

> na direção de reconhecer que a influência do patriarcado, do machismo, do sexismo, do racismo e da homofobia são transversais a todas as áreas do direito, não se restringindo à violência doméstica, e produzem efeitos na sua interpretação e aplicação, inclusive, nas áreas de direito penal, direito do trabalho, tributário, cível, previdenciário etc...[7]

---

5. Leila Linhares Barsted, com a sensibilidade e competência de quem coordena o comitê de peritas da Organização dos Estados Americanos (OEA) para avaliar o cumprimento da Convenção de Belém do Pará, segundo ela complementar à Convenção CEDAW, deixa claro que a sua aprovação foi decorrente de preocupação com a generalização da violência contra as mulheres, enfatizando que o reconhecimento e o respeito irrestrito a todos os direitos das mulheres são condições indispensáveis para uma sociedade mais justa, solidária e pacífica, Afirma a advogada e pesquisadora que a convenção mencionada se traduz no mais importante acordo internacional sobre a violência porque, em seus cinco capítulos, define a violência contra a mulher, declara os direitos protegidos e aponta os deveres dos Estados-parte, além de criar mecanismos interamericanos de proteção (BARSTED, 1994).

6. Recomendação Geral 35 sobre Violência de Gênero contra as Mulheres do Comitê para Eliminação de todas as formas de Discriminação contra a Mulher (CEDAW). Série tratados Internacionais de Direitos Humanos – CNJ Disponível em: https://www.cnj.jus.br/wpcontent/uploads/2019/09/769f84bb4f-9230f283050b7673aeb063.pdf. Acesso em: 22 ago. 2024.

7. Protocolo de Julgamento com Perspectiva de Gênero. Disponível em https://www.cnj.jus.br/wp-content/uploads/2021/10/protocolo-para-julgamento-com-perspectiva-de-genero-cnj-24-03-2022.pdf. Acesso em: 22 ago. 2024 (Prefácio).

O protocolo brasileiro enfatiza a necessidade do uso das lentes de gênero na interpretação do direito e, para tanto, traz conceitos, diretrizes de atuação, estudo de casos, questões práticas divididas por áreas, considerações teóricas sobre a questão da igualdade, bem como guia para que os julgamentos realizem o direito à igualdade e à não discriminação e que o exercício da função jurisdicional se dê de forma a concretizar um papel de não repetição de estereótipos e de não perpetuação de diferenças, em razão do gênero e reforçadas por marcadores sociais.[8]

Inspirado, principalmente, no *Protocolo para Juzgar con Perspectiva de Género*, concebido pelo governo do México,[9] após determinação da Corte Interamericana de Direitos Humanos (Corte IDH) no caso González e outras ("Campo Algodoeiro"),[10] o Protocolo de Julgamento com Perspectiva de Gênero foi lançado em outubro de 2021, pelo Conselho Nacional de Justiça, com aplicação recomendada pela Recomendação CNJ 128/2022, em 8 de fevereiro de 2022, sob a influência da sentença proferida pela Corte Interamericana de Direitos Humanos no caso Márcia Barbosa de Souza, vítima de feminicídio cometido, no ano 1998, pelo deputado estadual Aécio Pereira Lima, que faleceu antes do início de cumprimento da pena.

De acordo com a sentença proferida pelo tribunal interamericano, o Brasil violou o prazo razoável na investigação e na tramitação do processo penal, com violações aos direitos e garantias judiciais, violações à igualdade perante a lei e à proteção judicial, violações às obrigações de respeitar e garantir direitos sem discriminação e violações ao dever de atuar com a devida diligência para prevenir, investigar e sancionar a violência contra a mulher, e, assim foi recomendada, pelo tribunal interamericano, a adoção de mecanismos de não repetição, dentre eles, e, especificamente a que fundamentou a Recomendação CNJ 128/2022, o de continuar adotando todas as medidas necessárias para o cumprimento integral da Lei Maria da Penha e dispor de todas as medidas legislativas, administrativas e de políticas públicas para prevenir, investigar e punir a violência contra a mulher no Brasil.[11]

---

8. Na apresentação da Recomendação Geral 35 sobre violência de gênero contra as mulheres do comitê para eliminação de todas as formas de discriminação contra a mulher (CEDAW) Série Tratados Internacionais de Direitos Humanos, traduzida pelo Conselho Nacional de Justiça, o Ministro José Antonio Dias Toffolli, à época Presidente do colegiado, sobre a necessidade de ação do Estado enfatizou a necessidade de ações concretas, sobretudo educacionais, que viabilizem a proteção da mulher e impeçam que estereótipos sociais, políticos e econômicos sejam perpetuados. Em um quadro de exacerbada violência, a inação do Poder Público significaria conformar-se com um verdadeiro "estado de coisas inconstitucional", nos termos já reconhecidos na Arguição de Descumprimento de Direito Fundamental 347 MC-DF (Rel. Min. Marco Aurélio, 09.09.2015).

9. Como mencionado na Apresentação do protocolo brasileiro, mais especificamente no grupo de trabalho. países da América Latina, como México, Chile, Bolívia, Colômbia e Uruguai, mas o *Protocolo para Juzgar con Perspectiva de Género*. Disponível em: Protocolo para juzgar con perspectiva de género (scjn.gob.mx). Acesso em: 31 jul. 2023, foi o documento de inspiração principal do Grupo de Trabalho, que também consultou e compilou decisões de Cortes Regionais e Internacionais de Direitos Humanos que enfatizam a importância e a necessidade de se adotar protocolos oficiais de julgamentos com perspectiva de gênero.

10. Corte Interamericana de Direitos Humanos Caso González e outras ("Campo Algodoeiro") vs. México. Sentença de 16 de novembro de 2009 (exceção preliminar, mérito, reparações e custas). Disponível em: https://corteidh.or.cr/docs/casos/articulos/seriec_205_por.pdf.

11. Sentença CIDH Marcia Barbosa de Souza e outros *Versus* Brasil Disponível em: https://www.oas.org/pt/cidh/prensa/notas/2019/282.asp. Acesso em: 22 jun. 2022.

O Conselho Nacional de Justiça foi além, movido pelos princípios constitucionais da igualdade e da dignidade de pessoa humana (artigo 5º, II, CF e 1º, III, CF) e sob as luzes das convenções e tratados internacionais que integram o sistema de proteção das mulheres vítimas de violência de gênero e de discriminação racial, especialmente à CEDAW, à Convenção Interamericana para Prevenir, Punir e Erradicar a Violência contra a Mulher (Convenção de Belém do Pará) e à Convenção das Nações Unidas sobre a Eliminação de Todas as Formas de Discriminação Racial.

Por meio da Resolução CNJ 492, de 17 de março de 2023, o Conselho Nacional de Justiça estabeleceu para adoção de perspectiva de gênero nos julgamentos em todo o Poder Judiciário, as diretrizes do protocolo, tornando, assim, obrigatório o uso do documento nos procedimentos, nos atos e nas decisões judiciais, com realce à já mencionada sentença proferida pela Corte Interamericana de Direitos Humanos, no caso Márcia Barbosa de Souza e outros vs. Brasil, e, também, às decisões proferidas na ADPF 779, que decretou a inconstitucionalidade da legítima defesa da honra, na ADI 4424, que classificou como incondicionada a ação penal relativa à lesão corporal resultante de violência doméstica contra a mulher e na ADC 19, que declarou a constitucionalidade dos artigos 1º, 33 e 41 da Lei Maria da Penha.

Referido ato administrativo instituiu, outrossim, a obrigatoriedade de capacitação de magistrados e magistradas, relacionada a direitos humanos, gênero, raça e etnia, em perspectiva interseccional, criou o Comitê de Acompanhamento e Capacitação sobre Julgamento com Perspectiva de Gênero no Poder Judiciário e o Comitê de Incentivo.

Com a aplicação do protocolo de julgamento com perspectiva de gênero se pretende a compensação de desigualdade estrutural característica da sociedade brasileira, estabelecida em bases patriarcais e machistas, com vistas à "promoção do bem de todos e todas, sem preconceitos de origem, raça, sexo, cor, idade e quaisquer outras formas de discriminação, nos termos do art. 3º, IV, CF, mencionado ao início da resolução telada, que ademais, destaca a igualdade de gênero como "expressão da cidadania e da dignidade humana, princípios fundamentais da República Federativa do Brasil e valores do Estado Democrático de Direito".

O Protocolo de Julgamento com Perspectiva de Gênero é, inegavelmente, instrumento de garantia e efetivação dos direitos humanos das mulheres bem como de eliminação, do tecido social, das desigualdades históricas, sociais, culturais e políticas a que estão submetidas ao longo da história e que repercutem na produção e na aplicação do direito.

Nesse contexto, a neutralidade no julgamento, que pode se confundir com abstração, porque alheia à forma como essas desigualdades atuam nos episódios concretos, tem força bastante para perpetuar assimetrias e impedir a construção de direito emancipatório, em ação desigual e discriminatória, descortinando-se necessário o

JULGAMENTO COM PERSPECTIVA DE GÊNERO COMO POLÍTICA PÚBLICA **117**

desenvolvimento e o estabelecimento de cultura jurídica voltada ao reconhecimento e à aplicação dos direitos humanos das mulheres.[12]

Ganha relevância a reflexão ao se notar que a imparcialidade, garantia de justiça para as partes,[13] pode se confundir com neutralidade se desconsideradas as desigualdades estruturais responsáveis por manter mulheres em posição de subordinação social, em relação aos homens, anotados os marcadores sociais que agravam as discriminações e, via de consequência, as violências sofridas.[14]

E, sob tal ótica, o uso, não somente no julgamento, mas em todas as fases do processo, de lentes interpretativas que considerem as especificidades das mulheres, com atenção a todas as interseccionalidades que acentuam vulnerabilidades, na aplicação do Direito, não implica desconsideração da imparcialidade e justamente a sua afirmação, com comprometimento do magistrado e da magistrada ao princípio da integridade que deve orientar a sua conduta judicial.

A atividade jurisdicional pautada pelo princípio da integridade, qualificado pela convergência da lei, da moral social contemporânea e dos princípios fundamentais dos direitos humanos se alinha ao dever de julgamento com perspectiva de gênero, que tem por alvo afastar do discurso judiciário a desigualdade que atinge as vítimas de violência de gênero, decorrentes de tratamento diferenciado e hierarquizado, diminuir-lhes o sofrimento em solo judicial, e, reconhecer-lhes o direito à vida digna e livre de violência, por meio de decisão neutralizadora de relação assimétrica de poder constatada no caso concreto.

Consultado pelo grupo de trabalho na confecção do Protocolo de Julgamento com Perspectiva de Gênero, o "Handbook for the Judiciary on Effective Criminal Justice Responses to Gender-based Violence against Women and Girls", desenvolvido pela "United Nations Office on Drugs and Crime (UNODC)", para contribuir com o Poder Judiciário para lidar com os casos de violência contra mulheres e meninas em razão de gênero, estabelece como principais objetivos: 1. sensibilizar os magistrados e magistradas para reconhecer e superar a discriminação estrutural e promover a igualdade de gênero, 2. melhorar os padrões e comportamentos, o desempenho

---

12. A aplicação do Protocolo de Julgamento com Perspectiva de Gênero apresenta-se como caminho à igualdade de gênero e ao acesso à justiça para todos, Objetivos de Desenvolvimento Sustentável – ODS 5 e 16, e a sua edição demonstra comprometimento do Conselho Nacional de Justiça com a Agenda 2030 da Organização as Nações Unidas (ONU).

13. A imparcialidade do magistrado e da magistrada é pressuposto de validade do processo, de caráter universal, nos termos do artigo X, da Declaração Universal dos Direitos do Homem, assim vazado: "Todo ser humano tem direito, em plena igualdade, a uma justa e pública audiência por parte de um tribunal independente e imparcial, para decidir sobre seus direitos e deveres ou do fundamento de qualquer acusação criminal contra ele".

14. De acordo com as diretrizes do Protocolo de Julgamento com Perspectiva de Gênero, agir de forma supostamente neutra, nesse caso, acaba por desafiar o comando da imparcialidade. A aplicação de normas que perpetuam estereótipos e preconceitos, assim como a interpretação enviesada de normas supostamente neutras ou que geram impactos diferenciados entre os diversos segmentos da sociedade, acabam por reproduzir discriminação e violência, contrariando o princípio constitucional da igualdade e da não discriminação (p. 35).

judicial, o acesso à justiça para as vítimas de violência de gênero, 3. reduzir o risco de sua vitimização secundária, e, 4. estimular a promoção do compartilhamento de boas práticas introduzidas por tribunais criminais para ajudar a garantir que mulheres e meninas, como denunciantes, recebam proteção adequada e apoio durante o processo,estimulando ao julgamento com perspectiva de gênero.

Mencionado documento enuncia como "role" (papel) dos juízes a incorporação da perspectiva de gênero na decisão judicial, avaliando os fatos de acordo com entendimento cuidadoso da lei, livre de quaisquer preconceitos de gênero e estereótipos de gênero prejudiciais, o que não se aplica apenas à decisão em si, mas também ao processo pelo qual a decisão é tomada (p. 99).

O desenvolvimento de estratégias para incentivar não só o julgamento como a ação com perspectiva de gênero ambiêncial judicial se repete no manual, marcado pela preocupação com a repetição de condutas discriminatórias, especialmente estruturais, e revitimização, durante os procedimentos administrativos e judiciais.

O manual, em linhas gerais, busca sensibilizar o judiciário para reconhecer e superar a discriminação estrutural e promover a igualdade de gênero, melhorar os padrões e comportamentos dos juízes e melhorar o desempenho judicial, melhorar o acesso à justiça para as vítimas de violência de gênero e reduzir o risco de sua vitimização secundária; promover o compartilhamento de boas práticas introduzidas por tribunais criminais em todo o mundo para ajudar a garantir que mulheres e meninas, como denunciantes, recebam proteção adequada e apoio durante o processo de justiça criminal.[15]

No que diz respeito às respostas eficazes em casos criminais envolvendo violência de gênero contra mulheres e meninas, a incorporação da perspectiva de gênero na decisão judicial exige que os juízes avaliem os fatos de acordo com um entendimento cuidadoso da lei, livre de quaisquer preconceitos de gênero e estereótipos de gênero prejudiciais. Isso não se aplica apenas à decisão em si, mas também ao processo pelo qual a decisão é tomada.[16]

Ainda, o manual traz como exemplo de práticas institucionais eficazes para lidar com a violência de gênero contra mulheres e meninas, a promoção da igualdade de gênero no sistema judicial, amparada pelos Princípios de Conduta Judicial de

---

15. ...sensitive judiciary to recognize and overcome structural discrimination and promote gender equality, enhance standards and behaviours of judges and improve judicial performance improve access to justice for victims of gender-based violence and reduce the risk of their secondary victimization; promote the sharing of good practices introduced by criminal courts around the world to help ensure that women and girls, as complainants, receive adequate protection an support during the criminal justice process... Disponível em: https://www.unodc.org/pdf/criminal_justice/HB_for_the_Judiciary_on_Effective_Criminal_Justice_Women_and_Girls_E_ebook.pdf. Acesso em: 18 ago. 2022 (p. 2).

16. ... requires judges to assess the facts in accordance with a careful understanding of the law, free from any gender biases and harmful gender stereotyping. This not only applies to the decision itself but also to the process by which the decision is made (p. 99).

Bangalore,[17] que padronizam a integridade judiciária, informada pelos valores de independência, imparcialidade, integridade, idoneidade, igualdade, competência e diligência.

Os objetivos e as ações propostas pelo manual elaborado pelo UNODC permitem concluir que o julgamento com perspectiva de gênero se desenvolve por meio de ações concatenadas e complementa as formas tradicionais de aplicação do direito, podendo ser compreendido como método interpretativo realista do direito – e não abstrato – e que tem por objetivo identificar e neutralizar desigualdades e discriminações estruturais.

Se analisado sob os postulados éticos de Immanuel Kant, o julgamento com perspectiva de gênero se explica pelo direito à dignidade, e, também, pelas deletérias consequências que o processo pode causar à mulher vítima de violência de gênero, a justificar, outrossim, o alto valor probante das suas declarações, uma das diretrizes fundamentais do Protocolo de Julgamento com Perspectiva de Gênero.

O peso probatório diferenciado se legitima pela vulnerabilidade e hipossuficiência da ofendida na relação jurídica processual, qualificando-se a atividade jurisdicional, desenvolvida nesses moldes, como imparcial e de acordo com o aspecto material do princípio da igualdade.

De inquestionável importância, assim, o respeito ao espaço diferenciado e exclusivo existencial da mulher vítima de violência, em si mesma considerada, bem como à sua oitiva com perspectiva de gênero, em devido processo legal.

A propósito da dignidade humana e de seus elementos, André de Carvalho Ramos, pautado na filosofia kantiana, sustenta que:

> ...para Kant, tudo tem seu preço ou uma dignidade: aquilo que tem um preço é substituível e tem equivalente; já aquilo que não admite equivalente, possui uma dignidade. Assim, as coisas possuem preço; os indivíduos possuem dignidade. Nessa linha, a dignidade da pessoa humana consiste que cada indivíduo é um fim em si mesmo, com autonomia para se comportar de acordo com seu arbítrio, nunca um meio ou instrumento para a consecução de resultados, não possuindo preço.[18]

Ao concluir pelo direito do cidadão (e da cidadã) ao respeito recíproco, à proteção do Estado contra o "tratamento degradante" e a "discriminação odiosa", com fornecimento de "condições materiais mínimas de sobrevivência [...] não importando qualquer outra condição referente à nacionalidade, opção política, orientação sexual, credo...".[19] André de Carvalho Ramos fornece elementos para se afirmar o alinhamento do julgamento com perspectiva de gênero com a dignidade humana

---

17. ... all judges, both women and men judges have a role to play in addressing gender discrimination in courts. They have an obligation to ensure that the court offers equal access and equal protection to women and men. (p. 153).
18. Ramos, André de Carvalho. *Curso de direitos humanos*. 4. ed. São Paulo: Saraiva, 2017, p. 77.
19. Idem, ibidem.

(art. 1°, III, CF) e os demais direitos fundamentais que dela decorrem, especialmente o do devido processo legal (art. 5°, LIV, CF).

Soraia da Rosa Mendes, citada no Protocolo de Julgamento com Perspectiva de Gênero, ao enfrentar o tema produção e valoração da prova, diz que ofendida, no processo penal, vê-se silenciada pela impossibilidade de demonstrar que não consentiu com a violência e argumenta que

> na perspectiva exterior às experiências da vítima, há um evidente reducionismo processual penal que minimiza a violência sofrida pelo seu modo de operar a partir de construções dogmáticas só na aparência ancoradas no respeito a garantias fundamentais.

A autora realça a pouca credibilidade dada à palavra da mulher vítima, especialmente nos delitos contra a dignidade sexual, sobre ela recaindo o difícil ônus de provar a violência sofrida, acrescentando que

> a palavra da vítima é, sim, a principal prova nos delitos sexuais e, por tal razão, há de ser respeitada nos parâmetros da dignidade que a todos e todas devem ser garantidos desde o procedimento investigatório até o completo esgotamento do processo judicial.[20]

Faz parte do julgamento com perspectiva de gênero a alta valoração das declarações da mulher vítima de violência de gênero, não se cogitando de desequilíbrio processual; o peso probatório diferenciado se legitima pela vulnerabilidade e hipossuficiência da ofendida na relação jurídica processual, qualificando-se a atividade jurisdicional, desenvolvida nesses moldes, como imparcial e de acordo com o aspecto material do princípio da igualdade.[21]

Da relação assimétrica de poder entre homem e mulher, devido à supremacia masculina, não raras vezes deriva violência de gênero, e, constatado o desequilíbrio na relação processual, aplicam-se as diretrizes do Protocolo de Julgamento com Perspectiva de Gênero, como por exemplo a valia acentuada da palavra da mulher vítima, para a neutralização de desigualdades e discriminações estruturais.

Por todo o explicitado, ao se considerar que se repetem as violências contra a mulher, em razão do gênero, em afronta aos seus direitos humanos e liberdades fundamentais, como expressamente consignado no introito da Convenção de Belém do Pará, não se mostrando adequadamente cumprida a exigência de amplo acesso das mulheres ao sistema de justiça, o julgamento com perspectiva de gênero, determinado pela Resolução CNJ 492 de 17 de março de 2023, pode ser compreendido como

---

20. MENDES, Soraia Rosa. *Processo Penal Feminista*. São Paulo: Atlas. 2020. p. 95-97.

21. Acerca das três vertentes da concepção da igualdade, Flávia Piovesan discorre sobre a igualdade formal, reduzida à fórmula "todos são iguais perante a lei" (que, ao seu tempo, foi crucial para a abolição de privilégios); b) a igualdade material, correspondente ao ideal de justiça social e distributiva (igualdade orientada pelo critério socioeconômico); e c) igualdade material, correspondente ao ideal de justiça enquanto reconhecimento de identidades (igualdade orientada pelos critérios de gênero, orientação sexual, idade, raça, etnia e demais critérios), ajustando-se a última subdivisão ao objetivo almejado pelo julgamento com perspectiva de gênero e que garante efetivo e eficaz acesso das mulheres à justiça. *A proteção internacional dos direitos humanos das mulheres*; p. 73.

política de segurança pública por implementar ações qualificadas, com recorte de gênero, voltadas a garantir, imediatamente, o devido e justo processo legal, pautado pela igualdade e dignidade de pessoa humana, e, de forma mediata, extirpar do tecido social as discriminações e desigualdades sociais, visando estabelecer o Brasil como Estado Democrático de Direito, comprometido com sistema global de proteção das pessoas vulneráveis.

REFERÊNCIAS

ALMEIDA, Maria Teresa Féria de. *Julgar com uma perspectiva de género?* nov. 2017. Disponível em: http://julgar.pt/wp-content/uploads/2017/11/20171109-ARTIGO-JULGAR-Julgar-com-uma-perspetiva-de-g%C3%A9nero-TeresaF%C3%A9ria.pdf. Acesso em: 20 maio 2024.

BARSTED, Leila Linhares. Apresentação da Convenção Interamericana para prevenir, punir e erradicar a violência contra a mulher. *Convenção de Belém do Pará*, 1994. Disponível em: https://assets-institucional-ipg.sfo2.cdn.digitaloceanspaces.com/2009/08/instru_inter_belem_para.pdf. Acesso em: 20 maio 2022.

CONSELHO NACIONAL DE JUSTIÇA. *Recomendação Geral 35 sobre violência de gênero contra as mulheres do comitê para eliminação de todas as formas de discriminação contra a mulher (CEDAW)*. Brasília: CNJ, 2019. Disponível em: https://www.cnj.jus.br/wp-content/uploads/2019/09/769f84bb-4f9230f283050b7673aeb063.pdf. Acesso em: 20 maio 2022.

CONSELHO NACIONAL DE JUSTIÇA. *Protocolo de Julgamento com Perspectiva de Gênero de 2021*. Disponível em https://www.cnj.jus.br/wp-content/uploads/2021/10/protocolo-para-julgamento--com-perspectiva-de-genero-cnj-24-03-2022.pdf. Acesso em: 21 abr. 2024.

CORTE INTERAMERICANA DOS DIREITOS HUMANOS CIDH. *Sentença Marcia Barbosa de Souza e outros Versus Brasil*. Disponível em: https://www.oas.org/pt/cidh/prensa/notas/2019/282.asp. Acesso em: 22 jan. 2024.

CORTE INTERAMERICANA DE DIREITOS HUMANOS. Caso González e outras ("Campo Algodoeiro") vs. México, sentença de 16 de novembro de 2009 (exceção preliminar, mérito, reparações e custas). Disponível em: https://corteidh.or.cr/docs/casos/articulos/seriec_205_por.pdf. Acesso em: 20 set. 2024.

HOOKS, Bell. *Teoria feminista. Da margem ao centro*. Trad. Rainer Patriota. São Paulo: Perspectiva, 2019. Palavras negras.

HOUAISS, A.; Villar, M.S. *Pequeno dicionário Houaiss da língua portuguesa*. São Paulo: Moderna, 2015.

MENDES, Soraia da Rosa. *Processo penal feminista*. São Paulo: Atlas, 2020.

PIOVESAN, Flávia. *Direitos humanos e justiça internacional*: um estudo comparativo dos sistemas europeu, interamericano e africano. 7. ed. São Paulo: Saraiva, 2017.

PIOVESAN, Flávia. A proteção internacional dos direitos humanos das mulheres. *Revista da EMERJ*, Rio de Janeiro, v. 15, n. 57, Edição Especial, p. 70-89, jan.-mar. 2012. Disponível em: https://www.emerj.tjrj.jus.br/revistaemerj_online/edicoes/revista57/revista57_70.pdf. Acesso em: 20 maio 2022.

PROTOCOLO PARA JUZGAR CON PERSPECTIVA DE GÉNERO. Disponível em: Protocolo para juzgar con perspectiva de género (scjn.gob.mx). Acesso em: 31 jul. 2023.

RAMOS, André de Carvalho. *Curso de direitos humanos*. 4. ed. São Paulo: Saraiva, 2017.

UNIFEM – "Progresso das Mulheres no mundo – 2008/2009". Disponível em: http://www.unifem.org.br/sites/700/710/00000395.pdf. Acesso em: 5 out. 2024.

UNITED NATIONS OFFICE ON DRUGS AND CRIME. *Handbook for the judiciary on effective criminal justice responses to gender-based violence against women and girls*. Vienna: UNODC, 2019. Disponível em: https://www.unodc.org/pdf/criminal_justice/HB_for_the_Judiciary_on_Effective_Criminal_Justice_Women_and_Girls_E_ebook.pdf. Acesso em: 20 maio 2024.

política de segurança pública por instrumental ações qualificadas, com reforço de gênero voltadas a garantir, fundamentalmente, o devido e justo processo legal, pautado pela igualdade e dignidade de pessoas humanas e, de forma mediata, extirpando/afetando social as discriminações e desigualdades sociais, visando estabelecer o Brasil como Estado Democrático de Direito, cumprindo o fito com sistema global de proteção das pessoas vulneráveis.

REFERÊNCIAS

AS CORRELAÇÕES ENTRE
A LEI MARIA DA PENHA E A LEI HENRY BOREL

Fernando Cesar Ferreira Petrungaro

Mestre em Direitos e Garantias Fundamentais pela Faculdade de Direito de Vitória (ES). Pós-Graduado em Direito Penal e Processual Penal pela Fundação Escola Superior do Ministério Público (RS). Bacharel em Direito pela Universidade Federal do Estado do Rio de Janeiro (RJ). Promotor de Justiça do Estado do Espírito Santo.

Sumário: Introdução – 1. A violência doméstica e familiar – Conceito e forma de violação dos direitos humanos – 2. A violência contra a mulher e crianças e adolescentes – Inovações de direito penal e material – 3. Mecanismos de prevenção e enfrentamento à violência doméstica e familiar – Lei 14.344/22 – 4. As correlações entre as Leis Maria da Penha e Henry Borel – Conclusão – Referências.

INTRODUÇÃO

Nas determinações especiais de proteção contra a violência doméstica e familiar, ao menos desde 2006, com a Lei Maria da Penha – Lei 11.340 – implementou-se uma lacuna. A mencionada lei tem como destinatárias apenas as mulheres. Em que pese o inegável progresso que representou tal diploma legal, este deixou de contemplar em sua esfera de proteção outros grupos vulneráveis igualmente submetidos à violência doméstica e familiar.

A lacuna protetiva foi preenchida em 2022, ao entrar em vigor a Lei Henry Borel – Lei 14.344, em referência ao menino Henry Borel Medeiros de 4 (quatro) anos de idade que teve sua vida suprimida devido a uma laceração hepática e hemorragia interna provocadas por ação contundente, por ser espancado no apartamento em que residia com a mãe e o padrasto, no Estado do Rio de Janeiro em 2022 (Brigagão, 2022, p. 243).

O episódio trouxe forte comoção social, firmando-se um maior dinamismo ao processo legislativo, que trouxe à baila o presente diploma legal. E, por força do artigo 27 da mencionada lei, a data de 3 de maio, na qual se celebraria o aniversário da criança Henry Borel, passa ser o Dia Nacional de Combate à Violência Doméstica e Familiar contra a Criança e Adolescente.[1] A lei em comento, seguindo a tendência prevista na Lei 13.431/17,[2] traz uma mudança de paradigma no tratamento da vio-

---

1. Lei Henry Borel – Lei 14.344, artigo 27: Fica instituído, em todo o território nacional, o dia 3 de maio de cada ano como Dia Nacional de Combate à Violência Doméstica e Familiar contra a Criança e ao Adolescente, em homenagem ao menino Henry Borel (BRASIL, 2022, p. 12).

2. Lei que normatiza e organiza o sistema de garantia de direitos da criança e do adolescente vítima ou testemunha de violência e cria mecanismo de prevenir e coibir a violência, com base na doutrina da proteção integral. Integra as políticas de atendimento na área da justiça, segurança pública, saúde, assistência social e educação (BRASIL, 2017, p. 1).

lência contra criança e adolescente. A mencionada lei também estabeleceu que esse tipo de violência constituísse uma forma de violação dos direitos humanos (MPMG, 2022, p. 5).

Nesta esteira, a Lei Henry Borel modificou o Código Penal ao considerar o homicídio do tipo qualificado contra àqueles com idade abaixo de quatorze anos com pena de reclusão de quatorze a trinta anos, aumentada de 1/3 à metade se a vítima for deficiente ou apresentar alguma enfermidade que cause aumento de sua vulnerabilidade. Complementa Gisele Leite (2023, p. 2) que, a lei em comento, como especificação do sujeito de direito, constitui um marco na positivação de proteção de modo que seus dispositivos seguem os moldes do sistema já existente para as mulheres, a Lei Maria da Penha.

Com a Lei Henry Borel, o foco culturalmente unívoco da punição de infratores, se amplia, para o tratamento de grupos hipervulneráveis, ou seja, o âmbito de incidência da mencionada lei, empenha-se em reprimir a violência doméstica e familiar em face de criança e adolescente independentemente de sexo (Santos, 2022, p. 6). De acordo com Andreucci (2002, p. 1), com o novo diploma:

> (...) configura violência doméstica e familiar contra criança e adolescente qualquer ação ou omissão que lhe cause morte, lesão, sofrimento físico, sexual, psicológico ou dano patrimonial, no âmbito do domicílio ou da residência da criança e do adolescente, compreendida como o espaço de convívio permanente de pessoas, com ou sem vínculo familiar, inclusive as esporadicamente agregadas; no âmbito da família, compreendida como a comunidade formada por indivíduos que compõem a família natural, ampliada ou substituta, por laços naturais, por afinidade ou por vontade expressa; e em qualquer relação doméstica e familiar na qual o agressor conviva ou tenha convivido com a vítima, independentemente de coabitação.

A redação da Lei Maria da Penha foi ampla e suficiente para garantir tutela de vítimas de violência doméstica ou familiar, por razões de gênero, do sexo feminino; no entanto, os dispositivos de sua redação não contemplam que esse diploma legal fosse aplicado para tutelar os meninos, menores de 18 anos, vítimas de violência doméstica. A Lei Henry Borel é um marco na luta contra a violência infantil e juvenil, promoveu mudanças importantes no tratamento dispensado à violência doméstica e familiar contra crianças e adolescentes, inovando, entre outros, em temas afeto ao direito penal material e ao direito processual penal, com forte influência da Lei Maria da Penha.

Desta forma, no presente estudo, busca-se analisar a relação entre a Lei Henry Borel e a Lei Maria de Penha, identificando alterações promovidas mais relevantes.

1. A VIOLÊNCIA DOMÉSTICA E FAMILIAR – CONCEITO E FORMA DE VIOLAÇÃO DOS DIREITOS HUMANOS

Na década de 1980, enquanto os brasileiros celebravam algumas conquistas advindas do período transitório da ditadura para o processo democrático, o tema violência, memos que já vinha sendo causa de inquietação, foi sendo esquecido.

Fins dos anos 1980, com o término das ditaduras, deu-se início ao processo de re-democratização do Estado brasileiro. Apesar disso, mesmo com todas as garantias e direitos promulgados com a Constituição da República Federativa do Brasil de 1988, a redemocratização não foi acompanhada de medidas satisfatórias para diminuir o elevado índice de exclusão social, caracterizado pela carência de ações do poder público voltadas à população mais vulnerável e para o combate à discriminação racial, étnica e sexual (Pereira, 2017, p. 91).

Nos últimos anos da década de 1980, mesmo não sendo um fenômeno novo, o tema da violência passou a despertar nos debates públicos, na imprensa e nas abordagens acadêmicas, no que tange as suas causas e consequências (Pereira, 2017, p. 91; Minayo, 2006, p. 14).

A violência é um fenômeno completo e multifacetado, multicausal ou multi-fatorial, se configura como um grave problema mundial; é um fenômeno capaz de causar devastadas consequências na saúde dos sujeitos e na sociedade considerada uma pandemia, também considerada um fenômeno sócio-histórico e um problema de saúde pública por afetar a saúde individual e coletiva, e para sua prevenção e tratamento. Trata-se de um transgressão de direitos do outro, desencadeando desordens irreparáveis à saúde e a convivência em sociedade (Mascarenhas et al., 2017, p. 3764; Minayo, 2006, p. 14).

De origem latina, o vocábulo "violência", vem do latim *violentia*, tendo significado de violência, caráter violento ou bravio, força. O verbo *violare* se refere a infração ou violação profanar, transgredir. Os termos *violentia* e *violare* se referem ao prefixo "vis", que significa recurso de um corpo para exercer sua força, sem julgamento de valor, seria o uso da força não qualificada (Minayo, 2006, p. 13; Michaud, 2001, p. 9-13).

No entendimento de Irme Salete Bonamigo (2008, p. 205), configura-se a violência cuja denominação está naturalizada. O mesmo vocábulo é utilizado para se referir a diversas situações e a diferentes significados, configurando-se como um processo de generalização e homogeneização do fenômeno. Isto posto, incremento o filósofo francês Yves Michaud (2001, p. 11) o vocábulo violência pode ser considerado o efeito de uma ação anônima da qual todos os envolvidos se subtraem à responsabilidade pelo ato, como acontece no genocídio.

Acrescenta o autor que a violência também pode ser produzida de modo indireto, levando em consideração os avanços da tecnologia que podem ser utilizados para lhe dar causa; ainda pode ser distribuição de modo temporal, "podendo-se matar, deixar morrer de fome ou favorecer condições de subnutrição". Inclui-se ainda o ato de afastar um adversário ou proibi-lo da vida social, profissional e política (Michaud, 2001, p. 11).

No ano de 2002, a Organização Mundial da Saúde (OMS) se pronunciou pela primeira vez sobre a violência de forma mais incisiva do que a que vinha compreendido até então, quando apenas classificava as decorrências desse fenômeno ou realizava análises e preconizava esporádicas recomendações sobre o tema (Minayo, 2020, p. 22). Para isso a OMS anunciou o Relatório Mundial sobre Violência e Saúde, no qual define violência como sendo:

> [...] uso intencional da força física ou do poder real ou em ameaça, contra si próprio, contra outra pessoa, ou contra um grupo ou uma comunidade, que resulte ou tenha qualquer possibilidade de resultar em lesão, morte, dano psicológico, deficiência de desenvolvimento ou privação (Krug et al., 2002, p. 5).

Para o Ministério da Saúde, a violência "são ações realizadas por indivíduos, grupos, classes, nações que ocasionam danos físicos, emocionais e espirituais a si próprios e aos outros" (Brasil, 2001, p. 7). De acordo com Minayo (2006, p. 14), na consciência contemporânea, a violência dominante é a 'criminal' e 'delinquencial', sendo um tipo de fenômeno que nunca teve a tolerância social, uma vez que ele fere a moral fundamental das culturas de um modo geral.

Jean-Claude Chesnais (1981, p. 18) referenciando o termo no plural, distinguindo o imaginário social atual em três acepções conceituais de violência que contemplam o âmbito individual e o coletivo, tem-se: a física, a econômica e a moral e simbólica. A violência física, considerada o centro de tudo, atinge a integridade do corpo, podendo ser identificada nos casos violentos como homicídios, agressões, violações, torturas, roubos a mão armada. A econômica é aquela identificada com o desrespeito e apropriação, contra a vontade dos donos ou de forma agressiva, de algo de sua propriedade e de seus bens; por fim, a moral e simbólica, que se trata da dominação cultural, capaz de ofender a dignidade do outro, desrespeitando os seus direitos.

A violência se insere em um contexto de intensas desigualdades sociais e em um sistema de relações sociais desiguais (Pereira, 2017, p. 91), atingindo indiferentemente, todas as camadas da sociedade e grupos etários predominantemente, no ambiente doméstico ou intrafamiliar. A violência intrafamiliar se refere as formas de abuso nas relações entre os membros de uma família, se caracteriza pelo desequilíbrio de poder, predominante de uma relação de subordinação-dominação. É o tipo de violência praticada por algum membro familiar ou por pessoas que assumem função parental, ainda que sem laços consanguíneos, não se restringe ao ambiente físico da casa, podendo ocorrer também em locais públicos (Sferra; Redivo, 2023, p. 263).

Acrescentam os autores, Sferra e Redivo (2023, p. 263) que na violência doméstica é quando o ato acontece no espaço doméstico; universalmente é um termo utilizado para fazer menção à violência de gênero contra a mulher. Entre os termos "doméstica" e "intrafamiliar" existe uma sobreposição, comumente a doméstica, sendo compreendida como um subconjunto da violência intrafamiliar; seria um tipo peculiar de violência que acontece em um relacionamento íntimo no seio familiar; a intrafamiliar, abrange qualquer tipo de violência ocorrida entre membros da família, inobstante ao tipo de relacionamento.

Hodiernamente, a violência doméstica ou intrafamiliar vem atingindo sobremaneira mulheres e meninas, sendo produto das relações estabelecidas no ambiente doméstico. E, impiedosamente, com crueldade maior, atinge os mais vulneráveis, principalmente, crianças, mulheres, adolescentes, idosos e portadores de deficiência (Unicef, 2020, p. 1).

No entendimento que o legislador teve o denodo de ressalvar, no artigo 3º do texto constitucional que a violência combatida pela norma é uma das formas de violar os direitos humanos, cuja prevalência constitui um dos princípios da República, revisto no artigo. 4º, II, da Carta Magna de 1988, "devem prevalecer os direitos humanos – à vida, à verdade e ao acesso à justiça –, afastada a imunidade de jurisdição no caso".

No Brasil, em relação à responsabilização internacional, recorda-se o compromisso assumido ante a comunidade internacional de proteção e promoção dos direitos das crianças e adolescentes em documentos com a Convenção Internacional sobre Direitos da Criança e do Adolescente e a Convenção Americana de Direitos Humanos. Nos casos de grave violação de direitos humanos, a competência para o julgamento poderá ser deslocada para a Justiça Federal,[3] como menciona o artigo 109, V, c/c, § 5º da Constituição Federal (Muratore, 2023, p. 3).

A dignidade da pessoa humana encontra no ambiente familiar um solo protetivo. A família, na ordem constitucional, é onde se encontra bases para o desenvolvimento pessoal e social de cada partícipe, fortalecido por ideais solidaristas, pluralistas, democráticos e humanistas. O poder familiar deve ser exercido igualitariamente entre homem e mulher, independente da formação da entidade familiar escolhida.

2. A VIOLÊNCIA CONTRA A MULHER E CRIANÇAS E ADOLESCENTES – INOVAÇÕES DE DIREITO PENAL E MATERIAL

Para delinear o tema violência contra a mulher e crianças e adolescentes, inicia-se com o esclarecimento do impulso estatal pelos movimentos feministas em prol dos direitos das mulheres, que há muito o que ser alterado, em especial no que se refere à valorização feminina na sociedade.

Leis foram elaboradas dentro dos costumes de uma sociedade que, na Constituição Federal do Brasil, encontra-se configurada como lei fundamental de um país, trazendo em seu artigo 5º, a temática igualdade, corroborando que todos são iguais perante a lei, sem distinguir em qualquer natureza e, ainda afirma que homens e mulheres são iguais em direitos e obrigações. Para Paulo Bonavides (2011, p. 376), no amparo constitucional, o Princípio da Igualdade é aquele mais proeminente em relevância no Direito Constitucional dos dias atuais: é o direito-chave, o direito-guardião do Estado social.

---

3. Artigo 109, V, c/c, § 5º da Constituição Federal: "aos juízes federais compete processar e julgar os crimes previstos em tratado ou convenção internacional, quando, iniciada a execução no País, o resultado tenha ou devesse ter ocorrido no estrangeiro, ou reciprocamente" (BRASIL, 2003, p. 21).

Os instrumentos e mecanismos jurídicos concebidos pela legislação com o objetivo de cumprir o objetivo de reduzir a violência contra a mulher, tiveram a constitucionalidade questionada, visto que um importante parcela da doutrina e da jurisprudência, representavam uma afronta ao Princípio da Igualdade. No entendimento de Mello (2010, p. 9) o citado princípio conecta tanto o aplicador da lei como o legislador; não podendo assim, nivelar os indivíduos somente perante a norma posta, mas em sua edição o legislador deve conferir tratamento equânime às pessoas.

Não numerosos os debates acerca da constitucionalidade da Lei 11.340/2006 – Lei Maria da Penha – que, supostamente, estaria violando o Princípio da Igualdade, por dispensar tratamento diferenciado ao homem e à mulher. Considera-se que, por um lado, que por longos anos, a violência contra a mulher foi ignorada, e o assunto negligenciado pelos detentores do poder, estabelecendo-se um abismo de desigualdade entre o gênero masculino e o feminino, pretexto esse que considera a Lei Maria da Penha um instrumento de nivelamento.

A violência contra as mulheres é reconhecida como uma violação dos Direitos Humanos e continua a ser uma realidade em muitos países, incluindo o Brasil (2023, p. 4). Nessa toda, em 2006, com a Lei Maria da Penha, a violência doméstica passou a ser considerada crime, vindo a alterar o Código Penal, o Código Processual Penal e a Lei de Execução Penal, corroborando que "cabe a família, à sociedade e ao poder público criar condições necessárias para o efetivo exercício dos direitos enunciados no *caput* do artigo 3º da Lei" (Brasil, 2010, p. 10).

De acordo com Paulo Marco Ferreira Lima (2013, p. 60), a Lei Maria da Penha e a Lei de Feminicídio – Lei 13.140 são diplomas legislativos com relevância, pela representatividade na ascensão tendo como foco a proteção dos direitos das mulheres. A Lei Maria da Penha se aplica e atua nos acontecimentos que envolvem o ato de violência por parte daquele que tenha sido cônjuge ou que tenha tido ligação afetuosa, mesmo que não tenha coabitado ou convivido com a mulher. O objetivo é penalizar aquele que, por meio de um ato violento, tenta se manter dominar sobre o ser feminino (Morais; Leite, 2019, p. 44).

A Lei de Feminicídio altera o artigo 21 do Código Penal, prevendo o feminicídio[4] como uma ação pontuada como qualificadora do crime de homicídio e o artigo 1º da Lei dos Crimes Hediondos – Lei 8.072/1990 – incluiu o feminicídio no rol dos crimes hediondos (Morais; Leite, 2019, p. 44). O vocábulo "feminicídio" tem origem do inglês *femicide*, e atribuído a socióloga e feminista anglo-saxã, Diana Russel, que o empregou o termo pela primeira vez para conceituar o "assassinato de mulheres nas mãos de homens por serem mulheres (Ponce, 2011, p. 108).

---

4. Feminicídio é o homicídio cometido com base no gênero da vítima; é o assassinato de mulheres pelo fato de ser mulher. Condição esta prevista na Lei 13.104/15, que alterou o Código Penal e incluiu o feminicídio como qualificadora do crime de homicídio e o colocou na lista de crimes hediondos com penalidades mais altas.

No tocante da questão envolvendo a proteção de crianças e adolescentes contra a violência intrafamiliar, além do Estatuto da Criança e do Adolescente (ECA) – Lei 8.069/1990 – que norteia sobre a Doutrina da Proteção Integral e do Melhor Interesse da Criança, enumera os direitos fundamentais destes sujeitos ressalvando a prioridade absoluta com a qual estes direitos devem ser efetivados e garantidos, há leis que tratam mais especificamente nos casos de violência intrafamiliares que tem como vítimas crianças e adolescentes[5] (Morais; Leite, 2019, p. 45).

O legislador sinalizou a nomenclatura "Henry Borel" como apelido dado a lei motivado pelo crime que vitimou a criança Henry Borel Medeiros, de apenas 4 anos e 10 meses, que após conclusão das investigações, o Ministério Público do Estado do Rio de Janeiro denunciou a mãe e padrasto por tortura qualificada, homicídio triplamente qualificado, coação e fraude processual, sendo que a genitora foi também denunciada por falsidade ideológica (Lang, 2021, p. 1).

Com a promulgação da lei em tela, a prática de homicídio contra menores de 14 anos passou a ser acatado como crime hediondo, inafiançável, sem anistia, indulto ou graça. A contagem de prescrição se inicia quando a criança ou adolescente completar 18 anos. Se for iminente o risco à integridade física da criança ou adolescente, o agressor terá seu afastamento concedido pelo juiz, conforme artigo 16 da Lei Henry Borel. No decorrer do inquérito policial ou instrução criminal, poderá o agressor ser recolhido de modo preventivo, cabendo ao representante do agredido ser comunicado do recolhimento e da liberação do agressor, de acordo com a previsão mencionada no artigo 18 da citada lei.

É atribuído o dever de denunciar a violência a todo aquele que tenha ciência do que ocorreu, presencialmente ou não, em local público ou privado, sob pena de responder por omissão e se condenada cumprir pena de detenção de 6 meses a 3 anos, resguardando a possibilidade de o caso concreto apresentar agravante e majorar o período. De tal modo, o artigo 226, §§ 1º e 2º, dispõe que os crimes acometidos contra crianças e adolescentes, independentemente da pena prevista em lei, não caberá utilização da Lei 9.066/1995 ("Lei dos Juizados Cíveis e Criminais") bem como que as penas aplicáveis ou não podem ser fixadas em cesta básica, prestação pecuniária ou ser aplicada a substituição de pena para pagamento isolado de multa.

Nesta linha, o rol dos crimes hediondos sofreu ampliação com a Lei Henry Borel ao apresentar mecanismos de prevenção e enfrentamento da violência doméstica e familiar contra criança e adolescente. O artigo 1º da mencionada lei, destaca os dispositivos constitucionais em que se fundamentam as regras que vêm a lume, o artigo 226, § 8º da Constituição Federal do Brasil de 1988 bem como os tratados, convenções e acordos internacionais acerca da proteção à infância e juventude firmados pelo Brasil no âmbito internacional (Leite, 2023, p. 3). Destaca-se também

---

5. Considera-se criança a pessoa que contar com até 12 (doze) anos de idade incompletos e, adolescente, aquela que possuir entre 12 (doze) e 18 (dezoito) anos de idade, nos termos do artigo 2º, *caput*, do Estatuto da Criança e Adolescente (BRASIL, 1990, p. 1).

um complexo rol de garantias de direitos em prol das crianças e adolescentes, que se encontram na condição de vítimas ou testemunhas de violência.

A Lei Henry Borel estabelece um sistema inovador de garantia de direitos às crianças e adolescentes e às testemunhas de violência, como também alterou outros dispositivos legais, como o ECA, abrangendo programas para o fortalecimento da parentalidade positiva. A lei em comento trouxe nova aparência para o homicídio qualificado, com a qualificadora do inciso IX ao artigo 121 do Código Penal.[6]

Na esfera civil, as alterações se restringiram ao ECA, apresentando especialmente, atribuições inovadoras ao Conselho Tutelar e novas ações de prevenções, ressalvando o artigo 70-A, inciso XI, *in verbis*:

> XI – a capacitação permanente das Polícias Civil e Militar, da Guarda Municipal, do Corpo de Bombeiros, dos profissionais nas escolas, dos Conselhos Tutelares e dos profissionais pertencentes aos órgãos e às áreas referidos no inciso II deste caput, para que identifiquem situações em que crianças e adolescentes vivenciam violência e agressões no âmbito familiar ou institucional[7] (...)

Denota-se que, cabe aos profissionais que atuam nas escolas, em específico, identificar os casos de violência, na condição ainda que manter um constante contato com a classe violentada, cabendo agir com celeridade para cessar a progressão do ato violento eventualmente sofrida pelas crianças e adolescentes.

3. MECANISMOS DE PREVENÇÃO E ENFRENTAMENTO À VIOLÊNCIA DOMÉSTICA E FAMILIAR – LEI 14.344/22

O ato de violência cognominado doméstica e familiar contra crianças e adolescentes é declarada como uma das formas de violação dos direitos humanos. A Lei Henry Borel aplica-se à violência doméstica e familiar contra crianças e adolescentes e não qualquer tipo de violência que tenha sujeito passivo uma criança ou adolescente. O tipo de violência em tela está entre as violações dos direitos das crianças, é uma condição que se constitui uma ofensa a vários direitos infantojuvenis e coloca a criança em um patamar de maior sujeição a sofrer outras vulnerações aos seus direitos (Borges, 2023, p. 16). A moderna vitimologia, na explicação de Rogério Sanches Cunha e Thiago Pierobom de Ávila (2023, p. 46):

---

6. Cf. Base legal artigo 32 da Lei 14.344/22: O inciso I do *caput* do art. 1º da Lei 8.072, de 25 de julho de 1990 – Lei de Crimes Hediondos – passa a vigorar com seguinte redação: "Art. 1º I – homicídio (art. 121), quando praticado em atividade típica de grupo de extermínio, ainda que cometido por um só agente, e homicídio qualificado (art. 121, § 2º, incisos I, II, III, IV, V, VI, VII, VIII e IX); Art. 8º, 121, § 2º Homicídio contra menor de 14 (quatorze) anos; IX – contra menor de 14 (quatorze) anos:§ 2º-B. A pena do homicídio contra menor de 14 (quatorze) anos é aumentada de: I – 1/3 (um terço) até a metade se a vítima é pessoa com deficiência ou com doença que implique o aumento de sua vulnerabilidade; II – 2/3 (dois terços) se o autor é ascendente, padrasto ou madrasta, tio, irmão, cônjuge, companheiro, tutor, curador, preceptor ou empregador da vítima ou por qualquer outro título tiver autoridade sobre ela.
7. Incluído pela Lei 14.344, de 2022, vigência.

[...] reconhece a existência de um direito fundamental das vítimas de crimes à proteção eficiente pelo Estado, como derivação do dever de proteção dos direitos fundamentais – *Schutzpflicht* – e o reconhecimento de que a situação de ser vítima ou testemunha de crime é um contexto que expõe diversos direitos fundamentais a um risco acentuado de vulneração.

Ademais, a violência doméstica e familiar encontra-se descrita no artigo 2º, incisos I, II e III da Lei Henry Borel:

Art. 2º Configura violência doméstica e familiar contra a criança e o adolescente qualquer ação ou omissão que lhe cause morte, lesão, sofrimento físico, sexual, psicológico ou dano patrimonial:

I – no âmbito do domicílio ou da residência da criança e do adolescente, compreendida como o espaço de convívio permanente de pessoas, com ou sem vínculo familiar, inclusive as esporadicamente agregadas;

II – no âmbito da família, compreendida como a comunidade formada por indivíduos que compõem a família natural, ampliada ou substituta, por laços naturais, por afinidade ou por vontade expressa;

III – em qualquer relação doméstica e familiar na qual o agressor conviva ou tenha convivido com a vítima, independentemente de coabitação (Brasil, 2022a, p. 1).

Configura-se a violência doméstica e familiar como aquela cometida no âmbito doméstico, familiar ou de convivência anterior ou atual entre a vítima e agressor, a coabitação, independe. Em que pese a descrição de violência doméstica e familiar citada acima, também encontra nos conceitos anunciados pela Lei Maria da Penha. Contempla ainda o citado diploma, o impedimento da aplicabilidade de institutos despenalizadores oriundo da Lei dos Juizados Cíveis e Criminais.

Cumpre destacar que a proteção, conferida a Lei Henry Borel, não se aplica de modo isolado, em relação à violência doméstica ou familiar cometida em desfavor de crianças e adolescentes do sexo feminino, por razões de gênero, cabendo aplicar em conjunto o mencionado na Lei dos Juizados Cíveis e Criminais, as Leis Henry Borel, Maria da Penha e a do Depoimento – Lei 13.431/2017 (Martins, 2023, p. 2).

Nesta linha, de acordo com Cunha e Ávila (2023, p. 48-49), representa os casos de violência doméstica e familiar contra crianças e adolescentes do sexo feminino[8]; exemplificando-se com o caso de abuso sexual pelo padrasto ou da agressão física pelo companheiro da adolescente. Condição essa que traz à baila a cumulativa aplicação das três legislações: Lei Henry Borel, a Lei Maria da Penha e a Lei do Sistema de Garantias ou do Depoimento Especial (Lei 13.431/2017).

No caso de crianças ou adolescentes vítimas de violência de gênero, mas esta não for cometida no ambiente doméstico ou familiar, aplica-se a Lei do Depoimento. O citado diploma legal estende-se também nos casos de violência contra crianças e adolescentes que não seja configurado como violência de gênero ou doméstica e familiar. Nesse caso, representa caso de violência contra crianças e adolescentes,

---

8. Cf. o Supremo Tribunal Federal entende que a violência sexual contra crianças e adolescentes do sexo feminino é hipótese de aplicação da Lei Maria da Penha, bem como para os casos de maus tratos contra filha de 12 anos (PIEROBOM; ÁVILA, 2023, p. 50-51).

não de gênero, mas se configura violência doméstica e familiar. Seria a condição de abuso sexual contra adolescente, menina, praticado por homem desconhecido em via pública ou que a conheça, mas não faz parte do meio familiar. Caso assim, não se aplicam as leis Henry Borel e Maria da Penha, e sim a Lei do Depoimento.

Oportuno esclarecer que a violência doméstica e familiar contra crianças e adolescentes se constitui hodiernamente, conforme artigo 3º da Lei Henry Borel, como uma das formas de violação de direitos humanos.

4. AS CORRELAÇÕES ENTRE AS LEIS MARIA DA PENHA E HENRY BOREL

A Lei Maria da Penha criou mecanismos inovadores visando coibir a violência doméstica e familiar cometida em específico contra a mulher. O legislador, entre outros mecanismos, elencou nos termos dos artigos 22 e 23, da citada lei, um rol exemplificativo de medidas protetivas de urgência, que podem ser direcionadas à ofendida ou obrigar o agressor.

Nesse viés, desde que foi publicada a Lei Maria da Penha, identifica-se uma lacuna legislativa no ordenamento jurídico, vez que as regras especiais de proteção contra a violência doméstica e familiar eram destinadas à mulher, não incluía crianças e adolescentes do sexo masculino. Lembra-se que crianças e adolescentes ocupam uma posição de vulnerabilidade extrema, enquanto vítimas de violência desse tipo.

Com a semelhança em relação à vulnerabilidade, o legislador preocupou-se com o preenchimento da lacuna legislativa, elaborando a "Lei Henry Borel", com vários dispositivos de proteção mencionados na Lei Maria da Penha. Versa a Carta Magna de 1988, que crianças e adolescentes gozam de total proteção, que, de acordo com Pablo Stolze Gagliano e Rodolfo Pamplona Filho (2016, p. 102), visto que o artigo 227 do citado Diploma Constitucional prevê aos mesmos a plena proteção, cabendo aos pais e mães, ofertar às crianças e os adolescentes o acesso aos apropriados meios de promoção moral, espiritual e material aos viventes em seu meio.

O ECA reconhece a doutrina da proteção integral, como prevê o artigo 1º, "Esta lei dispõe sobre a proteção integral à criança e adolescente" (Brasil, 1990, p. 1). A adoção doutrinária inerente à proteção integral implica na viabilização de mecanismos de cunho jurídico em prol da tutela dos direitos da criança e do adolescente, considerada assim, "hiper dignificação da sua vida", como prelecionam Guilherme de Souza Nucci (2015, p. 16).

Mesmo não sendo observada uma identidade integral, as medidas protetivas de urgência prelecionadas na Lei Henry Borel apresentam semelhanças àquelas elencadas na Lei Maria da Penha. Entre as correspondências principais, cita-se a Seção II, do Capítulo IV, da Lei Henry Borel, que dispõe de duas espécies de medidas protetivas de urgência, as quais se dividem, como na Lei Maria da Penha, em medidas que obrigam o agressor e medidas em favor da vítima, como dispõem os incisos dos artigos 20 e 21.

No artigo 20 estão elencadas as medidas protetivas previstas:

Art. 20. Constatada a prática de violência doméstica e familiar contra a criança e o adolescente nos termos desta Lei, o juiz poderá determinar ao agressor, de imediato, em conjunto ou separadamente, a aplicação das seguintes medidas protetivas de urgência, entre outras:

I – a suspensão da posse ou a restrição do porte de armas, com comunicação ao órgão competente, nos termos da Lei 10.826, de 22 de dezembro de 2003;

II – o afastamento do lar, do domicílio ou do local de convivência com a vítima;

III – a proibição de aproximação da vítima, de seus familiares, das testemunhas e de noticiantes ou denunciantes, com a fixação do limite mínimo de distância entre estes e o agressor;

IV – a vedação de contato com a vítima, com seus familiares, com testemunhas e com noticiantes ou denunciantes, por qualquer meio de comunicação;

V – a proibição de frequentação de determinados lugares a fim de preservar a integridade física e psicológica da criança ou do adolescente, respeitadas as disposições da Lei 8.069, de 13 de julho de 1990 (Estatuto da Criança e do Adolescente);

VI – a restrição ou a suspensão de visitas à criança ou ao adolescente;

VII – a prestação de alimentos provisionais ou provisórios;

VIII – o comparecimento a programas de recuperação e reeducação;

IX – o acompanhamento psicossocial, por meio de atendimento individual e/ou em grupo de apoio.

§ 1º As medidas referidas neste artigo não impedem a aplicação de outras previstas na legislação em vigor, sempre que a segurança da vítima ou as circunstâncias o exigirem, e todas as medidas devem ser comunicadas ao Ministério Público.

§ 2º Na hipótese de aplicação da medida prevista no inciso I do *caput* deste artigo, encontrando-se o agressor nas condições referidas no art. 6º da Lei 10.826, de 22 de dezembro de 2003, o juiz comunicará ao respectivo órgão, corporação ou instituição as medidas protetivas de urgência concedidas e determinará a restrição do porte de armas, e o superior imediato do agressor ficará responsável pelo cumprimento da determinação judicial, sob pena de incorrer nos crimes de prevaricação ou de desobediência, conforme o caso.

§ 3º Para garantir a efetividade das medidas protetivas de urgência, poderá o juiz requisitar, a qualquer momento, auxílio da força policial.

O artigo 21 prevê as determinações do juiz:

Art. 21. Poderá o juiz, quando necessário, sem prejuízo de outras medidas, determinar:

I – a proibição do contato, por qualquer meio, entre a criança ou o adolescente vítima ou testemunha de violência e o agressor;

II – o afastamento do agressor da residência ou do local de convivência ou de coabitação;

III – a prisão preventiva do agressor, quando houver suficientes indícios de ameaça à criança ou ao adolescente vítima ou testemunha de violência;

IV – a inclusão da vítima e de sua família natural, ampliada ou substituta nos atendimentos a que têm direito nos órgãos de assistência social;

V – a inclusão da criança ou do adolescente, de familiar ou de noticiante ou denunciante em programa de proteção a vítimas ou a testemunhas;

VI – no caso da impossibilidade de afastamento do lar do agressor ou de prisão, a remessa do caso para o juízo competente, a fim de avaliar a necessidade de acolhimento familiar, institucional ou colação em família substituta;

VII – a realização da matrícula da criança ou do adolescente em instituição de educação mais próxima de seu domicílio ou do local de trabalho de seu responsável legal, ou sua transferência para instituição congênere, independentemente da existência de vaga.

§ 1º A autoridade policial poderá requisitar e o Conselho Tutelar requerer ao Ministério Público a propositura de ação cautelar de antecipação de produção de prova nas causas que envolvam violência contra a criança e o adolescente, observadas as disposições da Lei 13.431, de 4 de abril de 2017.

§ 2º O juiz poderá determinar a adoção de outras medidas cautelares previstas na legislação em vigor, sempre que as circunstâncias o exigirem, com vistas à manutenção da integridade ou da segurança da criança ou do adolescente, de seus familiares e de noticiante ou denunciante (Brasil, 2022, p. 12).

Em relação às mencionadas medidas protetivas, entende parte da doutrina que o legislador se equivocou quando inseriu no artigo 21 os incisos II e III. Nessa toada, explicam Cunha e Ávila (2023, p. 177) que o inciso II do artigo 21 é uma replicação do inciso II do artigo 20. O inciso III prevê a prisão preventiva do agressor como medida protetiva à vítima. Ressalva-se que esta é uma medida que obriga o agressor, mas a vítima não; corroborando o entendimento de que é admissível a decretação da prisão preventiva para casos envolvendo violência doméstica e familiar contra crianças e adolescentes, como uma hipótese autônoma prevista no artigo 313 do Código Processual Penal, onde preleciona ser necessária à medida de proteção da vítima, mesmo se não houver prévio descumprimento de medida protetiva de urgência.

O artigo 25 da Lei Henry Borel é uma reprodução do artigo 24-A da Lei Maria da Penha, incluído pela Lei 13.641/2018;[9] portanto, para as doutrinas e jurisprudências, a Lei Maria da Penha no que se refere ao crime, são *mutais mutandis*, aplicáveis ao crime da Lei Henry Borel (Muratore, 2023, p. 5).

As medidas protetivas elencadas na Lei Henry Borel é um rol exemplificativo, por força dos artigos 20, § 1º e 21, § 2º, da referida lei. O magistrado, por consequência, pode conceder outras medidas cautelares previstas na legislação em vigor, caso as circunstâncias o exigirem, com o escopo de garantir a manutenção da integridade ou da segurança da criança ou do adolescente, de seus entes familiares e daquele que comunicou o ocorrido ou o denunciante. Em arremate, torna-se possível a aplicação das medidas protetivas de urgência, anunciadas na Lei Maria da Penha aos casos de violência doméstica e familiar contra crianças ou adolescentes contemplando também vítimas do sexo masculino.

Em paralelo à Lei Maria da Penha, as medidas protetivas previstas neste diploma legal têm natureza civil, excetuadas as medidas aludidas nos três primeiros incisos do artigo 22, que apresentam natureza penal sendo aplicadas conforme disciplina

---

9. Antes da Lei 13.641/2018 a tipificação de conduta que violasse a medida protetiva, deferida por ordem judicial, entendia o Superior Tribunal de Justiça que o fato seria atípico. Esse entendimento fundamenta-se na possibilidade de imposição de multa ou decretação da prisão preventiva, sem ressalvar a responsabilização pelo crime, segundo artigo 359 ou 330 do Código Penal.

prevista no Código Processual Penal inerente às medidas cautelares. Nesse quesito, segue o entendimento do Supremo Tribunal de Justiça:

> Penal e processo penal. Recurso especial. Lei maria da penha. Medidas protetivas de urgência. Natureza jurídica. Tutela provisória cautelar. Caráter eminentemente penal (art. 22, I, II e III, da Lei 11.340/06). Restrição da liberdade de ir e vir do suposto agressor. Proteção à vida e à integridade física e psíquica da vítima. Possibilidade de decretação de prisão preventiva ao renitente. Aplicação do diploma processual penal à matéria (...)
>
> 2. As medidas protetivas de urgência têm natureza de tutela provisória cautelar, visto que são concedidas em caráter não definitivo, a título precário, e em sede de cognição sumária. Ademais, visam proteger a vida e a incolumidade física e psíquica da vítima, durante o curso do inquérito ou do processo, ante a ameaça de reiteração da prática delitiva pelo suposto agressor.
>
> 3. As medidas protetivas de urgência previstas nos incisos I, II e III do art. 22 da Lei Maria da Penha têm caráter eminentemente penal, porquanto restringem a liberdade de ir e vir do acusado, ao tempo em que tutelam os direitos fundamentais à vida e à integridade física e psíquica da vítima. E m caso de descumprimento das medidas anteriormente impostas, poderá o magistrado, a teor do estabelecido no art. 313, III, do Código de Processo Penal – CPP, decretar a prisão preventiva do suposto agressor, cuja necessidade de manutenção deverá ser periodicamente revista, nos termos do parágrafo único do art. 316 do diploma processual penal.
>
> 5. Portanto, as medidas protetivas de urgência previstas nos três primeiros incisos do art. 22 da Lei Maria da Penha têm natureza penal e a elas deve ser aplicada a disciplina do CPP atinente às cautelares, enquanto as demais medidas protetivas têm natureza cível (Brasil, 2022b, p. 1).

As medidas protetivas na Lei Henry Borel foram também adjetivadas pelo legislador como medidas de urgência, cabendo também ter natureza cível ou criminal, sendo assim, híbridas. Nesse viés, Alice Bianchini et al. (2022, p. 386-387) corroboram que as medidas cautelares inominadas, baseadas na garantia dos direitos fundamentais e como instrumento de combate à violência contra crianças e adolescentes, apresentam natureza satisfativa. Podendo ser de natureza cível e criminal, as medidas cautelares podem assumir, eventualmente, caráter cautelar incidental ou preparatória; possibilidade esta que não afasta aquelas em que o provimento é satisfativo. Por esse motivo, medidas de natureza híbrida, dispensam a eficácia prática da tutela principal.

Na esteira do raciocínio, explicam Cunha e Ávila (2023, p. 132), em relação à natureza jurídica, expressiva parte da corrente doutrinária entende que as medidas protetivas de urgência são de natureza jurídica de medidas cautelares criminais, o que aumenta a tese que a medida protetiva de urgência deve ser caracterizada como tutela cível de urgência. E, como a tutela civil de urgência é derivada do direito fundamental de proteção contra a violência, tendo como norte, o princípio da precaução.

De acordo com a Agência Senado (2022, p. 1), a Lei Henry Borel prevê mecanismo de proteção, com a possibilidade de decretar medidas protetivas de urgência, beneficiando crianças e adolescentes vítimas de violência doméstica ou familiar, como por exemplo: afastamento do lar e de qualquer contato com o infante, suspensão da posse de arma de fogo etc. Acrescenta Sannini Neto (2022, p. 1) nos moldes da Lei Maria da Penha, o diploma normativo legal "Henry Borel", nas hipóteses de risco atual ou iminente à vida ou à integridade física da criança ou do adolescente, autoriza o que o Delegado decrete o afastamento do agressor do lar, domicílio ou local de convivência com a vítima, desde que seja perpetrada a violência em município que não seja sede de comarca.

Destaca-se ainda que a Lei Henry Borel prevê que as medidas protetivas de urgência contra crianças e adolescentes vítimas de violência doméstica ou familiar, podem ser concedidas a requerimento do Delegado de Polícia, do Ministério Público, do Conselho Tutelar ou a pedido de pessoa que atue em favor destas vítimas (Sannini Neto, 2022, p. 1).

Em linhas gerais, as Leis Maria da Penha e Henry Borel permitem a determinação das medidas protetivas de urgência, sem aplicar o contraditório, previsto no artigo 282, § 3º do Código Processual Penal. Justifica-se tal condição visto que os diplomas em tela são subsumíveis às exceções anunciadas no próprio 282, § 3º do Código Processual Penal, ou seja, às situações de urgência ou perigo de ineficácia.

CONCLUSÃO

Em linhas gerais, o tema envolvendo a violência doméstica não se restringe a crianças, adolescentes, mulheres etc., considera-se o ato violento em si. A violência, em qualquer lugar no mundo, é uma só, de modo que guiado nas asserções que deram base à redação e publicação da "Lei Maria da Penha", o legislador o fez, ao elaborar a "Lei Henry Borel".

O diploma cognominado "Lei Maria da Penha" recebeu críticas devido à carência de regras protetivas especiais para atos de violência no ambiente doméstico e familiar contra outros sujeitos suscetíveis, de maneira especial as crianças e adolescentes. A abordagem do problema da violência doméstica e familiar limitada ao sexo sempre foi inconcluso, ou seja, reveladora de insuficiência protetiva.

Em diapasão, prevê a Lei Henry Borel, no mesmo padrão da Lei Maria da Penha, medidas protetivas de urgência às crianças e adolescentes vítimas de violência doméstica e familiar, só que não foca no sexo da vítima. A Lei Henry Borel segue com o rito análogo ao previsto na Lei Maria da Penha, configurando-se na "especificação do sujeito", ofertando tratamento especial para àqueles com maior vulnerabilidade. Por meio de Lei, Henry Borel desfruta de mecanismos de proteção, na condição de decretar medidas protetivas de urgência, beneficiando crianças e adolescentes vítimas de violência doméstica e familiar.

Dessemelhante ao conteúdo previsto na Lei Maria da Penha, a Henry Borel prevê que as medidas de proteção sejam incitadas pelo Ministério Público, pelo Delegado de Política, pelo Conselho Tutelar ou àquele com atuação a favor da criança e do adolescente.

Em comparação às medidas cautelares criminais, as protetivas de urgência podem ser concedidas independentemente da tipificação do crime cometido no ato de violência. Esta condição é importante, principalmente, para os atos de violência psicológica que não tenham imediata correspondência criminal, mas que seguramente constituem-se em ato jurídico ilícito, que gera uma obrigação de fazer ou não fazer pelo autor da violência, no sentido de abster-se de atos que aumentem o risco de reiteração da violência, bem como de fazer determinadas condutas que reduzam este risco.

Logo, ao especificar o sujeito de direito, a Lei Henry Borel objetivou dar, por lei, tratamento específico para sujeitos em condição de maior vulnerabilidade, incitando o princípio constitucional da igualdade. A citada lei constitui um marco na colmatação de uma lacuna de cunho protetivo, de modo que seus dispositivos se refletem aos ditames da Lei Maria da Penha. Com efeito, preencheu-se a celeuma no que se refere à possibilidade ou não de aplicar a Lei Maria da Penha de maneira análoga para os casos que envolvem crianças ou adolescentes do sexo masculino vítimas de violência doméstica ou familiar.

A Lei Henry Borel é mais vasta em relação aos apontamentos inerentes a incidência, por atingir os menores independentemente de sexo. Essa lei preconiza proteger e promover o bem-estar das crianças e adolescentes, responsabilizando os agressores e a criação de um ambiente familiar seguro para o seu pleno desenvolvimento.

REFERÊNCIAS

ANDREUCCI, Ricardo Antonio. Lei Henry Borel – primeiras impressões sobre a nova Lei 14.344/22. *Empório do Direito*. 2022. Disponível em: https://emporiododireito.com.br/leitura/lei-henry-borel--primeiras-impressoes-sobre-a-nova-lei-14-344-22. Acesso em: 5 nov. 2023.

AGÊNCIA SENADO. *Lei Henry Borel*: texto traz medidas protetivas para evitar novas agressões. 2022. Disponível em: https://www12.senado.leg.br/noticias/materias/2022/03/22/lei-henry-borel-texto--traz-medidas-protetivas-para-evitar-novas-agressoes. Acesso em: 26 dez. 2023.

BIANCHI, Alice et al. *Crimes contra crianças e adolescentes*. São Paulo: JusPodivm, 2022.

BONAMIGO, Irme Salete. Violências e contemporaneidade. *Revista Katálysis*, Florianópolis, v. 11, n. 2, p. 204-213, jul./dez. 2008.

BONAVIDES, Paulo. *Curso de direito constitucional*. 25. ed. São Paulo: Malheiros, 2011.

BORGES, Ana Beatriz Almeida. *A violência doméstica e familiar contra a criança e seus possíveis impactos na primeira infância*. 2023. Disponível em: //efaidnbmnnnibpcajpcglclefindmkaj/https://www.femperj.org.br/assets/files/A-VIOLNCIADOMSTICAEFAMILIARCONTRAACRIANAESEUSPOSSVEIS.pdf. Acesso em: 6 jan. 2024.

BRASIL. Lei 14.344, de 24 de maio de 2022. 2022a. Disponível em: https://www.planalto.gov.br/ccivil_03/_ato2019-2022/2022/lei/l14344.htm. Acesso em: 29 nov. 2023.

BRASIL. Superior Tribunal de Justiça. Recurso Especial 2.009.402/GO, relator Ministro Ribeiro Dantas, relator para acórdão Ministro Joel Ilan Paciornik, Quinta Turma, julgado em 08.11.2022, DJe de 18.11.2022. 2022b. Disponível em: https://www.jusbrasil.com.br/jurisprudencia/stj/1729211246. Acesso em: 3 jan. 2024.

BRASIL. Lei 13.431, de abril de 2017. 2017. Disponível em: https://www.planalto.gov.br/ccivil_03/_ato2015-2018/2017/lei/l13431.htm. Acesso em: 26 nov. 2023.

BRASIL. Lei Maria da Penha: Lei 11.340, de 7 de agosto de 2006, que dispõe sobre mecanismos para coibir a violência doméstica e familiar contra a mulher. – Brasília: Câmara dos Deputados, Edições Câmara, 2010.

BRASIL. Constituição da República Federativa do Brasil. 2003. Disponível em: https://www.planalto.gov.br/ccivil_03/constituicao/constituicao.htm. Acesso em: 5 dez. 2023.

BRASIL. Ministério da Saúde. Portaria GM/MS n. 737, de 16 de maio de 2001. Diário Oficial da União, n. 96. Seção 1e, 18 de maio de 2001. Disponível em: http://portal.saude.gov.br/portal/arquivos/pdf/portaria737.pdf. Acesso em: 26 dez. 2023.

BRASIL. Lei 8.069, de 13 de julho de 1990. 1990. Disponível em: https://www.planalto.gov.br/ccivil_03/leis/l8069.htm. Acesso em: 29 dez. 2023.

BRIGAGÃO, Paula Naves. Um primeiro olhar ao enquadramento normativo da Lei 14.344/22 (Lei Henry Borel) ao mundo dos fatos. *Direito em Movimento*, v. 20, n. 2, p. 242-266, Rio de Janeiro, 2022.

CHESNAIS, Jean-Claude. *Histoire de la Violence en Occident de 1800 à nos Jours*. Paris: Robert Laffont Éditor, 1981.

CUNHA, Rogério Sanches; ÁVILA, Thiago Pierobom de. *Violência doméstica e familiar contra crianças e adolescentes* – Lei Henry Borel: comentários à Lei 14.344/22 – artigo por artigo. 2. ed. São Paulo: JusPodivm, 2023.

GAGLIANO, Pablo Stolze; PAMPLONA FILHO, Rodolfo. *Novo curso de direito civil*. Vol. 6. Direito de família. 6. ed. rev. atual. de acordo com o novo CPC. São Paulo: Saraiva, 2016.

KRUG, Etienne G. et al. (Org.). *Relatório mundial sobre violência e saúde*. Geneva: Organização Mundial da Saúde, 2002.

LANG, Mariana. Caso Henry: MP do Rio denuncia Dr. Jairinho e Monique pela morte do menino. *Veja*. 2021. Disponível em: https://veja.abril.com.br/brasil/caso-henry-mp-do-rio-denuncia-dr-jairinho-e-monique-pela-morte-do-menino. Acesso em: 21 dez. 2023.

LEITE, Gisele. Considerações sobre a Lei Henry Borel. *Jornal Jurid*. 2023. Disponível em: https://www.jornaljurid.com.br/print/colunas/gisele-leite/consideracoes-sobre-a-lei-henry-borel-ou-lei-1443322. Acesso em: 5 nov. 2023.

LIMA, Paulo Marco Ferreira. *Violência contra a mulher*: o homicídio privilegiado e a violência doméstica. 2. ed. São Paulo: Atlas, 2013.

MARTINS, Marília Ferraz. *Violência doméstica e familiar contra a criança e adolescente*. 2023. Disponível em:://efaidnbmnnnibpcajpcglclefindmkaj/https://www.cnmp.mp.br/portal/images/cije/slides_marilia_violencia.pdf. Acesso em: 22 dez. 2023.

MASCARENHAS, Márcio Dênis Medeiros et al. *Ciência & Saúde Coletiva*, v. 22, n. 11, p. 3763-3771, Rio de Janeiro, 2017.

MELLO, Celso Antonio Bandeira de. *O conteúdo jurídico do princípio da igualdade*. 3. ed. São Paulo: Malheiros, 2010.

MICHAUD, Yves. *A violência*. Trad. L. Garcia. São Paulo: Ática, 2001.

MINAYO, Maria Cecília de Souza. Um fenômeno de causalidade complexa. *Violência e saúde*, p. 12-23. Rio de Janeiro: Fiocruz, 2006.

MINAYO, Maria Cecília de Souza. Conceitos, teorias e tipologias de violência: a violência faz mal à saúde. In: NJAINE, Kathie et al. (Org.). *Impactos da Violência na Saúde*. 4th ed. updat. Rio de Janeiro: Coordenação de Desenvolvimento Educacional e Educação a Distância da Escola Nacional de Saúde Pública Sergio Arouca, ENSP, Editora FIOCRUZ, 2020.

MPMG – Ministério Público de Minas Gerais. Primeiras impressões sobre a Lei 14.344/22: Lei Henry Borel. *Revista do Ministério Público do Estado de Minas Gerais*. 2022. Disponível em: efaidnbmnnnibpcajpcglclefindmkaj/https://www.mpmg.mp.br/data/files/Juridico%20Lei%20Henry%20Borel.pdf. Acesso em: 21 nov. 2023.

MORAIS, Ana Radig Denne Lobão; LEITE, Naiara Cristina Costa da Silva. A violência contra a mulher, a criança e do adolescente como causa da perda do poder familiar à luz da Lei 13.715/2018. *Revista de Direito de Família e Sucessão*, v. 5, n. 2, p. 38-55, Belém, jul./dez. 2019.

MURATORI, Ana Carolina Pettersen Godinho. *Inovações penais e processuais penais da Lei Henry Borel.* 2023. Disponível em: //efaidnbmnnnibpcajpcglclefindmkaj/https://www.femperj.org.br/assets/files/INOVAES-PENAISEPROCESSUAISPENAISDALEIHENRYBOREL.pdf. Acesso em: 2 jan. 2024.

NUCCI, Guilherme de Souza. *Estatuto da Criança e do Adolescente comentado*: em busca da Constituição Federal das Crianças e dos Adolescentes. 2. ed. Rio de Janeiro: Forense, 2015.

PEREIRA, Joselma Gomes. Globalização, exclusão e violência: a situação de vulnerabilidade social de jovens envolvidos com o crime. In: PREUSSLER, Gustavo de Souza (Org.). *Para além da globalização e dos direitos humanos.* Curitiba: Íthala, 2017.

PONCE, M.G.R. Mesa de trabalhos sobre femicídio/feminicídio. In: CHIAROTTI, S.(Ed.). *Contribuições ao debate sobre a tipificação penal do femicídio/feminicídio.* Lima: CLADEM, 2011.

SANNINI NETO, Francisco. Lei Henry Borel cria novos mecanismos de proteção contra violência doméstica. *Consultor Jurídico.* 2022. Disponível em: https://www.conjur.com.br/2022-jun-03/sannini-neto-lei-henry-borel-mecanismos-protecao/. Acesso em: 2 jan. 2024.

SFERRA, Danielly Tavares Bueno; REDIVO, Heloisa. Lei Henry Borel: mudanças, efetividade e aplicabilidade da legislação. *Ciências Sociais Aplicadas em Revista*, Paraná, v. 25, n. 45, p. 261-287, edição especial, Paraná, 2023.

TELES, Maria Amélia de Almeida; MELO, Mônica de. *O que é violência contra a mulher.* São Paulo: Brasiliense, 2003. Coleção Primeiros Passos.

UNICEF – Fundos das Nações Unidas para a Infância. *Crianças e adolescentes estão mais expostos à violência doméstica durante pandemia.* 2020. Disponível em: https://www.unicef.org/brazil/comunicados-de--imprensa/criancas-e-adolescentes-estao-mais-expostos-a-violencia-domestica-durante-pandemia. Acesso em: 2 dez. 2023.

O RITO PARA APURAÇÃO DE INDÍCIOS DE VIOLÊNCIA DOMÉSTICA E FAMILIAR NAS VARAS DE FAMÍLIA: AS INOVAÇÕES TRAZIDAS PELA LEI FEDERAL 14.713/2023

Fernando Salzer e Silva

Especialista em direito de família pela FMP/RS, capacitado em alienação parental pela PUC/RJ. Procurador do Estado de Minas Gerais e membro do IBDFAM.

Sumário: Introdução – 1. Das formas de violência doméstica e familiar contra crianças e adolescentes – 2. O impacto da inovação processual trazida pela Lei Federal 14.713/2023 no rito das ações de família – Considerações finais – Referências.

INTRODUÇÃO

A Lei Federal 14.713/2023, ao introduzir o artigo 699-A ao Código de Processo Civil, buscou aperfeiçoar o rito das ações de família que versam sobre interesses de crianças ou adolescentes, notadamente em relação aos processos que tenham por objeto discussão envolvendo o exercício do poder familiar, guarda de filhos, arranjo de convivência ou visitação, impondo à autoridade judicial, em cada caso concreto, o dever de indagar previamente o Ministério Público e as partes se há risco de violência doméstica ou familiar, envolvendo o filho ou qualquer dos genitores, fixando o prazo de 5 (cinco) dias para a apresentação de eventuais provas ou de indícios pertinentes.

A seguir, serão analisados os possíveis impactos da referida inovação legislativa no rito processual das ações de família, sob a perspectiva da proteção prioritária e integral, do superior interesse das pessoas crianças e adolescentes, assim como à luz da jurisprudência do Superior Tribunal de Justiça.

1. DAS FORMAS DE VIOLÊNCIA DOMÉSTICA E FAMILIAR CONTRA CRIANÇAS E ADOLESCENTES

A Constituição Federal de 1988, em seu artigo 226, § 8º,[1] determina que o Estado deverá criar mecanismos para coibir a violência no âmbito das relações familiares, complementando, em seu artigo 227, *caput*,[2] que é dever da família, da sociedade e

---

1. Constituição Federal de 1988. Art. 226. A família, base da sociedade, tem especial proteção do Estado. (...). § 8º O Estado assegurará a assistência à família na pessoa de cada um dos que a integram, criando mecanismos para coibir a violência no âmbito de suas relações.
2. Constituição Federal de 1988. Art. 227. É dever da família, da sociedade e do Estado assegurar à criança, ao adolescente e ao jovem, com absoluta prioridade, o direito à vida, à saúde, à alimentação, à educação,

do Estado, colocar as pessoas crianças e adolescentes a salvo de toda forma de negligência, discriminação, exploração, violência, crueldade e opressão.

Interessante notar que a atual Constituição Federal menciona a palavra "violência" em quatro oportunidades, sendo que três delas aparecem em seu Capítulo VII, cujo título é "Da Família, Da Criança, Do Adolescente e Do Idoso". Tal fato revela a importância que o ordenamento constitucional vigente outorga à prevenção e ao combate à violência intrafamiliar.

Em julho de 1990, buscando dar efetividade às normas constitucionais, foi publicada a Lei Federal 8.069, que dispõe sobre a proteção integral à criança e ao adolescente,[3] reforçando que nenhum desses cidadãos hipervulneráveis deverá ser objeto de qualquer forma de negligência, discriminação, exploração, violência, crueldade e opressão,[4] sendo dever de todos prevenir a ocorrência de ameaça ou violação dos direitos da criança e do adolescente,[5] tal qual velar pela dignidade de tais pessoas, pondo-os a salvo de qualquer tratamento desumano, violento, aterrorizante, vexatório ou constrangedor.[6]

No mesmo ano de 1990, através do Decreto 99.710, o Brasil promulgou a Convenção sobre os Direitos da Criança, que em seu artigo 19, entre outros, traz o seguinte mandamento:

> Os Estados Partes adotarão todas as medidas legislativas, administrativas, sociais e educacionais apropriadas para proteger a criança contra todas as formas de violência física ou mental, abuso ou tratamento negligente, maus tratos ou exploração, inclusive abuso sexual, enquanto a criança estiver sob a custódia dos pais, do representante legal ou de qualquer outra pessoa responsável por ela.

Buscando fortalecer a plena proteção[7] e os cuidados que devem ser destinados aos filhos crianças e adolescentes, em 2008, através da Lei Federal 11.698, foi introduzida no Brasil a guarda compartilhada, que, posteriormente, com o advento da

---

ao lazer, à profissionalização, à cultura, à dignidade, ao respeito, à liberdade e à convivência familiar e comunitária, além de colocá-los a salvo de toda forma de negligência, discriminação, exploração, violência, crueldade e opressão.

3. Lei Federal 8.069/1990. Art. 1º Esta Lei dispõe sobre a proteção integral à criança e ao adolescente.

4. Lei Federal 8.069/1990. Art. 5º Nenhuma criança ou adolescente será objeto de qualquer forma de negligência, discriminação, exploração, violência, crueldade e opressão, punido na forma da lei qualquer atentado, por ação ou omissão, aos seus direitos fundamentais.

5. Lei Federal 8.069/1990. Art. 70. É dever de todos prevenir a ocorrência de ameaça ou violação dos direitos da criança e do adolescente.

6. Lei Federal 8.069/1990. Art. 18. É dever de todos velar pela dignidade da criança e do adolescente, pondo-os a salvo de qualquer tratamento desumano, violento, aterrorizante, vexatório ou constrangedor.

7. A guarda compartilhada busca a plena proteção do melhor interesse dos filhos, pois reflete, com muito mais acuidade, a realidade da organização social atual que caminha para o fim das rígidas divisões de papéis sociais definidas pelo gênero dos pais (STJ. REsp n. 1.428.596/RS, relatora Ministra Nancy Andrighi, Terceira Turma, julgado em 03.06.2014, DJe de 25.06.2014).

Lei Federal 13.058/2014, se tornou a regra legal, conforme pacífico entendimento do Superior Tribunal de Justiça.[8-9]

Atualmente, quando a legislação fala de guarda de filhos, na verdade está se referindo à aptidão para o exercício do pleno poder familiar, capacidade essa que goza de presunção legal,[10-11] no que diz respeito às mães e pais que figuram no respectivo registro de nascimento da criança ou do adolescente.[12]

Passando a guarda compartilhada a ser a regra, devido à presunção legal de aptidão de pais e mães para o pleno exercício do poder familiar, a guarda unilateral, hoje, se revela uma excepcional medida específica de proteção, sempre em favor das crianças e adolescentes, nunca podendo ser encarada como um prêmio, um troféu a ser disputado pelos genitores.

Retomando o histórico evolutivo, em 2014, reforçando o microssistema de prevenção e repressão à violência contra crianças e adolescentes, através da Lei Federal 13.010, apelidada de Lei menino Bernardo, foi introduzido na Lei Federal 8.069/1990, o artigo 18-A, prevendo que todas as pessoas crianças e adolescentes têm o direito de serem educados e cuidados sem o uso de castigo físico ou de tratamento cruel ou degradante, como formas de correção, disciplina, educação ou qualquer outro pretexto.[13]

Mais à frente, no ano de 2017, foi publicada a Lei Federal 13.431, que estabeleceu o sistema de garantia de direitos da criança e do adolescente vítima ou testemunha de violência, elencando, nos incisos de seu artigo 4º,[14] de maneira exemplificativa, as

---

8. Esta Corte Superior tem por premissa que a guarda compartilhada é a regra e um ideal a ser buscado em prol do bem-estar dos filhos. Prevalência do princípio do melhor interesse da criança e do adolescente, previsto no art. 227 da CF (REsp 1.838.271/SP, relator Ministro Paulo de Tarso Sanseverino, Terceira Turma, julgado em 27.04.2021, DJe de 25.06.2021).

9. Após a edição da Lei 13.058/2014, a regra no ordenamento jurídico pátrio passou a ser a adoção da guarda compartilhada, ainda que haja discordância entre o pai e a mãe em relação à guarda do filho, permitindo-se, assim, uma participação mais ativa de ambos os pais na criação dos filhos. (STJ. REsp 1.773.290/MT, relator Ministro Marco Aurélio Bellizze, Terceira Turma, julgado em 21.05.2019, DJe de 24.05.2019).

10. Lei Federal 10.406/2002. Art. 1.630. Os filhos estão sujeitos ao poder familiar, enquanto menores.

11. Lei Federal 8.069/1990. Art. 21. O poder familiar será exercido, em igualdade de condições, pelo pai e pela mãe, na forma do que dispuser a legislação civil, assegurado a qualquer deles o direito de, em caso de discordância, recorrer à autoridade judiciária competente para a solução da divergência.

12. Lei Federal 8.069/1990. Art. 163. (...). Parágrafo único. A sentença que decretar a perda ou a suspensão do poder familiar será averbada à margem do registro de nascimento da criança ou do adolescente.

13. Lei Federal 8.069/1990. Art. 18-A. A criança e o adolescente têm o direito de ser educados e cuidados sem o uso de castigo físico ou de tratamento cruel ou degradante, como formas de correção, disciplina, educação ou qualquer outro pretexto, pelos pais, pelos integrantes da família ampliada, pelos responsáveis, pelos agentes públicos executores de medidas socioeducativas ou por qualquer pessoa encarregada de cuidar deles, tratá-los, educá-los ou protegê-los.

14. Lei Federal 13.431/2017. Art. 4º Para os efeitos desta Lei, sem prejuízo da tipificação das condutas criminosas, são formas de violência: I – violência física, entendida como a ação infligida à criança ou ao adolescente que ofenda sua integridade ou saúde corporal ou que lhe cause sofrimento físico; II – violência psicológica: a) qualquer conduta de discriminação, depreciação ou desrespeito em relação à criança ou ao adolescente mediante ameaça, constrangimento, humilhação, manipulação, isolamento, agressão verbal e xingamento, ridicularização, indiferença, exploração ou intimidação sistemática (*bullying*) que possa comprometer seu desenvolvimento psíquico ou emocional; b) o ato de alienação parental, assim entendido como a interferência na formação psicológica da criança ou do adolescente, promovida ou induzida por um dos genitores,

seguintes formas de violência em relação aos cidadãos com idade inferior a dezoito anos: violência física, violência psicológica, violência sexual, violência institucional e violência patrimonial, sendo que essa última forma de violência foi incluída pela Lei Federal 14.344/2022.

A Lei Federal 14.431/2017 foi regulamentada pelo Decreto 9.603/2018, que reforçou, em seu artigo 2º, face ao fato de crianças e adolescentes serem sujeitos de direito e pessoas em condição peculiar de desenvolvimento, que tais cidadão devem receber intervenção precoce, mínima e urgente das autoridades competentes, tão logo a situação de perigo seja conhecida.[15]

---

pelos avós ou por quem os tenha sob sua autoridade, guarda ou vigilância, que leve ao repúdio de genitor ou que cause prejuízo ao estabelecimento ou à manutenção de vínculo com este; c) qualquer conduta que exponha a criança ou o adolescente, direta ou indiretamente, a crime violento contra membro de sua família ou de sua rede de apoio, independentemente do ambiente em que cometido, particularmente quando isto a torna testemunha; III – violência sexual, entendida como qualquer conduta que constranja a criança ou o adolescente a praticar ou presenciar conjunção carnal ou qualquer outro ato libidinoso, inclusive exposição do corpo em foto ou vídeo por meio eletrônico ou não, que compreenda: a) abuso sexual, entendido como toda ação que se utiliza da criança ou do adolescente para fins sexuais, seja conjunção carnal ou outro ato libidinoso, realizado de modo presencial ou por meio eletrônico, para estimulação sexual do agente ou de terceiro; b) exploração sexual comercial, entendida como o uso da criança ou do adolescente em atividade sexual em troca de remuneração ou qualquer outra forma de compensação, de forma independente ou sob patrocínio, apoio ou incentivo de terceiro, seja de modo presencial ou por meio eletrônico; c) tráfico de pessoas, entendido como o recrutamento, o transporte, a transferência, o alojamento ou o acolhimento da criança ou do adolescente, dentro do território nacional ou para o estrangeiro, com o fim de exploração sexual, mediante ameaça, uso de força ou outra forma de coação, rapto, fraude, engano, abuso de autoridade, aproveitamento de situação de vulnerabilidade ou entrega ou aceitação de pagamento, entre os casos previstos na legislação; IV – violência institucional, entendida como a praticada por instituição pública ou conveniada, inclusive quando gerar revitimização. V – violência patrimonial, entendida como qualquer conduta que configure retenção, subtração, destruição parcial ou total de seus documentos pessoais, bens, valores e direitos ou recursos econômicos, incluídos os destinados a satisfazer suas necessidades, desde que a medida não se enquadre como educacional (Incluído pela Lei 14.344, de 2022).

15. Decreto 9.603/2018. Art. 2º Este Decreto será regido pelos seguintes princípios: I – a criança e o adolescente são sujeitos de direito e pessoas em condição peculiar de desenvolvimento e gozam de proteção integral, conforme o disposto no art. 1º da Lei 8.069, de 13 de julho de 1990 – Estatuto da Criança e do Adolescente; II – a criança e o adolescente devem receber proteção integral quando os seus direitos forem violados ou ameaçados; III – a criança e o adolescente têm o direito de ter seus melhores interesses avaliados e considerados nas ações ou nas decisões que lhe dizem respeito, resguardada a sua integridade física e psicológica; IV – em relação às medidas adotadas pelo Poder Público, a criança e o adolescente têm preferência: a) em receber proteção e socorro em quaisquer circunstâncias; b) em receber atendimento em serviços públicos ou de relevância pública; c) na formulação e na execução das políticas sociais públicas; e d) na destinação privilegiada de recursos públicos para a proteção de seus direitos; V – a criança e o adolescente devem receber intervenção precoce, mínima e urgente das autoridades competentes tão logo a situação de perigo seja conhecida; VI – a criança e o adolescente têm assegurado o direito de exprimir suas opiniões livremente nos assuntos que lhes digam respeito, inclusive nos procedimentos administrativos e jurídicos, consideradas a sua idade e a sua maturidade, garantido o direito de permanecer em silêncio; VII – a criança e o adolescente têm o direito de não serem discriminados em função de raça, cor, sexo, idioma, crença, opinião política ou de outra natureza, origem nacional ou regional, étnica ou social, posição econômica, deficiência, nascimento ou outra condição, de seus pais ou de seus responsáveis legais; VIII – a criança e o adolescente devem ter sua dignidade individual, suas necessidades, seus interesses e sua privacidade respeitados e protegidos, incluída a inviolabilidade da integridade física, psíquica e moral e a preservação da imagem, da identidade, da autonomia, dos valores, das ideias, das crenças, dos espaços e dos objetos pessoais; e IX – a criança e o adolescente têm direito de serem consultados acerca de sua preferência em serem atendido por profissional do mesmo gênero.

Robustecendo os mecanismos de proteção às crianças e adolescentes, a Lei Federal 13.715/2018, alterando o Código Penal,[16] o ECA[17] e o Código Civil,[18] passou a prever que a condenação por crime doloso sujeito à pena de reclusão, cometido contra outrem igualmente titular do mesmo poder familiar ou contra filho, filha ou outro descendente, revela incapacidade para o exercício do poder familiar, ocasionando a perda do direito de exercer tal múnus.

A partir da vigência da Lei Federal 14.344/2022, conhecida como Lei Henry Borel, a violência doméstica e familiar contra crianças e adolescentes formalmente foi declarada como uma das formas de violação dos direitos humanos.[19] Tal lei também tornou conduta criminosa a atitude de deixar de comunicar à autoridade pública a prática de violência, de tratamento cruel ou degradante ou de formas violentas de educação, correção ou disciplina contra criança ou adolescente ou o abandono de incapaz.[20]

Por fim, a Lei Federal 14.713/2023, dando nova redação ao § 2º, do artigo 1.584 do Código Civil, declarou que é impeditivo para a implementação ou continuidade do compartilhamento da guarda de criança ou adolescente, por configurar inaptidão para o exercício do pleno poder familiar, a existência de elementos que evidenciem a probabilidade de risco de violência doméstica ou familiar.[21]

---

16. Decreto-Lei 2.848/1940. Art. 92. São também efeitos da condenação: (...). II – a incapacidade para o exercício do poder familiar, da tutela ou da curatela nos crimes dolosos sujeitos à pena de reclusão cometidos contra outrem igualmente titular do mesmo poder familiar, contra filho, filha ou outro descendente ou contra tutelado ou curatelado (Redação dada pela Lei 13.715, de 2018).

17. Lei Federal 8.069/1990. Art. 23. A falta ou a carência de recursos materiais não constitui motivo suficiente para a perda ou a suspensão do poder familiar. (...). § 2º A condenação criminal do pai ou da mãe não implicará a destituição do poder familiar, exceto na hipótese de condenação por crime doloso sujeito à pena de reclusão contra outrem igualmente titular do mesmo poder familiar ou contra filho, filha ou outro descendente (Redação dada pela Lei 13.715, de 2018).

18. Lei Federal 10.406/2002. Art. 1.638. Perderá por ato judicial o poder familiar o pai ou a mãe que: (...). Parágrafo único. Perderá também por ato judicial o poder familiar aquele que: (Incluído pela Lei 13.715, de 2018) I – praticar contra outrem igualmente titular do mesmo poder familiar: (Incluído pela Lei 13.715, de 2018) a) homicídio, feminicídio ou lesão corporal de natureza grave ou seguida de morte, quando se tratar de crime doloso envolvendo violência doméstica e familiar ou menosprezo ou discriminação à condição de mulher; (Incluído pela Lei 13.715, de 2018) b) estupro ou outro crime contra a dignidade sexual sujeito à pena de reclusão; (Incluído pela Lei 13.715, de 2018) II – praticar contra filho, filha ou outro descendente: (Incluído pela Lei 13.715, de 2018) a) homicídio, feminicídio ou lesão corporal de natureza grave ou seguida de morte, quando se tratar de crime doloso envolvendo violência doméstica e familiar ou menosprezo ou discriminação à condição de mulher; (Incluído pela Lei 13.715, de 2018) b) estupro, estupro de vulnerável ou outro crime contra a dignidade sexual sujeito à pena de reclusão (Incluído pela Lei 13.715, de 2018).

19. Lei Federal 14.344/2022. Art. 3º A violência doméstica e familiar contra a criança e o adolescente constitui uma das formas de violação dos direitos humanos.

20. Lei Federal 14.344/2022. Art. 26. Deixar de comunicar à autoridade pública a prática de violência, de tratamento cruel ou degradante ou de formas violentas de educação, correção ou disciplina contra criança ou adolescente ou o abandono de incapaz: Pena: detenção, de 6 (seis) meses a 3 (três) anos. § 1º A pena é aumentada de metade, se da omissão resulta lesão corporal de natureza grave, e triplicada, se resulta morte. § 2º Aplica-se a pena em dobro se o crime é praticado por ascendente, parente consanguíneo até terceiro grau, responsável legal, tutor, guardião, padrasto ou madrasta da vítima.

21. Lei Federal 10.406/2002. Art. 1.584. A guarda, unilateral ou compartilhada, poderá ser: (...). § 2º Quando não houver acordo entre a mãe e o pai quanto à guarda do filho, encontrando-se ambos os genitores aptos a exercer o poder familiar, será aplicada a guarda compartilhada, salvo se um dos genitores declarar ao magis-

2. O IMPACTO DA INOVAÇÃO PROCESSUAL TRAZIDA PELA LEI FEDERAL 14.713/2023 NO RITO DAS AÇÕES DE FAMÍLIA

A já mencionada Lei Federal 14.713/2023, além de declarar como impeditivo para a implementação ou continuidade do compartilhamento da guarda de criança ou adolescente, a existência de elementos que evidenciem a probabilidade de risco de violência doméstica ou familiar, também acrescentou à Lei Federal 13.105/2015, Código de Processo Civil, o art. 699-A, determinando que:

> Art. 699-A. Nas ações de guarda, antes de iniciada a audiência de mediação e conciliação de que trata o art. 695 deste Código, o juiz indagará às partes e ao Ministério Público se há risco de violência doméstica ou familiar, fixando o prazo de 5 (cinco) dias para a apresentação de prova ou de indícios pertinentes.

Para melhor compreensão da inovação processual trazida pelo art. 699-A do Código de Processo Civil, oportuno se revela uma análise dos demais dispositivos legais que tratam da aplicação de medidas específicas de proteção às crianças e aos adolescentes.

A Lei Federal 8.069/1990, em seu artigo 100, *caput*, recomenda que, preferencialmente, as medidas de proteção concedidas em favor de crianças e adolescentes devem levar em conta as necessidades pedagógicas presentes no caso concreto, preferindo-se aquelas que favoreçam a manutenção e o fortalecimento dos vínculos familiares e comunitários.

Nos incisos, do parágrafo único, do citado art. 100[22] da Lei Federal 8.069/1990, são elencados os princípios processuais que devem reger a aplicação de tais medidas

---

trado que não deseja a guarda da criança ou do adolescente ou quando houver elementos que evidenciem a probabilidade de risco de violência doméstica ou familiar (Redação dada pela Lei 14.713, de 2023).

22. Lei Federal 8.069/1990. Art. 100. Na aplicação das medidas levar-se-ão em conta as necessidades pedagógicas, preferindo-se aquelas que visem ao fortalecimento dos vínculos familiares e comunitários. Parágrafo único. São também princípios que regem a aplicação das medidas: (Incluído pela Lei 12.010, de 2009) I – condição da criança e do adolescente como sujeitos de direitos: crianças e adolescentes são os titulares dos direitos previstos nesta e em outras Leis, bem como na Constituição Federal; (Incluído pela Lei 12.010, de 2009) II – proteção integral e prioritária: a interpretação e aplicação de toda e qualquer norma contida nesta Lei deve ser voltada à proteção integral e prioritária dos direitos de que crianças e adolescentes são titulares; (Incluído pela Lei 12.010, de 2009) III – responsabilidade primária e solidária do poder público: a plena efetivação dos direitos assegurados a crianças e a adolescentes por esta Lei e pela Constituição Federal, salvo nos casos por esta expressamente ressalvados, é de responsabilidade primária e solidária das 3 (três) esferas de governo, sem prejuízo da municipalização do atendimento e da possibilidade da execução de programas por entidades não governamentais; (Incluído pela Lei 12.010, de 2009) IV – interesse superior da criança e do adolescente: a intervenção deve atender prioritariamente aos interesses e direitos da criança e do adolescente, sem prejuízo da consideração que for devida a outros interesses legítimos no âmbito da pluralidade dos interesses presentes no caso concreto; (Incluído pela Lei 12.010, de 2009) V – privacidade: a promoção dos direitos e proteção da criança e do adolescente deve ser efetuada no respeito pela intimidade, direito à imagem e reserva da sua vida privada; (Incluído pela Lei 12.010, de 2009) VI – intervenção precoce: a intervenção das autoridades competentes deve ser efetuada logo que a situação de perigo seja conhecida; (Incluído pela Lei 12.010, de 2009) VII – intervenção mínima: a intervenção deve ser exercida exclusivamente pelas autoridades e instituições cuja ação seja indispensável à efetiva promoção dos direitos e à proteção da criança e do adolescente; (Incluído pela Lei 12.010, de 2009) VIII – proporcionalidade

de proteção, especificamente: condição da criança e do adolescente como sujeitos de direitos, proteção integral e prioritária, responsabilidade primária e solidária do poder público, interesse superior da criança e do adolescente, privacidade, intervenção precoce, intervenção mínima, proporcionalidade e atualidade, responsabilidade parental, prevalência da família, obrigatoriedade da informação e oitiva obrigatória e participação.

Conforme preceituam os princípios processuais protetivos constantes no Estatuto da Criança e do Adolescente, a intervenção judicial, com arrimo no artigo 699-A do Código de Processo Civil, também deverá buscar, em cada caso concreto, resguardar, prioritariamente, o superior interesse das crianças e adolescentes, buscando dar efetividade ao constitucional direito à convivência familiar, em ambientes saudáveis, que garantam o desenvolvimento integral de tais cidadãos hipervulneráveis.[23]

A respeito da necessidade de prevalência do superior interesse das crianças e adolescentes nas ações de família que versarem sobre poder familiar, guarda e arranjo de convivência ou visitação, diversas Convenções Internacionais reforçam tal imperativo, como, por exemplo, as a seguir mencionadas:

Convenção sobre os Direitos da Criança, promulgada através do Decreto 99.710/1990, em seu artigo 9:

Artigo 9

1. Os Estados Partes deverão zelar para que a criança não seja separada dos pais contra a vontade dos mesmos, exceto quando, sujeita à revisão judicial, as autoridades competentes determinarem, em conformidade com a lei e os procedimentos legais cabíveis, que tal separação *é necessária ao interesse maior da criança*. Tal determinação pode ser necessária em casos específicos, por exemplo, nos casos em que a criança sofre maus tratos ou descuido por parte de seus pais ou quando estes vivem separados e uma decisão deve ser tomada a respeito do local da residência da criança. (grifo nosso).

2. (...).

---

e atualidade: a intervenção deve ser a necessária e adequada à situação de perigo em que a criança ou o adolescente se encontram no momento em que a decisão é tomada; (Incluído pela Lei 12.010, de 2009) IX – responsabilidade parental: a intervenção deve ser efetuada de modo que os pais assumam os seus deveres para com a criança e o adolescente; (Incluído pela Lei 12.010, de 2009) X – prevalência da família: na promoção de direitos e na proteção da criança e do adolescente deve ser dada prevalência às medidas que os mantenham ou reintegrem na sua família natural ou extensa ou, se isso não for possível, que promovam a sua integração em família adotiva; (Redação dada pela Lei 13.509, de 2017) XI – obrigatoriedade da informação: a criança e o adolescente, respeitado seu estágio de desenvolvimento e capacidade de compreensão, seus pais ou responsável devem ser informados dos seus direitos, dos motivos que determinaram a intervenção e da forma como esta se processa; (Incluído pela Lei 12.010, de 2009) XII – oitiva obrigatória e participação: a criança e o adolescente, em separado ou na companhia dos pais, de responsável ou de pessoa por si indicada, bem como os seus pais ou responsável, têm direito a ser ouvidos e a participar nos atos e na definição da medida de promoção dos direitos e de proteção, sendo sua opinião devidamente considerada pela autoridade judiciária competente, observado o disposto nos §§ 1º e 2º do art. 28 desta Lei (Incluído pela Lei 12.010, de 2009).

23. Lei 8.069/1990. Art. 19. É direito da criança e do adolescente ser criado e educado no seio de sua família e, excepcionalmente, em família substituta, assegurada a convivência familiar e comunitária, em ambiente que garanta seu desenvolvimento integral (Redação dada pela Lei 13.257, de 2016)

3. Os Estados Partes respeitarão o direito da criança que esteja separada de um ou de ambos os pais de manter regularmente relações pessoais e contato direto com ambos, *a menos que isso seja contrário ao interesse maior da criança*. (grifo nosso).

(...)

Convenção Americana sobre Direitos Humanos, Pacto de São José da Costa Rica, promulgada através do Decreto 678/1992, em seu artigo 17:

Artigo 17

Proteção da Família

1. (...)

2. (...)

3. (...)

4. Os Estados Partes devem tomar medidas apropriadas no sentido de assegurar a igualdade de direitos e a adequada equivalência de responsabilidades dos cônjuges quanto ao casamento, durante o casamento e em caso de dissolução do mesmo. *Em caso de dissolução, serão adotadas disposições que assegurem a proteção necessária aos filhos, com base unicamente no interesse e conveniência dos mesmos*. (grifo nosso).

5. A lei deve reconhecer iguais direitos tanto aos filhos nascidos fora do casamento como aos nascidos dentro do casamento.

Convenção sobre a Eliminação de Todas as Formas de Discriminação contra a Mulher, promulgada através do Decreto 4.377/2002, em seus artigos 5° e 16:

Artigo 5°

Os Estados Partes tornarão todas as medidas apropriadas para:

a) Modificar os padrões socioculturais de conduta de homens e mulheres, com vistas a alcançar a eliminação dos preconceitos e práticas consuetudinárias e de qualquer outra índole que estejam baseados na ideia da inferioridade ou superioridade de qualquer dos sexos ou em funções estereotipadas de homens e mulheres.

b) Garantir que a educação familiar inclua uma compreensão adequada da maternidade como função social e o reconhecimento da responsabilidade comum de homens e mulheres no que diz respeito à educação e ao desenvolvimento de seus filhos, *entendendo-se que o interesse dos filhos constituirá a consideração primordial em todos os casos* (grifo nosso).

Artigo 16

1. Os Estados Partes adotarão todas as medidas adequadas para eliminar a discriminação contra a mulher em todos os assuntos relativos ao casamento e às ralações familiares e, em particular, com base na igualdade entre homens e mulheres, assegurarão:

(...)

d) Os mesmos direitos e responsabilidades como pais, qualquer que seja seu estado civil, em matérias pertinentes aos filhos. *Em todos os casos, os interesses dos filhos serão a consideração primordial*; (grifo nosso).

(...)

f) Os mesmos direitos e responsabilidades com respeito à tutela, curatela, guarda e adoção dos filhos, ou institutos análogos, quando esses conceitos existirem na legislação nacional. *Em todos os casos os interesses dos filhos serão a consideração primordial* (grifo nosso).

Além de considerar primordialmente os superiores interesses dos filhos, as medidas específicas de proteção em favor de tais cidadãos, no bojo das ações de família, também deverão respeitar os constitucionais princípios do contraditório e da ampla defesa,[24] normas fundamentais do processo civil.[25]

O prévio contraditório assegurado pelo atual artigo 699-A do Código de Processo Civil, anteriormente já era previsto no artigo 1.585 do Código Civil, que assim prevê:

> Art. 1.585. Em sede de medida cautelar de separação de corpos, em sede de medida cautelar de guarda ou em outra sede de fixação liminar de guarda, a decisão sobre guarda de filhos, mesmo que provisória, será proferida preferencialmente após a oitiva de ambas as partes perante o juiz, salvo se a proteção aos interesses dos filhos exigir a concessão de liminar sem a oitiva da outra parte, aplicando-se as disposições do art. 1.584 (Redação dada pela Lei 13.058, de 2014).

De igual forma, o art. 100, parágrafo único, inciso XII, do Estatuto da Crianças e do Adolescente, e o artigo 9, parágrafo 2, do Decreto 99.710/1990,[26] Convenção sobre os Direitos da Criança, também indicam a necessidade ser oportunizada aos pais, mães ou responsáveis, o direito de manifestação e participação nos atos de definição das medidas específicas de proteção às crianças e adolescentes.

Desta forma, a partir da vigência da Lei Federal 14.713/2023, que incluiu o artigo 699-A ao Código de Processo Civil, caso na petição inicial ou na audiência de mediação e conciliação, regulada pelo artigo 695 do mesmo Código, seja alegada a existência de risco de violência doméstica ou familiar, deverá a autoridade judicial, em regra, em respeito ao devido processo legal, antes de se pronunciar sobre a questão, fixar prazo de 5 (cinco) dias para a apresentação de provas ou de indícios pertinentes.

Interessante pontuar que a nova redação do § 2º, do artigo 1.584 do Código Civil, nada mais fez do que considerar a eventual existência de risco de violência doméstica ou familiar, como mais um dos vários fatores que podem redundar em inaptidão para o pleno exercício do poder familiar.

Importante alertar que caso o eventual risco alegado não diga respeito a violência efetivamente cometida contra a criança ou adolescente, mas, sim, contra outro familiar, como, por exemplo, a existência de medida protetiva contra pai, mãe, avô ou avó, o magistrado deverá perquirir se realmente o contexto concreto específico inviabiliza o compartilhamento da guarda, conforme alertado pela Ministra Nancy

---

24. Constituição Federal. Art. 5º Todos são iguais perante a lei, sem distinção de qualquer natureza, garantindo-se aos brasileiros e aos estrangeiros residentes no País a inviolabilidade do direito à vida, à liberdade, à igualdade, à segurança e à propriedade, nos termos seguintes: (...). LV – aos litigantes, em processo judicial ou administrativo, e aos acusados em geral são assegurados o contraditório e ampla defesa, com os meios e recursos a ela inerentes;

25. Lei Federal 13.105/2015. Art. 7º É assegurada às partes paridade de tratamento em relação ao exercício de direitos e faculdades processuais, aos meios de defesa, aos ônus, aos deveres e à aplicação de sanções processuais, competindo ao juiz zelar pelo efetivo contraditório.

26. Decreto 99.710/1990. Artigo 9. 1. (...) 2. Caso seja adotado qualquer procedimento em conformidade com o estipulado no parágrafo 1 do presente artigo, todas as partes interessadas terão a oportunidade de participar e de manifestar suas opiniões.

Andrighi, do Superior Tribunal de Justiça, em voto proferido no julgamento do Recurso Especial 1.629.994/RJ:

> O caso concreto atrai a incidência da guarda compartilhada, que merece ser fixada consoante a fundamentação da sentença de fls. 538-542 (e-STJ), que deve ser restabelecida.
>
> Isso porque a aduzida violência doméstica pela ré, ora recorrida, não envolveu as crianças em nenhum momento, conforme todos os laudos acostados aos autos, e, ainda que tivessem imposto consequências negativas aos ex-cônjuges, tal circunstância não teve o condão de atingir a relação dos genitores com as filhas, que demonstraram nutrir amor sincero pelos pais.
>
> Tanto que a medida protetiva fixada com base na Lei Maria da Penha (Lei 11.340/2006), imposta judicialmente, não abrangeu as crianças, visto inexistir risco potencial ou efetivo. Saliente-se, por sua vez, que se deve evitar que a mencionada lei sirva como instrumento de retaliação a um dos pais por meio dos filhos.[27]

De igual modo, quando for apontado como risco de violência familiar fatos ou situações que na verdade configuram mera divergência no exercício do poder familiar, não há como ser afastada a regra legal, qual seja, o compartilhamento da guarda, uma vez que tal divergência não figura como causa legal para se justificar a suspensão ou perda do poder familiar. Tal assertiva encontra amparo no entendimento do Superior Tribunal de Justiça, como, por exemplo, o contido na ementa abaixo colacionada.

> Os únicos mecanismos admitidos em lei para se afastar a imposição da guarda compartilhada são a suspensão ou a perda do poder familiar, situações que evidenciam a absoluta inaptidão para o exercício da guarda e que exigem, pela relevância da posição jurídica atingida, prévia decretação judicial (STJ, REsp 1.878.041/SP, relatora Ministra Nancy Andrighi, Terceira Turma, julgado em 25.05.2021, DJe de 31.05.2021).

Na visão do Superior Tribunal de Justiça, até mesmo a eventual prática de ato de alienação parental, na forma prevista na Lei Federal 12.318/2010, que configura abuso de direito no exercício do poder familiar, não seria, automática e sumariamente, impeditivo para a implementação ou continuidade do compartilhamento da guarda de criança ou adolescente.

> A eventual prática de alienação parental, ainda que estivesse caracterizada, não acarreta a automática e infalível alteração da guarda da criança ou do adolescente, conforme se infere da interpretação do disposto no art. 6º da Lei 12.318/10. (STJ. REsp 1.859.228/SP, relatora Ministra Nancy Andrighi, Terceira Turma, julgado em 27.04.2021, DJe de 04.05.2021).

Uma vez que a Constituição elegeu as famílias como a base da sociedade, merecedoras de proteção especial do Estado, a autoridade judicial, nas ações de família, deverá sempre ter cautela, atenção e responsabilidade redobradas, não podendo proferir decisões de forma açodada, conforme alerta o Superior Tribunal de Justiça.

---

27. Superior Tribunal de Justiça. REsp 1.629.994/RJ, relatora Ministra Nancy Andrighi, Terceira Turma, julgado em 06.12.2016, DJe de 15.12.2016.

No direito de família, notadamente quando se trata do interesse de menores, a responsabilidade do julgador é redobrada: é a vida da criança que está para ser decidida e para uma criança, muitas vezes, um simples gesto implica causar-lhe um trauma tão profundo, que se refletirá por toda a sua vida adulta. Por esse motivo, toda a mudança brusca deve ser, na medida do possível, evitada (AgRg no Ag 1121907/SP, Rel. Ministro Sidnei Beneti, Rel. p/ Acórdão Ministra Nancy Andrighi, Terceira Turma, julgado em 05.05.2009, DJe 03.06.2009) (STJ. REsp 1.859.228/SP, relatora Ministra Nancy Andrighi, Terceira Turma, julgado em 27.04.2021, DJe de 04.05.2021).

Além do exposto até aqui, cabe salientar que o novo artigo 699-A do Código de Processo Civil também introduziu, no rito das ações de família, a figura da audiência multidisciplinar prévia, ato processual que contará exclusivamente com a presença dos adultos envolvidos, como previsto no artigo 1.585 do Código Civil, onde a autoridade judicial, auxiliada por equipe multidisciplinar, em atuação voltada prioritariamente à orientação, apoio e promoção da família, deverá informar aos genitores o significado da guarda compartilhada, a sua importância, a similitude de deveres e direitos atribuídos aos pais e mães e as sanções pelo descumprimento de suas cláusulas,[28] assim como, obrigatoriamente, indagar se há elementos que evidenciem a probabilidade de risco de violência doméstica ou familiar.

Em relação à referida audiência multidisciplinar prévia, que já era realizada em algumas ações envolvendo violência doméstica e familiar contra as mulheres, assim bem resumiu o Tribunal de Justiça do Distrito Federal e Territórios:

> A audiência multidisciplinar prévia é uma forma célere e precoce de os magistrados, com auxílio de profissionais técnicos interdisciplinares (psicólogos, assistentes sociais etc.), realizarem uma primeira avaliação da situação das famílias envolvidas no litígio, propiciando uma melhor análise acerca da decisão a respeito de eventuais medidas específicas de proteção e prevenção, possibilitando uma melhor investigação acerca da existência de situações risco no caso concreto, tal qual da dimensão e extensão do conflito nas relações afetivas familiares em análise (TJDFT. Acórdão 955438, 20160020142599PET, Relator: Cesar Loyola, 2ª Turma Criminal, data de julgamento: 14.07.2016, publicado no DJE: 22.07.2016. p.: 139-153).

Tal audiência é um verdadeiro mecanismo estatal para prevenir ou coibir a violência intrafamiliar, de forma célere, precoce e urgente. Por isso, tal importante ato processual deve sempre ser presidido e conduzido, presencialmente, por magistrado togado, tal qual acompanhado, *in loco*, pelo representante do Ministério Público.

A audiência multidisciplinar prévia é ato processual, digamos, concentrado, pois além de orientação, conciliação e mediação, também envolve atos de caráter probatório, como, por exemplo, justificação prévia,[29] delimitação da questão con-

---

28. Lei Federal 10.406/2002. Art. 1.584. (...). § 1º Na audiência de conciliação, o juiz informará ao pai e à mãe o significado da guarda compartilhada, a sua importância, a similitude de deveres e direitos atribuídos aos genitores e as sanções pelo descumprimento de suas cláusulas. (Incluído pela Lei 11.698, de 2008).

29. Lei Federal 13.105/2015. Art. 300. A tutela de urgência será concedida quando houver elementos que evidenciem a probabilidade do direito e o perigo de dano ou o risco ao resultado útil do processo. (...). § 2º A tutela de urgência pode ser concedida liminarmente ou após justificação prévia.

troversa[30] que será objeto das provas a serem produzidas[31] no prazo de 05 (cinco) dias etc.

Desde a entrada em vigor da Lei Federal 14.713/2023, os magistrados que delegarem a realização da audiência multidisciplinar prévia a conciliadores, mediadores ou aos Centros Judiciários de Solução de Conflitos e Cidadania (CEJUSC'S), em tese, poderão estar cometendo um ato de violência institucional[32] contra pessoas crianças e adolescentes, cidadãos hipervulneráveis.

Caso na própria audiência multidisciplinar prévia ou após produzidas as provas determinadas de ofício ou solicitadas pelas partes e pelo Ministério Público, o magistrado constatar que realmente existem elementos que evidenciem a probabilidade de risco de violência doméstica ou familiar contra a criança ou adolescente, tal autoridade judicial deverá:

a) analisar se há alguma medida pedagógica[33]-[34] específica de prevenção ou proteção que, caso promovida, possibilite a implementação da regra legal, o compartilhamento da guarda (ex.: advertência; determinar a inclusão de genitor em programa oficial ou comunitário de auxílio, orientação e tratamento a alcoólatras e toxicômanos; acompanhamento psicológico ou o biopsicossocial etc.);

b) na hipótese de não vislumbrar, fundamentadamente, outra medida protetiva que seja eficaz, em sede de tutela provisória, conceder a guarda unilateral ao genitor que detenha aptidão para o exercício do poder familiar ou, sendo a hipótese, àquele

---

30. Lei Federal 13.105/2015. Art. 357. Não ocorrendo nenhuma das hipóteses deste Capítulo, deverá o juiz, em decisão de saneamento e de organização do processo: (...). II – delimitar as questões de fato sobre as quais recairá a atividade probatória, especificando os meios de prova admitidos;

31. Lei Federal 13.105/2015. Art. 370. Caberá ao juiz, de ofício ou a requerimento da parte, determinar as provas necessárias ao julgamento do mérito.

32. Decreto 9.603. Art. 5º Para fins do disposto neste Decreto, considera-se:
    I – violência institucional – violência praticada por agente público no desempenho de função pública, em instituição de qualquer natureza, por meio de atos comissivos ou omissivos que prejudiquem o atendimento à criança ou ao adolescente vítima ou testemunha de violência.

33. Lei Federal 8.069/1990. Art. 129. São medidas aplicáveis aos pais ou responsável: I – encaminhamento a serviços e programas oficiais ou comunitários de proteção, apoio e promoção da família; (Redação dada dada pela Lei 13.257, de 2016) II – inclusão em programa oficial ou comunitário de auxílio, orientação e tratamento a alcoólatras e toxicômanos; III – encaminhamento a tratamento psicológico ou psiquiátrico; IV – encaminhamento a cursos ou programas de orientação; V – obrigação de matricular o filho ou pupilo e acompanhar sua frequência e aproveitamento escolar;

34. Lei Federal 12.318/2010. Art. 6º Caracterizados atos típicos de alienação parental ou qualquer conduta que dificulte a convivência de criança ou adolescente com genitor, em ação autônoma ou incidental, o juiz poderá, cumulativamente ou não, sem prejuízo da decorrente responsabilidade civil ou criminal e da ampla utilização de instrumentos processuais aptos a inibir ou atenuar seus efeitos, segundo a gravidade do caso: I – declarar a ocorrência de alienação parental e advertir o alienador; II – ampliar o regime de convivência familiar em favor do genitor alienado; III – estipular multa ao alienador; IV – determinar acompanhamento psicológico e/ou biopsicossocial; V – (...); VI – determinar a fixação cautelar do domicílio da criança ou adolescente; (...). § 2º O acompanhamento psicológico ou o biopsicossocial deve ser submetido a avaliações periódicas, com a emissão, pelo menos, de um laudo inicial, que contenha a avaliação do caso e o indicativo da metodologia a ser empregada, e de um laudo final, ao término do acompanhamento.

RITO PARA APURAÇÃO DE VIOLÊNCIA DOMÉSTICA E FAMILIAR NAS VARAS DE FAMÍLIA **153**

que se mostre mais propenso a viabilizar a convivência do filho com os demais familiares;[35]

c) se for o caso, ainda comunicar o fato ao Ministério Público, encaminhando os documentos pertinentes, a fim de possibilitar o ajuizamento da necessária ação no respectivo Juízo Especializado em Violência Doméstica e temas afins.[36]

Concluída a audiência multidisciplinar prévia, produzidas ou não as provas determinadas, sendo ou não concedida eventual tutela provisória, o processo prosseguirá com observância do art. 335 do Código de Processo Civil, devendo o Juízo determinar a imediata oitiva da criança ou do adolescente perante a equipe técnica,[37]-[38] através da realização de perícia psicossocial ou biopsicossocial,[39]-[40] ou, se fundamentadamente necessário, via depoimento especial.[41]

A introdução da audiência prévia multidisciplinar, no rito das ações de família, reforça a importância da atuação das equipes técnicas nos processos envolvendo interesses de crianças e adolescentes, notadamente no que se refere à escuta e ao acolhimento de tais cidadãos hipervulneráveis. Em relação à relevância e indispensabilidade da intervenção das equipes técnicas, o Conselho Nacional de Justiça, ao analisar pedido de providência, assim se manifestou:

> Trata-se de Pedido de Providências (...), no qual requer seja determinado aos Tribunais de Justiça de todo o Brasil que implantem equipes técnicas nas Varas da Infância e da Juventude, segundo determinam os arts. 150 e 151 do Estatuto da Criança e do Adolescente (Lei 8.069/90).
>
> (...)

---

35. Lei Federal 12.318/2010. Art. 7º A atribuição ou alteração da guarda dar-se-á por preferência ao genitor que viabiliza a efetiva convivência da criança ou adolescente com o outro genitor nas hipóteses em que seja inviável a guarda compartilhada.
36. Lei Federal 8.069/1990. Art. 157. Havendo motivo grave, poderá a autoridade judiciária, ouvido o Ministério Público, decretar a suspensão do poder familiar, liminar ou incidentalmente, até o julgamento definitivo da causa, ficando a criança ou adolescente confiado a pessoa idônea, mediante termo de responsabilidade. (...). § 4º Se houver indícios de ato de violação de direitos de criança ou de adolescente, o juiz comunicará o fato ao Ministério Público e encaminhará os documentos pertinentes.
37. Lei Federal 8.069/1990. Art. 157. (...). § 3º A concessão da liminar será, preferencialmente, precedida de entrevista da criança ou do adolescente perante equipe multidisciplinar e de oitiva da outra parte, nos termos da Lei 13.431, de 4 de abril de 2017 (Incluído pela Lei 14.340, de 2022).
38. Lei Federal 11.340/2006. Art. 22. Constatada a prática de violência doméstica e familiar contra a mulher, nos termos desta Lei, o juiz poderá aplicar, de imediato, ao agressor, em conjunto ou separadamente, as seguintes medidas protetivas de urgência, entre outras: (...). IV – restrição ou suspensão de visitas aos dependentes menores, ouvida a equipe de atendimento multidisciplinar ou serviço similar.
39. Lei Federal 8.069/1990. Art. 157. (...). § 1º Recebida a petição inicial, a autoridade judiciária determinará, concomitantemente ao despacho de citação e independentemente de requerimento do interessado, a realização de estudo social ou perícia por equipe interprofissional ou multidisciplinar para comprovar a presença de uma das causas de suspensão ou destituição do poder familiar, ressalvado o disposto no § 10 do art. 101 desta Lei, e observada a Lei 13.431, de 4 de abril de 2017 (Incluído pela Lei 13.509, de 2017).
40. Lei Federal 12.318/2010. Art. 5º Havendo indício da prática de ato de alienação parental, em ação autônoma ou incidental, o juiz, se necessário, determinará perícia psicológica ou biopsicossocial.
41. Lei Federal 12.318/2010. Art. 8º-A. A. Sempre que necessário o depoimento ou a oitiva de crianças e de adolescentes em casos de alienação parental, eles serão realizados obrigatoriamente nos termos da Lei 13.431, de 4 de abril de 2017, sob pena de nulidade processual (Incluído pela Lei 14.340, de 2022).

4. A intervenção de equipe interdisciplinar em diversos processos em que são interessados crianças e adolescentes é indiscutível em face das disposições do Estatuto da Criança e do Adolescente (Lei n° 8.069/90), tal como deve ocorrer nas discussões acerca da perda e suspensão do poder familiar (art. 161, § I e 162, § 1°, da Lei 8.069/90), de guarda, adoção e tutela (art. 167 da Lei 8.069/90) e da aplicação de medidas socioeducativas (art. 186, caput, da Lei 8.069/90).

5. A finalidade dessa intervenção é, justamente, assegurar a tutela adequada a que têm direito crianças e adolescentes, prestando-lhes o auxílio de que necessitem e subsidiando, com conhecimento especializado, as decisões judiciais dentro de lapso temporal razoável que não comprometa a celeridade do processo e o pronto atendimento de cada caso concreto em conformidade com a sua urgência e suas peculiaridades.

6. Os arts. 150 e 151 do Estatuto da Criança e do Adolescente (Lei 8.069/90) preveem expressamente a criação de equipe interprofissional destinada a assessorar a Justiça da Infância e da Juventude, nos seguintes termos (...).

7. É importante ressaltar que os arts. 150 e 151 do Estatuto da Criança e do Adolescente (Lei 8.069/90) são expressão do dever constitucionalmente imposto ao Estado de assegurar à criança e ao adolescente, com absoluta prioridade, o direito à dignidade e ao respeito, e de colocá-los a salvo de toda forma de negligência, discriminação, exploração, violência, crueldade e opressão.

9. Isso certamente caracteriza a omissão do Poder Judiciário quanto ao seu dever de previsão de recursos orçamentários suficientes para a criação e manutenção de serviço auxiliar interdisciplinar destinada ao assessoramento da Justiça da Infância e da Juventude, flagrantemente incompatível com o tratamento dispensado às crianças e aos adolescentes em nível constitucional e infraconstitucional.

10. O voto, portanto, é pelo deferimento deste Pedido de Providências, determinando-se a expedição de Recomendação aos Tribunais de Justiça dos Estados para que, em observância à legislação de regência, adotem as providências necessárias à implantação de equipes interprofissionais, próprias ou mediante convênios com instituições universitárias, que possam dar atendimento às comarcas dos Estados nas causas relacionadas a família, crianças e adolescentes, devendo, no prazo de 06 (seis) meses.

(CNJ – PP – Pedido de Providências – Conselheiro – 80 – Rel. Eduardo Lorenzoni – 17 – julgado em 25.04.2006).

Antes de prosseguir, necessário lembrar que na III Jornada de Direito Processual Civil, realizada pelo Conselho da Justiça Federal, no ano de 2023, foram aprovados dois enunciados que têm pertinência temática com a questão ora abordada, notadamente no que diz respeito aos meios de produção das provas referentes à comprovação da probabilidade de risco de violência doméstica ou familiar, especificamente:

Enunciado 181: O depoimento ou testemunho de criança ou adolescente não pode ser colhido extrajudicialmente por tabelião, por meio de ata notarial ou de escritura pública de declaração.

Enunciado 182: Quando o objeto do processo for relacionado a abuso ou alienação parental e for necessário o depoimento especial de criança ou adolescente em juízo, a escuta deverá ser realizada de acordo com o procedimento previsto na Lei 13.431/2017, sob pena de nulidade do ato.

Finalmente, caso seja concedida eventual tutela provisória, que poderá ser revogada ou modificada a qualquer tempo,[42] fixando a guarda unilateral provisória

---

42. Lei Federal 13.105/2015. Art. 296. A tutela provisória conserva sua eficácia na pendência do processo, mas pode, a qualquer tempo, ser revogada ou modificada.

da criança ou do adolescente, tal decisão deverá ser fundamentada de forma clara e precisa,[43]-[44] não podendo a autoridade judicial apenas se escorar em princípios jurídicos, sem que se proceda à necessária densificação, bem como empregar conceitos jurídicos indeterminados sem explicar o motivo concreto de sua incidência no caso concreto, como, por exemplo, a mera arguição de que tal decisão se escora no melhor ou superior interesse da criança ou do adolescente.

CONSIDERAÇÕES FINAIS

A determinação contida no novo artigo 699-A do Código de Processo Civil, inserido pela Lei Federal 14.713/2023, que tem aplicação imediata aos processos em curso, por força da regra veiculada pelo artigo 14[45] do mesmo diploma legal, sem sombra de dúvida aprimora o rito das ações de família que versam sobre interesses de crianças e adolescente, uma vez que vão possibilitar a intervenção precoce, célere e urgente da autoridade judicial, assessorada pela equipe técnica, com a preservação de um mínimo contraditório, nos processos nos quais eventualmente poderá haver alegação de risco de violência doméstica ou familiar, o que coopera para assegurar a prioridade legal de tramitação de tais ações,[46] contribuindo para dar efetividade ao direito constitucional fundamental que garante a todos os cidadãos, prioritariamente aos hipervulneráveis, a razoável duração dos processos judiciais.[47]

REFERÊNCIAS

BRASIL. Lei Federal 14.713/2023, de 30 de outubro de 2023. Altera as Leis 10.406, de 10 de janeiro de 2002 (Código Civil), 13.105, de 16 de março de 2015 (Código de Processo Civil), para estabelecer o risco de violência doméstica ou familiar como causa impeditiva ao exercício da guarda compartilhada, bem como para impor ao juiz o dever de indagar previamente o Ministério Público e as partes sobre situações de violência doméstica ou familiar que envolvam o casal ou os filhos. Brasília. 2023. Disponível em: https://www.planalto.gov.br/ccivil_03/_ato2023-2026/2023/lei/l14713.htm. Acesso em: 31 jan. 2024.

---

43. Lei Federal 13.105/2015. Art. 298. Na decisão que conceder, negar, modificar ou revogar a tutela provisória, o juiz motivará seu convencimento de modo claro e preciso.
44. Lei Federal 13.105/2015. Art. 489. (...). § 1º Não se considera fundamentada qualquer decisão judicial, seja ela interlocutória, sentença ou acórdão, que: I – se limitar à indicação, à reprodução ou à paráfrase de ato normativo, sem explicar sua relação com a causa ou a questão decidida; II – empregar conceitos jurídicos indeterminados, sem explicar o motivo concreto de sua incidência no caso; III – invocar motivos que se prestariam a justificar qualquer outra decisão.
45. Lei Federal 13.105/2015. Art. 14. A norma processual não retroagirá e será aplicável imediatamente aos processos em curso, respeitados os atos processuais praticados e as situações jurídicas consolidadas sob a vigência da norma revogada.
46. Lei Federal 8.069/1990. Art. 152. Aos procedimentos regulados nesta Lei aplicam-se subsidiariamente as normas gerais previstas na legislação processual pertinente.

    § 1º É assegurada, sob pena de responsabilidade, prioridade absoluta na tramitação dos processos e procedimentos previstos nesta Lei, assim como na execução dos atos e diligências judiciais a eles referentes (Incluído pela Lei 12.010, de 2009).
47. Constituição Federal. Art. 5º (...). LXXVIII – a todos, no âmbito judicial e administrativo, são assegurados a razoável duração do processo e os meios que garantam a celeridade de sua tramitação.]

BRASIL. Lei Federal 13.105/2015, de 16 de março de 2015. Código de Processo Civil. Brasília. 2015. Disponível em https://www.planalto.gov.br/ccivil_03/_ato2015-2018/2015/lei/l13105.htm. Acesso em: 31 jan. 2024.

BRASIL. Constituição da República Federativa de Brasil de 1988. Brasília. 1988. Disponível em: http://www.planalto.gov.br/ccivil_03/constituicao/constituicao.htm. Acesso em: 31 jan. 2024.

BRASIL. Lei Federal 8.069/1990, de 13 de julho de 1990. Dispõe sobre o Estatuto da Criança e do Adolescente e dá outras providências. Brasília. 1990. Disponível em: http://www.planalto.gov.br/ccivil_03/leis/l8069.htm. Acesso em: 31 jan. 2024.

BRASIL. Decreto 99.710, de 21 de novembro de 1990. Promulga a Convenção sobre os Direitos da Criança. Brasília. 1990. Disponível em: https://www.planalto.gov.br/ccivil_03/decreto/1990-1994/d99710.htm. Acesso em: 31 jan. 2024.

BRASIL. Lei Federal 11.698/2008, de 13 de junho de 2008. Altera os arts. 1.583 e 1.584 da Lei 10.406, de 10 de janeiro de 2002 – Código Civil, para instituir e disciplinar a guarda compartilhada. Brasília. 2008. Disponível em https://www.planalto.gov.br/ccivil_03/_ato2007-2010/2008/lei/l11698.htm. Acesso em: 31 jan. 2024.

BRASIL. Lei Federal 13.058/2014, de 22 de dezembro de 2014. Altera os arts. 1.583, 1.584, 1.585 e 1.634 da Lei 10.406, de 10 de janeiro de 2002 (Código Civil), para estabelecer o significado da expressão "guarda compartilhada" e dispor sobre sua aplicação. Brasília. 2014. Disponível em: https://www.planalto.gov.br/ccivil_03/_ato2011-2014/2014/lei/l13058.htm. Acesso em: 31 jan. 2024.

BRASIL. Superior Tribunal de Justiça. REsp 1.428.596/RS, relatora Ministra Nancy Andrighi, Terceira Turma, julgado em 03.06.2014, DJe de 25.06.2014.

BRASIL. Superior Tribunal de Justiça. REsp 1.888.868/DF, relator Ministro Marco Aurélio Bellizze, Terceira Turma, julgado em 21.11.2023, DJe de 04.12.2023.

BRASIL. Superior Tribunal de Justiça. REsp 1.773.290/MT, relator Ministro Marco Aurélio Bellizze, Terceira Turma, julgado em 21.05.2019, DJe de 24.05.2019.

BRASIL. Lei Federal 10.406, de 10 de janeiro de 2002. Institui o Código Civil. Brasília. 2002. Disponível em http://www.planalto.gov.br/ccivil_03/leis/2002/l10406compilada.htm. Acesso em: 31 jan. 2024.

BRASIL. Lei Federal 13.010, de 26 de junho de 2014. Altera a Lei 8.069, de 13 de julho de 1990 (Estatuto da Criança e do Adolescente), para estabelecer o direito da criança e do adolescente de serem educados e cuidados sem o uso de castigos físicos ou de tratamento cruel ou degradante, e altera a Lei 9.394, de 20 de dezembro de 1996. Brasília. 2014. Disponível em: https://www.planalto.gov.br/ccivil_03/_ato2011-2014/2014/lei/l13010.htm. Acesso em: 31 jan. 2024.

BRASIL. Lei Federal 13.431, de 4 de abril de 2017. Estabelece o sistema de garantia de direitos da criança e do adolescente vítima ou testemunha de violência e altera a Lei 8.069, de 13 de julho de 1990 (Estatuto da Criança e do Adolescente). Brasília. 2017. Disponível em: https://www.planalto.gov.br/ccivil_03/_ato2015-2018/2017/lei/l13431.htm. Acesso em: 31 jan. 2024.

BRASIL. Decreto Federal 9.603, de 10 de dezembro de 2018. Regulamenta a Lei 13.431, de 4 de abril de 2017, que estabelece o sistema de garantia de direitos da criança e do adolescente vítima ou testemunha de violência. Brasília. 2018. http://www.planalto.gov.br/ccivil_03/_ato2015-2018/2018/decreto/D9603.htm. Acesso em: 31 jan. 2024.

BRASIL. Lei Federal 13.715, de 24 de setembro de 2018. Altera o Decreto-Lei 2.848, de 7 de dezembro de 1940 (Código Penal), a Lei 8.069, de 13 de julho de 1990 (Estatuto da Criança e do Adolescente), e a Lei 10.406, de 10 de janeiro de 2002 (Código Civil), para dispor sobre hipóteses de perda do poder familiar pelo autor de determinados crimes contra outrem igualmente titular do mesmo poder familiar ou contra filho, filha ou outro descendente. Brasília. 2018. Disponível em: https://www.planalto.gov.br/ccivil_03/_ato2015-2018/2018/lei/l13715.htm. Acesso em: 31 jan. 2024.

BRASIL. Decreto Lei 2.848, de 7 de dezembro de 1940. Código Penal. Rio de Janeiro. 1940. https://www.planalto.gov.br/ccivil_03/decreto-lei/Del2848compilado.htm. Acesso em: 31 jan. 2024.

BRASIL. Lei Federal 14.344, de 24 de maio de 2022. Cria mecanismos para a prevenção e o enfrentamento da violência doméstica e familiar contra a criança e o adolescente, nos termos do § 8º do art. 226 e do § 4º do art. 227 da Constituição Federal e das disposições específicas previstas em tratados, convenções ou acordos internacionais de que o Brasil seja parte; altera o Decreto-Lei 2.848, de 7 de dezembro de 1940 (Código Penal), e as Leis 7.210, de 11 de julho de 1984 (Lei de Execução Penal), 8.069, de 13 de julho de 1990 (Estatuto da Criança e do Adolescente), 8.072, de 25 de julho de 1990 (Lei de Crimes Hediondos), e 13.431, de 4 de abril de 2017, que estabelece o sistema de garantia de direitos da criança e do adolescente vítima ou testemunha de violência; e dá outras providências. Brasília. 2022. Disponível em: https://www.planalto.gov.br/ccivil_03/_ato2019-2022/2022/lei/l14344.htm. Acesso em: 31 jan. 2024.

BRASIL. Decreto 678, de 6 de novembro de 1992. Promulga a Convenção Americana sobre Direitos Humanos (Pacto de São José da Costa Rica), de 22 de novembro de 1969. Brasília. 1992. Disponível em https://www.planalto.gov.br/ccivil_03/decreto/D0678.htm. Acesso em: 31 jan. 2024.

BRASIL. Decreto 4.377, de 13 de setembro de 2002. Promulga a Convenção sobre a Eliminação de Todas as Formas de Discriminação contra a Mulher, de 1979, e revoga o Decreto 89.460, de 20 de março de 1984. Brasília. 2002. Disponível em: http://www.planalto.gov.br/ccivil_03/decreto/2002/d4377.htm. Acesso em: 31 jan. 2024.

BRASIL. Superior Tribunal de Justiça. REsp 1.629.994/RJ, relatora Ministra Nancy Andrighi, Terceira Turma, julgado em 06.12.2016, DJe de 15.12.2016.

BRASIL. Superior Tribunal de Justiça. REsp 1.878.041/SP, relatora Ministra Nancy Andrighi, Terceira Turma, julgado em 25.05.2021, DJe de 31.05.2021.

BRASIL. Superior Tribunal de Justiça. REsp 1.859.228/SP, relatora Ministra Nancy Andrighi, Terceira Turma, julgado em 27.04.2021, DJe de 04.05.2021.

BRASIL. Superior Tribunal de Justiça. AgRg no Ag 1.121.907/SP, relator Ministro Sidnei Beneti, relatora para acórdão Ministra Nancy Andrighi, Terceira Turma, julgado em 05,05.2009, DJe de 03.06.2009.

BRASIL. Tribunal de Justiça do distrito Federal e territórios. Acórdão 955438, 20160020142599PET, Relator: Cesar Loyola, 2ª Turma Criminal, data de julgamento: 14.07.2016, publicado no DJE: 22.07.2016.

BRASIL. Lei Federal 12.010, de 3 de agosto de 2009. Dispõe sobre adoção; altera as Leis 8.069, de 13 de julho de 1990 – Estatuto da Criança e do Adolescente, 8.560, de 29 de dezembro de 1992; revoga dispositivos da Lei 10.406, de 10 de janeiro de 2002 – Código Civil, e da Consolidação das Leis do Trabalho – CLT, aprovada pelo Decreto-Lei 5.452, de 1º de maio de 1943; e dá outras providências. Brasília. 2009. Disponível em: https://www.planalto.gov.br/ccivil_03/_ato2007-2010/2009/lei/l12010.htm. Acesso em: 31 jan. 2024.

BRASIL. Lei Federal 12.318, de 26 de agosto de 2010. Dispõe sobre a alienação parental e altera o art. 236 da Lei 8.069, de 13 de julho de 1990. Brasília. 2010. Disponível em: http://www.planalto.gov.br/ccivil_03/_ato2007-2010/2010/lei/l12318.htm. Acesso em: 31 jan. 2024.

BRASIL. Conselho Nacional de Justiça. Pedido de Providências – Conselheiro – 80 – Rel. Eduardo Lorenzoni – 17 – julgado em 25.04.2006.

BRASIL. Conselho da Justiça Federal. III Jornada de Direito Processual Civil. Enunciado 181. Brasília. 2023.

BRASIL. Conselho da Justiça Federal. III Jornada de Direito Processual Civil. Enunciado 182. Brasília. 2023.

AS MEDIDAS PROTETIVAS DE URGÊNCIA E O PRINCÍPIO DO CONTRADITÓRIO[1]

Daniel Colnago Rodrigues

Doutor e Mestre em Direito Processual Civil pela USP. Advogado.

Sumário: 1. Generalidades – 2. Natureza das medidas protetivas de urgência e procedimento – 3. Pressupostos para concessão da medida protetiva de urgência – 4. *Standards* probatórios para concessão da medida protetiva de urgência – 5. Medida protetiva, concessão liminar e contraditório: Notas conclusivas – Referências.

1. GENERALIDADES

A Lei Maria da Penha (Lei 11.340/2006) prevê mecanismos para coibir e prevenir a violência doméstica e familiar contra a mulher, destacando-se, nesse intuito, as medidas protetivas de urgência. Como se sabe, há situações reais de violência ou de risco entre pessoas unidas por afetividade nas quais o tempo é um inimigo da proteção efetiva do indivíduo, cenário em que as tutelas de urgência servem como providências impostas pelo julgador com o objetivo de evitar danos irreparáveis ou de difícil reparação ao titular do direito.

Pois é precisamente nesse contexto que se inserem as medidas protetivas de urgência disciplinadas pelos arts. 18 a 24-A da Lei 11.340/2006. Tais medidas, a propósito, não são exclusividade da proteção contra a violência doméstica e familiar, sendo igualmente mencionadas no contexto do Estatuto da Criança e do Adolescente (arts. 100 a 102), da Lei Henry Borel (arts. 15 a 21) e do Estatuto da Pessoa Idosa (art. 45).[2] Para parte da doutrina, em todas essas hipóteses, as medidas constituem "tutelas de urgência autônomas e independentes", disponíveis ao sujeito especial, independentemente da existência de demanda cível ou penal,[3] havendo quem já tenha as intitulado de medidas provisionais, por serem providências de conteúdo satisfativo, concedidas em procedimento simplificado, relacionadas à parte do conflito (no caso da Lei Maria da Penha, conflito familiar e doméstico).[4]

---

1. Esse texto representa, com alguns ajustes, parte das ideias expostas em nosso livro *Liminares no processo civil* (São Paulo, RT, 2024).
2. Por força do art. 313, inc. III, do CPP, que trata da decretação da prisão preventiva para garantir a execução das medidas protetivas de urgência, pode-se sustentar a aplicação dessa tutela de urgência igualmente para os casos envolvendo violência contra enfermo ou pessoa com deficiência, o que, naturalmente, faz aumentar o campo de incidência de todo o raciocínio aqui desenvolvido.
3. FARIAS, Cristiano Chaves de; CUNHA, Rogério Sanches. *Manual prático das medidas protetivas*. São Paulo: JusPodivm, 2024, p. 73.
4. DIDIER JR., Fredie; OLIVEIRA, Rafael. Aspectos processuais civis da Lei Maria da Penha (violência doméstica e familiar contra a mulher). In: PEREIRA, Rodrigo da Cunha (Coord.). *Família e responsabilidade*: teoria e prática do direito de família. Porto Alegre: IBDFAM, 2010, p. 315.

De acordo com o art. 19, *caput*, da Lei Maria da Penha, as medidas protetivas de urgência poderão ser concedidas pelo juiz, a requerimento do Ministério Público ou a pedido da ofendida, e o § 1º do dispositivo complementa que tais medidas poderão ser concedidas de imediato, independentemente de audiência das partes e de manifestação do Ministério Público, devendo este ser prontamente comunicado. Na jurisprudência, em geral, o entendimento é de que "a fixação de medidas protetivas de urgência, emanadas no âmbito da Lei 11.340/2006, mesmo sem prévia oitiva do suposto autor, não fere o princípio do contraditório, pois estas têm caráter satisfativo e autônomo e, devido à urgência, independem de manifestação da parte contrária, nos termos do que dispõe o art. 19, § 1º, da LMP, estando condicionada, tão somente, à existência de violência doméstica ou familiar contra a mulher, atual ou iminente".[5]

Recentemente, foi editada a Lei 14.550/2023, com o objetivo declarado de "corrigir as brechas pelas quais se dão os desvios interpretativos da jurisprudência que atentam contra o espírito da Lei Maria da Penha, promovendo o desamparo, em vez de assegurar às mulheres proteção contra a violência", conforme respectiva Exposição de Motivos. O ponto crucial foi a facilitação da concessão de medidas protetivas. Dentre os pontos de modificação implementados, a Lei 14.550/2013 acresceu três novos parágrafos ao art. 19 da Lei Maria da Penha, tratando, especificamente, de elementos relacionados à determinação de medidas protetivas.

O novo § 4º do art. 19 da Lei Maria da Penha dispõe que "as medidas protetivas de urgência serão concedidas em juízo de cognição sumária a partir do depoimento da ofendida perante a autoridade policial ou da apresentação de suas alegações escritas e poderão ser indeferidas no caso de avaliação pela autoridade de inexistência de risco à integridade física, psicológica, sexual, patrimonial ou moral da ofendida ou de seus dependentes". Já o § 5º do dispositivo passou a prever que "as medidas protetivas de urgência serão concedidas independentemente da tipificação penal da violência, do ajuizamento de ação penal ou cível, da existência de inquérito policial ou do registro de boletim de ocorrência". Por fim, o § 6º do mesmo art. 19 estabelece, agora, que "as medidas protetivas de urgência vigorarão enquanto persistir risco à integridade física, psicológica, sexual, patrimonial ou moral da ofendida ou de seus dependentes".[6]

Na doutrina mais atual, tem-se afirmado que as medidas protetivas de urgência previstas na Lei Maria da Penha constituem o mecanismo processual destinado à tutela preventiva dos direitos fundamentais das mulheres em situação de violência,

---

5. TJSP, *Habeas Corpus* Criminal 2328061-55.2023.8.26.0000, 3ª Câmara de Direito Criminal, Des. Rel. Toloza Neto, j. 29.01.2024.

6. É verdade que tais normas foram inspiradas por precedentes do STJ, que já vinham valorizando a palavra da ofendida em se tratando de casos de violência doméstica (STJ, RHC 34.035, 6ª Turma, Rel. Min. Sebastião Reis Júnior, j. 1º.01.2013), reconhecendo certa autonomia às medidas protetivas (STJ, AgRg no REsp 1.783.398, 5ª Turma, Rel. Min. Reynaldo Soares da Fonseca, j. 02.04.2019), assim como permitindo a duração indeterminada da medida concedida (STJ, HC 605.113, 6ª Turma, Rel. Min. Antônio Saldanha Palheiro, j. 08.11.2022).

sendo, dessa forma, "instrumento processual civil idôneo para evitar a ocorrência de um episódio de violência ou a sua ampliação". É certo que tais medidas foram historicamente tratadas como medidas cautelares penais, supostamente destinadas a servir a outro processo, e não à proteção de uma pessoa. Sucede que, conquanto possam estar inseridas no contexto de uma persecução penal (em sede policial ou judicial), possuiriam sempre natureza civil, constituindo verdadeiras tutelas de urgência, de cunho inibitório, mesmo que ostentem reflexos no âmbito penal ou administrativo, como no exemplo da proibição de uso de arma de fogo ou da vedação do exercício de determinada atividade.[7]

Para que possamos enfrentar o tema à luz do princípio do contraditório, analisemos, primeiro, a natureza e o procedimento das medidas protetivas de urgência.

2. NATUREZA DAS MEDIDAS PROTETIVAS DE URGÊNCIA E PROCEDIMENTO

De fato, a natureza jurídica das medidas protetivas de urgência previstas na Lei Maria da Penha é tema controvertido.

Em caso analisado recentemente pelo STJ, embora anterior à vigência da Lei 14.550/2023, o magistrado de primeiro grau, após decretar a aplicação das medidas de proibição de contato com a ofendida e de proibição de aproximação, determinou a citação do requerido para apresentar contestação no prazo de cinco dias, sob pena de revelia, o que foi mantido pelo tribunal local. No julgamento do Recurso Especial, entendeu o STJ que "as medidas protetivas de urgência previstas nos três primeiros incisos do art. 22 da Lei Maria da Penha têm natureza penal e a elas deve ser aplicada a disciplina do CPP atinente às cautelares, enquanto as demais medidas protetivas têm natureza cível". Assim, "aplicada a cautelar *inaudita altera pars*, para garantia de sua eficácia, o acusado será intimado de sua decretação, facultando-lhe, a qualquer tempo, a apresentação de razões contrárias à manutenção da medida". No caso, houve voto vencido do relator, que entendeu que as medidas teriam natureza exclusivamente cível, de índole satisfativa e inibitória, tendo em vista não servirem de instrumentalidade a outro processo civil ou criminal, porque não buscariam necessariamente a eficácia prática da tutela principal. Logo, deveriam seguir o procedimento definido nos arts. 294 e seguintes do CPC/2015 para as tutelas de urgência, na parte que não conflitasse com a Lei 11.340/2006. Na conclusão de seu voto vencido, o Ministro Ribeiro Dantas assim pontuou: "a necessidade de se conferir a indispensável proteção à mulher vítima de violência não pode afastar as garantias processuais do requerido. O processo de conhecimento das medidas protetivas deve prezar pelo devido processo legal, resguardando o contraditório e a ampla defesa, sendo os direitos fundamentais ao mesmo tempo, fundamento e limite para as medidas protetivas de urgência".[8]

---

7. Nesse sentido: FARIAS, Cristiano Chaves de; CUNHA, Rogério Sanches. *Manual prático das medidas protetivas*. São Paulo: JusPodivm, 2024, p. 42-43.
8. STJ, REsp 2.009.402, 5ª Turma, Rel. Min. Ribeiro Dantas, j. 09.11.2022.

Em decisão ainda mais recente, já à luz das modificações promovidas pela Lei 14.550/2023, o STJ entendeu que tal inovação legislativa não apresentaria nenhuma repercussão, seja quanto à natureza jurídica de cautelar das medidas protetivas de urgência, seja quanto ao caráter criminal das medidas previstas nos incisos I, II e III, do art. 22 da Lei 11.340/2006. Neste julgamento, porém, acrescentou-se que "as medidas protetivas deferidas nos termos do § 5º do art. 19 da Lei 11.343/2006 devem ser consideradas como precautelares, pois precedem a uma cautelar propriamente dita, e tem como objetivo a paralisação imediata do ato lesivo praticado ou em vias de ser praticado pelo agressor". De acordo com o voto do Min. Joel Ilan Paciornik, as medidas protetivas de urgência não perderam a natureza cautelar, mesmo depois da Lei 14.450/2023, mas apenas ganharam uma fase precautelar, à luz do art. 19, § 5º, da Lei 11.343/2006. E isso porque, após o momento inicial de cessação do risco imediato, as medidas seguiriam o procedimento cautelar penal, tal como antes, estando mantidos os aspectos das medidas protetivas de urgência que denotam a sua natureza penal (incisos I, II e III do art. 22): o envolvimento de valores fundamentais da vítima (vida, integridade física, psicológica e mental) e do suposto autor (liberdade de ir e vir), a possibilidade de decretação de prisão em caso de renitência no descumprimento das medidas protetivas pelo agressor, assim como o paralelismo existente entre as medidas protetivas da Lei Maria da Penha e as medidas cautelares penais alternativas à prisão previstas no art. 319, II e III, do CPP.[9]

Curiosamente, no âmbito do próprio STJ, e mesmo depois da vigência da Lei 14.550/2023, também há precedente reconhecendo a natureza de tutela inibitória cível das medidas protetivas de urgência envolvendo violência doméstica. Tal entendimento, inclusive, se coadunaria com o atual texto da Lei Maria da Penha, conforme previsão expressa contida no art. 19, §§ 5º e 6º, acrescentados pela Lei 14.550/2023. O caso envolvia a discussão sobre a duração das medidas protetivas, vindo o STJ a concluir que, a partir da natureza inibitória da medida, tornava-se imperiosa a instauração do contraditório antes de se decidir pela manutenção ou revogação do referido instrumento protetivo. Concluiu-se que, em obediência ao princípio do contraditório, as partes deveriam ter a oportunidade de influenciar na decisão, ou seja, demonstrar a permanência (ou não) da violência ou do risco dessa violência, evitando, dessa forma, a utilização de presunções, como a mera menção ao decurso do tempo, ou mesmo a inexistência de inquérito ou ação penal em curso.[10]

Nesse sentido, recente doutrina vem defendendo, com mais ênfase, a natureza cível das medidas protetivas de urgência previstas na Lei Maria da Penha. É o caso, como se viu, de Cristiano Chaves de Farias e Rogério Sanches Cunha, para quem, com o advento da Lei 14.550/2023, especialmente a redação do § 5º do art. 19, "há de se reconhecer uma substanciosa alteração no cenário, com a atribuição de uma evidente natureza cível às medidas protetivas, afastadas do espectro das cautelares

---

9. STJ, AgRg no REsp 2.056.542, 5ª Turma, Rel. Min. Joel Ilan Paciornik, j. 05.09.2023.
10. STJ, REsp 2.036.072, 6ª Turma, Rel. Min. Laurita Vaz, j. 22.08.2023.

penais". Segundo os autores, enquadrada no âmbito das tutelas de urgências civis inibitórias, as medidas protetivas estão submetidas à normatividade do Código de Processo Civil, ganhando maior eficácia no ambiente da tutela jurídica da mulher. De mais a mais, emprestar feição cautelar penal às medidas protetivas da Lei 11.340/2006 importaria em causar um paradoxo normativo, isto é, uma desarmonia entre disposições normativas de idêntica finalidade, como aquelas contempladas no Estatuto da Criança e do Adolescente e no Estatuto do Idoso, nos quais as medidas de urgência servem igualmente para proteger grupos vulneráveis e ninguém coloca em dúvida a sua natureza cível.[11]

A definição da natureza das medidas protetivas da Lei Maria da Penha, longe de ser uma discussão meramente retórica, impacta no regime jurídico a elas aplicável, em especial no que diz respeito ao seu procedimento. Aliás, já se afirmou que um dos maiores méritos da nova legislação (Lei 14.550/2023) é permitir que, sob o prisma procedimental, as medidas protetivas de urgência sejam formuladas imediatamente, ainda perante a autoridade policial, pela própria vítima, pessoalmente ou por meio de advogado. Nesse caso, inclusive, a concessão da medida também ostentaria autonomia e independência procedimental, destinando-se ao combate de ilícitos civis, não se atrelando à deflagração de uma persecução penal. Seria, por assim dizer, apenas um permissivo concedido à ofendida de se dirigir à autoridade policial, por celeridade, simplicidade e emergência, instaurando-se uma demanda civil ainda no âmbito da persecução penal, porém, autônoma e independente em relação a ela.

Ademais, a Lei Maria da Penha também não prevê um procedimento específico para o requerimento de medidas protetivas autônomas perante os órgãos judiciais, o que é elogiado por um setor da doutrina brasileira. Para Chaves de Farias e Sanches Cunha, por exemplo, em face da particular relevância do combate à violência doméstica e familiar, assim como da qualidade especial do seu titular, o ordenamento processual disponibiliza diferentes técnicas para efetivação da tutela jurisdicional tempestiva, sem o tradicional rigor procedimental. Segundo os autores, porém, em homenagem ao devido processo legal, o magistrado deve determinar a citação do requerido, fixando um prazo de resposta, seguida de uma decisão de saneamento e uma fase de instrução. Após, será prolatada a sentença, confirmando ou não a medida protetiva, cabendo recurso de apelação cível contra o pronunciamento, mesmo quando proferido pelo juízo especializado.[12]

Os autores acima mencionados ainda cogitam a possibilidade de requerimento de medida protetiva a título de tutela de urgência antecipada antecedente. Dado o caráter autônomo e independente da medida, seria possível lhe emprestar o procedimento estabelecido pelo CPC nos arts. 303 e 304, seja ela requerida perante o juízo

---

11. FARIAS, Cristiano Chaves de; CUNHA, Rogério Sanches. *Manual prático das medidas protetivas*. São Paulo: JusPodivm, 2024, p. 75-80.

12. Nesse sentido: FARIAS, Cristiano Chaves de; CUNHA, Rogério Sanches. *Manual prático das medidas protetivas*. São Paulo: JusPodivm, 2024, p. 175-187.

da vara especializada, da vara de família ou de qualquer outra. No caso, a interessada poderia, autonomamente, por meio de uma petição simples e objetiva, formular o pedido emergencial de medida protetiva, sendo que, concedido o provimento, os seus efeitos poderiam inclusive se estabilizar, caso o réu deixasse de impugnar os fatos, por meio de agravo de instrumento ou outro mecanismos de defesa idôneo. De acordo com essa posição, ainda, não seria compatível com a Lei Maria da Penha a intimação da requerente para fins de aditamento da petição, uma vez que a medida protetiva de urgência, como visto, independe da tipificação penal da violência, do ajuizamento de ação penal ou cível, da existência de inquérito policial ou do registro de boletim de ocorrência.[13]

Outro posicionamento que merece registro sobre o tema é o de Rafael Calmon. Segundo o autor, existem as demandas intituladas Medidas Protetivas de Urgência, e existe a técnica processual denominada de medida protetiva de urgência. As primeiras são uma "figura jurídica autônoma e peculiar que, por isso, precisam se libertar das pretensas amarras que as vinculam e, em muitos casos, as identificam com categorias jurídico-processuais clássicas". São, mais especificamente, um tipo especial de ação judicial civil, qualificada como um "instrumento processual específico, satisfativo, independente, autossuficiente e autônomo voltado a, dentro de cenários tão específicos quanto, conter o ciclo de violência contra a mulher". Por meio da Medida Protetiva de Urgência (demanda) pede-se a aplicação de medidas protetivas de urgência (técnicas). O problema é que a legislação não estabelece um procedimento próprio para essa demanda civil na qual se busca especificamente uma medida protetiva de urgência. Na prática, lembra o magistrado capixaba, essa omissão tem causado bastante dispersão de entendimentos. Afinal de contas, ninguém sabe por qual forma o réu pode ser citado, qual o prazo para que ele se defenda e quais tipos de prova são admitidos ao longo do procedimento. Por isso, sugere a aplicação do prazo de 5 (cinco) dias para defesa do requerido, em paralelo com o procedimento da cautelar antecedente (art. 306, CPC), seguida de saneamento, fase instrutória e sentença, tudo em conformidade com o Código de Processo Civil, podendo haver recursos e, ao final, coisa julgada.[14]

3. PRESSUPOSTOS PARA CONCESSÃO DA MEDIDA PROTETIVA DE URGÊNCIA

Para além da questão atinente ao procedimento, um estudo sobre o contraditório precisa enfrentar o tema dos pressupostos para concessão da medida protetiva de urgência.

Na doutrina, encontra-se entendimento de que a concessão da medida protetiva de urgência está pautada em um requisito único e suficiente: "a existência de uma

---

13. Nesse sentido: FARIAS, Cristiano Chaves de; CUNHA, Rogério Sanches. *Manual prático das medidas protetivas*. São Paulo: JusPodivm, 2024, p. 187-198.
14. CALMON, Rafael. *Manual de direito processual das famílias*. 3. ed. São Paulo: SaraivaJur, 2023, p. 504-531.

situação de violência doméstica ou familiar, contextualizada a partir de uma presunção de verossimilhança (= plausibilidade) decorrente da palavra da própria ofendida". A partir do art. 19, § 4º, da Lei Maria da Penha, e à luz dos argumentos formulados pela interessada, a concessão do provimento deve ser vista como medida recomendável, conquanto se trate de um juízo de cognição sumária, isto é, não exauriente. Para Chaves de Farias e Sanches Cunha, o novo texto legal teria estabelecido uma "verossimilhança preponderante presumida", que decorre exatamente da palavra da vítima, ostentando um grau mínimo de plausibilidade, a ser confirmado a partir dos elementos apresentados e de uma avaliação de risco. Prosseguem afirmando que a lógica e a coerência argumentativa se amoldam, com particular precisão, à apreciação das medidas protetivas de urgência, uma vez que impor à interessada, em certos casos, que prove a existência de uma situação de risco de violência seria atribuir um ônus praticamente inalcançável no processo, especialmente quando se lembra que tais atos se perpetuam, em regra, em momentos e lugares íntimos, distante das vistas de terceiros. Nada obstante, alertam os autores que a existência de verossimilhança preponderante não impõe uma concessão de forma cega e impositiva, sendo que a presunção de plausibilidade exige uma confirmação concreta a partir de uma avaliação do perigo de ocorrência de violência e da análise sobre a proporcionalidade da medida.[15]

O TJSP já teve a oportunidade de, já à luz do novo § 4º do art. 19, analisar a questão. No caso, com base apenas nas alegações da vítima, o juízo criminal de primeiro grau havia concedido, em desfavor do suposto ofensor, medida protetiva consistente na proibição de aproximação da ofendida e familiares. Houve pedido de revogação por parte do acusado, mas o magistrado manteve a medida, razão pela qual o sujeito impetrou, em segundo grau, o *habeas corpus*. No julgamento desta ação, o tribunal paulista ponderou que, embora se tratasse de tema reconhecidamente delicado, não havia nos autos indícios mínimos da prática de violência ou mesmo de perturbação psíquica em desfavor da vítima, a justificar a manutenção das medidas protetivas de urgência outrora deferidas. Ademais, no caso, pontuou-se que, muito embora a declaração da vítima, em contexto de violência doméstica, se revestisse de extrema relevância, fato é que o relato por ela apresentado vinha desprovido de qualquer elemento de prova a corroborar sua versão. Para os desembargadores, na verdade, o cenário desenhado confundia-se com o da contenda familiar, que não exigiria e nem autorizaria a intervenção do direito penal. Deste modo, era evidente o constrangimento ilegal suportado pelo paciente, já que não havia demonstração suficiente da

---

15. FARIAS, Cristiano Chaves de; CUNHA, Rogério Sanches. *Manual prático das medidas protetivas*. São Paulo: JusPodivm, 2024, p. 119-123. Na mesma linha de pensamento, já há um tempo, Fabiano Carvalho defendeu que, "por tratar-se [a medida protetiva de urgência] de medida liminar, proferida em cognição sumária e que pode causar graves restrições de direitos, é oportuno que o juiz examine com rigor os requisitos para a tutela de urgência". Cf. CARVALHO, Fabiano. Medidas protetivas de urgência na lei da violência doméstica e familiar contra a mulher. In: ARMELIN, Donaldo (Coord.). *Tutelas de urgência e cautelares*. São Paulo: Saraiva, 2010, p. 479.

suposta violência por ele praticada, quer seja física, quer seja psíquica, não havendo razão, pois, para se falar em manutenção das medidas cautelares.[16]

O ponto nos remete à temática dos *standards* probatórios.

4. *STANDARDS* PROBATÓRIOS PARA CONCESSÃO DA MEDIDA PROTETIVA DE URGÊNCIA

Basicamente, o estândar probatório é definido como o grau de suficiência probatória mínima exigida pelo direito, para que uma hipótese fática possa ser considerada provada. Em situações nas quais a decisão seja proferida em condições de incerteza jurídica, a existência de um *standard* probatório aparece como um fator de redução da complexidade, já que passa a existir a inserção dos critérios exigidos para que uma determinada hipótese fática seja considerada provada.[17] Em esclarecedora analogia, os *standards* de prova seriam para a decisão o que a nota mínima é para a avaliação realizada pelos professores. Nesse sentido, afirma-se que os *standards* cumpririam três funções de grande importância no marco do processo decisório envolvendo provas: (*i*) aportam os critérios imprescindíveis para a justificação da própria decisão, no que diz respeito à suficiência probatória; (*ii*) servem de garantia para as partes, já que lhes permitem tomar suas próprias decisões sobre a estratégia probatória e controlar a correção da decisão sobre os fatos; (*iii*) distribuem o risco de erro entre as partes.[18] Sucede que os *standards* de prova não têm previsão normativa no ordenamento jurídico brasileiro, daí resultando a complexidade na definição de critérios que possam guiar uma decisão judicial que, por sua vez, possa ser controlável pelo jurisdicionado.[19]

Humberto Ávila lista os *standards* de prova geralmente admitidos: (*i*) *prova irrefutável*: própria de situações em que há restrição de direitos de personalidade, sendo obtida a partir de meios de prova que, em virtude de máximas da experiência ou de experimentos científicos, proporcionam conclusões com índice de probabilidade próximo de 100%, como ocorre, por exemplo, com o exame de DNA no caso de investigações de paternidade; (*ii*) *prova acima de qualquer dúvida razoável*: adequada a âmbitos do Direito que envolvem punições com restrição da liberdade do requerido, como sói ocorrer no Direito Penal, sendo obtida a partir de meios que asseguram que qualquer dúvida remanescente seja insignificante a ponto de uma pessoa razoável,

---

16. TJSP, *Habeas Corpus* Criminal 2321887-30.2023.8.26.0000, 13ª Câmara de Direito Criminal, Des. Rel. Luís Geraldo Lanfredi, j. 19.01.2024.

17. PEIXOTO, Ravi. *Standards probatórios no direito processual brasileiro*. São Paulo: JusPodivm, 2021, p. 61-62. Na linha do que já ponderou Danilo Knijnik, "é difícil, ou até mesmo impossível, traçar um esquema abstrato que permita quantificar o convencimento judiciário, razão pela qual o máximo que se pode pretender é o fornecimento de pautas ou critérios, auxiliares à tarefa judicial em questão" (KNIJNIK, Danilo. *A prova nos juízos cível, penal e tributário*. Rio de Janeiro: Forense, 2007, p. 48).

18. FERRER-BELTRÁN, Jordi. *Prova sem convicção: standards de prova e devido processo*. São Paulo: JusPodivm, 2022, p. 187-190.

19. MARANHÃO, Clayton. *Standards* de prova no processo civil brasileiro. *Revista Judiciária do Paraná*, ano XIV, n. 17, p. 221. Curitiba: Bonijuris, maio, 2019.

assim mesmo, considerar a hipótese discutida como comprovada; (*iii*) *prova clara e convincente*: apropriada a contextos jurídicos que abrangem sanções das quais resultem restrições aos direitos de liberdade e de propriedade, como é o caso do Direito Administrativo Sancionador, sendo obtida a partir da "preponderância da prova", ou seja, mediante indícios qualificados que assegurem haver muito mais probabilidade de a hipótese discutida ser verdadeira do que o contrário; (*iv*) *prova convincente ou de verossimilhança razoável*: consentânea com âmbitos do Direito que resguardam direitos disponíveis e patrimoniais, a exemplo de algumas áreas do Direito Civil, sendo obtida a partir de um "balanço de probabilidades" ou da constatação de uma "probabilidade prevalente", isto é, por meio de indícios orientados que assegurem haver simplesmente mais probabilidade de a hipótese ser verdadeira do que o contrário.[20] Esta última espécie relaciona-se com o que alguns autores chamam de "inferência da melhor explicação", o qual, apesar das críticas sobre a insuficiência do modelo, adota a melhor explicação (analogia, coerência, testes de hipóteses etc.) dentre as hipóteses conflitantes, ainda que os elementos de juízo sejam mínimos.[21]

Pois a decisão acerca do *standard* probatório a ser aplicado depende, segundo Ávila, de escolhas a respeito do risco de erro e dos fatores explicativos. No que tange ao risco de erro, a escolha do *standard* dependeria de uma equação acerca de qual risco se pretende evitar com sua adoção. Por exemplo: havendo possibilidade de imposição de sanções altamente gravosas, como penalidades pecuniárias elevadas ou restrições severas ao exercício de atividades lícitas, o *standard* adequado seria o da prova clara e convincente, partindo-se do pressuposto de que é melhor para o sistema deixar de sancionar um culpado do que punir um inocente. Já quanto aos fatores explicativos da escolha do estândar, tal opção dependeria de uma série de elementos relativos à infração, à sanção, ao poder investigatório e ao raciocínio desenvolvido. Nesse contexto, quanto mais séria for a natureza das alegações, tanto mais cogente deve ser a prova exigida por aprovar a ocorrência da hipótese. Sem prejuízo, a opção pelo *standard* também é influenciada, por exemplo, pela gravidade das sanções a serem eventualmente aplicadas, de modo que, quanto mais gravosa for a sanção, tanto mais exigente deverá ser a prova requerida para sua aplicação. Ademais, a preferência pelo *standard* decorreria também da natureza das alegações a serem comprovadas, de sorte que, quanto mais pessoais forem os fatos a serem apurados, e mais severas as consequências deles decorrentes, tanto mais rigorosa deverá ser a prova exigida para sua comprovação. De acordo com o professor da USP, "tal determinação resulta da aplicação dos direitos fundamentais em sua função de direito de defesa contra restrições estatais, como é o caso da dignidade humana, para as pessoas, e do direito de livre exercício de atividade econômica, para as empresas".[22]

---

20. ÁVILA, Humberto. Teoria da prova: *standards* de prova e os critérios de solidez da inferência probatória. *Revista de Processo*, v. 282, p. 116-117. São Paulo: RT, ago. 2018.
21. MARANHÃO, Clayton. *Standards* de prova no processo civil brasileiro. *Revista Judiciária do Paraná*, ano XIV, n. 17, p. 224. Curitiba: Bonijuris, maio, 2019.
22. ÁVILA, Humberto. Teoria da prova: *standards* de prova e os critérios de solidez da inferência probatória. *Revista de Processo*, v. 282, p. 117-119, São Paulo: RT, ago. 2018.

Em regra, os requisitos para concessão da tutela urgente, seja satisfativa ou acautelatória, estão previstos no art. 300, *caput*, do CPC, segundo o qual a tutela de urgência será concedida quando houver elementos que evidenciem a probabilidade do direito e o perigo de dano ou o risco ao resultado útil ao processo. Daí se afirmar que, no âmbito da tutela de urgência civil, o autor deve satisfazer o *standard* exigido em lei para que medida possa ser deferida, substanciando a demanda por meio de alegação de fatos que correspondam ao aparente direito em que se funda a sua pretensão (*fumus boni juris*), assim como a uma situação de perigo de dano (*periculum di infruttuosità*) ou de risco ao resultado útil do processo (*periculum di tardività*). Pois considerando-se que, geralmente, o pedido ocorre no início do procedimento, para que o juiz se convença da presença dos requisitos, Clayton Maranhão entende que "a inferência da melhor explicação (IME) seja o *standard* adequado para esse momento procedimental", especialmente porque tal estândar não fornece mesmo uma solução definitiva, sendo adequado para a formação de convicção judicial provisória, própria das tutelas sumárias de urgência.[23]

O *standard* probatório da decisão baseada em cognição sumária, da qual a tutela de urgência é a grande espécie, envolve uma decisão de caráter potencialmente deficiente em relação ao desenvolvimento do contraditório e, portanto, dos elementos probatórios disponíveis. De todo modo, para parte da doutrina, não há qualquer impedimento lógico a que se exija um estândar probatório semelhante para uma decisão fundada em cognição sumária e uma em cognição exauriente, uma vez que a diferença entre *standards* probatórios estaria na qualidade dos elementos probatórios, ao passo que a distinção entre cognição sumária e exauriente existiria em relação ao contraditório. A exigência de um mesmo estândar probatório para uma decisão de tutela provisória, em cognição sumária, é justificável na medida em que a decisão pode consistir em verdadeiro adiantamento do pedido final antes do desenvolvimento pleno do contraditório, gerando um risco de modificação maior que acaba por recair sobre o réu. Nesse sentido, segundo Ravi Peixoto, "as consequências de um falso positivo são iguais em uma decisão interlocutória que defere uma tutela provisória e uma sentença, e, no primeiro caso, tem-se um risco maior para o réu, pois há uma alteração da situação jurídica do réu sem o pleno desenvolvimento do contraditório.[24]

Especificamente sobre a constatação da urgência e a suficiência probatória, tema relevante no contexto da Lei Maria da Penha, é preciso ponderar que, de certa forma, a verificação do perigo da demora existe apenas na análise do pedido de medida protetiva, pois não se trata de suporte fático que será obrigatoriamente analisado no momento da decisão de mérito definitiva, em especial a partir da Lei 14.550/2023, que conferiu maior autonomia às medidas protetivas. Trata-se, por assim dizer, de um pressuposto autônomo e específico da tutela de urgência, razão pela qual a cognição

---

23. MARANHÃO, Clayton. *Standards* de prova no processo civil brasileiro. *Revista Judiciária do Paraná*, ano XIV, n. 17, p. 230-232. Curitiba: Bonijuris, maio, 2019.
24. PEIXOTO, Ravi. *Standards probatórios no direito processual brasileiro*. São Paulo: JusPodivm, 2021, p. 295-313.

sumária exercida sobre o requisito não possui um referencial ao qual se reportar, como ocorre em relação à probabilidade do direito. Daí se dizer que, na tutela provisória de urgência, a cognição é sumária, porque não há o direito ao amplo contraditório, mas, ao mesmo tempo, é uma cognição final, já que inexiste, obrigatoriamente, decisão posterior sobre o tema. Conquanto a cognição sobre a urgência seja autônoma em relação aos demais requisitos para a tutela provisória, também é correto se afirmar que, por se tratar de pressuposto avaliado necessariamente em conjunto e no mesmo momento da probabilidade do direito, os elementos probatórios que demonstrem o *periculum in mora* devem atingir um mínimo de suficiência probatória que consiste na probabilidade da hipótese fática.[25] Em suma, a requerente da medida protetiva deve ser capaz de demonstrar que é provável a situação de urgência.

Tais considerações não infirmam a possibilidade de escolhas políticas sobre o tema, como ocorre exatamente no contexto das medidas protetivas envolvendo violência doméstica, em que se opta por "rebaixar" o nível de suficiência probatória para facilitar a concessão de uma medida. Um dos mais respeitados autores sobre o tema, Jordi Ferrer-Beltrán, considera as dificuldades probatórias em relação ao tipo de caso, a exemplo do que se dá nos delitos sexuais, como fator que realmente pode intervir na fixação do grau de exigência do *standard* de prova, evitando-se, assim, impunidade. Sucede que, de acordo com o autor, mesmo nesses casos, "abrir a possibilidade de modificar o *standard* de prova nos casos concretos sem maior precisão é altamente perigoso". Poder-se-ia sustentar, hipoteticamente, que, em se tratando de grupo desfavorecido, adota-se um *standard* de prova menos exigente devido à preferência política de diminuir o risco de erro contra o grupo. Não discordamos disso, como visto. Acontece que, nas palavras do próprio autor espanhol, "não basta abrir a possibilidade indeterminada de baixar o umbral de exigência probatória, mas sim que o direito ao devido processo que qualquer cidadão possui (pertença ou não ao grupo desfavorecido) exige que o *standard* de prova venha determinado e que seja cognoscível antes do início do processo".[26]

Note-se, pois, que essa opção política de um *standard* probatório menos exigente não é arbitrária, tampouco incontrolável. Por mais nobre que seja a sua intenção, encontra limite na essência de um Estado de Direito, que envolve a observância de uma mínima justificabilidade para que haja invasão na esfera jurídica de um cidadão, mormente quando se fala de invasão drástica, restritiva da liberdade e dos direitos fundamentais e, ainda, despida de contraditório prévio. Inegavelmente, um sistema de justiça em que as decisões sobre os fatos sejam tomadas com conjuntos probatórios pobres será um sistema em que se cometerão muitos erros.[27]

---

25. PEIXOTO, Ravi. *Standards probatórios no direito processual brasileiro*. São Paulo: JusPodivm, 2021, p. 317-318.

26. FERRER-BELTRÁN, Jordi. *Prova sem convicção: standards de prova e devido processo*. São Paulo: JusPodivm, 2022, p. 287-289.

27. FERRER-BELTRÁN, Jordi. *Prova sem convicção: standards de prova e devido processo*. São Paulo: JusPodivm, 2022, p. 214

O natural é que decisões que sejam menos invasivas à esfera jurídica da parte, trazendo menores riscos na concessão, exijam menor força probatória, ao passo que decisões mais invasivas, com maior grau de satisfatividade e irreversibilidade, exijam maior força probatória.

Daí por que precisamos analisar com o devido *grano salis* as ponderações de Cristiano Chaves de Farias e Rogério Sanches Cunha, para quem, atualmente, no âmbito das medidas protetivas de urgência, vigora a máxima "in dubio pro tutela", ou seja, na dúvida sobre conceder ou não a medida, o juiz deve optar pela concessão. Prosseguem dizendo que, não estando o magistrado convencido a respeito dos elementos apresentados pela vítima, ou pelo *Parquet*, para o deferimento da providência pretendida *liminarmente* (*initio litis*), o caminho recomendável como regra não seria, seguramente, o seu indeferimento, mas sim a designação de uma audiência com o propósito de facultar à interessada a sua justificação, a teor do que dispõe o § 2º do art. 300 do CPC. Nesta audiência, segundo eles, poderão ser obtidos esclarecimentos, permitindo a prolação de uma decisão segura e ponderada. Além disso, havendo receio justificado, seria possível a realização do ato sem a presença da pessoa apontada como agressora, com vistas à preservação da dignidade da vítima. Por fim, os autores ainda chegam a dizer o seguinte: "por óbvio, objetar-se-á, em sentido oposto, a possibilidade de alegações inverídicas ou equivocadas no requerimento formulado pela interessada. Pois bem, se já tiver concedida a providência urgente, há de ser revogada imediatamente, com a possibilidade de responsabilização processual por litigância de má-fé, se demostrada uma alteração da verdade dos fatos, por exemplo (CPC, art. 80). Há, portanto, mecanismo processual idôneo e eficaz para um pronto restabelecimento do *status quo ante* (situação anterior), não sendo crível opor como contra-argumentação para o indeferimento da medida".[28]

5. MEDIDA PROTETIVA, CONCESSÃO LIMINAR E CONTRADITÓRIO: NOTAS CONCLUSIVAS

É inquestionável que a preservação da integridade física e psíquica, notadamente de pessoas em situação de vulnerabilidade, impõe ao sistema jurídico disponibilizar soluções processuais rápidas e efetivas. Mas isso não pode ocorrer – insistindo em dizer o óbvio – ao completo arrepio das garantias constitucionais do processo. O mesmo sistema que oportuniza a tutela jurisdicional de urgência, permitindo a concessão de uma medida protetiva *inaudita altera parte*, com base em cognição sumaríssima, para proteção efetiva da pessoa vulnerável, também deve prever mecanismos de compensação e de equacionamento dos déficits de contraditório percebidos nessa seara. Invocar simplesmente a ponderação parece-nos cômodo, quiçá inconstitucional.

---

28. FARIAS, Cristiano Chaves de; CUNHA, Rogério Sanches. *Manual prático das medidas protetivas*. São Paulo: JusPodivm, 2024, p. 47-66.

Não se defende, por óbvio, a vedação da concessão de medidas protetivas sem oitiva da parte contrária, especialmente nos casos de violência doméstica, em que a mera ciência da medida pode frustrar a sua própria efetividade.

O ponto é outro.

Numa teoria da equalização das deficiências de contraditório em sede liminar, é preciso que se busque, o máximo possível, condições para que a revogação da medida protetiva permita um retorno à situação anterior, não sendo suficiente a previsão, para o caso, da responsabilidade por litigância de má-fé. Assim, diante da constatação de que as alegações da suposta vítima eram inverídicas, ou mesmo equivocadas, não se pode compensar a drástica restrição ao direito de ir e vir do requerido, garantia basilar de um Estado de Direito, com a mera imputação, à suposta vítima, de litigância de má-fé. Alguém que, por força de uma medida protetiva de distanciamento e afastamento, posteriormente cassada por inexistência do fato, tenha ficado por meses sem conseguir exercer adequadamente a sua atividade profissional e seu convívio com familiares, não retorna ao *status quo ante* com a mera possibilidade de responsabilização processual da parte contrária por litigância de má-fé.

Para nós, trata-se de exemplo de situação em que inexiste adequado equacionamento do déficit de contraditório, gerando uma restrição excessivamente onerosa ao direito fundamental de defesa. Por isto, na linha do que já se vem sustentando ao longo do trabalho, algumas sugestões podem ser feitas.

Em primeiro lugar, ainda que se admita, diante da urgência extremada, a concessão de medida protetiva apenas com base no depoimento da ofendida, nos termos do § 4º do art. 19 da Lei Maria da Penha, tal circunstância não exime a autoridade responsável de verificar a existência de um grau mínimo de verossimilhança das alegações. Numa hipotética escala de 0 a 10, uma urgência 10 não é suficiente para autorizar a concessão da medida se a probabilidade se mostrar 0. Mesmo se admitindo certa compensação entre o *fumus boni iuris* e o *periculum in mora*, a hipótese fática da requerente deverá, ao menos, ser provável, à luz dos elementos probatórios disponíveis.

Em segundo lugar, deve-se abrir espaço para uma ressignificação da justificação prévia, de modo que, havendo tempo hábil para designação de audiência, deve o magistrado permitir o comparecimento do requerido (ainda que de modo remoto), para que possa confrontar eventuais testemunhas da requerente, tratando-se, pois, de medida importante para a inibição de medidas protetivas temerárias.

Em terceiro lugar, nos casos em que não houver a iminência de dano irreversível, podendo ele ocorrer, todavia, dentro do prazo de resposta, pode o magistrado fixar um prazo reduzido para o requerido manifestar-se unicamente sobre o pedido de tutela de urgência, na esteira do que se dá no âmbito das cautelares antecedentes. Antes um contraditório exíguo que contraditório nenhum.

Por fim, se o caso for mesmo de concessão *inaudita altera parte* da medida protetiva, diante do risco à vida ou à integridade física da mulher, assim como da verossimilhança mínima de suas alegações, é preciso que o sistema assegure a formação imediata do contraditório perante o órgão que deferiu a medida, inclusive com dever de revisão da decisão, para sua confirmação ou revogação, sem prejuízo do acesso ao segundo grau. Repetindo o que já dissemos em outro momento, não se mostra legítima a manutenção da tutela de urgência sob o simples argumento de que a liminar está submetida à cláusula *rebus sic stantibus*, e que inexiste elemento novo para revisão. Esta lógica, para nós, somente faz sentido quando a decisão se dá mediante contraditório prévio, sendo incompatível com o contraditório diferido. Nesta forma de contraditório, em que a decisão é dada apenas com base na versão da parte autora, a simples impugnação dos fatos pelo requerido tem aptidão para gerar reanálise da tutela de urgência discutida.

Ainda que se sustente ser a concessão de medida protetiva *inaudita altera parte* a regra – e não a exceção – quando o tema envolver violência doméstica, tratando-se, por assim dizer, de opção legislativa legítima em prol de um grupo vulnerável, parece inegável a constatação de que, com maior razão, é preciso estruturar um sistema eficaz de equacionamento dos déficits de contraditório, que atue com intensidade inversamente proporcional à completude do contraditório oferecido.

Quanto menor a densidade do contraditório oportunizado, maior deve ser a intensidade dos mecanismos de compensação. Se a regra, no ambiente das medidas protetivas da Lei Maria da Penha, é que se permita a concessão de liminares com maior flexibilidade, baseando-se apenas na palavra da autora, sem oitiva da parte contrária, inclusive com possibilidade de provimentos satisfativos e com alto grau de irreversibilidade, pensamos, de outro lado, que o ordenamento deve intensificar o contraditório pós-concessão, aprimorar os mecanismos para, de fato, buscar o retorno ao estado anterior, além de, ainda, criar um sistema de responsabilidades para evitar a formulação de pedidos eivados de má-fé.

E tudo isto, como se pode perceber, nada tem nada a ver com frustrar a medida ou reduzir a efetividade da liminar.

Uma vez constatado, posteriormente, que as imputações feitas contra o suposto ofensor eram inverídicas, tendo, contudo, gerado medidas invasivas à esfera jurídica do requerido, caberá às autoridades competentes, por exemplo, dar concretude ao que dispõe o art. 2º, VI, da Lei 12.318/2010, qualificando o ato como alienação parental, se for o caso, enquadrar a sujeição à medida protetiva temerária como hipótese de configuração de dano moral *in re ipsa*, além de outros instrumentos compensatórios, que, ao fim e ao cabo, mitiguem o risco de temeridade das liminares nessa seara.

REFERÊNCIAS

ÁVILA, Humberto. Teoria da prova: *standards* de prova e os critérios de solidez da inferência probatória. *Revista de Processo*, v. 282, p. 116-117. São Paulo: RT, ago. 2018.

CALMON, Rafael. *Manual de direito processual das famílias*. 3. ed. São Paulo: SaraivaJur, 2023.

CARVALHO, Fabiano. Medidas protetivas de urgência na lei da violência doméstica e familiar contra a mulher. In: ARMELIN, Donaldo (Coord.). *Tutelas de urgência e cautelares*. São Paulo: Saraiva, 2010.

DIDIER JR., Fredie; OLIVEIRA, Rafael. Aspectos processuais civis da Lei Maria da Penha (violência doméstica e familiar contra a mulher). In: PEREIRA, Rodrigo da Cunha (Coord.). *Família e responsabilidade*: teoria e prática do direito de família. Porto Alegre: IBDFAM, 2010.

FARIAS, Cristiano Chaves de; CUNHA, Rogério Sanches. *Manual prático das medidas protetivas*. São Paulo: JusPodivm, 2024.

FERRER-BELTRÁN, Jordi. *Prova sem convicção: standards* de prova e devido processo. São Paulo: JusPodivm, 2022.

KNIJNIK, Danilo. *A prova nos juízos cível, penal e tributário*. Rio de Janeiro: Forense, 2007.

MARANHÃO, Clayton. *Standards* de prova no processo civil brasileiro. *Revista Judiciária do Paraná*, ano XIV, n. 17, p. 221. Curitiba: Bonijuris, maio, 2019.

PEIXOTO, Ravi. *Standards probatórios no direito processual brasileiro*. São Paulo: JusPodivm, 2021.

STJ, AgRg no REsp 1.783.398, 5ª Turma, Rel. Min. Reynaldo Soares da Fonseca, j. 02.04.2019.

STJ, AgRg no REsp 2.056.542, 5ª Turma, Rel. Min. Joel Ilan Paciornik, j. 05.09.2023.

STJ, HC 605.113, 6ª Turma, Rel. Min. Antônio Saldanha Palheiro, j. 08.11.2022.

STJ, REsp 2.009.402, 5ª Turma, Rel. Min. Ribeiro Dantas, j. 09.11.2022.

STJ, REsp 2.036.072, 6ª Turma, Rel. Min. Laurita Vaz, j. 22.08.2023.

STJ, RHC 34.035, 6ª Turma, Rel. Min. Sebastião Reis Júnior, j. 1º.01.2013.

TJSP, *Habeas Corpus* Criminal 2321887-30.2023.8.26.0000, 13ª Câmara de Direito Criminal, Des. Rel. Luís Geraldo Lanfredi, j. 19.01.2024.

TJSP, *Habeas Corpus* Criminal 2328061-55.2023.8.26.0000, 3ª Câmara de Direito Criminal, Des. Rel. Toloza Neto, j. 29.01.2024.

SILÊNCIO MORTAL: A VIOLÊNCIA INDIRETA CONTRA CRIANÇAS E ADOLESCENTES SOB A ÉGIDE DA LEI MARIA DA PENHA À LUZ DO STJ

Flavia Brandão Maia Perez

Mestre. Especialista em Direito das Famílias e Sucessões e em Direito Constitucional. Advogada. flavia@fbrandao.adv.br.

Sumário: Introdução – 1. A tipificação da violência – 2. Violência no contexto intrafamiliar – 3. A aplicação da Lei Maria da Penha na prevenção da violência indireta – 4. Definição e escopo da violência indireta – 5. A violência indireta contra crianças e adolescentes – 6. Tipos de violência indireta ou psicológica – 7. O posicionamento do STJ com relação à violência doméstica contra a mulher e a lacuna com relação à violência doméstica indireta – Considerações finais – Referências.

INTRODUÇÃO

Nos dias atuais, a violência é considerada um dos maiores problemas da sociedade brasileira. Dentre as suas mais variadas formas, a violência doméstica e familiar tem especial destaque, considerando que ocorre no seio familiar (que deveria ser lugar de segurança e proteção), o que muitas vezes se dá de forma silenciosa.

A violência doméstica e familiar atinge diretamente as mulheres seus filhos e filhas, sendo o agressor, na maioria das vezes, marido, companheiro ou mesmo namorado, ou seja, aquele que tem contato e relacionamento cotidiano e direto com as mulheres e filhos, comuns ou não. Há várias formas de violência doméstica, física, verbal, moral ou psicológica, sexual e patrimonial, cujo reflexo pode atingir direta ou indiretamente os filhos que habitam um lar onde acontece a prática da violência.

Entende-se que a cultura da agressão às mulheres tem crescido de forma exponencial, sendo necessária a busca pela prevenção e métodos específicos para a proteção efetiva das vítimas diretas e indiretas dessa agressão em todas as suas dimensões.

A Lei Federal 11.340/2006, conhecida como Lei Maria da Penha, criou mecanismos para coibir a violência doméstica e familiar contra a mulher, além de outras medidas e recomendações previstas nos termos do artigo 226 da Constituição Federal, da Convenção Interamericana para Prevenir, Punir e erradicar a Violência contra a Mulher (Convenção de Belém do Pará – Decreto 1.973/1996 e da Convenção sobre a Eliminação de Todas as formas de discriminação contra as mulheres Decreto 4.377/2002, visando prevenir, punir os praticantes da violência contra a mulher e, ainda, com disposições sobre a criação dos Juizados de Violência Doméstica e Familiar contra a Mulher e alterações no Código de Processo Penal.

Diante disso, a partir da Lei Maria da Penha e após instuarado processo judicial onde há denúncia de violência infrafamiliar, que consiste em violação dos direitos humanos, como expressamente consta do art. 6º da Lei 11.340/2006 (Lei Maria da Penha), o que se tem observado é que grande parte dos filhos e filhas que vivem no lar violento estão na situação de risco por violência indireta, considerando que não há um protocolo específico para os cuidados destes após a aplicação das medidas protetivas pelo Estado em favor das mães, deixando-se assim de se verificar se há a repercussão direta ou indireta da violência nos filhos e filhos que a presenciam e se podem trazer algum tipo de reflexo direto e indireto.

O que se observa é que cada dia mais os filhos e filhas da violência são mantidos em contato com os agressores, mesmo quando comprovado que se tornaram observadores diretos e indiretos da violência sofrida pela mãe afastada do agressor, sem tratamento especial para que não haja, num futuro, a reprodução da vioência quando adultos ou ainda o aumento dos adolescentes em conflito com a lei.

1. A TIPIFICAÇÃO DA VIOLÊNCIA

O fenômeno da violência é um dos grandes desafios mundiais. Quando se configura como um corolário corriqueiro e reiterado das próprias interações sociais entre os indivíduos, obliterando o cotidiano de todos, fica claro que é preciso buscar uma compreensão mais ampla da temática, de modo a tecer meios de confronto contra essa realidade múltipla, complexa e tristemente naturalizada, cujos indícios na trajetória humana somem no tempo, embora contemporaneamente ela assuma diversas facetas distintas. A violência possui profundas ligações com a desigualdade entre as classes e é uma anomalia social, cujo enfrentamento exige estratégias que não podem se eximir da melhoria do sistema de proteção social, do fortalecimento das políticas sociais e da garantia de direitos (Silva, 2005). Com efeito, passamos a destrinchá-la a seguir.

Chauí (1998), autora reconhecida não apenas pela produção acadêmica, mas também pela participação efetiva no quadro histórico do pensamento e da política brasileira, delineia relevante compreensão filosófica sobre a temática, considerando o conceito de violência, cujo vocábulo, etimologicamente, advém do termo latino "vis", que significa "força".

Em seus estudos, Chauí (1998) aponta outros significados para o conceito de violência, tais como: (a) "desnaturar" (tudo o que envelhece com o uso da força, para ir contra a natureza de qualquer ser); (b) "coagir" (constranger, torturar, brutalizar: qualquer ato de força contra a espontaneidade, o desejo ou a liberdade de alguém); e (c) "violar" (todo ato de violação da natureza de alguém ou de algo valorizado positivamente por uma sociedade).

A autora ainda descreve violência como todo ato de transgressão contra bens materiais e imateriais e ações que alguém ou uma sociedade define como justas e como um direito, considerando-o, ainda, como um ato de brutalidade, sevícia e abuso físico e/ou psíquico contra alguém, o que caracteriza relações intersubjetivas e sociais definidas por situações de opressão, intimidação, medo e terror (Chauí, 1998).

A violência se manifesta ora como manifestação da dinâmica e da trajetória de uma sociedade, ora como fenômeno distinto, que se destaca e influencia a mesma dinâmica social. Nunca houve uma sociedade sem violência, mas sempre houve sociedades mais violentas do que outras, cada uma com sua própria história. A violência não pode ser estudada ou tratada fora da sociedade que a produz (Minayo, 1994).

As manifestações do fenômeno também podem ser vistas nos estudos citados por Veronese (2006), que – na condição de Vice-diretora do Centro de Ciências Jurídicas da Universidade Federal de Santa Catarina – afirma que a violência viola os direitos humanos, que devem ser vistos como um conjunto de princípios que garantem a dignidade humana, voltados para a não agressão e a não degradação do ser humano. Assim, assevera que "proteger esses direitos implica uma resistência permanente, visível na defesa dos direitos das crianças, mulheres, idosos, deficientes, entre outros" (Veronese, 2006).

Chauí (1998) também enfatiza que a violência se opõe à ética, ao tratar as vítimas como se fossem objetos, mas não seres humanos.

> A violência se opõe à ética porque trata seres racionais e sensíveis, dotados de linguagem e de liberdade, como se fossem coisas, isto é, irracionais, insensíveis, mudos, inertes ou passivos. Na medida em que a ética é inseparável da figura do sujeito racional, voluntário, livre e responsável, tratá-lo não como humano e sim como coisa, fazendo-lhe violência nos cinco sentidos em que demos a esta palavra (Chauí, 1998).

É por meio da análise multidisciplinar, de autores de diversas áreas, que se pode compreender que a violência, por seu caráter complexo, envolve as pessoas em toda a sua vida biológica e social de forma dinâmica. Na realidade histórica, certas sociedades são mais violentas do que outras, dependendo do tipo de manifestação da prática. É o resultado de várias observações e estudos, devendo sempre ser analisada como um fenômeno que participa de complicados processos históricos, de modo que sempre haverá elementos gerais e específicos na apresentação e reprodução desse fenômeno. A violência ocorre como parte da história humana e social, independentemente de sua forma.

2. VIOLÊNCIA NO CONTEXTO INTRAFAMILIAR

A Lei 11.340/2006 (Lei Maria da Penha) não só descreve os tipos de violência, mas também define como crime a violência doméstica e familiar contra a mulher e sugere formas de prevenir, enfrentar e punir tal violência. De acordo com a lei, a autoridade judiciária ou policial poderá conceder medidas protetivas de urgência, que são ações de proteção à mulher, tais como o afastamento do agressor do local, a proibição de contato com a vítima e testemunhas, a proibição de porte de armas e o encaminhamento da mulher para programas de proteção, entre outras medidas.

Diante disso, se a vítima for agredida fora de casa, o caso também se enquadra na Lei Maria da Penha (Silva Júnior, 2006).

De acordo com o art. 5º da Lei 11.340/2006, violência doméstica e familiar contra a mulher corresponde a qualquer ação ou omissão baseada no gênero que lhe cause morte, lesão, sofrimento físico, sexual ou psicológico e dano moral ou patrimonial, no âmbito da unidade doméstica (inciso I), da família (inciso II) e em qualquer relação íntima de afeto (inciso III).

As espécies de violência doméstica e familiar contra a mulher estão listadas, no art. 7º da Lei Maria da Penha, a violência física, entendida como qualquer conduta que ofenda sua integridade ou saúde corporal; a *violência psicológica*, entendida como qualquer conduta que lhe cause dano emocional e diminuição da autoestima ou que vise degradar ou controlar suas ações, exploração e limitação do direito de ir e vir ou qualquer outro meio que lhe cause prejuízo à saúde psicológica e à autodeterminação; a violência sexual, entendida como qualquer conduta que a constranja a presenciar, a manter ou a participar de relação sexual não desejada; a *violência patrimonial*, entendida como qualquer conduta que configure retenção, subtração, destruição parcial ou total de seus bens, valores e direitos ou recursos econômicos, incluindo os destinados a satisfazer suas necessidades; a *violência moral*, entendida como qualquer conduta que configure calúnia, difamação ou injúria.

Os estudos de Delanez (2012) reafirmam que a salvaguarda ao princípio da dignidade humana, consagrada no art. 227 da Constituição Federal de 1988, abarca a devida proteção contra os tipos de violência (física, psicológica, moral, sexual e patrimonial) mencionados na Lei Maria da Penha. Contudo, ainda que o ordenamento jurídico brasileiro ampare legalmente os mais vulneráveis, a realidade cotidiana é crua e grave.

Para efeitos deste artigo, a violência doméstica e intrafamiliar em todos os seus modos é analisada a fim de demonstrar que a violência contra a mulher no seio familiar, onde existem filhos, os atinge de forma indireta, ou seja, os filhos também sofrem e vivenciam a violência sofrida pelas mães, lhes trazendo consequências graves.

A força do vínculo afetivo é posta à prova cotidianamente na violência intrafamiliar. As entidades acreditam que as vítimas de violência se recusarão a responder a qualquer ação por causa de sua apatia Azevedo, por outro lado, afirma que a violência doméstica contra crianças e adolescentes tem alguns aspectos a serem observados:

> [...] é uma violência interpessoal e intersubjetiva; é um abuso do poder disciplinar e coercitivo dos pais ou responsáveis; é um processo que pode se prolongar por meses e até anos; é um processo de completa objetificação da vítima, reduzindo-a à condição de objeto de maus-tratos; é uma forma de violação dos direitos essenciais da criança e do adolescente enquanto pessoas e, portanto, uma negação de valores humanos fundamentais como a vida, a liberdade, a segurança; tem na família sua ecologia privilegiada. Como esta pertence à esfera do privado, a violência doméstica acaba se revestindo da tradicional característica de sigilo (Azevedo, 2010, p. 48).

Antes de se adentrar nas características da violência doméstica e violência intrafamiliar, necessária se faz a distinção entre cada uma. É comum que a *Violência doméstica* ocorra em casa, no ambiente doméstico, no domicílio da família, embora se saiba que este não é o único local em que pode ser perpetrada. Já a *violência intrafamiliar* extrapola os limites do domicílio. A violência doméstica apresenta pontos de sobreposição com a *familiar.* Atinge, porém, também pessoas que, não pertencendo à família, vivem, parcial ou integralmente, no domicílio do agressor (Saffioti, 2015). As agressões domésticas incluem: abuso físico, sexual e psicológico, a negligência e o abandono.

Na violência doméstica, a vulnerabilidade da vítima pode ser entendida como um estado crônico e cíclico de comprometimento emocional, que pode imobilizar a mulher, prejudicando seu amplo desenvolvimento, afetando a sua saúde física e emocional e alterando a sua capacidade de socialização, interação afetiva e rendimento laboral. Embora não seja nenhuma novidade contemporânea – inclusive com o assassinato de Ângela Diniz pelo namorado Doca Street gerando ampla mobilização nacional na década de 1970 –, a violência doméstica ganhou maior visibilidade com o caso de Maria da Penha Maia Fernandes, que, além de outras agressões, sofreu duas tentativas de homicídio de seu próprio marido, uma delas deixando-a paraplégica.

Sabe-se que a violência doméstica é uma questão histórica e cultural, estando presente na maioria das famílias brasileiras, muitas vezes por uma situação de vulnerabilidade e por diversos fatores presentes na contemporaneidade. Todavia, mesmo depois da entrada em vigor da normativa, ainda hoje encontram-se diversos casos de mulheres agredidas física, psicológica, sexual e patrimonialmente por seus pais, irmãos, cônjuges e companheiros.

Conforme afirma Rovinski (2004, p. 77):

> Não só a integridade física, mas também a saúde corporal é protegida juridicamente pela lei penal (CP, art. 129). O estresse crônico gerado em razão da violência também pode desencadear sintomas físicos, como dores de cabeça, fadiga crônica, dores nas costas e até distúrbios no sono. É o que se chama de transtorno de estresse pós-traumático, que é identificado pela ansiedade e a depressão, a ponto de baixar ou reduzir a capacidade de a vítima suportar os efeitos de um trauma severo. Como estes sintomas podem perdurar no tempo, independentemente da natureza da lesão corporal praticada, ocorrendo incapacidade permanente habituais por mais de 30 dias ou incapacidade permanente para o trabalho, é possível tipificar o delito como lesão grave ou gravíssima, pela perpetuação da ofensa à saúde (CP, art. 129, § 1º, I e § 2º (Brasil, 1988).

Além da violência física (Brasil, 2006, artigo 7º, inciso I), muitas mulheres e, por conseguinte, crianças e adolescentes que estão sob o mesmo teto, sofrem com a violência psicológica, que é a mais comum, pois está ligada a todos os outros tipos de violência, uma vez que é a que primeiro se manifesta. Segundo pesquisa realizada por Araújo, Martins e Santos (2004), via análise de 3.627 Boletins de Ocorrência de uma Delegacia de Defesa da Mulher do interior de São Paulo, a violência psicológica corresponde a 36% das denúncias de violência de gênero, ficando atrás apenas da violência física, que figura na margem de 58% do total das denúncias (32% com lesão corporal), enquanto a sexual representa 6%. O ambiente doméstico é o *locus* primordial das agressões, com 60% das ocorrências.

As consequências da violência psicológica (Brasil, 2006, artigo 7°, inciso II) não acarretam apenas danos ou traumas emocionais, mas também podem se manifestar no corpo, desenvolvendo, por exemplo, angústias, fobias, depressão, enxaqueca, problemas gastrointestinais e também doenças, como câncer, manchas no corpo e até mesmo queda de cabelo, sem deixar de mencionar que prejudicam diretamente o desenvolvimento no exercício da maternidade e, apesar de não causar qualquer dano concreto ou visível, tal violência corrompe a moral da mulher agredida, depreciando sua imagem, honra e autoestima e, por conseguinte, violenta indiretamente seus filhos e filhas.

3. A APLICAÇÃO DA LEI MARIA DA PENHA NA PREVENÇÃO DA VIOLÊNCIA INDIRETA

A Lei Maria da Penha (Lei 11.340/2006) é uma legislação brasileira que visa combater a violência doméstica e familiar contra a mulher. Embora seu foco principal seja proteger as vítimas diretas, ou seja, as mulheres vítimas de violência doméstica, diversas disposições da Lei têm o potencial de proteger indiretamente crianças e adolescentes que estejam expostos a esse tipo de ambiente nocivo, como, mas não taxativo, as *Medidas Protetivas de Urgência (Art. 22)*: A Lei Maria da Penha permite a aplicação de medidas protetivas de urgência para as mulheres vítimas de violência doméstica. Essas medidas podem incluir o afastamento do agressor do lar, a proibição de contato com a vítima e a concessão de guarda provisória unilateral dos filhos à mulher agredida. Isso não apenas protege diretamente a vítima, mas também cria um ambiente mais seguro para as crianças e adolescentes que vivem na mesma residência; a *Proibição de Aproximação (Art. 23)*: Uma das medidas protetivas previstas na Lei é a proibição de o agressor se aproximar da vítima, de seus familiares e das testemunhas do caso. Essa disposição ajuda a evitar que as crianças e adolescentes sejam expostos a situações de violência ou tenham contato com o agressor, reduzindo assim o risco de sofrerem danos emocionais ou físicos; o *Atendimento Integral (Art. 9°)*: A Lei Maria da Penha estabelece que a mulher em situação de violência doméstica e familiar tem direito a atendimento integral e multidisciplinar, abrangendo serviços de assistência social, de saúde, jurídicos, entre outros. Esse atendimento não se limita à vítima direta, mas pode estender-se aos filhos e familiares que também são afetados pela violência, garantindo-lhes apoio psicossocial e jurídico adequado.

Portanto, várias disposições da Lei Maria da Penha têm o potencial de proteger indiretamente crianças e adolescentes que estão expostos à violência doméstica, oferecendo medidas de proteção, apoio psicossocial e garantia de direitos que contribuem para criar um ambiente mais seguro e saudável para eles. Entretanto, no cotidiano, não é o que se observa, pois embora a Lei Maria da Penha represente um avanço significativo na proteção das vítimas de violência doméstica, incluindo mulheres e seus filhos, ainda existem lacunas legais e obstáculos práticos que precisam ser superados para fortalecer a proteção dos jovens em situações de violência doméstica, especialmente quando se trata de processo judicial, posto que especialmente aqueles relacionados à violência doméstica possam ser demorados e burocráticos, o que pode prolongar a exposição das crianças e adolescentes à situação de violência.

Assim, para fortalecer a proteção dos jovens em situações de violência doméstica indireta, é essencial abordar essa lacuna legal com a conscientização e a capacitação dos profissionais envolvidos para terem um olhar diferenciado e para além das próprias vítimas diretas, quando observado a presença de filhos e filhas pertencentes ao ambiente violento, ainda que não sejam as vítimas diretas.

4. DEFINIÇÃO E ESCOPO DA VIOLÊNCIA INDIRETA

A família é a mais antiga das instituições humanas e constitui um elemento chave para a compreensão e funcionamento da sociedade. É a família que, a princípio, se encarrega de preparar seus membros para que cumpram satisfatoriamente o papel social que lhes corresponde (Veronese e Costa, 2008). A partir do seu nascimento, as crianças passarão a vivenciar experiências no ambiente familiar, seja ele saudável e afetivo, seja ele agressivo e violento, e será a partir destas experiências que ocorrerão as interações positivas ou negativas.

Em um lar onde a agressão é perpetrada contra a mãe seja por violência física, seja moral ou psicológica, a vivência desta criança ao longo de seu crescimento passa a ser também experimentada pessoalmente, de forma indireta, o que poderá trazer consequências futuras negativas na sua estrutura psicológica.

No âmbito jurídico das relações internacionais e nos contextos da política externa, é bastante utilizado o conceito da violência indireta, cujas nuances podem ser aplicadas ao ordenamento jurídico brasileiro. Sampaio (2015), ao diferenciar violência direta de violência indireta, afirma que

> por violência direta, entende-se o fato em si que gerou os atos hostis. É a violência visível, que envolve a violência física e suas atitudes [...] e é concretizada pelo comportamento violento. A violência indireta ou estrutural são os comportamentos e atitudes sociais que regem o corpo social, podendo ser um conjunto de estruturas físicas ou um aspecto organizacional.

Em sua definição, a autora deixa claro também que, assim como a violência direta, a violência indireta é igualmente um produto do tecido social, em sua vasta, complexa e interdependente teia de interações relacionais sintetizada na cultura de um povo (Sampaio, 2015).

Assim, considerando que uma cultura é a forma como uma sociedade enxerga o mundo e por cuja perspectiva opta por interagir com o contexto social no qual se insere, leis são necessárias para que hábitos arraigados, como a violência, impressos na cultura, possam ser coibidos e punidos.

A violência indireta geralmente é tratada como violência psicológica, que é o tipo de abuso mais comum e que não deixa marcas aparentes, mas que pode durar para sempre. É caracterizada por qualquer ato de violência presenciada ou sentida emocionalmente que cause prejuízo psíquico e comportamental, com danos ao pleno desenvolvimento da infância e da adolescência e que contribua para diminuir a autoestima de seus sujeitos vulneráveis (Cunha, 2021).

Além disso, a violência emocional ou psicológica é tida como toda ação ou omissão que causa ou venha a causar dano à identidade e ao desenvolvimento da criança e do adolescente, caracterizando-se como uma forma subjetiva da violência, ainda que seja muito comum sua associação com agressões físicas, cujas sequelas trazem marcas emocionais e comportamentais, em detrimento do desenvolvimento físico e do equilíbrio emocional e mental de quem a presencia e sofre (Day et al., 2003).

5. A VIOLÊNCIA INDIRETA CONTRA CRIANÇAS E ADOLESCENTES

Falar de violência familiar indireta contra crianças e adolescentes é trazer à baila um assunto pouco explorado, uma vez que não se refere à violência contra a criança e o adolescente de forma explícita. Trata-se da violência que a mãe sofre dentro de seu lar, perpetrada rotineiramente por aquele que a criança entende como seu protetor e que é assistida e sentida pelos filhos, desde a mais tenra idade.

Para o enfrentamento da violência contra a mulher/mãe o Brasil já teve grande avanços partir da Lei Maria da Penha, através das políticas públicas já implementadas para assegurar e dar amparo às vítimas tão vulneráveis em virtude de gênero.

E é, pois, a partir dessa violência, assistir à violência contra a mãe, vivenciar as dores que deixam no psicológico destas crianças e adolescentes traumas muitas vezes invisibilizados diante de outras violências, mas que não são menos importantes e, portanto, merecem ser discutidas a fim de serem tratadas de forma a se buscar políticas públicas especificas, a partir do momento em que há denúncia de violência familiar.

6. TIPOS DE VIOLÊNCIA INDIRETA OU PSICOLÓGICA

Moreira e Sousa (2012) descrevem que o âmbito intrafamiliar é habitualmente o *locus* social tipificado para fins de percepção do maior número dos registros de violência sexual, violência física e também da psicológica, que pode ser considerada ainda como uma violência indireta. Ademais,

> Encontramos em cada um dos tipos [de violência] os atravessamentos das relações intergeracionais e de gênero. Por outro lado, é preciso também compreender que na prática cotidiana não encontraremos um único tipo de violência, ou seja, os tipos de violência são praticados simultaneamente e, muitas vezes, a violência psicológica, por exemplo, possibilita o exercício do abuso sexual, ou a violência física que intimida é também uma violência psicológica (Moreira e Sousa, 2012, p. 19).

De acordo com as autoras, a violência indireta pode ser caracterizada também por gestos, palavras, atitudes e pelo ambiente opressor direcionados a outrem, a partir do testemunho verbal e visual de uma violência direta que pode se dar pela percepção de um terceiro, inclusive no ambiente familiar (Moreira e Sousa, 2012).

Souza (2019), em seu livro "Mitos e verdades sobre a violência doméstica e sexual contra a mulher no Brasil", destaca que

Os filhos que presenciam e vivenciam violências são diretamente afetados e podem vir a apresentar problemas psíquicos, que impactarão seu desenvolvimento biopsicossocial e problemas de relacionamento interpessoal, baixa empatia social, agressividade e reprodução da violência em suas relações familiares e afetivas futuras. Nesses casos, a mulher deve procurar ajuda antes que os danos sejam de difícil reparação, tanto para ela quanto para os filhos.

A Lei 13.010/2014, conhecida como Lei Menino Bernardo ou Lei da Palmada, é uma das primeiras leis a tratar da violência psicológica contra crianças e adolescentes, que juridicamente pode ser considerada uma forma de violência indireta (Brasil, 2014). Sua abordagem pelo ordenamento jurídico depende de estratégias específicas para a sua caracterização e, por conseguinte, para o fomento de políticas públicas que possam ajudar a minimizar as consequências advindas, como bem citam Moreira e Sousa (2012):

O enfrentamento desse problema requer não são só medidas protetivas imediatas, mas ações de atendimento psicossocial destinadas às crianças, aos adolescentes em situação de violência, bem como àqueles que são identificados como os agressores. Além disso, requer ações preventivas por meio de grupos de pais, de educadores, de profissionais da área da saúde, que possibilitem a troca de experiências e reflexões sobre as relações familiares.

Moreira e Sousa (2012), ao detalharem aspectos da violência indireta contra crianças e adolescentes, referem-se às situações em que tais indivíduos são expostos a condições, comportamentos ou contextos que prejudicam seu bem-estar, seu desenvolvimento e sua segurança, mesmo que não haja uma agressão física direta.

O contexto intrafamiliar em que filhos presenciam situações de violência física ou até moral e psicológica contra a própria genitora (infligida pelo pai, companheiro da mãe ou mesmo outro parente) torna o ambiente caseiro, que deveria ser sinônimo de segurança, em prisão ou mesmo câmara de tortura psicológica. Essa forma de violência pode ter efeitos profundos e duradouros no crescimento e no desenvolvimento desses indivíduos (Rodrigues e Chalub, 2014).

A exposição à violência conjugal dos genitores sempre ocasiona problemas comportamentais na prole. Especialistas explicam que a violência de gênero sentida pela genitora no primeiro ano pós-parto também se evidenciou como associada a sintomas depressivos maternos. Sintomas que, por sua vez, se manifestam nos filhos, como dificuldade de comportamento emocional (Skinner et al., 2019), mal desempenho escolar (Carneiro et al., 2017; Fry et al., 2016; Jiménez & Bernal, 2014; Magalhães et al., 2017; Mariño et al., 2009; Santos et al., 2018; Sherr et al., 2016), inclinação para prática de *bullying* (como consequência direta da frequência e da gravidade da violência presenciada e sofrida no ambiente doméstico) (Lucas et al., 2016) e, até mesmo, como referencial que serve para tornar a vítima um futuro perpetrador de violência (Lange et al., 2016), em perpetuidade do ciclo intergeracional da violência.

7. O POSICIONAMENTO DO STJ COM RELAÇÃO À VIOLÊNCIA DOMÉSTICA CONTRA A MULHER E A LACUNA COM RELAÇÃO À VIOLÊNCIA DOMÉSTICA INDIRETA

O Superior Tribunal de Justiça já editou diversas súmulas envolvendo violência doméstica contra a mulher desde a promulgação da Lei 11.340/2006 e que dizem respeito tanto a aspectos de direito material penal quanto a regras de direito processual penal, dentre elas:

- STJ 536: A suspensão condicional do processo e a transação penal não se aplicam na hipótese de delitos sujeitos ao rito da Lei Maria da Penha.
- STJ 542: A ação penal relativa ao crime de lesão corporal resultante de violência doméstica contra a mulher é pública incondicionada.
- STJ 588: A prática de crime ou contravenção penal contra a mulher com violência ou grave ameaça no ambiente doméstico impossibilita a substituição da pena privativa de liberdade por restritiva de direitos.
- STJ 589: É inaplicável o princípio da insignificância nos crimes ou contravenções penais praticados contra a mulher no âmbito das relações domésticas.
- STJ 600: Para a configuração da violência doméstica e familiar prevista no artigo 5º da Lei 11.340/2006 (Lei Maria da Penha) não se exige a coabitação entre autor e vítima.

Entretanto, até o momento não há qualquer julgamento com ou sem repercussão que venha a tratar da violência indireta sofrida pelos filhos e filhas que presenciam a violência sofrida por sua mãe no âmbito doméstico, inobstante, como já mencionado, haver consequências grave e até mesmo transgeracional.

CONSIDERAÇÕES FINAIS

A violência, enquanto comportamento que causa dano – físico, moral ou psicológico – tem várias formas de manifestação. A presente dissertação concentrou-se na violência indireta intrafamiliar contra crianças e adolescentes.

O Brasil, no que se refere ao combate à violência, tanto com leis como com políticas públicas, vem evoluindo cada vez mais, tendo a Lei 11.340/2006 (Lei Maria da Penha) sido a grande responsável por isso. A partir dela, a visão sobre a violência doméstica e familiar, especialmente a violência de gênero, foi abrangida por uma nova perspectiva, auxiliando e incentivando mulheres a quebrarem esse ciclo. Nesse sentido, os estudos não param. A academia cada dia tem mais interessados no tema, o que é muito positivo para as políticas públicas em torno da violência contra as mulheres.

Com isso, pôde-se constatar de forma ainda mais contundente a relevância da temática, com a perspectiva de auxiliar na divulgação das questões envolvidas na violência doméstica, discutindo e refletindo sobre os problemas que restam submersos. Tudo isso a fim de que se passe a olhar para além de uma visão simplista, contribuindo para a melhoria de abordagens que efetivamente prezem pela proteção das crianças e dos adolescentes enquanto sujeitos de direitos, o que, no plano formal, lhes é garantido constitucionalmente e pela legislação infraconstitucional.

Enfim, o que se verifica é a ausência de decisões específicas para atendimento às vítimas em tela, reforçando a perpetuação do ciclo violento de geração em geração, de modo a não haver efetivas medidas preventivas de longo prazo, mas tão somente repressivas, de curto alcance, o que é, no mínimo, bastante problemático em se tratando de uma questão tão pungente em nossa sociedade.

Espera-se que esse artigo possa contribuir para o alargamento da discussão acerca do enfrentamento da violência intrafamiliar indireta contra crianças e adolescentes, permitindo uma maior abrangência para que mais crianças e adolescentes sejam protegidos e libertos desse mal que tenazmente as assedia, a partir de decisões firmes.

REFERÊNCIAS

ARAÚJO, M.F; Martins, E. J. S.; SANTOS, A L. Violência de Gênero e Violência Contra a Mulher. In: ARAÚJO, M. F; MATTIOLI, O. (Org.). *Gênero e Violência*. São Paulo: Arte & Ciência, 2004.

BRASIL. *Constituição Federal*. Vade Mecum. 20. ed. São Paulo: Saraiva, 1988.

BRASIL. Decreto-Lei 2.848, de 7 de dezembro de 1940. Código Penal. Brasília: Presidência da República, 1940. Disponível em: https://www.planalto.gov.br/ccivil_03/decreto-lei/del2848.htm. Acesso em: 18 abr. 2023.

BRASIL. Lei 11.340, de 7 de agosto de 2006. Cria mecanismos para coibir a violência doméstica e familiar contra a mulher. Disponível em: http://www.planalto.gov.br/ccivil_03/_ato2004-2006/2006/lei/l11340.htm. Acesso em: 26 abr. 2023.

BRASIL. Lei 11.340, de 7 de agosto de 2006. Lei Maria da Penha. Disponível em: http://www.planalto.gov.br/ccivil_03/leis/2002/l10406.htm. Acesso em: 10 set. 2020.

BRASIL. Lei 13.010, de 26 de junho de 2014. Altera a Lei 8.069, de 13 de julho de 1990 (Estatuto da Criança e do Adolescente), para estabelecer o direito da criança e do adolescente de serem educados e cuidados sem o uso de castigos físicos ou de tratamento cruel ou degradante, e altera a Lei 9.394, de 20 de dezembro de 1996. Disponível em: https://bit.ly/45NIp3N. Acesso em: 26 ago. 2023.

BRASIL. Lei 13.257, de 8 de março de 2016. Dispõe sobre as políticas públicas para a primeira infância e altera a Lei 8.069, de 13 de julho de 1990 (Estatuto da Criança e do Adolescente), o Decreto-Lei 3.689, de 3 de outubro de 1941 (Código de Processo Penal), a Consolidação das Leis do Trabalho (CLT), aprovada pelo Decreto-Lei 5.452, de 1º de maio de 1943, a Lei 11.770, de 9 de setembro de 2008, e a Lei 12.662, de 5 de junho de 2012. Brasília: Presidência da República, 2016. Disponível em: https://www.planalto.gov.br/ccivil_03/_ato2015-2018/2016/lei/l13257.htm. Acesso em: 26 abr. 2023.

BRASIL. Lei 13.431, de 4 de abril de 2017. Estabelece o sistema de garantia de direitos da criança e do adolescente vítima ou testemunha de violência. Brasília: Presidência da República, 2017. Disponível em: https://www.planalto.gov.br/ccivil_03/_ato2015-2018/2017/lei/l13431.htm. Acesso em: 26 abr. 2023.

BRASIL. Lei 13.431, de 4 de abril de 2017. Estabelece o sistema de garantia de direitos da criança e do adolescente vítima ou testemunha de violência e altera a Lei 8.069, de 13 de julho de 1990 (Estatuto da Criança e do Adolescente). Disponível em: https://www.planalto.gov.br/ccivil_03/_ato2015-2018/2017/lei/l13431.htm. Acesso em: 26 jan. 2024.

BRASIL. Lei 13.715, de 24 de setembro de 2018. Altera o Decreto-Lei 2.848, de 7 de dezembro de 1940 (Código Penal), a Lei 8.069, de 13 de julho de 1990 (Estatuto da Criança e do Adolescente), e a Lei 10.406, de 10 de janeiro de 2002 (Código Civil), para dispor sobre hipóteses de perda do poder familiar pelo autor de determinados crimes contra outrem igualmente titular do mesmo poder familiar ou contra filho, filha ou outro descendente. Disponível em: https://www.planalto.gov.br/ccivil_03/_ato2015-2018/2018/lei/l13715.htm. Acesso em: 26 jan. 2024.

BRASIL. Lei 14.344, de 24 de maio de 2022 (Lei Henry Borel). Cria mecanismos para a prevenção e o enfrentamento da violência doméstica e familiar contra a criança e o adolescente, nos termos do § 8º do art. 226 e do § 4º do art. 227 da Constituição Federal e das disposições específicas previstas em tratados, convenções ou acordos internacionais de que o Brasil seja parte; altera o Decreto-Lei 2.848, de 7 de dezembro de 1940 (Código Penal), e as Leis 7.210, de 11 de julho de 1984 (Lei de Execução Penal), 8.069, de 13 de julho de 1990 (Estatuto da Criança e do Adolescente), 8.072, de 25 de julho de 1990 (Lei de Crimes Hediondos), e 13.431, de 4 de abril de 2017, que estabelece o sistema de garantia de direitos da criança e do adolescente vítima ou testemunha de violência; e dá outras providências. Disponível em: https://www.planalto.gov.br/ccivil_03/_ato2019-2022/2022/lei/l14344.htm. Acesso em: 27 ago. 2023.

BRASIL. Lei 8.069, de 13 de julho de 1990. Dispõe sobre o Estatuto da Criança e do Adolescente e dá outras providências. Disponível em: http://www.planalto.gov.br/ccivil_03/leis/ l8069.htm. Acesso em: 2 abr. 2023.

BRASIL. Lei 8.069, de 13 de julho de 1990. Dispõe sobre o Estatuto da Criança e do Adolescente e dá outras providências. Brasília: Presidência da República, 1990. Disponível em: https://www.planalto.gov.br/ccivil_03/leis/l8069.htm. Acesso em: 18 abr. 2023.

BRASIL. Lei 8.069, de 13 de julho de 1990. Dispõe sobre o Estatuto da Criança e do Adolescente e dá outras providências. Disponível em: https://www.planalto.gov.br/ccivil_03/leis/l8069.htm. Acesso em: 9 fev. 2024.

BRASIL. Presidência da República (2022). Lei 14.344, de 24 de maio de 2022. Cria mecanismos para a prevenção e o enfrentamento da violência doméstica e familiar contra a criança e o adolescente, nos termos do § 8º do art. 226 e do § 4º do art. 227 da Constituição Federal e das disposições específicas previstas em tratados, convenções ou acordos internacionais de que o Brasil seja parte; altera o Decreto-Lei 2.848, de 7 de dezembro de 1940 (Código Penal), e as Leis 7.210, de 11 de julho de 1984 (Lei de Execução Penal), 8.069, de 13 de julho de 1990 (Estatuto da Criança e do Adolescente), 8.072, de 25 de julho de 1990 (Lei de Crimes Hediondos) e 13.431, de 4 de abril de 2017, que estabelece o sistema de garantia de direitos da criança e do adolescente vítima ou testemunha de violência; e dá outras providências. Disponível em: http://www.planalto.gov.br/ccivil_03/_Ato2019- 2022/2022/Lei/L14344.htm. Acesso em: 18 abr. 2023.

CARNEIRO, J. B., GOMES, N. P., ESTRELA, F. M., SANTANA, J. D. de, MOTA, R. S., & ERDMANN, A. L. Violência conjugal: Repercussões para mulheres e filhas(os). *Escola Anna Nery Revista de Enfermagem*, 21(4), 1-7. 2017. DOI: https://doi.org/10.1590/2177-9465-EAN-2016-0346.

CENTRO ESTADUAL DE VIGILÂNCIA EM SAÚDE (CEVS/RS). Disponível em: https://bit.ly/3pV7870. Acesso em: 24 jul. 2023.

CHAUÍ, Marilena. Ética e violência. *Revista Teoria e Debate*, São Paulo, n. 39, 1998. Disponível em: https://teoriaedebate.org.br/1998/10/01/etica-e-violencia/. Acesso em: 26 abr. 2023.

CUNHA, Dani. Violência psicológica infantojuvenil deixa marcas que duram para sempre. *Poder Judiciário de Mato Grosso*, 13 dez. 2021. Disponível em: https://www.tjmt.jus.br/noticias/66528. Acesso em: 9 fev. 2024.

DAY, V. P., TELLES, L. E. de B., ZORATTO, P. H., AZAMBUJA, M. R. F. de, MACHADO, D. A., SILVEIRA, M. B., DEBIAGGI, M., REIS, M. da G., CARDOSO, R. G., & BLANK, P. Violência doméstica e suas diferentes manifestações. *Revista de Psiquiatria do Rio Grande do Sul*, 25(suppl 1), 9-21. 2003. DOI: https://doi.org/10.1590/S0101-81082003000400003.

DELANEZ, G. O. *A violência intrafamiliar e suas consequências no desenvolvimento da criança*. 2012. Disponível em: https://www.pucrs.br/direito/wp-content/uploads/sites/11/2018/09/geovana_delanez.pdf. Acesso em: 26 jul. 2023.

FRY, D., Anderson, J., HIDALGO, R. J. T., ELIZALDE, A., Casey, T., RODRIGUEZ, R., MARTIN, A., OROZ, C., GAMARRA, J., PADILLA, K., & FANG, X. Prevalence of violence in childhood and adolescence and the impact on educational outcomes: Evidence from the 2013 Peruvian national survey on social relations. *International Health*, 8(1), 44-52. 2016. DOI: https://doi.org/10.1093/inthealth/ihv075.

JIMÉNEZ, M. D. L. V. M., & BERNAL, A. O. Relación Entre El Clima Social Familiar Y Las Actitudes Juveniles Ante El Acoso Escolar. *International Journal of Developmental and Educational Psychology*, 5(1), 329-342. 2014. DOI: http://www.redalyc.org/articulo.oa?id=349851788037.

MAGALHÃES, J. R. F. de, Gomes, N. P., CAMPOS, L. M., CAMARGO, C. L. de, ESTRELA, F. M., & COUTO, T. M. (2017). Expressão da violência intrafamiliar: História oral de adolescentes. *Texto & Contexto* – Enfermagem, 26(4). DOI: https://doi.org/10.1590/0104-07072017001730016.

MARIÑO, B. M. V., ROCA, V. R., & GARCÍA, C. M. Factores de riesgo asociados al maltrato infantil intrafamiliar en alumnos del seminternado. Roberto Rodríguez Sarmiento. *Medisan*, 13(5). 2009. DOI: http://www.redalyc.org/articulo.oa?id=368448455007.

MOREIRA, Maria Ignez Costa; SOUSA, Sônia Margarida Gomes. Violência intrafamiliar contra crianças e adolescentes: do espaço privado à cena pública. *O Social em Questão*, ano XV, n. 28, 2012, p. 13-26. Disponível em: http://osocialemquestao.ser.puc-rio.br/media/2artigo.pdf. Acesso em: 2 jul. 2023.

RODRIGUES, Luciana Santos; CHALUB, Anderson Almeida. Contextos Familiares Violentos: Da Vivência de Filho à Experiência de Pai. *Pensando Famílias*, 18(2), dez. 2014 (77-92). Disponível em: http://pepsic.bvsalud.org/scielo.php?script=sci_arttext&pid=S1679-494X2014000200007. Acesso em: 9 fev. 2024.

ROVINSKI, Sonia Liane Reichert. *Dano psíquico em mulheres vítimas de violência*. Rio de Janeiro: Editora Lúmen Juris, 2004.

SAFIOTTI, Heleieth. *Gênero, patriarcado e violência*. São Paulo: Expressão Popular: Fundação Perseu Abramo, 2015.

SAMPAIO, Henriqueta Souza. A política externa brasileira no processo de paz em Angola: Da reconstrução da paz à construção da paz positiva. Redefinindo a diplomacia num mundo em transformação. *5º Encontro Nacional da Associação Brasileira de Relações Internacionais*. Belo Horizonte: Centro de Estudos Sociais e Universidade de Coimbra, 2015.

SANTOS, B. R. dos; IPPOLITO, R.; CHILDHOOD BRASIL. O papel da escola no enfrentamento da violência sexual. In: LAVARELLO, F. (Coord.). *A defesa de crianças e adolescentes vítimas de violências sexuais*. São Paulo: Cromosete, 2009.

SANTOS, R. M., GOMES, N. P., MOTA, R. S., GOMES, N. P., COUTO, T. M., & ARAÚJO, G. S. de. Reprovação escolar e aspectos sociais e de saúde: estudo transversal com adolescentes. *Revista Baiana de Enfermagem*, 32, e21827. 2018. DOI: https://doi.org/10.18471/rbe.v32.2182.

SILVA JÚNIOR, Edison Miguel da. Direito penal de gênero. Lei 11.340/06: violência doméstica e familiar contra a mulher. *Revista Jus Navigandi*, Teresina, ano 11, n. 1231, 14 nov. 2006. Disponível em: https://jus.com.br/artigos/9144. Acesso em: 5 abr. 2023.

SKINNER, L., GAVIDIA-PAYNE, S., BROWN, S., & GIALLO, R. Mechanisms underlying exposure to partner violence and children's emotional-behavioral difficulties. *Journal of Family Psychology*, 33(6), 730-741. 2019. DOI: https://doi.org/10.1037/fam0000532.

SOUZA, Marisa Chaves de. Mitos e verdades sobre a violência doméstica e sexual contra a mulher no Brasil. *Violência Doméstica e Familiar contra a Mulher*: Um problema de toda Sociedade. São Paulo: Paulinas, Instituto Patrícia Galvão, 2019, p. 74.

VERONESE, Josiane Rose Petry; COSTA, Marli Marlene da. Um monstro esconde-se em casa: a violência doméstica contra crianças e adolescentes. *Revista Eletrônica Direito e Política*, Itajaí, v. 3, n. 2, 2º quadrimestre de 2008, p. 271-290. Disponível em: https://periodicos.univali.br/index.php/rdp/article/view/7405/4202. Acesso em: 2 set. 2023.

A NATUREZA JURÍDICA DAS MEDIDAS PROTETIVAS DE URGÊNCIA E OS EFEITOS DA CLÁUSULA *REBUS SIC STANTIBUS*

Mariella Amorim Nunes Rivau Alvarez

Especialista em Direito de Família e Sucessões pela Faculdade IBMEC São Paulo. Membro do IBDFAM. Juíza de Direito Titular da 3ª Vara da Família e das Sucessões da Comarca de Santos/SP.

Sumário: Introdução – 1. Positivação – 2. A natureza jurídica das medidas protetivas de urgência; 2.1 A dissidência interpretativa e a Lei 14.550/2023; 2.2 A inadequada atribuição de caráter criminal e cautelar às medidas protetivas de urgência; 2.3 A relação entre a natureza jurídica das medidas protetivas de urgência e a *técnica* processual adequada a sua aplicação – 3. A limitação temporal das medidas protetivas de urgência, a cláusula *rebus sic stantibus* e a revisão da tutela inibitória; 3.1 Colisão entre direitos fundamentais: princípio da proporcionalidade; 3.2 A ponderação na escolha da *técnica* processual para o exercício do controle de efetividade temporal das medidas protetivas de urgência – Conclusões – Referências.

INTRODUÇÃO

A desigualdade entre homens e mulheres, muito além das naturais diferenças biológicas, decorre da consolidação, ao longo dos séculos, de dogmas comportamentais, que apesar de derivados de esgarçamento moral, foram finamente marchetados no pensar e no agir, passando a refletir os valores intrínsecos professados pela sociedade, lapidando, assim, um denso sistema de inferioridades e de privação de direitos.

A mudança de paradigma, por certo, não veio sem cicatrizes, e ainda está em construção. Ao mesmo tempo em que a estrutura familiar como *instituição* econômica, hierárquica e patriarcal deixou de refletir as verdades pessoais e os anseios de seus membros (*ou de parte deles*), o afeto emergiu como o elemento de formação e objetivo da família, verdadeiro responsável por estabelecer o elo de solidariedade, cumplicidade e respeito. Nessa mesma toada evolutiva, a dignidade humana ascendeu como propósito de justiça e de garantia dos direitos fundamentais. A busca da felicidade, assim, despontou como valor supremo nas relações íntimas do ser humano.[1]

Sem dúvida, o novo cenário desenhado, consequência da (r)evolução nas relações familiares, não foi imune de insatisfação, terreno fértil para conflitos. Nesse contexto, exsurgiu a violência doméstica, como forma de *compensar* possíveis falhas no até então compreendido *cumprimento ideal dos papeis de* gênero,[2] tornando

---

1. PEREIRA, Rodrigo da Cunha. *Princípios fundamentais norteadores do direito de família.* 4. ed. rev. e atual. Curitiba: Juruá, 2022, p. 180.
2. DIAS, Maria Berenice. *A Lei Maria da Penha na Justiça.* 6. ed. rev. e atual. Salvador: JusPodivm, 2019, p. 21.

premente que o ordenamento jurídico a ele se amoldasse. Afinal, o afeto *antecede a norma. Onde falha o afeto, a norma urge.*[3]

1. POSITIVAÇÃO

A Constituição Federal de 1.988, além de estabelecer a igualdade entre homens e mulheres em direitos e obrigações (CF, art. 5º, I) e de impor expressamente ao Estado o dever de assegurar a *assistência à família, na pessoa de cada um dos que a integram, criando mecanismos para coibir a violência, no âmbito de suas relações* (CF, art. 226, § 8º), reconheceu a dignidade da pessoa humana como um dos fundamentos da República Federativa do Brasil (CF, art. 1º, III) e princípio norteador das relações familiares (CF, art. 226, § 7º). O Superior Tribunal de Justiça já teve oportunidade de asseverar que o *supraprincípio* constitucional da dignidade humana estaria conectado de forma molecular ao direito de família e à violência doméstica.[4]

Entretanto, quando a efetividade do direito clama por medidas singulares e customizadas, o caráter abstrato da garantia demanda o necessário regramento infraconstitucional. *As leis são relações necessárias que derivam da natureza das* coisas,[5] na conclusão exata de Montesquieu. Não à toa, a Carta Magna impôs, quanto ao sensível tema da violência doméstica, a necessidade da criação, por lei, de mecanismos efetivos de proteção à mulher.

2. A NATUREZA JURÍDICA DAS MEDIDAS PROTETIVAS DE URGÊNCIA

Conceituar a natureza jurídica de um instituto significa identificar, na essência, sua razão de ser, para então descobrir as afinidades existentes entre ele e alguma categoria jurídica, a fim de lá inclui-lo a título de classificação. Para Cristiano Chaves de Faria e Rogério Sanches Cunha, a definição da natureza jurídica de um instituto é decisiva para a compreensão dos efeitos que dele decorrem.[6]

A Lei 11.340/2006 prevê duas categorias de medidas protetivas de urgência: aquelas que obrigam o agressor (LMP, art. 22) e aquelas voltadas especificamente à vítima (LMP, arts. 23 e 24). A definição de sua natureza jurídica, notadamente das medidas previstas nos incisos I, II e III, do art. 22, é de suma importância para que sejam bem compreendidas e definidas as regras procedimentais para sua aplicação, revisão e revogação. Pois bem.

Editada em 2006, a Lei Maria da Penha, reflexo do *supraprincípio* da dignidade humana e considerada pelo Fundo de Desenvolvimento das Nações Unidas para a

---

3. GROENINGA, Giselle Câmara; PEREIRA, Rodrigo da Cunha (Coord.). *Direito de família e psicanálise – rumo a uma nova epistemologia/coordenadores*. Rio de Janeiro: Imago, 2003, p. 84 e 86.
4. STJ, REsp 1.448.969/SC, relator Ministro Moura Ribeiro, Terceira Turma, julgado em 21.10.2014, DJe de 03.11.2014.
5. MONTESQUIEU. Charles-Louis de Secondat. *O espírito das leis.* [livro eletrônico]: 2016, p. 35.
6. FARIAS, Cristiano Chaves de; CUNHA, Rogério Sanches. *Manual Prático das Medidas Protetivas*. São Paulo: JusPodivm, 2024, p. 75.

Mulher uma das três melhores do mundo,[7] tem seu objetivo expressamente delineado já no art. 1º, que, sem maiores delongas, traduz em dois verbos o verdadeiro sentido da lei, apontando, ao mesmo tempo, a direção a ser seguida pelo intérprete: *coibir* e *prevenir* a violência doméstica e familiar contra a mulher, como garantia aos direitos fundamentais humanos. Esta é, pois, sua essência, sua razão de ser.

Indo além, a leitura atenta indica que a Lei 11.340/2006, de fato, integra um *verdadeiro microssistema* destinado à tutela da mulher em situação de violência doméstica ou familiar, uma vez que compila disposições de direito civil, penal, administrativo, trabalhista e processual civil.[8] Dentro desse quadro de singularidades, a definição da natureza jurídica das MPU habita campo tormentoso.

2.1 A dissidência interpretativa e a Lei 14.550/2023

Thiago Pierobom de Ávila aponta as diversas definições doutrinárias acerca da natureza jurídica atribuída às MPU: um significativo e prevalente segmento sempre defendeu que às MPU deva ser empregada a lógica das medidas *cautelares criminais* previstas no CPP; há, ainda, forte corrente que atribui a elas *natureza híbrida*, podendo ter caráter criminal (LMP, art. 22, incisos I, II e III) ou cível (LMP, art. 22, incisos IV e V; arts. 23 e 24); por outro lado, há quem as classifique como *cautelares inominadas* assemelhadas aos *writs* constitucionais, ou tutela de amparo *sui generis* com natureza acautelatória especial; outros, por fim, sustentam que as MPU, na essência, se distinguem das medidas cautelares criminais previstas no CPP, já que visam coibir, prevenir e resguardar *direitos fundamentais* da mulher vítima de violência doméstica, ostentando, por tais razões, caráter *inibitório cível*.[9]

No âmbito do Superior Tribunal de Justiça, seu posicionamento histórico e majoritário sempre foi voltado a reconhecer a natureza *cautelar e criminal* das medidas protetivas de urgência,[10] apenas excepcionado por decisões episódicas em sentido contrário.[11] Nos termos dos precedentes, a justificativa de se atribuir natureza *cautelar*

---

7. DIAS, Maria Berenice. Op. cit., p. 33.
8. CALMON, Rafael. *Manual de Direito Processual das Famílias*. 4. ed. São Paulo: SaraivaJur, 2024, p. 569.
9. ÁVILA, Thiago Pierobom de. Medidas protetivas da Lei Maria da Penha: natureza jurídica e parâmetros decisórios. *Revista Brasileira de Ciências Criminais*, v. 157, 2019, p. 4. Disponível em: https://www.mpmg. mp.br/data/files/87/00/FF/14/DA44A7109CEB34A7760849A8/Medidas%20protetivas%20da%20Lei%20 Maria%20da%20Penha%20-%20natureza%20juridica%20e%20parametros%20decisorios.pdf.
10. STJ, RHC 94.320/BA, Rel. Ministro Felix Fischer, Quinta Turma, DJe 24/10/2018; AgRg no REsp 1.769.759/ SP, relator Ministro Nefi Cordeiro, Sexta Turma, julgado em 07.05.2019, DJe de 14.05.2019; REsp 2.009.402/ GO, relator Ministro Ribeiro Dantas, relator para acórdão Ministro Joel Ilan Paciornik, Quinta Turma, julgado em 08.11.2022, DJe de 18.11.2022; HC 762.530/RS, relator Ministro Ribeiro Dantas, relator para acórdão Ministro Joel Ilan Paciornik, Quinta Turma, julgado em 06.12.2022, DJe de 16.12.2022.
11. STJ, REsp. 1.419.421/GO, relator Ministro Luis Felipe Salomão, Quarta Turma, julgado em 11.02.2014, DJe de 07.04.2014; STJ: HC 340.624/SP, Rei. Ministra Maria Thereza de Assis Moura, Sexta Turma, DJe 02.03.2016; STJ, AgRg no REsp 1.566.547/MG, Quinta Turma, Rel. Min. Joel Ilan Paciornik, j. 27.06.2017, DJe 1º.08.2017; CC 156.284/PR, relator Ministro Ribeiro Dantas, Terceira Seção, julgado em 28.02.2018, DJe de 06.03.2018; RHC 74.395/MG, relator Ministro Rogerio Schietti Cruz, Sexta Turma, julgado em 18.02.2020, DJe de 21.02.2020.

e *criminal* às medidas protetivas de urgência repousaria nos seguintes preceitos: (i) o paralelismo das MPU previstas nos incisos I, II e III do art. 22 da LMP com as medidas cautelares criminais constantes do art. 319, II e III do CPP; (ii) a *restrição à liberdade de ir e vir* do agressor gerada pela aplicação das MPU e, ao mesmo tempo, a preservação do *direito à vida* e à integridade física e psíquica da vítima; (iii) a possibilidade de decretação da prisão preventiva do agressor ante o descumprimento da decisão que aplica as MPU (LMP, art. 20 e CPP, art. 313, III); (iv) a possibilidade das MPU serem requeridas na delegacia de polícia, quando do registro de ocorrência policial (LMP, art. 12, III), e até mesmo de serem deferidas pelo Delegado de Polícia (LMP, art. 12-C, II); (v) a *inaptidão* da lei processual civil em conferir os meios céleres para a proteção da mulher, bem como os voltados a garantir ao agressor a ampla defesa "a qualquer tempo" e desvinculada dos efeitos da revelia.

Sob ponto de vista diverso, para a corrente que sustenta o caráter inibitório, cível, autônomo e satisfativo das MPU, a *eficaz* tutela judicial voltada a inibir a prática de atos de violência doméstica teria o condão de impor preventivamente ao agressor *um fazer* ou *não fazer*, ordem de comportamento de cunho mandamental e de nítido caráter obrigacional, perfeitamente enquadrada à regra contida no art. 497 do CPC e que, por tais razões, estaria afeta ao direito civil.

Nessa linha de compreensão, Thiago Pierobom de ÁVILA, defensor de há muito da tese segundo a qual *todas* as MPU previstas na Lei 11.340/2006 ostentam caráter de tutela *inibitória cível*, ao refutar o viés criminal comumente a elas atribuído, por incompatível com o escopo de proteção esculpido pela Lei, assevera que, *enquanto o direito penal se foca no juízo de reprovabilidade sobre um fato típico, ilícito e culpável, centrando-se na conduta passada do autor, as disposições protetivas da Lei Maria da Penha olham para o futuro, para as necessidades de proteção à mulher.*[12]

Importante mencionar o voto condutor do acórdão paradigma do STJ que apontou o caráter *civil inibitório e satisfativo* das medidas protetivas de urgência, datado de 11/02/2014 e de relatoria do Ministro Luis Felipe Salomão. O aresto salientou que as MPU previstas na Lei 11.340/2006, justamente por buscarem a proteção aos direitos fundamentais da mulher através da prevenção ou da cessação dos atos de violência doméstica, poderiam ser pleiteadas de forma autônoma, independentemente da existência, presente ou potencial, de processo-crime ou ação principal contra o suposto agressor, não se exigindo instrumentalidade a outro processo cível ou criminal, haja vista que não se busca necessariamente garantir a eficácia prática da tutela principal. Em consonância com o art. 13 da Lei, que prevê a aplicação das regras *processuais civis* ao processo, ao julgamento e à execução das causas cíveis e *criminais* que versem sobre aplicação de medidas protetivas, o julgado ressalta, ainda, a inexistência de exclusividade na aplicação da lei processual penal, indicando que a própria LMP buscou expressamente, como arcabouço jurídico complementar, a

---

12. ÁVILA, Thiago Pierobom de. Op. cit., p. 9.

incidência de outros diplomas legais para a realização de seus propósitos, com a nítida intenção de produzir um resultado efetivo no combate à violência doméstica.[13]

Nesse cenário, a ausência de conformação pacífica tanto de boa parte da doutrina,[14] como também da própria sociedade, com o viés *acessório e criminal* atribuído às MPU, levou à edição da Lei 14.550/2023 em 20/04/2023, que incluiu o § 5º ao art. 19 da LMP, *verbis: As medidas protetivas de urgência serão concedidas independentemente da tipificação penal da violência, do ajuizamento de ação penal ou cível, da existência de inquérito policial ou do registro de boletim de ocorrência.*

À primeira vista, a inovação legislativa aparentou ter colocado ponto final à controvérsia que ainda rondava a definição da natureza jurídica das MPU.

Com efeito, segundo a Exposição de Motivos contida no projeto de lei que deu origem à Lei 14.550/2023, seu escopo seria o de sanar *distorções e incongruências* entre os reais pressupostos da LMP e a dita *enviesada* interpretação que vinha sendo dada a ela: *a fim de corrigir as brechas pelas quais se dão os desvios interpretativos da jurisprudência que atentam contra o espírito da Lei Maria da Penha, promovendo o desamparo, em vez de assegurar às mulheres proteção contra a violência, o projeto de lei busca tornar inquestionável a proteção que oferece à mulher mesmo na hipótese de atipicidade criminal do ato de violência, de ausência de prova cabal, de risco de lesão à integridade psicológica por si só e independentemente da instauração de processo cível ou criminal.*[15]

À míngua do posicionamento histórico do Superior Tribunal de Justiça voltado a reconhecer a natureza *cautelar* das MPU, os recentes precedentes da Corte têm apontado para seu caráter *satisfativo e autônomo*, notadamente após a edição da Lei 14.550/2023, a fim de adequar o entendimento à regra do § 5º do art. 19 da LMP.

Ao mesmo tempo, entretanto, persiste naquela Corte Superior posição que ainda atribui natureza *penal* às MPU previstas nos incisos I, II e III do art. 22 da Lei Maria da Penha, cuja consequência prática é a inevitável atração das regras procedimentais contidas no *CPP*, atinentes justamente às medidas cautelares e sua acessoriedade (em aparente contradição com o caráter *satisfativo e autônomo* concomitantemente reconhecido).[16]

---

13. STJ, REsp 1.419.421/GO, relator Ministro Luis Felipe Salomão, Quarta Turma, julgado em 11.02.2014, DJe de 07.04.2014.

14. CUNHA, Rogério Sanchez; PINTO, Ronaldo Batista. Violência doméstica: Lei Maria da Penha comentada artigo por artigo. 5. ed. São Paulo: Ed. RT, 2024, p. 300; FERNANDES, Valéria Diez Scarance. Lei Maria da Penha: o processo penal no caminho da efetividade: abordagem jurídica e multidisciplinar. São Paulo: Atlas, 2015, p. 176; PIRES, Amom Albernaz. A Opção Legislativa pela Política Criminal Extrapenal e a Natureza Jurídica das Medidas Protetivas da Lei Maria da Penha. Brasília: *Revista do MPDFT*, v. 1, n. 5, 2011: RHC 74.395/MG, relator Ministro Rogerio Schietti Cruz, Sexta Turma, julgado em 18/2/2020, DJe de 21.02.2020; CALMON, Rafael. *Manual de Direito Processual das Famílias*. 4. ed. São Paulo: SaraivaJur, 2023, p. 577; FARIAS, Cristiano Chaves de; CUNHA, Rogério Sanches da. *Manual Prático das Medidas Protetivas*. São Paulo: JusPodivm, 2024, p. 76.

15. Disponível em: https://legis.senado.leg.br/sdleg-getter/documento?dm=9171804&ts=1675453653924&-disposition=inline, p. 5, 10.

16. HC 894.228, Ministro Teodoro Silva Santos, DJe de 15.03.2024; EDcl no AREsp 2.422.628, Ministro Rogerio Schietti Cruz, DJe de 15.03.2024.

Mais recentemente, após a edição da Lei 14.550/2023, no julgamento do REsp 2.036.072/MG, a Ministra Laurita Vaz, filiando-se à nova e crescente compreensão acerca do tema, enfatizou que o único entendimento que se coaduna com o atual texto da Lei 11.340/06, conforme previsão expressa contida no art. 19, §§ 5º e 6º, acrescentados pela Lei 14.550/23 é o que atribui às MPU natureza inibitória (cível, portanto), uma vez que sua finalidade é a de prevenir que a violência contra a mulher ocorra ou se perpetue. O aresto ainda enfatiza que, *reconhecida a natureza jurídica de tutela inibitória, a única conclusão admissível é a de que as medidas protetivas têm validade enquanto perdurar a situação de perigo.* E como consequência do enquadramento das MPU na categoria jurídica cível, conclui especificamente com relação às regras procedimentais ser *imperiosa a instauração do contraditório antes de se decidir pela manutenção ou revogação do referido instrumento protetivo. Em obediência ao princípio do contraditório (art. 5º, inciso LV, da Constituição da República), as partes devem ter a oportunidade de influenciar na decisão, ou seja, demonstrar a permanência (ou não) da violência ou do risco dessa violência, evitando, dessa forma, a utilização de presunções, como a mera menção ao decurso do tempo, ou mesmo a inexistência de inquérito ou ação penal em curso.*[17]

A celeuma, entretanto, não parece ter se dissipado. Isso porque, no posterior julgamento do AgRg no REsp 2.056.542/MG ocorrido em 05/09/2023, a Quinta Turma do STJ, por unanimidade, entendeu que as medidas protetivas de urgência (LMP, art. 22, I, II e III), além de ostentarem natureza penal, não perderam sua natureza cautelar com a edição da Lei 14.550/2023, mas apenas teriam ganhado uma fase precautelar à luz do § 5º do art. 19, *voltada a coibir, num primeiro momento, a prática delitiva de maneira célere e efetiva para, apenas depois, verificar se será caso de mantê-las, convertendo-as em verdadeiras cautelares, ou de revogá-las, se constatada a inexistência de risco à mulher.* O aresto, inclusive, conservou o paralelismo entre as MPU e as medidas cautelares penais alternativas à prisão previstas no art. 319, II e III, do Código de Processo Penal.[18]

Necessário que se ressalte a existência de arestos ainda posteriores, voltados tanto a atribuir às MPU feição de tutela inibitória autônoma,[19] como também a reconhecer seu caráter cautelar criminal.[20] A questão permanece, assim, não equalizada.

Com o devido respeito à posição histórica e majoritária, filio-me à nova corrente, civilista.

---

17. REsp 2.036.072/MG, relatora Ministra Laurita Vaz, Sexta Turma, julgado em 22.08.2023, DJe de 30.08.2023.
18. STJ, AgRg no REsp 2.056.542/MG, relator Ministro Joel Ilan Paciornik, Quinta Turma, julgado em 05.09.2023, DJe de 11.09.2023.
19. STJ, AgRg nos EDcl no RHC 184.081/SP, relator Ministro Rogerio Schietti Cruz, Sexta Turma, julgado em 03.10.2023, DJe de 10.10.2023; AgRg no AREsp 2.300.078/GO, relator Ministro Rogerio Schietti Cruz, Sexta Turma, julgado em 19.09.2023, DJe de 02.10.2023; AgRg no HC 778.923/SE, relator Ministro Joel Ilan Paciornik, Quinta Turma, julgado em 04.03.2024, DJe de 06.03.2024; RHC 192.729, Ministro Rogerio Schietti Cruz, DJe de 04.03.2024; HC 787.202, Ministra Daniela Teixeira, DJe de 07.03.2024; RHC 181.808, Ministro Teodoro Silva Santos, DJe de 15.03.2024.
20. STJ, HC 851.808, Ministro Reynaldo Soares da Fonseca, DJe de 06.09.2023; REsp 2.101.595, Ministro Joel Ilan Paciornik, DJe de 29.02.2024.

2.2 A inadequada atribuição de caráter criminal e cautelar às medidas protetivas de urgência

A resposta judicial à violência doméstica e familiar deve ser enxergada sob duas perspectivas jurídicas distintas e independentes: a primeira destinada a salvaguardar os direitos fundamentais da mulher, local de aplicação das MPU; e a segunda voltada à reprimenda criminal do ato ilícito, acaso à *forma* de violência praticada corresponda um *tipo penal* previsto em lei. Uma via independe da outra, apesar de não haver qualquer óbice a que as duas questões tramitem de forma cumulada num mesmo processo.

Dito isso, em análise apriorística acerca das afinidades, na essência, entre as MPU e as *categorias jurídicas in abstracto* existentes, realmente não há como se atribuir a elas natureza jurídica *cautelar* (acessória, portanto). O caráter acessório inerente às medidas cautelares criminais implica na sua necessária vinculação à *existência* e à *duração* de um processo criminal. Nessas condições, concluir-se pela acessoriedade das MPU significaria condicionar sua aplicação e vigência à existência e duração de um processo principal, o que na prática, desviaria a finalidade da lei e acabaria levando quase que ao esvaziamento da proteção conferida à mulher pela Constituição Federal e pela própria LMP, além de ir de encontro à regra hermenêutica contida em seu art. 4º, segundo a qual, na interpretação da Lei, deverão ser considerados, acima de tudo, os *fins socais a que ela se destina e as condições peculiares da mulher em situação de violência doméstica e familiar*.

Com efeito, o processo como protagonista e o direito fundamental como mero coadjuvante não parece ser o caminho mais seguro, nem o escopo da Lei. Afinal, dentro da ordem das coisas, o processo deve servir ao mundo dos fatos, não o contrário. Nessa linha, Fausto Rodrigues de Lima, refutando o caráter instrumental e acessório, assevera que as MPU *não visam processos, mas pessoas.*[21] O Supremo Tribunal Federal, inclusive, já teve a oportunidade de se pronunciar sobre o tema:

> Agravo regimental em habeas corpus. 2. Vigência alongada das medidas protetivas. Lei Maria da Penha. Desnecessidade de processo penal ou cível. 3. Medidas que acautelam a ofendida e não o processo. 4. Agravo a que se nega provimento.[22]

Evidente, ainda, que, quando as MPU foram criadas pela Lei 11.340/2006, não poderia existir qualquer simetria com as medidas cautelares criminais do CPP, uma vez que estas ingressaram no ordenamento jurídico anos depois, através da Lei 12.403/2011. Da mesma forma, não há como se concluir que o legislador processual penal tenha pretendido, com a posterior criação das cautelares criminais, conferir *não expressamente* caráter cautelar às preexistentes MPU. Além disso, a *razão de ser*

---

21. LIMA, Fausto Rodrigues de. Da atuação do Ministério Público: artigos 25 e 26. In: CAMPOS, Carmen Hein de (Org.). *Lei Maria da Penha*: comentada em uma perspectiva jurídico-feminista. Rio de Janeiro: Lumen Juris, 2011, p. 329.
22. STF, HC 155.187 AgR, Rel. Ministro Gilmar Mendes, Segunda Turma, julgado em 05.04.2019, DJe 16.04.2019.

das medidas cautelares criminais é a de servir como *alternativa* à prisão processual, pressupondo, portanto, a existência de crime e de ação criminal em trâmite, requisitos expressamente dispensados pela Lei Maria da Penha.[23] Assim, as *técnicas* podem até ser semelhantes, mas o *objeto de proteção* de cada um dos institutos é diverso: as medidas cautelares do CPP tutelam o processo criminal e as MPU tutelam os direitos fundamentais da mulher vítima de violência doméstica.

E se, na forma do art. 19, § 5°, da LMP, a concessão, a vigência e a revogação das MPU não se vinculam nem à tipificação penal da violência, tampouco à existência de inquérito policial, ou ação criminal, não há mesmo como se sustentar seu caráter *precautelar*. Tal entendimento poderia gerar a incongruência de a situação de risco vivida pela mulher se fazer presente e, ao mesmo tempo, inexistir ação penal a comportar a conversão da dita precautelar em cautelar.

Por tudo isso é que a aplicação, a vigência e a revogação das MPU devem ter como foco, invariavelmente, a *situação de perigo*, que, no mundo dos fatos, pode existir, persistir e se protrair no tempo para além da duração ou da existência do processo.

Daí tira-se a segunda conclusão: as medidas protetivas de urgência não se vinculam à tipificação penal do ato de violência, nem configuram punição ao agressor. Sobre o tema, Maria Berenice DIAS bem observou que as ações individualizadas no art. 7° da LMP, *mesmo reconhecidas como violência doméstica, não necessariamente são delitos com possibilidade de desencadear uma ação penal.*[24] No mesmo sentido veio o Enunciado 37, do FONAVID: *A concessão da medida protetiva de urgência não está condicionada à existência de fato que configure, em tese, ilícito penal.*

Nessas condições, ainda que todas as *formas* de violência doméstica e familiar configurem *ato ilícito* apto a justificar a aplicação das MPU, nem todas essas *formas* de violência correspondem a um *tipo penal* previsto em lei. Por isso a expressa desvinculação legal dos institutos. Aliás, a "violência doméstica e familiar", dentro do arcabouço normativo afeto ao tema, não foi erigida à categoria de *figura típica autônoma*. Por isso, as MPU, notadamente as previstas nos incisos I, II e III do art. 22 da LMP, não carregam, em si, qualquer finalidade punitiva ao agressor.

Outro ponto de destaque e que distancia as MPU da esfera criminal é o fato de que no processo penal a dúvida sempre beneficia o réu. Já as MPU, de forma diametralmente oposta, são guiadas pelo princípio da precaução e pela lógica do *in dubio pro tutela*.[25]

Ainda nessa toada, importante asseverar que o caráter cível da tutela judicial que aplica as MPU não é afetado, nem se confunde com a natureza criminal da conduta típica referente ao seu *descumprimento* (LMP, art. 24-A), aplicando-se, à hipótese, raciocínio semelhante ao utilizado quando da prática do crime de desobediência

---

23. ÁVILA, Thiago Pierobom de. Op. cit., p. 5.
24. DIAS, Maria Berenice. Op. cit. p. 56.
25. CUNHA, Rogério Sanches e PINTO, Ronaldo Batista Pinto. Op. cit., p. 275.

NATUREZA JURÍDICA DAS MEDIDAS PROTETIVAS E CLÁUSULA *REBUS SIC STANTIBUS*

(CP, art. 330): a conduta criminosa não trasmuda a natureza jurídica da ordem legal desobedecida. A prisão preventiva do agressor, portanto, longe de se fundar no simples descumprimento de uma ordem de cunho *civil* (que levaria a uma nova modalidade de prisão civil), encontra lastro na subsunção da conduta do agressor a um *tipo penal* previsto em lei.

Frise, por oportuno, que a Lei Maria da Penha, quando permite que as MPU sejam requeridas pela vítima diretamente ao Delegado de Polícia, independentemente da intervenção de advogado, assim o faz com o único intuito de ampliar o leque de possibilidades colocadas à disposição da vítima de violência doméstica, a fim de facilitar e agilizar a proteção aos direitos tutelados pela norma. À semelhança, o próprio ordenamento jurídico permite que algumas ações judiciais sejam iniciadas pelo sujeito ativo apenas com o auxílio de *serventuários públicos*, sem a assistência de advogado, ou atenção estrita às formalidades legais previstas para a petição inicial, como acontece, v.g., nos "alimentos de balcão" (Lei 5.478/68, art. 2º) e nos Juizados Especiais Cível (Lei 9.099/95, art. 9º) e da Fazenda Pública (Lei 12.153/09, art. 27).

A competência material residual das Varas Criminais para o processamento e julgamento das demandas que versem sobre aplicação de MPU, ainda que os pleitos venham desvinculados da prática de ato delituoso subjacente (LMP, art. 33 e art. 19, § 5º), tampouco desnatura sua natureza jurídica cível. Não custa lembrar a existência de diversos institutos de natureza eminentemente civil, cuja competência é igualmente atribuída por lei à Vara Criminal. É o caso, v.g., das medidas assecuratórias de sequestro, arresto e especialização da hipoteca legal, além da busca e apreensão. Nesse tópico, vale ainda destacar que o STJ, no julgamento do REsp 1675874/MS afetado ao rito dos recursos repetitivos, fixou o Tema 983, *verbis: Nos casos de violência contra a mulher praticados no âmbito doméstico e familiar, é possível a fixação de valor mínimo indenizatório a título de dano moral, desde que haja pedido expresso da acusação ou da parte ofendida, ainda que não especificada a quantia, e independentemente de instrução probatória*. Assim, nada de novo na análise de pedido de natureza cível por Juízo Criminal.

Cumpre enfatizar, finalmente, para espancar qualquer dúvida, a nítida intenção do legislador em atribuir natureza jurídica de tutela civil e autônoma às MPU quando, no art. 22, logo após elencar o rol de medidas, faz referência no § 4º à aplicação da regra contida no *caput* do art. 461 do CPC/1973 (atual art. 497, CPC/2015), cujo teor trata especificamente das *obrigações de fazer e de não fazer* e da *tutela inibitória cível* voltada à efetivação desse direito.

Deveras, conforme asseverado por Cristiano Chaves de Faria e Rogério Sanches Cunha, enquadrar as MPU no âmbito das tutelas inibitórias civis significa submetê-las à normatividade do Código de Processo Civil e, com isso, ganhar maior dinâmica na busca da proteção efetiva aos direitos fundamentais da vítima de violência doméstica. *O afastamento da legislação processual penal abre um vasto espaço para a implementação de providências casuísticas que se mostrem mais adequadas a uma eficaz tutela jurídica da mulher.*[26] Nem mesmo a revelia seria capaz de obstar a aplicação das regras processuais civis, considerando que o próprio CPC nega a produção de seus efeitos nas situações específicas do art. 345.

Por outro lado, a classificação *criminal* das MPU levaria, como de fato leva, à orfandade procedimental, uma vez que inexiste neste âmbito adequada subsunção da tutela mandamental *autônoma* criada pela LMP às técnicas processuais penais preexistentes. Na prática, a adoção dessa linha de entendimento traria como único efeito procedimental a intimação do suposto agressor acerca da decretação da medida, que teria a faculdade de, a qualquer tempo, apresentar razões contrárias à sua manutenção, dispensadas que são a citação e a contestação,[27] em descompasso, portanto, com o princípio constitucional do devido processo legal.

Dito isso, a conclusão não poderia ser outra: se o legislador pátrio, ao editar a LMP, o fez para que a mulher pudesse contar não apenas com a legislação repressiva contra o agressor, mas também com *mecanismos céleres, protetivos, preventivos e assistenciais a ela*;[28] se o objetivo maior que levou à criação das medidas protetivas foi conferir *a máxima proteção à mulher em situação de violência doméstica e* familiar;[29] se o Princípio da Dignidade Humana, esteio de sustentação da LMP, objetiva *reconhecer e valorizar o ser humano como início e fim do* direito;[30] se a proteção conferida à mulher é de ordem material, absoluta, impositiva, perene e incondicional, com função de prevenir que a violência contra ela ocorra ou se perpetue; se a recente Lei 14.550/2023 expressamente desvinculou a aplicação das MPU da tipificação penal da violência, do ajuizamento de ação penal ou cível e da existência de inquérito policial ou do registro de boletim de ocorrência, intuitivo concluir-se que *todas as MPU* previstas na Lei Maria da Penha ostentem, invariavelmente, natureza jurídica cível, com caráter preventivo, autônomo e satisfativo.

2.3 A relação entre a natureza jurídica das medidas protetivas de urgência e a *técnica* processual adequada a sua aplicação

Embora se tenha consciência que a ação não se confunde com o direito material, forçoso reconhecer que, num ordenamento jurídico que proíbe a autotutela, o processo deve servir ao "bem da vida" de forma *efetiva*, estruturando-se de modo a garantir a prestação de uma tutela jurisdicional adequada e capaz de fazer valer o direito material, levando em consideração os resultados que o processo produz no

---

26. FARIAS, Cristiano Chaves de; CUNHA, Rogério Sanches. Op. cit. p. 77-78.
27. STJ, REsp 2.101.595, Ministro Joel Ilan Paciornik, DJe de 29.02.2024; REsp 1.929.770, Ministro Messod Azulay Neto, DJe de 05.03.2024; REsp 2.009.402/GO, relator Ministro Ribeiro Dantas, relator para acórdão Ministro Joel Ilan Paciornik, Quinta Turma, DJe de 18.11.2022.
28. STJ, REsp 1.475.006/MT, relator Ministro Moura Ribeiro, Terceira Turma, julgado em 14.10.2014, DJe de 30.10.2014.
29. STJ, REsp 2.036.072/MG, relatora Ministra Laurita Vaz, Sexta Turma, julgado em 22.08.2023, DJe de 30.08.2023.
30. STJ, REsp 1.448.969/SC, relator Ministro Moura Ribeiro, Terceira Turma, julgado em 21.10.2014, DJe de 03.11.2014.

plano substantivo. *Sendo apenas o aspecto visível do processo, o procedimento, no fundo, não tem um valor próprio, mas o valor das garantias que tutela.*[31] O direito de ação, portanto, vai além do direito a uma sentença de mérito, até porque *tutela* não pode ser confundida com *técnica*. Deve-se *olhar para a técnica a partir das necessidades da vida.* O surgimento de *novos direitos* aliado à necessidade de sua proteção jurisdicional fez emergir uma nova modalidade de tutela, a mandamental, que visa garantir a efetividade, notadamente, dos direitos fundamentais – aqueles que realizam o seu conteúdo independentemente da colaboração ou participação alheia, criando um dever de abstenção a todas as demais pessoas, dever de não invadir a esfera jurídica do titular do direito.[32]

A inviolabilidade dos direitos não patrimoniais, como os atinentes à personalidade e à dignidade humana, é garantida, *de per si*, pelo ordenamento jurídico, conferindo ao seu titular exigir em juízo, ainda que diante de *ameaça* de violação, que o agressor se abstenha de praticar o ato. Justamente por isso é que tais direitos não são adequadamente tutelados através da sentença *condenatória*, já que ela, por natureza, não inibe a violação. Ao contrário, sua execução forçada pressupõe a já existência de uma violação consumada. Por outro lado, é a sentença *mandamental* que carrega em si uma espécie de tutela, a *inibitória*, que será apta a assegurar, de forma efetiva, o conteúdo do direito em questão, impondo ao réu uma coerção direta ou indireta, na justa medida e dentro dos limites necessários à prevenção do ilícito, conferindo efetividade ao direito sem causar um dano excessivo ao infrator.[33]

A tutela inibitória vem regulada no art. 497, do Código de Processo Civil, se funda no próprio direito material e é prestada através de uma ação de conhecimento, de cognição exauriente e de natureza preventiva e satisfativa, prescindindo, por isso, da existência de dano efetivo e de ação principal. Na diferenciação trazida por Luiz Guilherme Marinoni, se o provimento *cautelar serve para assegurar a tutela do direito*, por outro lado, *para prevenir a violação do direito não é necessária uma tutela de segurança, mas apenas a tutela devida ao direito ameaçado de violação, ou seja, a tutela inibitória,* para então concluir que ela deva produzir efeitos enquanto existir o risco que fundamentou a decisão judicial.[34]

Nessas condições, a medida inibitória implica no estabelecimento de uma obrigação continuada ao infrator, protraída no tempo e voltada a *um fazer* ou a *um não fazer* adequado a impedir a prática, a repetição ou a continuação do ilícito.

---

31. DINAMARCO, Cândido Rangel. *A Instrumentalidade do Processo.* 16. ed., rev. e atual. São Paulo: Malheiros/JusPodivm, 2022. p. 121.
32. MARINONI, Luiz Guilherme. *Tutela inibitória e tutela de remoção do ilícito.* 8. ed. rev. e atual. São Paulo: Thomson Reuters Brasil, 2022, p. 200-204.
33. MARINONI, Luiz Guilherme. Op. cit., p. 178-182.
34. MARINONI, Luiz Guilherme. *Tutela de urgência e tutela da evidência*: soluções processuais diante do tempo da Justiça. São Paulo: RT, 2017, p. 60: STJ, RHC 74.395/MG, relator Ministro Rogerio Schietti Cruz, Sexta Turma, julgado em 18.02.2020, DJe de 21.02.2020.

Não se exige muito esforço para perceber, então, que a *ação inibitória* regida pelo CPC, sob a perspectiva da Lei Maria da Penha e das medidas protetivas de urgência, confere perfeita adequação da *técnica* processual à *tutela* ao direito material.

3. A LIMITAÇÃO TEMPORAL DAS MEDIDAS PROTETIVAS DE URGÊNCIA, A CLÁUSULA *REBUS SIC STANTIBUS* E A REVISÃO DA TUTELA INIBITÓRIA

Definida a natureza jurídica de tutela inibitória cível de caráter autônomo e satisfativo das MPU, há que se refletir acerca da forma como serão elas processadas, efetivadas e, principalmente, revogadas pelo julgador, identificando-se quais os impactos diretos na definição do procedimento judicial aplicável.

A qualidade de tutela inibitória cível satisfativa, segundo Thiago Pierobom de ÁVILA, traz as seguintes feições procedimentais: decisão liminar (recorrível mediante agravo de instrumento) ou eventual realização de audiência de justificação prévia (CPC, art. 300, § 2º c/c LMP, art. 18, inciso I); designação de defensor dativo (LMP, art. 18, inciso II, c/c art. 27); ordem de citação acompanhada de intimação quanto à decisão liminar sobre as medidas protetivas; contestação e requerimento de dilação probatória (limitada à situação de risco da mulher); eventual designação de audiência de instrução; sentença final de extinção do processo, com ou sem julgamento de mérito (impugnável por apelação).[35]

Dessa classificação dada às MPU ainda exsurge a natural conclusão: sua vigência necessariamente se protrai no tempo para além do termo final do processo, permanecendo intactas enquanto persistir a situação de perigo que originou sua aplicação. E, se à luz do *supraprincípio* da dignidade humana e do escopo protecional da LMP já não parecia razoável decidir-se pela revogação automática das MPU, quer pelo termo final do processo, quer através da prefixação de prazo de vigência, quer pelo decurso do tempo (fundado na presunção de desnecessidade), atualmente qualquer das hipóteses se mostra vedada. Isso porque a Lei 14.550/2023 acrescentou o § 6º ao art. 19 da LMP, que traz o seguinte comando: as *medidas protetivas de urgência vigorarão enquanto persistir risco à integridade física, psicológica, sexual, patrimonial ou moral da ofendida ou de seus dependentes.*

A inovação legislativa veio em bom tempo. Além de atender à necessidade de se colocar fim à antiga celeuma, traduz o verdadeiro escopo da Lei Maria da Penha, que é o de coibir e prevenir a violência doméstica e familiar contra a mulher. Assim, com o provimento mandamental final, as MPU aplicadas adquirem vigência por prazo *indeterminado*, em subsunção à regra do art. 19, § 6º, da LMP.

Daí também se extrai o inevitável caráter *provisório* das MPU. Nesse ponto, importante mencionar que os precedentes do STJ, há tempos, enfatizam que, embora

---

35. ÁVILA, Thiago Pierobom de. Op. cit., p. 9.

inexista previsão legal acerca do prazo de duração das MPU, tal fato não poderia permitir a *eternização* da restrição aos direitos individuais dos agressores.[36]

Dito isso, a questão que se coloca a seu tempo é a seguinte: qual a técnica processual mais apropriada para se aferir, na prática, a necessidade de revogação das MPU aplicadas no provimento jurisdicional final, notadamente as que operam obrigação ao agressor?

A solução que parece se afigurar mais adequada é a que concilia a natureza jurídica das medidas protetivas de urgência (tutela inibitória cível) com a natureza da relação jurídica material estabelecida entre os sujeitos de direito. No caso da LMP, que cuida especificamente das relações pessoais íntimas de afeto no âmbito doméstico e familiar, o direito material teria como base *relação de trato continuado*, que se prolonga no tempo e que, por isso, ostenta a característica de ser dinâmica, imprevisível e passível de constantes modificações.

Inquestionável, portanto, que, a despeito da coisa julgada ou da estabilização da tutela concedida em caráter antecipado antecedente (por meio da qual as MPU também podem ser concedidas), o pronunciamento judicial final referente às relações de trato continuado sempre carregará em si a cláusula *rebus sic stantibus*, que possibilita a revisão do julgado acaso sobrevenha modificação no panorama fático ou de direito anteriormente apreciado (CPC, art. 505, I). Nesse caso, modificada a situação subjacente ao pronunciamento judicial, estar-se-ia diante de nova causa de pedir, cujo julgamento se faz possível por não ferir a imutabilidade e a indiscutibilidade da *res judicata*. E, *se nem mesmo a coisa julgada impediria a reabertura do debate a respeito das situações de cunho continuado, a estabilização* da tutela concedida em caráter antecipado antecedente *jamais poderia representar óbice a que a questão fosse novamente discutida e rediscutida*, conforme ensina Rafael Calmon.[37] De outra banda, inexistindo modificação fática ou de direito, a cláusula *rebus sic stantibus* permanece inoperante e inalterado o comando judicial enquanto a situação assim se mantiver.

Veja que, também neste aspecto temporal, a opção pelas técnicas processuais *civis* encontra ampla subsunção ao espírito da Lei Maria da Penha.

Há, inclusive, precedentes recentes do STJ que reconhecem a atuação da cláusula *rebus sic stantibus* nos provimentos judiciais que versem sobre a aplicação de medidas protetivas de urgência,[38] garantindo, assim, a possibilidade de sua revogação a qualquer momento, desde que cessada a situação de perigo que ensejou sua aplicação.

---

36. STJ: AgRg no REsp 1.775.341/SP, relator Ministro Sebastião Reis Júnior, Terceira Seção, julgado em 12.04.2023, DJe de 14.04.2023; RHC 74.395/MG, Rel. Ministro Rogério Schietti Cruz, Sexta Turma, julgado em 18.02.2020, DJe 21.02.2020; RHC 120.880/DF, Ministro Reynaldo Soares da Fonseca, Quinta Turma, DJe de 28.09.2020; AgRg no REsp 1.769.759/SP, Ministro Nefi Cordeiro, Sexta Turma, DJe de 14.05.2019.
37. CALMON, Op. cit., p. 214-215 e 595.
38. STJ, AREsp 2.460.522, Ministro Rogerio Schietti Cruz, DJe de 20.12.2023; HC 876.218, Ministro Teodoro Silva Santos, DJe de 19.12.2023; RHC 190.918, Ministra Daniela Teixeira, DJe de 19.12.2023; AREsp 2.290.498, Ministro Messod Azulay Neto, DJe de 12.12.2023; REsp 2.074.543, Ministro Antonio Saldanha Palheiro, DJe de 21.11.2023; AREsp 2.315.797, Ministra Laurita Vaz, DJe de 16.10.2023; REsp 2.036.072/

Nessa linha de raciocínio, considerando que as MPU, notadamente as que obrigam o agressor, consubstanciam típica *obrigação civil de fazer ou de não fazer* sujeitas à cláusula *rebus sic stantibus*, forçoso concluir-se que sua vigência deve seguir as regras pertinentes às relações obrigacionais de trato continuado, as quais, por sua própria natureza, impõem aos sujeitos limitações de direitos que ordinariamente se protraem no tempo, mas que, nem por isso, seriam aptas a configurar penalidade, ou constrangimento ilegal. Thiago Pierobom de Ávila lembra, nesse ponto, que *o direito de liberdade não é absoluto e que as leis civis permitem restrições à liberdade de locomoção; por exemplo, é proibido ingressar em propriedade pertencente a terceiros sem sua autorização*, e, nem por isso, tal restrição ao direito de ir e vir configuraria constrangimento ilegal ou pena.[39]

Especificamente com relação ao controle de efetividade temporal das MPU, tanto o *agressor*, como a própria *vítima* poderão demandar o pedido de revisão: (i) em *ação autônoma* (nos mesmos termos das ações revisionais de alimentos e de convivência), ou nos *próprios autos* em que as MPU foram fixadas (à semelhança do pedido exoneratório de alimentos, conforme possibilita a Súmula 358 do STJ); (ii) *a qualquer tempo*, mas com expressa indicação, como causa de pedir do pleito revisional, da modificação no panorama fático ou de direito anteriormente apreciado, a fim de tornar operante a cláusula *rebus sic stantíbus*, provocando, assim, o Juiz a reanalisar a situação e a decidir, ao fim e ao cabo, pela manutenção, modificação ou revogação das MPU. O importante é que, em qualquer hipótese, estejam garantidos o exercício do contraditório e da ampla defesa e que a eventual revogação das MPU seja sempre precedida da regular *oitiva da vítima para avaliação da cessação efetiva da situação de risco à sua integridade física, moral, psicológica, sexual e patrimonial.*[40]

Recentes arestos do STJ proferidos pela Sexta Turma não apenas têm reconhecido a natureza jurídica de tutela inibitória civil das MPU, atribuindo-lhes vigência por prazo indeterminado, pelo tempo que perdurar a situação de perigo, como também vêm admitindo que o Juiz, *ex officio*, revise, de tempos em tempos, a necessidade de sua manutenção, sob a justificativa de evitar que a perenização das MPU atue como pena, ou crie constrangimento ilegal a quem a elas se encontre submetido.[41] De se ressaltar o REsp 2.036.072/MG da Sexta Turma e de relatoria da Ministra Laurita Vaz, cujo julgado, invocando a participação ativa das partes, *especialmente do Juiz*, em aplicação ao princípio da cooperação (CPC, art. 6º), admitiu que o Magistrado,

---

MG, relatora Ministra Laurita Vaz, Sexta Turma, julgado em 22.08.2023, DJe de 30.08.2023; AgRg no REsp 1.566.547/MG, relator Ministro Joel Ilan Paciornik, Quinta Turma, julgado em 27.06.2017, DJe de 1º.08.2017.

39. ÁVILA, Thiago Pierobom de. Op. cit., p. 7.
40. STJ, AgRg no REsp 1.775.341/SP, relator Ministro Sebastião Reis Júnior, Terceira Seção, julgado em 12.04.2023, DJe de 14.04.2023.
41. STJ: HC 605.113/SC, relator Ministro Antonio Saldanha Palheiro, Sexta Turma, julgado em 08.11.2022, DJe de 11.11.2022; REsp 2.036.072/MG, relatora Ministra Laurita Vaz, Sexta Turma, julgado em 22.08.2023, DJe de 30.08.2023; AgRg no AREsp 2.300.078/GO, relator Ministro Rogerio Schietti Cruz, Sexta Turma, julgado em 19.09.2023, DJe de 02.10.2023; AgRg nos EDcl no RHC 184.081/SP, relator Ministro Rogerio Schietti Cruz, Sexta Turma, julgado em 03.10.2023, DJe de 10.10.2023.

caso entenda prudente, revise *ex officio* e periodicamente a necessidade da manutenção das medidas protetivas impostas, estabelecendo, desde logo, um prazo mínimo para essa revisão, bem como a forma pela qual as partes se manifestarão, tudo de acordo com as circunstâncias individualizadas do caso concreto.[42]

A iniciativa oficiosa do Juiz, na prática, demanda análise criteriosa. Isso porque a atuação da regra *rebus sic stantibus*, numa primeira análise, escapa ao controle jurisdicional. Há que se ter em mente que, uma vez finda a ação pela prolação da sentença de mérito, o Juiz, em tese, não estaria autorizado a atuar com protagonismo na busca oficiosa e periódica de subsídios fáticos voltados a modificar a decisão definitiva submetida à cláusula *rebus sic stantibus*. Ao contrário, sua atuação *ex officio* encontraria óbice no brocardo da inércia da jurisdição estampado no art. 2º do Código de Processo Civil, segundo o qual *o processo começa por iniciativa da parte e se desenvolve por impulso oficial, salvo as exceções previstas em lei.*

Demais disso, em sendo a atuação oficiosa do Juiz *regra de exceção* na legislação paradigma indicada pelo art. 13 da LMP, a possibilidade de sua ocorrência nas ações que versem aplicação de MPU deveria ter vindo expressamente autorizada pela Lei. Mas assim não o foi. Aliás, os artigos 18, *caput* e 19, *caput* e § 3º, da Lei 11.340/2006, na contramão da atuação oficiosa, preveem que o Juiz somente poderá *aplicar* as MPU mediante provocação. E, se ao Juiz sequer é conferida expressamente a iniciativa de *aplicar* as medidas protetivas em favor da vítima (sujeito de direitos da LMP), não parece lógico que seja conferida a ele a iniciativa *irrestrita* de revogá-las, atuação esta, aliás, que não estaria justificada na *proteção integral ao sujeito de direitos* da Lei (a mulher).

Entretanto, a questão ganha viés mais profundo e contornos diversos quando enxergada sob a ótica dos *direitos fundamentais*. Não restam dúvidas de que a aplicação das MPU coloca direitos fundamentais em colisão: os destinados a prevenir e coibir a violência doméstica e familiar contra a mulher; os que protegem a liberdade de ir e vir do agressor; e, ainda, os que asseveram e garantem o devido processo legal.

3.1 Colisão entre direitos fundamentais: princípio da proporcionalidade

Não raro duas ou mais posições protegidas pelo ordenamento jurídico conflitarem no mundo dos fatos e, por isso, clamarem pela definição de qual delas, naquela situação específica, prevalecerá.

Deve-se ter claro, inicialmente, que, quando duas normas jurídicas entram em conflito, a solução será extraída ou pela *invalidação* (no caso de conflito entre *regras*), ou pela *ponderação* (na hipótese de conflito entre *princípios*). Isso porque,

---

42. STJ, REsp 2.036.072/MG, relatora Ministra Laurita Vaz, Sexta Turma, julgado em 22.08.2023, DJe de 30.08.2023. No mesmo sentido: HC 605.113/SC, relator Ministro Antonio Saldanha Palheiro, Sexta Turma, julgado em 08.11.2022, DJe de 11.11.2022; AgRg no AREsp 2.300.078/GO, relator Ministro Rogerio Schietti Cruz, Sexta Turma, julgado em 19.09.2023, DJe de 2/10/2023; AgRg nos EDcl no RHC 184.081/SP, relator Ministro Rogerio Schietti Cruz, Sexta Turma, julgado em 03.10.2023, DJe de 10.10.2023.

diferentemente das *regras*, inaptas a conviverem simultaneamente no ordenamento jurídico quando em conflito (ressalvado o diálogo das fontes), os *princípios* podem ser obedecidos em vários graus, conforme o *juízo de ponderação*, sem que, com isso, seu âmbito de proteção seja esvaziado. E os direitos fundamentais são concebidos, primordialmente, como *princípios*.[43]

Jorge Reis Novais definiu que os direitos fundamentais apresentam, por natureza, a qualidade intrínseca da limitabilidade, sendo, por isso, dotados de uma *reserva geral de ponderação*, ou seja, *independentemente da indiscutível forma e força constitucionais de que usufruem, eles podem ter de ceder perante a maior força ou o maior peso que apresentem, no caso concreto, os direitos, bens, princípios ou interesses de sentido contrário que sejam igualmente dignos de proteção jurídica.*[44]

Embora todas as normas tenham o mesmo *status* hierárquico e inexista, numa primeira análise, primazia *absoluta* de um princípio constitucional sobre o outro, eles podem ter "pesos abstratos" diversos,[45] que, especificamente quando aplicados ao caso concreto, teriam a função de não apenas determinar o grau de importância de um princípio em relação ao outro, como também a de harmonizá-los. Nesse passo, o *supraprincípio* da dignidade humana (CF, art. 1º, III) ocuparia patamar superior, uma vez que baliza os demais princípios e direitos fundamentais. O STJ já teve a oportunidade de afirmar que dignidade da pessoa humana, na qualidade de princípio *hierarquizador e harmonizador de todo o sistema jurídico*, sempre será preponderante, dada a sua condição de princípio fundamental da República, enfatizando, ainda, que, em havendo conflito entre princípios de igual importância hierárquica, *o fiel da balança, a medida de ponderação, o objetivo a ser alcançado* já estaria determinado, *a priori, em favor do princípio da dignidade humana*,[46] tendo-se em conta, assim, os valores que constituem sua expressão (inviolabilidade da pessoa humana, respeito à sua integridade física e moral, inviolabilidade do direito da intimidade). Ainda nessa linha, o direito à vida teria preferência sobre os demais direitos individuais, já que seu núcleo configura pressuposto ao exercício de todos os outros direitos garantidos pela Constituição Federal.[47]

Há de se levar em conta, ainda, o grau de interferência sobre o direito preterido que a escolha do outro pode ocasionar. Nesse ponto, Robert Alexy assim definiu: *quanto mais intensa se revelar a intervenção em um dado direito fundamental, maiores hão de se revelar os fundamentos justificadores dessa intervenção.*[48]

---

43. MENDES, Gilmar Ferreira. BRANCO, Paulo Gustavo Gonet. *Curso de Direito Constitucional*. 18. ed. São Paulo: SaraivaJur, 2023, p. 166.
44. NOVAIS, Jorge Reis. *Limites dos direitos fundamentais*: fundamento, justificação e controlo. Coimbra: Almedina, 2021, p. 199.
45. MENDES, Gilmar Ferreira. Op. cit., p. 151.
46. STJ, REsp 706.987/SP, relator Ministro Humberto Gomes de Barros, relator para acórdão Ministro Ari Pargendler, Segunda Seção, julgado em 14.05.2008, DJe de 10.10.2008.
47. MENDES, Gilmar Ferreira. Op. cit., p. 207, 210.
48. MENDES, Gilmar Ferreira. Op. cit., p. 151, 166.

Quanto aos limites implícitos de conteúdo dos direitos fundamentais, Friedrich Muller preconizou a necessidade de se distinguir o que é exercício de um direito fundamental (modalidade específica) e o que é circunstância acidental do exercício do direito fundamental (modalidade inespecífica). Segundo tal entendimento, se há possibilidade de se exercer o direito fundamental em outro lugar, em outro tempo ou mediante outra classe de ação, tratar-se-á de modalidade não específica de exercício do direito fundamental.[49]

Nesse cenário, a solução viável à colisão entre direitos fundamentais é a que traz a aplicação do *princípio da proporcionalidade*, atualmente consolidado, nas palavras do Ministro Gilmar Ferreira Mendes, como postulado constitucional autônomo, alçado à categoria de princípio geral de direito, com sede material no art. 5º, LIV da Constituição Federal, que trata sobre o devido processo legal.[50]

Dito isso, num eventual confronto entre direitos fundamentais, deve-se buscar a conciliação entre eles, aplicando-se cada um em extensões variadas, segundo a respectiva relevância no caso concreto, utilizando-se, para tanto, de técnica adequada para superar os antagonismos e definir qual dos direitos deve prevalecer, sem que se tenha qualquer deles como excluído do ordenamento jurídico.

3.2 A ponderação na escolha da *técnica* processual para o exercício do controle de efetividade temporal das medidas protetivas de urgência

A digressão acerca dos direitos fundamentais não se faz em vão. Isso porque a definição da *técnica processual* mais adequada à revisão das MPU que estabelecem restrição ao agressor nada mais é que consequência da aplicação prática do princípio geral da proporcionalidade. Especificamente nos casos de violência doméstica e familiar, há, de um lado, o direito fundamental de ir e vir do agressor (CF, art. 5º, XV). Lado outro, há o direito fundamental da mulher à vida e à incolumidade física, psicológica, sexual, moral e patrimonial, presente não apenas no postulado constitucional da coibição da violência no âmbito das relações familiares (CF, art. 226, § 8º), mas também na Lei Maria da Penha (e posterior legislação extravagante correlata) e nos tratados e convenções internacionais,[51] espelhando, por tudo isso, verdadeiro caráter principiológico,[52] do qual exsurge, por assim dizer, o *princípio do melhor interesse da vítima de violência doméstica*. Por fim, o direito fundamental ao devido processo legal há de ser garantido através, inclusive, da equalização dos direitos subjetivos do

---

49. MENDES, Gilmar Ferreira. Op. cit., p. 155.
50. MENDES, Gilmar Ferreira. *Direitos fundamentais e controle de constitucionalidade*: estudos de direito constitucional. 4. ed. rev. e ampl. São Paulo: Saraiva, 2012, p. 72.
51. O Brasil é signatário de todos os tratados internacionais que objetivam reduzir e combater a violência de gênero (Disponível em: https://www.cnj.jus.br/programas-e-acoes/violencia-contra-a-mulher/).
52. No escólio de Rodrigo da Cunha Pereira, *os princípios significam o alicerce, os pontos básicos e vitais para a sustentação do Direito. São eles que traçam as regras ou preceitos, para toda espécie de operação jurídica, e tem um sentido mais relevante que a própria regra jurídica* (PEREIRA, Rodrigo da Cunha. *Princípios fundamentais norteadores do direito de família*. 4. ed. rev. atual. Curitiba: Juruá, 2022, p. 37).

agressor aos direitos da vítima, uma vez que seu campo de aplicação abrange tanto as relações de caráter processual, como também as de caráter material.[53]

O julgador deverá, ainda, balizar seu escólio na análise sistemática dos elementos normativos e não normativos contidos no ordenamento jurídico acerca da matéria, nas especificidades do caso concreto, nas condições particulares dos sujeitos integrantes da relação e nas regras de experiência.

Diante desse quadro, de pronto, cabe trazer à baila a metodologia de julgamento contida no *Protocolo para Julgamento com Perspectiva de Gênero* editado pelo CNJ. Sob a premissa de que *a natureza de um ato processual é também interpretativa e pode variar de acordo com a realidade que se observa*, o documento define que *julgar com perspectiva de gênero* significa estar atento a como uma norma, aparentemente neutra, pode ter um impacto negativo e desproporcional a determinadas pessoas, considerando o contexto de vulnerabilidade e subordinação por elas vivido e, *a partir daí, interpretar o direito de maneira a neutralizar essas desigualdades*, buscando o entendimento jurisdicional que ofereça, de fato, uma verdadeira proteção ao sujeito de direitos.[54]

Na linha do juízo de ponderação, importante também mencionar que o CEDAW, cuja responsabilidade é a de garantir a aplicação da Convenção para a Eliminação de todas as Formas de Discriminação contra a Mulher (com eficácia de tratado afirmada pelo art. 5º, § 2º, da CF), editou a Recomendação Geral 35, segundo a qual, no conflito entre os direitos fundamentais da mulher e do agressor, durante ou após o processo judicial, os direitos do agressor devem se submeter à primazia dos direitos da mulher, vítima da agressão.[55]

A ponderação no exercício do controle de efetividade temporal das MPU deve, ainda, considerar, ao lado da realidade específica do caso concreto, a realidade estatística, que, atualmente, aponta para o aumento dos índices de violência contra a mulher no *período pós-divórcio ou separação*. O fim do relacionamento, longe de ser sinônimo do fim da violência, consubstancia-se, na verdade, em fator de risco para o feminicídio ou para formas de violência mais graves. Segundo a 4ª edição da pesquisa "Visível e Invisível: A Vitimização da Mulher no Brasil", realizada pelo Datafolha em 2023, a mulher divorciada apresentou níveis mais elevados de vitimização (41,3%) quando comparados com os relativos às casadas (17%), viúvas (24,6%) e solteiras (37,3%), sendo o ex-cônjuge o principal agressor (31,3%), seguido do atual com-

---

53. MENDES, Gilmar Ferreira. Op. cit., p. 385.
54. Protocolo para julgamento com perspectiva de gênero [recurso eletrônico]/Conselho Nacional de Justiça. Brasília: Conselho Nacional de Justiça – CNJ; Escola Nacional de Formação e Aperfeiçoamento de Magistrados-Enfam, 2021. p. 51/52. Disponível em: http:// www.cnj.jus.br e www.enfam.jus.br eISBN 978-65-88022-06-1.
55. Recomendação Geral 35 do Comitê para Eliminação de Todas as Formas de Discriminação contra a Mulher (CEDAW): Série tratados internacionais de direitos humanos. Tradução para o português: Neri Accioly/ Conselho Nacional de Justiça. Brasília, 2019, p. 30. Disponível em: https://www.cnj.jus.br/wp-content/uploads/2019/09/769f84bb4f9230f283050b7673aeb063.pdf.

panheiro (26,7%) e dos genitores (8,4%). Ainda segundo a pesquisa, as mulheres divorciadas chegam a sofrer, em média, 9 agressões por ano.[56]

Impinge mencionar por fim, mas com igualdade de importância, que o julgador deverá avaliar, também, a real possibilidade de *vitimização institucional*, consubstanciada na vulnerabilização da mulher pelo próprio sistema, quando a obriga, no procedimento judicial ou administrativo, a reviver diversas vezes a violência, mesmo após cessado o ato primitivo, suscitando nela memórias dolorosas e submetendo-a a um sofrimento continuado e desnecessário, gerador de novas violências e traumas. O preceito da *não revitimização*, que visa coibir a vitimização institucional, considerando-a ato atentatório à dignidade da vítima, vem expresso na Lei 14.245/2021, bem como no art. 10-A, § 1º, III, da Lei Maria da Penha, e traz, como diretriz ao julgador, sejam evitadas as sucessivas inquirições da vítima. Sobre tal problemática, o STJ já asseverou a necessidade de o Poder Judiciário vencer a timidez hermenêutica e avançar na otimização dos princípios e das regras do subsistema jurídico introduzido em nosso ordenamento pela Lei 11.340/2006, a fim concretizar, com o suporte processual já existente, o atendimento integral à mulher em situação de violência doméstica e reduzir a revitimização e as possibilidades de violência institucional.[57]

Nessa perspectiva, forçoso concluir-se que, em situações reais de intensa gravidade da violência sofrida pela mulher e de severidade das sequelas físicas e/ou psíquico-emocionais nela incutidas, avaliadas através da análise pontual de cada caso concreto, a revisão da decisão por iniciativa oficiosa do Juiz, até mesmo através de métodos pouco invasivos, como o questionário contido no Formulário Nacional de Avaliação de Risco (Resolução Conjunta CNJ 05/2020, art. 3º), desatenderia aos postulados: (i) da não vitimização institucional; (ii) da primazia dos direitos fundamentais da mulher sobre os direitos do agressor preconizada pela Recomendação Geral 35 do CEDAW; e (iii) da interpretação das regras processuais para julgamento sob a perspectiva de gênero estabelecida pelo CNJ. De fato, verificada a existência de violência e sequelas avultadas, a excepcional superação ao princípio da inércia de jurisdição não encontraria suporte. Longe de harmonizar os direitos conflitantes, levaria à desproporcional proteção de um deles em detrimento substancial do outro, com nítida violação ao princípio do melhor interesse da vítima de violência doméstica, uma vez que, ausente prévia provocação dos sujeitos de direito, a reiterada submissão da mulher aos questionamentos judiciais acerca da violência estaria calcada tão só em critério abstrato-temporal, voltado unicamente à potencial proteção de direitos do agressor.

De mais a mais, há que se considerar que as MPU não esvaziam o direito fundamental de ir e vir do agressor, tampouco o limitam a ponto de que não possa ser

---

56. Disponível em: https://www1.folha.uol.com.br/cotidiano/2023/03/mulheres-divorciadas-sofrem-mais-violencia-que-as-casadas-ou-solteiras-diz-pesquisa.shtml.
57. STJ, REsp 1.675.874/MS, relator Ministro Rogerio Schietti Cruz, Terceira Seção, julgado em 28.02.2018, DJe de 08.03.2018.

exercido em outro lugar ou de outra forma, em graus diversos. A respeito do nível de intromissão das medidas restritivas na esfera de liberdade pessoal do sujeito passivo, Thiago Pierobom de Ávila defende que, *nas medidas protetivas de proibição de aproximação e contato, ou de frequência a determinados lugares, o imputado mantém a liberdade geral, e tem apenas uma restrição tangencial e residual relacionada à esfera de direitos da mulher, numa área irrisória em comparação a todos os demais locais em que poderá exercer sua liberdade de locomoção.*[58]

Em outras palavras, a grave lesão aos direitos fundamentais da vítima decorrente do controle de efetividade temporal das MPU por atuação oficiosa do Juiz supera, em importância protetiva, a parcial limitação que as medidas restritivas trazem ao direito do agressor.

Em todo o caso, ressalvada a hipótese de abuso ou uso predatório do direito de ação,[59] sempre restará garantida ao agressor a possibilidade de pleitear em juízo, por sua iniciativa e a qualquer tempo, a revogação das MPU contra si impostas, comprovando, após a regular oitiva da vítima, a cessação da situação de risco, ou até mesmo a atual desproporção da tutela inibitória outrora aplicada (LMP, art. 19, § 3º), evitando, com isso, que perdurem de forma indefinida, ou se tornem desproporcionais ao fim almejado, assim impedindo, sob qualquer ótica, a configuração de *constrangimento ilegal*.

De fato, se considerarmos que o caráter provisório das MPU é assegurado pelo direito de ação conferido ao agressor, desarrazoado concluir-se que sua inércia em providenciar o levantamento judicial das restrições transfira ao Juiz tal dever preventivo, até porque a própria inação do interessado permitiria crer que, em seu íntimo, não se sinta violado ou constrangido. Haveria apenas sua conformação com o quanto decidido, ou, então, em última análise, a livre faculdade voltada ao *não exercício* do direito a ele garantido. E, se assim o é, não há mesmo falar em constrangimento ilegal.

Por outro lado, nas demais situações de baixa gravidade da violência, ausência de sequelas físicas e/ou psíquico-emocionais deixadas na vítima, baixo risco de repetição da violência e de vitimização institucional, restando evidenciada a preservação ao melhor interesse da vítima, o princípio processual da inércia de jurisdição poderá ceder à primazia do direito fundamental do agressor, possibilitando que o

---

58. ÁVILA, Thiago Pierobom de. Op. cit., p. 7.

59. Segundo Rafael Calmon, o uso predatório da ação pode se manifestar pela propositura de demandas inviáveis, pelo cometimento de atentado através da inovação ilegal ou pela prática de condutas obstrutivas à efetivação de direitos já reconhecidos por sentença. Prossegue, ressaltando serem deveres das partes, de seus procuradores e de todos aqueles que de qualquer forma participem do processo, na forma do art. 77 do CPC, *expor os fatos em juízo conforme a verdade; não formular pretensão ou apresentar defesa quando cientes de que são destituídas de fundamento; não produzir provas e não praticar atos inúteis ou desnecessários à declaração ou à defesa do direito; cumprir com exatidão as decisões jurisdicionais, de natureza provisória ou final, e não criar embaraços à sua efetivação,* (...) *sob pena de praticar ato atentatório à dignidade da justiça (CPC, art. 77, § 2º) e fraude processual (CPB, art. 347), podendo ser advertido (CPC, art. 77, §1º), multado (CPC, art. 77, § 2º), negativado (CPC, art. 77, § 3º),* (...) *inclusive de forma cumulativa, sem que isso represente bis in idem* (CALMON, Rafael. *Manual de Direito Processual das Famílias.* 4. ed. São Paulo: SaraivaJur, 2024, p. 23).

Juiz, *ex officio*, revise a necessidade na manutenção das MPU. Nesse caso, a decisão final que aplica as medidas restritivas, desde logo, fixará um prazo inicial para que a primeira revisão ocorra, que poderá ser mais curto ou mais longo, a depender da situação particular da vítima e da natureza mais ou menos restritiva das medidas aplicadas, nos termos do acórdão paradigma do STJ e de relatoria da Ministra Laurita Vaz, proferido no REsp 2.036.072/MG:

> (...) nada impede que o juiz, caso entenda prudente, revise periodicamente a necessidade de manutenção das medidas protetivas impostas, garantida, sempre, a prévia manifestação das partes, consoante entendimento consolidado pela Terceira Seção desta Corte de Justiça (...). Isso deve ficar a critério do Magistrado de primeiro grau, que levará em consideração as circunstâncias do caso concreto para estabelecer um prazo mais curto ou mais alongado, a partir da percepção do risco a que a Vítima está submetida e da natureza mais ou menos restritiva das medidas aplicadas ao caso concreto.[60]

Uma boa técnica de revisão, pouco invasiva, é a aplicação periódica do Formulário Nacional de Avaliação de Risco previsto no art. 3º da Resolução Conjunta 05/2020 do CNJ. Nada impede, entretanto, que outras técnicas processuais sejam adotadas no exercício do controle de efetividade temporal das MPU, como a realização de estudos psicossociais, ou a oitiva judicial. O importante é que sejam garantidos o contraditório, a ampla defesa e a prévia oitiva da vítima. Uma vez mantida a efetividade da medida restritiva, o Juiz poderá, ou não, fixar novo prazo para a subsequente revisão oficiosa. A decisão, em qualquer caso, derivada do juízo de ponderação, deverá vir fundada em circunstâncias de fato e de direito contemporâneas à sua prolação.

CONCLUSÕES

Por certo, após a alteração legislativa trazida pela Lei 14.550/2023, que desvinculou a aplicação e a vigência das MPU da tipificação penal da violência, do ajuizamento de ação penal ou cível, da existência de inquérito policial ou do registro de boletim de ocorrência, não mais se sustenta que a elas se continue a atribuir caráter cautelar e criminal.

As medidas protetivas de urgência ostentam, pois, natureza jurídica de tutela inibitória cível (LMP, art. 22, § 4º) de cunho autônomo e satisfativo, cuja vigência se protrai no tempo para além do termo final do processo, assim permanecendo enquanto persistir a situação de perigo que originou sua aplicação. Neste cenário, uma vez desvinculado o caráter instrumental e criminal das MPU, a decisão final que as aplicar sempre carregará a cláusula *rebus sic stantibus*, que possibilita, na forma da lei processual civil, a reanálise da relação jurídica de trato continuado *a qualquer tempo*, por iniciativa das partes ou, excepcionalmente, por revisão periódica e ofi-

---

60. STJ, REsp 2.036.072/MG, relatora Ministra Laurita Vaz, Sexta Turma, julgado em 22.08.2023, DJe de 30.08.2023.

ciosa pelo Juiz, garantindo-se, por qualquer ângulo, a *provisoriedade* da restrição ao direito do agressor.

Da mesma forma, diante das novas diretrizes legais, tornou-se indefensável o raciocínio segundo o qual a imposição de restrições ao direito de ir e vir do agressor, de modo indefinido e desatrelado de inquérito policial ou processo penal em andamento, significaria, na prática, infligir a ele verdadeira pena de cunho perene, sem o devido processo legal. De fato, se a própria Lei Maria da Penha estabelece que a aplicação das MPU não está atrelada à existência ou duração de ação principal ou mesmo à configuração de conduta típica, se ela dispõe que as restrições ao direito do agressor devam viger por prazo indeterminado e se essa provisoriedade é plenamente garantida pelo direito de ação a ele conferido (esvaída, portanto, a ideia de eternização de pena), intuitivo afirmar que os fundamentos usualmente utilizados para o reconhecimento do constrangimento ilegal não mais se sustentam.

Dito isso, dois cenários distintos se colocam diante do julgador no controle da efetividade temporal das medidas protetivas de urgência.

Em atenção ao princípio da proporcionalidade, nas específicas condições de intensa gravidade e de alto risco de vitimização institucional, não parece razoável que se determine a revisão periódica e *ex officio* das MPU aplicadas, sob pena de inestimável violação ao princípio do melhor interesse da vítima de violência doméstica. Outrossim, a revisão judicial das medidas restritivas, neste específico caso, ficará a cargo e iniciativa do agressor.

Em contrapartida, diante de favoráveis circunstâncias no caso concreto que não atentem contra o melhor interesse da vítima (v.g.: ato de violência isolado; baixa gravidade; ausência de sequelas; baixo risco de repetição da violência ou de vitimização institucional), nos limites do juízo de ponderação, abre-se oportunidade para a mitigação excepcional do princípio processual da inércia de jurisdição, em prestígio ao direito fundamental do agressor, possibilitando-se ao Juiz revisar de ofício a necessidade da manutenção das MPU.

De qualquer forma, caberá à sensibilidade do Magistrado compreender os contornos dos direitos fundamentais conflitantes, consubstanciados na relação entre a intensidade da restrição, os fundamentos dela justificadores e o devido processo legal, a fim de aplicar *soluções justas, técnicas e com respaldo social*.[61]

REFERÊNCIAS

ALEXY, Robert, POSCHER, Ralf. *Princípios Jurídicos*: o debate metodológico entre Robert Alexy e Ralf Poscher. Organizado e traduzido por Rafael Giorgio Dalla-Barba. Belo Horizonte, MG: Casa do Direito, 2022.

ALVIM, Arruda. *Manual de direito processual civil*: Teoria Geral do Processo, Processo de Conhecimento, Recursos, Precedentes. 18. ed. rev., atual. e ampl. São Paulo: Thomson Reuters Brasil, 2019.

---

61. MENDES, Gilmar Ferreira. Op. cit., p. 156.

ÁVILA, Thiago Pierobom de. Medidas Protetivas da Lei Maria da Penha: natureza jurídica e parâmetros decisórios. *RBCCRIM* v. 157, 2019. Disponível em: https://www.mpmg.mp.br/data/files/87/00/FF/14/DA44A7109CEB34A7760849A8/Medidas%20protetivas%20da%20Lei%20Maria%20da%20Penha%20-%20natureza%20juridica%20e%20parametros%20decisorios.pdf.

BUENO, Cássio Scarpinella (Coord.). *Comentários ao Código de Processo Civil*. São Paulo: Saraiva, 2017. v. 2 (arts. 318 a 358).

CALMON, Rafael. *Manual de Direito Processual das Famílias*. 4. ed. São Paulo: SaraivaJur, 2024.

CAMPOS, Carmen Hein de (Org.). *Lei Maria da Penha*: comentada em uma perspectiva jurídico-feminista. Rio de Janeiro: Lumen Juris, 2011.

CUNHA, Rogério Sanches; PINTO, Ronaldo Batista. *Violência doméstica*: Lei Maria da Penha. Lei 11.340/2006. Comentada artigo por artigo. 14. ed. rev., atual. e ampl. Salvador: JusPodivm, 2024.

DIAS, Maria Berenice. *A Lei Maria da Penha na Justiça*. 6. ed. rev. e atual. Salvador: Juspodivm, 2019.

DINAMARCO, Cândido Rangel. *Instituições de direito processual civil*. 10. ed., rev. e atual. São Paulo: Malheiros, 2020. v. I.

DINAMARCO, Cândido Rangel. *A Instrumentalidade do Processo*. 16.ed., rev. e atual. São Paulo: Malheiros/JusPodivm, 2022.

FARIAS, Cristiano Chaves de; CUNHA, Rogério Sanches da. *Manual Prático das Medidas Protetivas*. São Paulo: JusPodivm, 2024.

FERNANDES, Valéria Diez Scarance. *Lei Maria da Penha*: o processo penal no caminho da efetividade: abordagem jurídica e multidisciplinar. São Paulo: Atlas, 2015.

FONAVID (Fórum Nacional de Juízes de Violência Doméstica e Familiar contra a Mulher). Enunciados. Disponível em: www.compromissoeatitude.org.br/enunciados-fonavid-forum-nacional-de-violencia-doméstica-e-familiar-contra-a-mulher.

FUX, Luiz. *Curso de Direito Processual Civil*. 5. ed. rev., atual. e ampl. Rio de Janeiro: Forense, 2022.

FUX, Luiz. *Teoria Geral do Processo Civil*. 2. ed. rev., atual. e ampl. Rio de Janeiro: Forense, 2016.

GAJARDONI, Fernando da Fonseca; DELLORE, Luiz; ROQUE, Andre Vasconcelos; OLIVEIRA JR.; Zulmar Duarte de. *Processo de conhecimento e cumprimento de sentença*: comentários ao CPC DE 2015. Rio de Janeiro: Forense; São Paulo: Método, 2016.

GROENINGA, Giselle Câmara; PEREIRA, Rodrigo da Cunha (Coord.). *Direito de família e psicanálise –* rumo a uma nova epistemologia. Rio de Janeiro: Imago, 2003.

LÔBO, Paulo. *Direito Civil*: Contratos. 9. ed. São Paulo: SaraivaJur, 2023. v. 3.

MARINONI, Luiz Guilherme. *Tutela inibitória e tutela de remoção do ilícito*. 8. ed rev. e atual. São Paulo: Thomson Reuters Brasil, 2022.

MENDES, Gilmar Ferreira; BRANCO, Paulo Gustavo Gonet. *Curso de Direito Constitucional*. 18. ed. São Paulo: SaraivaJur, 2023.

MENDES, Gilmar Ferreira. *Direitos fundamentais e controle de constitucionalidade*: estudos de direito constitucional. 4. ed. rev. e ampl. São Paulo: Saraiva, 2012.

MONTESQUIEU. Charles-Louis de Secondat. *O espírito das leis*. [livro eletrônico]: 2016.

NOVAIS, Jorge Reis. *Limites dos direitos fundamentais*: fundamento, justificação e controlo. Coimbra: Almedina, 2021.

PEREIRA, Rodrigo da Cunha. *Princípios fundamentais norteadores do direito de família*. 4. ed. rev. e atual. Curitiba: Juruá, 2022.

PIRES, Amom Albernaz. A Opção Legislativa pela Política Criminal Extrapenal e a Natureza Jurídica das Medidas Protetivas da Lei Maria da Penha. Brasília: *Revista do MPDFT*, v. 1, n. 5, 2011.

SOUZA JÚNIOR, Antonio Carlos F. de. *Novo CPC doutrina selecionada*. In: DIDIER JR., Fredie (Coord. geral); MACÊDO, Lucas Buril de; PEIXOTO, Ravi; FREIRE, Alexandre (Org.). Salvador: JusPodivm, 2016. v 2: procedimento comum.

THEODORO JÚNIOR, Humberto. *Curso de Direito Processual Civil* – Teoria geral do direito processual civil, processo de conhecimento e processo comum. 56. ed. rev., atual. e ampl. Rio de Janeiro: Forense, 2015. v. I.

A LEI MARIA DA PENHA E A PROTEÇÃO DAS PESSOAS IDOSAS A PARTIR DO DIÁLOGO DAS FONTES

João Paulo das Neves

Mestre em Direito pela Universidade Católica de Brasília. Pós-graduado em Direito Civil pelo UniCEUB/DF. Pós-graduado em Processo Civil pelo Centro Universitário UDF. Pós-graduado em Direito Administrativo pela Universidade Católica de Brasília. Presidente da Comissão dos Magistrados do IBDFAM-DF. Juiz de Direito do TJDFT.

Karla de Sousa Araujo

Mestranda em Gerontologia pela Universidade Católica de Brasília. Pós-graduada em Direito de Família e Sucessões pela ATAME/DF. Conselheira Titular do Conselho dos Direitos do Idoso do DF. Vice-Presidente da Comissão do Idoso do IBDFAM-DF. Diretora Jurídica do Instituto Parentalidade Prateada. Advogada.

> *A velhice tem muitos males, mas tem também seus benefícios, e um deles é aquela camada protetora, feita de esquecimento, cansaço e afeição, que se cria entre nós e nossos problemas e nossas mágoas. Pode ser preguiça, esclerose ou simples desinteresse, mas também pode ser algo um pouquinho diferente que brota em momentos de luz, como serenidade, paciência, humor, sublime sabedoria e Tao"* Hesse[1]

Sumário: Considerações iniciais – 1. Sobre a velhice – 2. Violência contra a pessoa idosa – 3. A proteção da pessoa idosa a partir do diálogo das fontes – 4. Aspectos processuais; 4.1 Legitimidade; 4.2 Natureza jurídica da decisão que determina a medida de proteção à pessoa idosa – Conclusão – Referências.

CONSIDERAÇÕES INICIAIS

O presente artigo versa sobre o diálogo das fontes de proteção ao vulneráveis, sob a perspectiva de proteção à pessoa idosa a partir do diálogo entre a Lei Maria da Penha (LMP) e o Estatuto da Pessoa Idosa (EPI).

Acerca do diálogo é importante ressaltar que existe o Projeto de Lei 4438 de 2021,[2] tramitando no Senado Federal, de autoria da Senadora e atual Ministra do

---

1. HESSE, Herman. *Com a maturidade fica-se mais jovem.* Rio de Janeiro: Ed. Record, 2021, p. 62.
2. Disponível em: www25.senado.leg.br. Até a elaboração do presente artigo, o projeto estava em tramitação na Câmara dos Deputados, com último andamento de 25 de junho de 2023, por ofício encaminhado pelo Presidente Arthur Lira ao Senador Rodrigo Pacheco, Presidente do Senado Federal. Acesso em: 15 nov. 2023.

Planejamento e Orçamento, Simone Tebet, que acrescenta o art. 45-A ao capítulo III do Estatuto da Pessoa Idosa, e no parágrafo 4º prevê a aplicação subsidiária da Lei Maria da Penha (Lei 11.340/2006):

> Art. 45-A.
>
> (...)
>
> § 4º *Aplica-se subsidiariamente, no que for cabível, o disposto na Lei 11.340, de 7 de agosto de 2006 (Lei Maria da Penha).*

No projeto original, um dos fundamentos para incluir esse artigo foi o relato da delegada-chefe adjunta da Delegacia Especial de Repressão aos Crimes por discriminação racial, religiosa ou por orientação sexual ou contra pessoa idosa ou com deficiência, do Distrito Federal, (DECRIN):

> Na minha prática policial (mais de 12 anos como Delegada de Polícia na PCDF), *percebo a lacuna legal na proteção do idoso do gênero masculino e também da idosa em situação de violência (patrimonial, física, psicológica) atual ou iminente, principalmente quando não há elementos de configuração de violência doméstica*, previstos no art. 5º da Lei 11.340/06.
>
> O art. 18 da Lei 11.340/06 é extremamente eficiente porque depende apenas do pedido da ofendida pelas medidas protetivas nos balcões das delegacias e agora também dos cartórios extrajudiciais.
>
> [...] na situação dos idosos do gênero masculino e nas idosas que não estão em situação de violência doméstica, na qual se aplicaria a Lei 11.340/06, deve-se efetuar o registro da ocorrência policial, despachar com o delegado de plantão (o que, infelizmente não é realidade em todas as partes do país, onde há acúmulo de comarcas e circunscrições policiais e falta de autoridade policial), para realizar pedido ao Ministério Púbico, autoridade ainda mais rara disponível 24 horas em todo país e inclusive os grandes centros, para que ele represente ao Poder Judiciário a medida de urgência. Tal fluxo é extremamente moroso diante da urgência da medida, que pode até resultar no pior, uma vez que idosos, pela sua condição etária, já são considerados ainda mais vulneráveis que as demais pessoas da população. (grifo nosso).

A dúvida suscitada pela delegada quanto à possível lacuna do Estatuto da Pessoa Idosa remete à indagação sobre a possibilidade ou não de aplicação de dispositivos da Lei Maria da Penha para aquelas situações de violência contra a pessoa idosa, principalmente as que não estejam amparadas nas hipóteses de violência doméstica e familiar contra a mulher idosa e o idoso.

Considerando que o projeto ainda não foi aprovado, busca-se fundamento na teoria do diálogo das fontes quanto à possibilidade de aplicação dos dispositivos da Lei Maria da Penha para os casos de violência contra idosos e idosas pela perspectiva de gênero, notadamente, naquelas hipóteses de idosos do gênero masculino ou de idosas que não estão em situação de violência doméstica.

Assim, pretende-se demonstrar que as fontes normativas que protegem os vulneráveis podem dialogar entre si para dar efetividade ao mandamento constitucional de proteção ao idoso (art. 230, CF). Nesta perspectiva, o diálogo da Lei Maria da Penha com o Estatuto da Pessoa Idosa pode ser sintetizado nas situações de proteção da pessoa idosa contra violência, tais como: a) apreensão imediata de arma de fogo sob a posse do agressor, como também sua suspensão ou restrição do porte de arma de fogo; b) afastamento temporário ou definitivo do agressor do lar ou domicílio da pessoa idosa ou de local de convivência com ela, como também proibição de determinadas condutas do agressor, dentre elas substituição temporária do curador e visitas do agressor à pessoa idosa, além daquelas descritas nos incisos III e IV do art. 22, incisos III e IV, da LMP.

Por derradeiro, analisa-se os aspectos processuais quanto ao procedimento e pronunciamento judicial da tutela da pessoa idosa, inclusive quanto à hipótese de aprovação do projeto.

1. SOBRE A VELHICE

Existem estudos sobre o envelhecimento em diversas áreas do conhecimento com abordagem especializada em cursos de graduação e pós-graduação em Gerontologia, mas a literatura é uma das áreas relevantes para compreender a velhice:

> A literatura pode muito. Ela pode nos estender a mão quando estamos profundamente deprimidos, nos tornar ainda mais próximos dos outros seres humanos que nos cercam, nos fazer compreender melhor o mundo e nos ajudar a viver.[3]

O escritor Victor Hugo Mãe, em comovente romance intitulado "*A Fábrica de Fazer Espanhóis*", sobre pessoas idosas do lar "feliz idade", traz nuances sobre a velhice, dentre elas a realidade de que muitos idosos são deixados nessas instituições contra a sua vontade.

Da ficção para a vida real, uma triste constatação: as pessoas idosas não são ouvidas sobre essas e outras questões. Se ficam em casa, ficam sozinhas; se vão para as instituições, muitas vezes são esquecidas lá.

Apesar disso, no romance "A Fábrica de Fazer Espanhóis", de Valter Hugo Mãe, o personagem Silva, de 84 anos, com seu olhar lúcido sobre a velhice, revela:

> [...] a minha história é a de todos os homens. não é história nenhuma, não tem novidade, passei nenhum heroísmo senão o de ter chegado a velho e apaixonado, que muitos não o conseguiram e talvez o tivessem querido tanto quanto eu [...][4]

Em interlocução com Fernando Pessoa, Valter Hugo retrata outras formas de encarar a velhice, como é o caso do personagem "Esteves sem metafísica" – alusão à obra *A Tabacaria*, de Pessoa[5] – cujo personagem, de quase cem anos de idade, é revelado com "metafísica" por seus amigos do lar doce idade, pois mesmo na velhice é possível preencher a vida com outras preocupações e sonhos. Assim, reconhecem a sua metafísica:

---

3. TODOROV, Tzvetan. *A Literatura em Perigo*. Ed. Difel, 2020, 76.
4. MÃE. Valter Hugo. *A Fábrica de Fazer Espanhóis*. Ed. Cosac Naify, 2022, p. 107.
5. PESSOA, Fernando. *A Tabacaria*. São Paulo: Ática, 2011.

[...] aquele homem é a nossa poesia problematizada. a longevidade dele foi uma demorada marcha contra derrota [...] morreu o esteves esta manhã num qualquer ataque de felicidade [...][6]

Essas podem ser as faces do envelhecimento de pessoas idosas que se fragilizam com as doenças, debilidades físicas e psicológicas, sem entusiasmo para a vida – "sem metafísica" – como aqueles que, não obstante as fragilidades, a longevidade em marcha, esforçam-se contra a derrota, na medida em que a vida é feita de altruísmo e projetos. Parafraseando o personagem Silva, ao caminhar para a velhice construímos uma história, somos verdadeiros heróis.

Porém, não há um modelo único de envelhecer, até porque cada pessoa constrói sua história e enfrenta seus próprios problemas; as pessoas na velhice também são diferentes, e não é porque envelhecem, que se tornam iguais. Afinal, a consequência de criar uma história única é retirar a dignidade das pessoas.[7]

Morrer prematuramente, ou envelhecer: não há outra alternativa.[8] Mas quando começa a velhice?

Há apenas duzentos anos, a expectativa de vida média em nenhum país era maior que quarenta anos.[9]

Em corte temporal, já no final do século XIX, em "O Eterno Marido", de Dostoiévski, o personagem Vieltchâminov é assim descrito:

Era um homem que vivera muito e à larga, estava longe de ser jovem – trinta e oito ou mesmo trinta e nove – e toda essa "velhice", como ele mesmo dizia, viera-lhe 'quase de todo inesperadamente'; ele próprio compreendera, porém, que envelhecera não tanto pelo número dos anos, mas, por assim dizer, pela qualidade, e que tais males começaram por dentro e não por fora (...)[10]

No início do século XX, na obra "Isaú e Jacó", de Machado de Assis, extrai-se o seguinte trecho:

Não, leitor, não me esqueceu a idade da nossa amiga; lembro-me como se hoje. Chegou assim aos quarenta anos. Não importa; o céu é mais velho e não trocou de cor [...] Toda uma questão de número, menos que número, o nome do número, esta palavra *quarenta,* eis o mal único. Daí a melancolia com que ela disse ao marido, agradecendo o mimo do aniversário: 'Estou velha Agostinho!' Santos quis esganá-la brincando.[11]

Contudo, o olhar sobre o envelhecimento depende do tempo e lugar, que podem explicitar a visão do que é ser velho. Quanto à idade, a legislação vigente estabelece diferentes idades para caracterizar uma pessoa como idosa.

---

6. MÃE, Op. cit., p. 155 e 157.
7. CHIMMANDA. Ngozi Adichie. *O Perigo de uma História Única.* São Paulo: Companhia Das Letras, 2019, p. 27.
8. BEAUVOIR, Simone de. *A velhice.* Trad. Maria Helena Franco Martins. 2. ed. Rio de Janeiro: Nova Fronteira, 2018. p. 297.
9. BARLETTA, Fabiana Rodrigues e ALMEIDA, Vitor (Coord.). *A tutela Jurídica da Pessoa Idosa*: 15 anos do Estatuto do Idoso. Indaiatuba, SP: Foco, 2020, p. 21.
10. DOSTOIÉVSK. Fiódor Mikháilovitch. *O Eterno Marido.* Rio de Janeiro: Ed. 34, 2019, p. 9-10.
11. ASSIS, Machado. *Isaú e Jacó.* São Paulo: Companhia das Letras, 2021, p. 73.

O Código Civil prevê que é obrigatório o regime da separação de bens para maior de 70 anos (art. 1.641, inciso II). O dispositivo é objeto de várias críticas da doutrina, porquanto enseja intromissão indevida do Estado na vida privada, sob pretexto de proteção da pessoa idosa contra estelionatários sentimentais e expectativas de herança, o que contradiz com a liberdade de escolha, com os princípios da igualdade e dignidade da pessoa humana estabelecidos na Constituição.[12] Ademais, tramita no Supremo Tribunal recurso com Repercussão Geral, Tema 1236, data de julgamento 13.12.2023, em que se discute a (in)constitucionalidade do normativo do Código Civil. Esse tema havia sido discutido na primeira jornada de Direito Civil do Conselho da Justiça Federal,[13] Enunciado 125, considerou-se inconstitucional o inciso II do art. 1.641 do Código Civil:

> 125 – Proposição sobre o art. 1.641, inc. II:
>
> Redação atual: "da pessoa maior de sessenta anos".
>
> Proposta: revogar o dispositivo.
>
> Justificativa: A norma que torna obrigatório o regime da separação absoluta de bens em razão da idade dos nubentes não leva em consideração a alteração da expectativa de vida com qualidade, que se tem alterado drasticamente nos últimos anos. Também mantém um preconceito quanto às pessoas idosas que, somente pelo fato de ultrapassarem determinado patamar etário, passam a gozar da presunção absoluta de incapacidade para alguns atos, como contrair matrimônio pelo regime de bens que melhor consultar seus interesses.

O Código Penal estabelece que é circunstância para atenuar a pena ser maior de 70 (setenta) anos na data da sentença (art. 65, inciso I).

Cumpre ressaltar que, o art. 40, parágrafo 1º, inciso III, da Emenda Constitucional n. 103, de 12 de novembro de 2019, prevê que a aposentadoria das mulheres será com 62 anos de idade e a aposentadoria dos homens será com 65 anos.

No tocante ao quantitativo de pessoas que estão envelhecendo no Brasil, os dados apresentados pelo IBGE no censo de 2022 apontam para um total de pessoas com 65 anos ou mais no país (22.169.101), de 10,9% da população, com alta de 57,4% frente a 2010, quando esse contingente era de 14.081.477, ou 7,4% da população. Observa-se que o aumento da população idosa, a partir dos sessenta anos, cresceu muito. Em 1980, a população de pessoas de 0 a 14 anos era de 38,2%; de 15 a 64 anos, de 57,7%; de 65 anos ou mais, de 4%; enquanto, em 2022, de 0 a 14 anos, de 19,8%; de 15 a 64 anos, de 69,3%; de 65 anos ou mais, de 10,9%.[14]

Com efeito, considerando os normativos e o censo do IBGE, poder-se-ia considerar velho no Brasil a partir dos 65 anos.

---

12. PEREIRA. Rodrigo da Cunha. *Direito das Família*. 3. ed. Rio de Janeiro: Forense, 2022, p. 517.
13. BRASÍLIA: Centro de Estudos Judiciários, 2012. 136 p. Disponível em: www.cjf.jus.br. Acesso em: 25 nov. 2023.
14. Disponível em: https://agenciadenoticias.ibge.gov.br/agencia-noticias/2012-agencia-de-noticias/noticias/38186-censo-2022-numero-. Acesso em: 21 nov. 2023.

Sobre o tema, a Organização das Nações Unidas realizou em 1982 a "I Assembleia Mundial sobre Envelhecimento", em Viena e dessa reunião ficou definido o marco de 60 anos de idade para se considerar uma pessoa idosa nos países em desenvolvimento e de 65 anos, nos países desenvolvidos.[15]

Neste sentido, o Estatuto não se limitou apenas a estabelecer a idade da pessoa idosa – 60 (sessenta) anos (art. 1°) –, mas também identificá-la como pessoa capaz. Aliás, a Lei Brasileira de Inclusão da Pessoa com Deficiência (Lei 13.146/2015), em seu art. 85, afasta qualquer vinculação da senilidade com a incapacidade. O idoso não perde sua autonomia com o avançar da idade, não sendo o critério patrimonial, como estabelece o Código Civil, o fim ultimo para a sua proteção, mas de forma mais ampla – integral – o objeto de sua proteção é a sua dignidade, efetivamente descrita no art. 2° do Estatuto:

> Art. 2° A pessoa idosa goza de todos os direitos fundamentais inerentes à pessoa humana, sem prejuízo da proteção integral de que trata esta Lei, assegurando-se lhe, por lei ou por outros meios, todas as oportunidades e facilidades, para preservação de sua saúde física e mental e seu aperfeiçoamento moral, intelectual, espiritual e social, em condições de liberdade e dignidade.

A proteção não se restringe à preservação do patrimônio, mas também ao aperfeiçoamento em nível moral, intelectual e social da pessoa idosa.

Numa sociedade em que as crianças ocupavam o centro da vida familiar é importante ressaltar que o Brasil afastou a discrepância que existia entre a proteção de crianças e adolescentes e a proteção de idosos, com a edição de estatuto próprio, o que conduz à efetivação dos direitos das pessoas idosas. A população brasileira vem apresentando um ritmo de crescimento cada vez menor, com mudanças na sua estrutura etária no sentido do seu envelhecimento. Tendo em vista a diminuição da taxa de natalidade e o aumento considerável da longevidade das pessoas.[16]

2. VIOLÊNCIA CONTRA A PESSOA IDOSA

A vulnerabilidade elencada no Estatuto da Pessoa Idosa está relacionada à condição humana da pessoa idosa, como grupo social, ante os declínios associativos ao envelhecimento a partir dos sessenta anos de idade.

Originalmente, a violência contra a pessoa idosa se materializa por meio de três grupos: a) a violência sociopolítica; b) a violência institucional; c) a violência intrafamiliar.[17]

Assim, o conceito de violência contra a pessoa idosa é amplo e não abrange tão somente as situações de violência psicológica ou física, mas também aquelas situações

---

15. MENDES, Gilmar Ferreira et al (Coord.). *Manual dos Direitos da Pessoa Idosa*. São Paulo: Saraiva, 2017, p. 479.
16. FREITAS, Elizabete Viana de, Ligia Py. *Tratado de Geriatria e Gerontologia*. 5. ed. Rio de Janeiro: Guanabara Koogan, 2022, p. 7.
17. CALMON, Patrícia Novais. *Direito das Famílias e do Idoso*. Indaiatuba, SP: Foco, 2022. p. 45.

de omissão, por exemplo, dos filhos quanto ao dever de amparar os pais na velhice (art. 229, CF). Nesse sentido, os filhos cometem violência, por ação ou omissão, ao deixarem de atender às necessidades básicas dos pais, que não possuem capacidade prover de sua própria subsistência.

Contudo, a diferença entre violência "familiar" e "doméstica" não revela modificação substancial no conceito de violência contra a pessoa idosa, porquanto referem-se à agressão por um integrante do grupo familiar e independe do espaço físico onde ocorre a violência.

Nesse viés, um projeto pioneiro do Tribunal de Justiça do Distrito Federal e Territórios (TJDFT), do Ministério Público do Distrito Federal e Territórios (MP-DFT) e da Defensoria Pública do Distrito Federal (DPDF), para enfrentamento da violência contra as pessoas idosas foi criada a Central Judicial do Idoso (CJI) com as seguintes diretrizes:

I– Incentivo à desjudicialização de conflitos, especialmente pela adoção de formas de resolução de conflitos não tradicionais, como a mediação, a intermediação de acesso a órgãos estatais e entidades não estatais, a orientação jurídica e a promoção de acesso à justiça, objetivando a construção de soluções consensuais.

II– Promoção do atendimento multidisciplinar à pessoa idosa em situação de risco.

III– Articulação de ações para a valorização e a proteção da pessoa idosa.[18]

No entanto, os estudos sobre a origem da violência contra a pessoa idosa ainda são insuficientes, contudo as pesquisas realizadas pela Central Judicial do Idoso, coordenada pelo Tribunal de Justiça do Distrito Federal e Territórios (TJDFT), Ministério Público do Distrito Federal e Territórios (MPDFT) e Defensoria Pública do Distrito Federal (DPDF), revelam que a violência contra o idoso é praticada na maioria dos casos por parentes, principalmente os filhos, e relaciona-se com os aspectos financeiros e a omissão dos cuidados que devem ser dispensados pelos filhos aos pais idosos.[19]

A propósito, no Distrito Federal, de acordo com a última pesquisa publicada pela CJI, a distribuição percentual do agente agressor à pessoa idosa é a seguinte: filhos = 57,49%; outros parentes = 12,23%; netos = 8,12%; companheiro (a)/ex = 5,16; outros = 5,05%; vizinho (a) = 3,71 e cuidador (a) = 1,22%. Sobre esse perfil, 60,63% das vítimas são mulheres, sendo a grande maioria entre 60 e 69 anos de idade.[20] A menor mortalidade da população feminina explica esse aumento da violência contra as mulheres e faz com que ela cresça a taxas mais elevadas do que a masculina. A velhice é predominantemente feminina.[21]

---

18. *Mapa da Violência contra a Pessoa Idosa no Distrito Federal*. 4. ed. 2019, p. 8. Disponível em: www.tjdft.jus. br.

19. *Mapa da Violência contra a Pessoa Idosa no Distrito Federal*. 4. ed. 2019. Disponível em: www.tjdft.jus.br.

20. Mapa. Fonte: Central Judicial do Idoso, 2019, p. 18 e 32.

21. FREITAS, Elizabete Viana de, Ligia Py. *Tratado de Geriatria e Gerontologia*. 5. ed. Rio de Janeiro: Guanabara Koogan, 2022, p. 4.

No âmbito do Distrito Federal a Central Judicial do Idoso (CJI) juntamente com a DECRIN proporcionam o registro e apuração de violência contra a pessoa idosa. E no âmbito Federal existe o Disque Direitos Humanos – Disque 100, que é um serviço de utilidade pública do Ministério dos Direitos Humanos e da Cidadania, destinado a receber demandas relativas a violações de Direitos Humanos, especialmente as que atingem populações em situação de vulnerabilidade social, como as pessoas idosas, crianças, adolescentes deficientes etc.[22]

3. A PROTEÇÃO DA PESSOA IDOSA A PARTIR DO DIÁLOGO DAS FONTES

A doutrina distingue as fontes do direito em formais e materiais. As fontes formais do direito, tradicionalmente, são a legislação, os costumes jurídicos, a jurisprudência e a doutrina; enquanto as fontes materiais são a realidade social – conjuntos de fatos sociais - e os valores, consubstanciados no conceito amplo de justiça.[23]

Pois bem, as fontes do direito podem entrar em rota de colisão entre si. Para solucionar os conflitos são utilizadas algumas regras, dentre elas: a) temporal – vigência da lei no tempo – pelo critério da irretroatividade, com respeito ao ato jurídico perfeito, à coisa julgada e ao direito adquirido. Nesse ponto, a jurisprudência do Superior Tribunal de Justiça (STJ) mitigou os efeitos da coisa julgada nas ações de filiação naquelas hipótese em que não se exauriu todos os meios de prova, por exemplo, realização do exame de DNA, ou quando há inércia das partes, dos advogados ou do Estado-juiz,[24] e, além disso, o Supremo Tribunal Federal (STF) também reconheceu que não há direito adquirido contra a Constituição;[25] b) hierárquico, prevalência da Constituição perante as demais leis ou disposições normativas; c) a especialidade: lei especial revoga ou prevalece sobre a geral.

Neste contexto, a teoria do diálogo das fontes surge como mais um critério para solucionar as contradições normativas, com diálogo entre normas e princípios.

A teoria do diálogo das fontes desenvolvida na Alemanha pelo professor doutor Erik Jaime foi recepciona no Brasil por meio de estudos da professora Claudia Lima

---

22. Disponível em: https://www.gov.br/pt-br/servicos/denunciar-violacao-de-direitos-humanos.
23. MONTORO. André Franco. *Introdução à Ciência do Direito*. 31. ed. São Paulo: RT, 2014, p. 373, 2014.
24. Civil e processual civil. Negatória de paternidade. Vínculo declarado em anterior ação investigatória. Flexibilização da coisa julgada. Possibilidade. Peculiaridades do caso. Vínculo genético afastado por exame de DNA. Princípio da verdade real. Prevalência. Recurso desprovido. Nas ações de estado, como as de filiação, deve-se dar prevalência ao princípio da verdade real, admitindo-se a relativização ou flexibilização da coisa julgada. Admite-se o processamento e julgamento de ação negatória de paternidade nos casos em que a filiação foi declarada por decisão já transitada em julgado, mas sem amparo em prova genética (exame de DNA). Precedentes do STJ e do STF. Recurso especial desprovido (REsp 1375644/MG, Rel. Ministra Nancy Andrighi, Rel. p/ Acórdão Ministro João Otávio de Noronha, 3ª Turma, julgado em 1º.04.2014, DJE 02.06.2014).
25. RTJ, 171/1022. Veja também: "Ementa: recurso extraordinário. Administrativo. Servidor público. Inexistência de direito adquirido à regime jurídico. Base de cálculo de vantagens pessoais. Efeito cascata: proibição constitucional. Precedentes. Impossibilidade de redução dos vencimentos. Princípio da irredutibilidade dos vencimentos. Recurso ao qual se dá parcial provimento" STF – RE 56370 – Relatora Ministra Carmem Lúcia, publicação 02.05.2013.

Marques, ao buscar solucionar conflitos aparentes entre os Códigos Civil (CC)e do Código de Defesa do Consumidor (CDC), em determinadas relações obrigacionais.[26]

Por essa teoria, a partir da unicidade e coerência do ordenamento jurídico, afasta-se a ideia de que os microssistemas, a exemplo do Código de Defesa do Consumidor, Estatuto da Pessoa Idosa, Estatuto da Criança e do Adolescente etc., estejam dissociados de outras normas, notadamente, das normas gerais disciplinadas na Constituição e nos Códigos (Civil, Penal, etc.). Além disso, a teoria supera as discussões de supremacia entre os princípios, normas e regras do Código de Defesa do Consumidor e do Código Civil, diante do diálogo sistemático de coerência, conferindo a visão unitária no plano funcional.[27]

Em regime de mão dupla e numa visão sistêmica, a aplicação dessa teoria lança a possibilidade de concomitância de diálogo entre a Constituição Federal de 1988, o Código de Defesa do Consumidor e o Código Civil em determinadas relações obrigacionais ou contratuais, sobretudo nas relações de consumo, com aproximação dos princípios contratuais da função contratual do contrato e da boa-fé objetiva. Assim, a professora Claudia Lima Marques sistematizou o diálogo das fontes, com três hipóteses de diálogos:[28]

Prática	Aplicação das leis	Interpretação das leis
Diálogo Sistemático de Coerência	– Aplicação simultânea, coerente e coordenada das leis (fim das antimoniais aparentes, perante campos de aplicação).	– Foco no resultado coerente com os valores constitucionais e presentes nas leis em conflito (diálogo *pro homine* utilizando as normas mais benéficas).
Diálogo sistemático de Subsidiariedade	– Aplicação complementar de lei gerais e especiais (como base conceitual) ou formando 'microssistemas' e valorização de Resoluções, lei municipais, estaduais etc.	– Interpretação de conceitos indeterminados de uma lei com valores constitucionais ou de outra lei/Resoluções de agências reguladoras etc.
Diálogo de Adaptação do Sistema	– Efeito útil das leis novas e das leis protetivas.	– *Revival* da interpretação histórica.

Essa teoria foi recepcionada pela jurisprudência do STJ:

Recurso especial representativo de controvérsia. Artigo 543-C, do CPC. Processo judicial tributário. Execução fiscal. Penhora eletrônica. Sistema Bacen-Jud. Esgotamento das vias ordinárias para a localização de bens passíveis de penhora. Artigo 11, da Lei 6.830/80. Artigo 185-A, do CTN. Código de processo civil. Inovação introduzida pela lei 11.382/2006. Artigos 655, I, e 655-A, do CPC. Interpretação sistemática das leis. Teoria do diálogo das fontes. Aplicação imediata da lei de índole processual (...) 9. A antinomia aparente entre o artigo 185-A, do CTN (que cuida da decretação de indisponibilidade de bens e direitos do devedor executado) e os artigos 655 e 655-A, do CPC (penhora de dinheiro em depósito ou aplicação financeira) é superada com a

---

26. TARTUCE, Flávio. *Manual de Direito Civil* – Volume Único. Ed. Gen, 2022, p. 80.
27. TARTUCE. Op. cit., p. 80.
28. MARQUES, Claudia Lima. Teoria do 'diálogo das fontes' hoje no Brasil e seus novos desafios: uma homenagem à magistratura brasileira. In: MARQUES, Claudia Lima e MIRAGEM, Bruno (Coord.). *Diálogo das Fontes*: novos estudos sobre a coordenação e aplicação de normas no direito brasileiro. São Paulo: RT, 2020, p. 71.

aplicação da Teoria pós-moderna do Diálogo das Fontes, idealizada pelo alemão Erik Jayme e aplicada, no Brasil, pela primeira vez, por Claudia Lima Marques, a fim de preservar a coexistência entre o Código de Defesa do Consumidor e o novo Código Civil. 10. Com efeito, consoante a Teoria do Diálogo das Fontes, as normas gerais mais benéficas supervenientes preferem à norma especial (concebida para conferir tratamento privilegiado a determinada categoria), a fim de preservar a coerência do sistema normativo (...)" (REsp 1184765/PA 2010/0042226-4 – Relator Ministro Luiz Fux).

O equilíbrio interpretativo entre o conjunto de normas – regras e princípios -, não se restringe apenas àquelas situações mais complexas, de "casos difíceis"[29] – das relações contratuais e de consumo – como também para abrigar outros microssistemas, ampliando-se a convivência das normas, na busca da solução mais favorável ao vulnerável. Nas palavras de Claudia Lima Marques há, por assim dizer, uma mudança de paradigma: "(...) da retirada simples (revogação) de uma das normas em conflito do sistema jurídico (ou do "monólogo" de uma só norma possível a "comunicar" a solução justa) à convivência dessas normas, ao diálogo das normas para alcançar a sua *ratio*, a finalidade "narrada" ou "comunicada" em ambas... "Diálogo" porque há influências recíprocas, "dialogo" porque há aplicação conjunta das duas normas ao mesmo tempo e ao mesmo caso, seja complementarmente, seja subsidiariamente, seja permitindo a opção voluntária das partes sobre a fonte prevalente (especialmente em matéria de convenções internacionais e leis modelos) ou mesmo permitindo uma opção por uma das leis em conflito abstrato (...)".[30]

Com efeito, apresentados os fundamentos da teoria, vejamos sua aplicação para o caso de aplicação da Lei Maria da Penha (LMP) e do Estatuto da Pessoa Idosa. A abrangência do EPI ultrapassa a esfera cível, auferindo reflexos também na responsabilidade penal, sempre com o objetivo de maior proteção à pessoa idosa.[31]

A Constituição Federal em capítulo destinado a proteção do idoso, dispõe que:

Art. 230. A família, a sociedade e o Estado têm o dever de amparar as pessoas idosas, assegurando sua participação na comunidade, defendendo sua dignidade e bem-estar e garantindo-lhes o direito à vida.

Destarte, a garantia de proteção contra a violência está expressa ao determinar que o Estado tem o dever de garantir o bem-estar e o direito à vida do idoso.

Para que seja garantida a "coerência" entre o que determina a Constituição Federal (CF) e o Estatuto da Pessoa Idosa, necessário "dialogar" com outras normas, ainda que sejam de microssistemas diversos, desde que tenham o mesmo fim: a *proteção do idoso* (art. 230, CF).

---

29. DWORKIN. Ronald. *A Justiça de Toga*. São Paulo: Martins Fontes, 2019. p. 355.
30. Op. cit., p. 24.
31. MENDES, Gilmar Ferreira et al (Coord.). *Manual dos Direitos da Pessoa Idosa*. São Paulo: Saraiva, 2017, p. 117.

A esse respeito veja a aplicação da teoria do diálogo das fontes pelo STJ, entre a lei que trata da Ação Civil Pública e o Estatuto da Pessoa Idosa:

> Processual civil e administrativo. Agravo interno no agravo em recurso especial. Tutela do consumidor idoso. Gratuidade no transporte público. Direito à informação. Inexistência de ofensa ao art. 535, II do CPC/1973. Legitimidade ativa da defensoria pública para propor ação civil pública em favor da população idosa. Acórdão paradigma: ERESP 1.192.577/RS, rel. Min. Laurita Vaz, DJE 13.11.2015. Alegada ausência de descumprimento das obrigações da concessionária. Inversão do julgado. Reexame do conjunto fático-probatório. Impossibilidade. Dever de informação fixado com base em lei estadual. Incidência da súmula 280/STF. Agravo interno da concessionária a que se nega provimento (...) 4. *A Defensoria Pública possui legitimidade ativa para mover Ação Civil Pública em favor da população idosa, que se enquadra na categoria de hipervulnerável, mormente diante da hipossuficiência financeira constatada pela Corte de origem*. Acórdão paradigma: EREsp. 1.192.577/RS, Rel. Min. Laurita Vaz, DJe 13.11.2015. 5. *Tal conclusão encontra fundamento, também, no diálogo das fontes entre o art. 81 da Lei 10.741/2003 (o Estatuto do Idoso) e o art. 5º, II da Lei 7.347/1985, na formação de um microssistema de tutela coletiva em proteção da população idosa.* 6. Para concluir que a parte agravante já estaria a cumprir todas as exigências veiculadas na Ação Civil Pública, seria necessária ampla análise dos fatos e provas da causa, inviável nesta instância, a fim de averiguar a extensão e efetividade deste suposto cumprimento (...)" (Agravo Interno no Agravo em Recurso Especial 2017/0311119-6, 1ª. Turma, Ministro Napoleão Nunes Maia Filho, data do julgamento 18.03.2019) (Grifo nosso).

Nos casos de crime contra a pessoa idosa, em situação de violência doméstica e familiar, o art. 313, inciso III, do Código de Processo Penal (CPP) dispõe que:

> Art. 313. Nos termos do art. 312 deste Código, será admitida a decretação da prisão preventiva:
> (...)
> III – se o crime envolver violência doméstica e familiar contra a mulher, criança, adolescente, idoso, enfermo ou pessoa com deficiência, para garantir a execução das medidas protetivas de urgência.

Nesse sentido, dado o conjunto de situações de violência, surgem dúvidas quanto à aplicação de medidas de proteção da pessoa idosa, especialmente aquelas de natureza civil, que podem ser aplicadas tanto pelo juízo criminal quanto pelo cível/familiar. Consequentemente, a partir do diálogo permitido pelo art. 230, da CF, para que haja efetividade da proteção das pessoas idosas podem ser aplicadas as seguintes situações previstas nos arts. 12 e 22, da Lei Maria da Penha:[32]

> I – Lavrar boletim de ocorrência, em termo circunstanciado, colhendo o depoimento do (a) idosa (a), agressor e testemunhas, e no prazo de 48h remeter o expediente ao juízo criminal (juizado especial criminal ou vara criminal), hipótese em que a pedido do ofendido (a), do Ministério Público, do curador, ou de ofício pelo juiz, serão tomadas providências de afastamento temporário ou definitivo do ofensor, apreensão de arma ou restrição de uso (arts. 12, incisos I a VI, 19 e 22, inciso I e II), como também limitar a aproximação da pessoa idosa, de seus familiares e de testemunhas, com fixação do limite mínimo de distância entre ele e essas pessoas, inclusive a determinados lugares (art. 22);

---

32. Entendimento doutrinário de que rol das medidas protetivas de urgência civis não é taxativo: CHAVES DE FARIAS, Cristiano e SANCHES DA CUNHA, Rogério. *Manual das Medidas Protetivas*. Salvador: JusPodivm, 2024, p. 258-263.

II – Afastamento temporário do curador, até que o juízo especializado familiar promova a sua substituição, como também alteração da Instituição de Longa Permanência ou abrigo temporário ou entidade (art. 12, LPM c/c art. 45, incisos V e VI, EPI);

III – Suspensão de convivência do agressor com a pessoa idosa (art. 22, inciso III, alínea b);

IV – Arbitrar alimentos provisórios;

V – Regulamentar a convivência de familiares com a pessoa idosa ("visitas"), inclusive quando estiverem nos abrigos ou Instituições de Longa Permanência (ILPI) e hospitais;[33]

VI – Afastamento do cargo de direção de instituição ou abrigo de pessoa idosa.

Assim, a teoria do diálogo das fontes contribui para melhor aplicação do sistema de proteção à pessoa idosa, pois desde o recebimento da notícia de violência é possível promover medidas de proteção para inibir ou afastar a violência.

De toda sorte, sobrevindo aprovação do projeto de lei – de aplicação subsidiária à Lei Maria da Penha, em nada prejudica a adoção dessa teoria, porquanto existem inúmeras situações em que o Estatuto da Pessoa Idosa pode dialogar com outras normas, mormente, naquelas situações de omissão dos filhos na proteção dos pais na velhice.[34]

Assim, sem prejuízo de aplicação de outras fontes normativas, o diálogo entre as fontes mencionadas pode ser assim sistematizado:

---

33. Agravo de instrumento. Direito civil e processual civil. Ação de interdição. Regulamentação de visitas. Idoso interditado. Decisão mantida. 1. Agravo de instrumento pela anulação do ato decisório que deferiu o direito do Agravado visitar sua genitora. 2. O juízo a quo, em contato direto com as partes em audiência, decidiu pela possibilidade de o Agravado visitar sua genitora, regulamentando dia e hora. Desse modo, não vislumbro, ao menos nessa análise de cognição sumária, risco à saúde da curatelanda o simples fato de o Agravado efetuar visitas. 3. Deixo de aplicar o disposto no Art. 85, § 11 do Código de Processo Civil, uma vez que na origem não foram fixados honorários advocatícios. 4. Agravo não provido (TJDFT – AGI – 07137670520178070000 – (0713767-05.2017.8.07.0000 – Res. 65 CNJ) – 1ª Turma Cível – Relator Desembargador Roberto Freitas Filho, Publicado no DJE: 25.09.2018).

34. "(...) *A partir de uma interpretação pautada no diálogo de diversas fontes normativas, sobretudo a Constituição da República e o Estatuto do Idoso – Lei 10.741, de 2003 –, é possível extrair principiologia tendente a assegurar especial proteção ao idoso, seja pela família, sociedade ou Estado, de modo que os filhos maiores têm o dever de auxiliar e amparar os pais na velhice.* – De acordo com o que prevê o §1º do art. 1.694, e o art. 1695, ambos do Código Civil, os alimentos devem atender ao binômio necessidade/possibilidade, ou seja, deverão ser fixados considerando a capacidade financeira daquele quem irá prestá-los, bem como das necessidades do alimentando. – Uma vez que o valor fixado a título de alimentos se encontra de acordo com o binômio necessidade-possibilidade, bem como amparado pelo princípio da razoabilidade, não vislumbro motivos para a reforma da decisão agravada. – Recurso parcialmente conhecido, e na parte conhecida, não provido. (TJMG – Agravo de Instrumento-Cv 1.0000.21.090467-8/001, Relator(a): Des.(a) Carlos Roberto de Faria, 8ª Câmara Cível, julgamento em 09/09/2021, publicação da súmula em 29.09.2021). (grifo nosso).

O diálogo entre os microssistemas e com as normas gerais converge para a mesma finalidade: proteção da pessoa vulnerável, no caso a pessoa idosa.

Embora as medidas protetivas no EPI sejam meramente exemplificativas, é cabível a aplicação de outras não elencadas no artigo 45 do EPI, sempre em atenção ao melhor interesse da pessoa idosa.[35]

4. ASPECTOS PROCESSUAIS

4.1 Legitimidade

Inicialmente, a coesão do sistema de proteção da pessoa idosa amplia as hipóteses de legitimados.

A pessoa idosa é a principal legitimada para provocar a autoridade policial, o Ministério Público ou o Judiciário, para a sua proteção contra a violência (art. 45, EPI). Cogita-se a possibilidade de a própria pessoa idosa requerer as medidas de proteção em seu benefício, semelhante a previsão do artigo 19 da Lei Maria da Penha.[36]

No entanto, o Ministério Público, o curador, os representantes de instituições de longa permanência ou de abrigos e o juiz, de ofício, poderão adotar medidas cautelares ou antecipatórias de proteção das pessoas idosas.

4.2 Natureza jurídica da decisão que determina a medida de proteção à pessoa idosa

Discute-se qual o recurso cabível contra as decisões que analisam o pedido de aplicação de medidas protetivas de urgência de natureza cível da Lei Maria da Penha.[37]

---

35. CALMON, Patrícia Novais. *Direito das Famílias e do Idoso*. Indaiatuba, SP: Foco, 2022. p. 54.
36. CALMON, Patrícia Novais. *Direito das Famílias e do Idoso*. Indaiatuba, SP: Foco, 2022. p. 55.
37. São hipóteses recursais no juízo criminal: Recurso em Sentido Estrito, Agravo de Instrumento e Habeas Corpus. Sobre tema: "O recurso cabível da decisão que indefere ou revoga medida protetiva de urgência

Considerando que as tutelas de proteção do idoso tem a mesma natureza, surge a dúvida sobre a natureza da decisão que determina medidas protetivas de urgência em favor da pessoa idosa, a exemplo daquelas mencionadas no item 4 (por exemplo, afastamento de um parente do lar da pessoa idosa).

As medidas que visam à remoção do ato ilícito ou combater a um "perigo de dano", evitando-se a continuidade da violência, com restrição de direitos, para preservar a integridade da pessoa idosa, que não envolvam infração penal, têm natureza cível.

Em relação à Lei Maria da Penha, admite-se a possibilidade de aplicação das medidas protetivas no juízo cível ou criminal, mesmo na ausência de inquérito policial ou processo penal, conforme orientação do Superior Tribunal de Justiça:

> Direito processual civil. Violência doméstica contra a mulher. Medidas protetivas da Lei 11.340/2006 (Lei Maria da Penha). Incidência no âmbito cível. Natureza jurídica. Desnecessidade de inquérito policial, processo penal ou civil em curso. 1. As medidas protetivas previstas na Lei 11.340/2006, observados os requisitos específicos para a concessão de cada uma, podem ser pleiteadas de forma autônoma para fins de cessação ou de acautelamento de violência doméstica contra a mulher, independentemente da existência, presente ou potencial, de processo-crime ou ação principal contra o suposto agressor. 2. *Nessa hipótese, as medidas de urgência pleiteadas terão natureza de cautelar cível satisfativa, não se exigindo instrumentalidade a outro processo cível ou criminal, haja vista que não se busca necessariamente garantir a eficácia prática da tutela principal.* 'O fim das medidas protetivas é proteger direitos fundamentais, evitando a continuidade da violência e das situações que a favorecem. Não são, necessariamente, preparatórias de qualquer ação judicial. Não visam processos, mas pessoas' (DIAS. Maria Berenice. A Lei Maria da Penha na justiça. 3. ed. São Paulo: RT, 2012). 3. Recurso especial não provido (REsp 1.419.421/GO, 4ª T., Relator Ministro Luís Felipe Salomão, julgado em 11.02.2014). (grifo nosso).

Com a edição da Lei 14.550, de 7/8/2023, que incluiu o § 5º do art. 19, da Lei Maria da Penha, pôs-se fim à discussão acerca da natureza jurídica das medidas, consolidando o entendimento de que tais medidas são autônomas e satisfativas, ao prever que podem ser concedidas "independentemente da tipificação penal da violência, do ajuizamento de ação penal ou cível, da existência de inquérito policial ou do registro de boletim de ocorrência".[38]

---

vinculada a inquérito policial ou processo criminal é o recurso em sentido estrito. Na hipótese de medida protetiva autônoma ou cível o recurso cabível é o agravo de instrumento" (Enunciado 73 do centro de apoio operacional do Ministério Público do Estado de São Paulo). No mesmo sentido: "(...) considerando a competência híbrida dos juizados de violência doméstica, a espécie de recurso cabível e o órgão revisor ao qual a impugnação deverá ser dirigida dependerá da matéria decidida ou do que se pretende reclamar junto à instância recursal. A priori, caso vise reclamar de medida protetiva com enfoque eminentemente penal (Lei 11.340/06, art. 22, I a III), o inconformado deverá dirigir sua irresignação recursal (recurso em sentido estrito, apelação) ao órgão criminal competente do Tribunal para apreciar controvérsias penais. Por sua vez, tratando-se de inconformismo que objetiva impugnar medida protetiva de natureza civil (idem, art. 22, IV e V), o recurso (agravo de instrumento, apelação) deverá ser encaminhado ao órgão cível competente para julgamento da correspondente querela" (TJDFT – Acórdão 1184717, 20190020029579CCP, Relator: Alfeu Machado, Conselho Especial, data de julgamento: 02.07.2019, publicado no DJE: 16.07.2019).

38. "§ 5º As medidas protetivas de urgência serão concedidas independentemente da tipificação penal da violência, do ajuizamento de ação penal ou cível, da existência de inquérito policial ou do registro de boletim

A natureza jurídica inibitória das medidas reveste-se de caráter autônomo e satisfativo, o que confere ao julgador no juízo criminal, de ofício ou a requerimento, determinar as medidas mencionadas no item 5, desde que convencido do perigo de dano, a fim de resguardar a integridade física e psíquica da pessoa idosa.

No juízo criminal, as medidas de proteção, de natureza cível, são medidas cautelares em função de seu caráter preventivo.

No juízo familiar, não são raros os casos de pessoas idosas que pedem o afastamento de um parente do lar, na maioria das vezes, dos filhos, enteados e netos, em razão de violência.

Observe-se que a causa de pedir é o perigo de dano à pessoa e não violência à sua posse ou à propriedade, que até pode acontecer; logo, trata-se de tutela inibitória para remoção do ilícito (violência contra pessoa) e não de proteção à posse ou propriedade do bem imóvel (ação possessória). Trata-se, pois, de medida preventiva para afastar ou remover o ato ilícito.[39]

Na sistemática do Código de Processo Civil (CPC) as medidas cautelares e antecipatórias foram reunidas sob a égide do único instituto da tutela provisória de urgência, apresentando os mesmos requisitos para sua concessão: probabilidade ou plausibilidade do direito invocado e perigo de dano ou risco ao resultado útil do processo (art. 300). Nada obstante, ainda vigora diferenciação.

Portanto, ajuizada ação autônoma objetivando prevenir, combater ou remover o "perigo de dano" (remoção do ato ilícito: art. 497, parágrafo único),[40] como por exemplo, o afastamento de pessoa do lar do idoso, a limitação de aproximação da casa da pessoa idosa, a regulamentação da convivência; a técnica utilizada será a antecipatória, observando-se o rito comum, porquanto representa provimento jurisdicional que confere ao demandante, temporariamente, o bem da vida – até o provimento final. Daí não se confunde com a tutela cautelar, que apesar de apresentar os mesmos requisitos, visa no provimento liminar acautelar ou proteger direito futuro, acaso haja procedência do pedido na demanda (arts. 303, § 1º e 308, § 2º, CPC), ou seja, na cautelar exige-se a presença da referibilidade com o direito que se objetiva assegurar (art. 305). No caso de afastamento do ofensor do lar da pessoa idosa, tal medida, por si só, é satisfativa e, de ordinário, não há outro direito a ser protegido, uma vez que se busca proteger a pessoa idosa contra a violência em si.

---

de ocorrência".

39. Estatuto do Idoso. Civil. Processual civil. Apelação cível. *Ação de afastamento do lar. Idoso. Enteada.* Direito real de habitação. 1. Segundo o art. 37 do Estatuto do Idoso, a pessoa idosa tem direito à moradia digna, no seio da família natural ou substituta, ou desacompanhada de seus familiares, quando assim o desejar, ou, ainda, em instituição pública ou privada. 2. *No caso, restou demonstrado, em farta prova produzida nos autos, a relação conturbada entre a enteada e seu padrasto, de modo que a convivência entre eles na mesma residência causava, inclusive, riscos à integridade física e psíquica do idoso, tornando-se inviável.* (...) (TJDFT – APC 00034989120178070017 – (0003498-91.2017.8.07.0017 – Res. 65 CNJ) – Segredo de Justiça – Data do julgamento 05.10.2022 – Relator Desembargador Getúlio De Moraes Oliveira). (grifo nosso).

40. MARINONI. Luiz Guilherme et alii. *Curso de Processo Civil.* São Paulo: RT, 2015, v. 2, p. 199.

CONCLUSÃO

Num mundo em que a beleza física e o vigor se tornam totens, ainda que sabidamente efêmeros, a velhice aparece renegada como manifestação de decadência e fragilidade.[41] Porém, a compreensão do envelhecimento é ampla e não pode ser reduzida aos aspectos exteriores.

A Constituição Federal de 1988 dispõe que a família é a base da sociedade e estabelece o dever de proteção às pessoas idosas, com absoluta prioridade à concretização de seus direitos e resolução de todas as questões relacionadas a esse grupo de pessoas vulneráveis e sujeitas à violência.

A opção por determinar a vulnerabilidade a partir da idade cronológica afasta qualquer preocupação com as transformações exteriores. Assim, o Estatuto da Pessoa Idosa elenca o dever geral de proteção à pessoa idosa e enumera de forma exemplificativa os meios para garantir essa proteção (arts. 4º e 43).

São relevantes as campanhas de conscientização contra a violência, dentre elas o "junho violeta", criada pela Organização das Nações Unidas (ONU), com o objetivo de convocar a sociedade para o combate da violência contra a pessoa idosa. Porém, é necessário aperfeiçoar o sistema de proteção com a criação de delegacias especializadas e mais centrais de atendimento a fim de prevenir e combater essa violência.

Neste sentido, não obstante a vulnerabilidade apresentar características e tutelas específicas para cada grupo de pessoas (crianças e adolescente, mulheres, pessoa idosa, pessoa com deficiência etc.), admite-se o diálogo entre as fontes normativas para a concretização da proteção da pessoa idosa, identificando no ordenamento jurídico as fontes que podem dialogar com o Estatuto da Pessoa Idosa. Dentre as fontes sobreleva-se a Lei Maria da Penha, por erigir de ambiente familiar.

Portanto, o estudo pretendeu demonstrar que há zonas de interseção, de convergência, entre a Lei Maria da Penha e o Estatuto da Pessoa Idosa, o que favorece o *diálogo sistemático de complementariedade* entre essas leis, cuja aplicação simultânea das normas, de interação dialógica, cria um campo de proteção, prevenindo ou removendo a violência contra a pessoa idosa.

REFERÊNCIAS

ASSIS, Machado. *Isaú e Jacó*. São Paulo: Companhia das Letras, 2021.

BARLETTA, Fabiana Rodrigues e ALMEIDA, Vitor (Coord.). *A tutela Jurídica da Pessoa Idosa*: 15 anos do Estatuto do Idoso. Indaiatuba, SP: Foco, 2020, p. 21.

BEAUVOIR, Simone de. *A velhice*. Trad. Maria Helena Franco Martins. 2. ed. Rio de Janeiro: Nova Fronteira, 2018.

BRASIL. *Mapa da Violência contra a Pessoa Idosa no Distrito Federal: análise das denúncias recebidas entre 2008 e 2018 realizada pela Central Judicial do Idoso*/Tribunal de Justiça do Distrito Federal e Terri-

---

41. PERCIVALDI. Elena. *A vida secreta da idade média*. Petrópolis: Vozes, 2018, p. 45.

tórios, Ministério Público do Distrito Federal e Territórios, Defensoria Pública do Distrito Federal. 4. ed. Brasília: MPDFT, 2019.

BRASÍLIA: Centro de Estudos Judiciários, 2012. 136 p. Disponível em: www.cjf.jus.br. Acesso em: 25 nov. 2023.

CALMON, Patrícia Novais. *Direito das Famílias e do Idoso.* Indaiatuba, SP: Foco, 2022.

CHAVES DE FARIAS, Cristiano e SANCHES DA CUNHA, Rogério. *Manual das Medidas Protetivas.* Salvador: JusPodivm, 2024.

CHIMMANDA. Ngozi Adichie. *O Perigo de uma História Única.* São Paulo: Companhia Das Letras, 2019.

DOSTOIÉVSK. Fiódor Mikháilovitch. *O Eterno Marido.* Rio de Janeiro: Ed. 34, 2019.

DWORKIN. Ronald. *A Justiça de Toga.* São Paulo: Martins Fontes, 2019.

FREITAS, Elizabete Viana de, Ligia Py. *Tratado de Geriatria e Gerontologia.* 5. ed. Rio de Janeiro: Guanabara Koogan, 2022.

GOMES, Irene; Britto, Vinícius. *Censo 2022:* número de pessoas com 65 anos ou mais de idade cresceu 57,4% em 12 anos. Disponível em: https://agenciadenoticias.ibge.gov.br/agencia-noticias/2012-agencia-de-noticias/noticias/38186-censo-2022-numero-. Acesso em: 21 nov. 2023.

HESSE, Herman. *Com a maturidade fica-se mais jovem.* Rio de Janeiro: Ed. Record, 2021.

GOV. BR. *Denunciar violação de direitos humanos (Disque 100).* Disponível em: https://www.gov.br/pt-br/servicos/denunciar-violacao-de-direitos-humanos.Acesso em: 24 nov. 2023.

MÃE. Valter Hugo. *A Fábrica de Fazer Espanhóis.* Ed. Cosac Naify, 2022.

MARINONI. Luiz Guilherme *et alii. Curso de Processo Civil.* São Paulo: RT, 2015. v. 2.

MARQUES, Claudia Lima. Teoria do 'diálogo das fontes' hoje no Brasil e seus novos desafios: uma homenagem à magistratura brasileira. In: MARQUES, Claudia Lima e MIRAGEM, Bruno (Coord.). *Diálogo das Fontes*: novos estudos sobre a coordenação e aplicação de normas no direito brasileiro. São Paulo: RT, 2020.

MENDES, Gilmar Ferreira et al (Coord.). *Manual dos Direitos da Pessoa Idosa.* São Paulo: Saraiva, 2017.

MONTORO. André Franco. *Introdução à Ciência do Direito.* 31. ed. São Paulo: RT, 2014.

PERCIVALDI. Elena. *A vida secreta da idade média.* Petrópolis: Vozes, 2018.

PEREIRA. Rodrigo da Cunha. *Direito das Família.* 3. ed. Rio de Janeiro: Forense, 2022.

PESSOA, Fernando. *A Tabacaria.* São Paulo: Ática, 2011.

SENADO FEDERAL. Disponível em: https://www25.senado.leg.br/web. Acesso em: 23 nov. 2023.

TARTUCE, Flávio. *Manual de Direito Civil* – Volume Único. Rio de Janeiro: GEN, 2022.

TODOROV, Tzevetan. *A Literatura em Perigo.* São Paulo: Difel, 2020.

A INCOMPATIBILIDADE DA GUARDA COMPARTILHADA EM CASOS DE VIOLÊNCIA DOMÉSTICA E FAMILIAR

Nattasha Feighelstein Ermel

Pós-graduada em Direito Processo Civil (UCAM). Pós-graduada em Direito e Processo do Trabalho (UCAM). Graduada em Direito pela UNESA. Presidente da Comissão Nacional de Direito das Famílias e Sucessões da ABA (Associação Brasileira de Advogados). Vice-Presidente da Comissão de Estudos sobre Alienação Parental da OABRJ, palestrante e autora. Advogada. E-mail: nattasha@feva.adv.br

Sumário: Introdução – 1. Tipos de violência doméstica e familiar – 2. Conceitos de guarda e convivência familiar – 3. Da guarda compartilhada – 4. Desafios e aplicação da nova Lei 14.713/2023 – Considerações finais – Referências.

INTRODUÇÃO

O presente trabalho objetiva provocar os leitores quanto a impossibilidade de ser estabelecida a guarda compartilhada em casos de violência doméstica e familiar perpetrada em face da mãe ou mulher responsável pela guarda da criança e/ou adolescente.

Esta análise bibliográfica se dará aliada à análise da doutrina e da jurisprudência pátrias, uma vez que os tribunais passaram a reconhecer, de forma um pouco menos tímida, esta impossibilidade com o advento da Lei 14.713/2023, que entrou em vigor em 30 de outubro de 2023.

Ao longo do presente artigo serão apresentadas as definições de violência doméstica e familiar e seus diversos tipos, bem como serão esclarecidas as diferenças entre guarda e regime de convivência, para, então, adentrar na razão da incompatibilidade de compartilhamento da guarda entre a mulher que seja vítima de violência doméstica e familiar e o seu agressor.

Indo além do já definido em termos legais, serão abordados os grandes desafios para a aplicação da Lei 14.713/2023, que encontra muitos obstáculos para alcançar sua finalidade.

A proposta do presente artigo é provocar a reflexão dos operadores do Direito sobre as dificuldades que já têm sido enfrentadas para a compreensão e o atendimento dos requisitos legais no sentido do alcance de eficácia pela nova lei tenha, principalmente no que se refere ao bom e correto uso da lei pelos operadores da justiça, e pensando não apenas nas mulheres em situação de violência, mas também sob a ótica do melhor interesse da criança e do adolescente. Seja por reflexões, críticas ou mesmo proposições, o objetivo é sensibilizar os leitores quanto à importância deste construto para o bem das relações familiares e um futuro melhor da próxima geração.

1. TIPOS DE VIOLÊNCIA DOMÉSTICA E FAMILIAR

A violência doméstica é um fenômeno complexo e heterogêneo que envolve uma série de comportamentos abusivos perpetrados por toda e qualquer pessoa, independente do sexo, em uma relação íntima de afeto ou no âmbito doméstico-familiar, contra uma mulher.

Esses comportamentos abusivos podem se coadunar a uma ou algumas das 5 (cinco) formas de violência contra a mulher elencadas na Lei Maria da Penha: física, sexual, patrimonial, moral e psicológica. Há de se esclarecer, no entanto, que existem diversas outras formas de violência quando se trata de questões de gênero, como por exemplo, a violência processual, a violência institucional, a violência vicária, violência política, entre tantas outras.

Usando como norte a Lei Maria da Penha, há em seu bojo a definição dos cinco tipos acima citados, que, de forma concisa, podem ser assim resumidos: a) violência física é qualquer conduta que ofenda a integridade ou saúde corporal da mulher; b) a violência psicológica é qualquer conduta que cause dano emocional, psicológico ou mental à mulher, podendo envolver uma grande variedade de comportamentos abusivos destinados a diminuir a autoestima, controlar, intimidar, manipular a vítima, isolar, vigiar, perseguir de forma contumaz, insultar, chatear, ridicularizar, retirar ou reduzir a autonomia e a capacidade da mulher, causando prejuízo à saúde psicológica e à autodeterminação da vítima; c) a violência sexual é qualquer conduta que constranja a mulher a manter, participar ou presenciar relação sexual não consentida, mediante uso da força, de ameaça, intimidação ou coação, que a induza a comercializar ou a utilizar, de qualquer modo, a sua sexualidade, que a impeça de usar qualquer método contraceptivo ou que a force ao matrimônio, à gravidez, ao aborto ou à prostituição, mediante coação, chantagem, suborno ou manipulação, ou, ainda, que limite ou anule o exercício de seus direitos sexuais e reprodutivos; d) violência patrimonial é conhecida por ser qualquer conduta que configure retenção, subtração, destruição total ou parcial de objetos, instrumentos de trabalho, documentos pessoais, bens, valores e direitos ou recursos econômicos da mulher; e, por fim, e) violência moral é qualquer conduta que configura calúnia, difamação ou injúria. Todos os tipos acima descritos são encontrados no artigo 7º da Lei 11.340/2006 – Lei Maria da Penha.

2. CONCEITOS DE GUARDA E CONVIVÊNCIA FAMILIAR

Extraindo da legislação em vigor, a guarda é um desdobramento do poder familiar. É um conjunto de obrigações e direitos no que tange às crianças e adolescentes, envolvendo assistência material, moral e psicológica. A guarda, portanto, se refere à responsabilidade atribuída aos pais ou responsáveis legais de uma criança ou adolescente em relação aos deveres de cuidado, ampla proteção, educação e desenvolvimento físico e mental saudáveis.

Este conceito engloba atribuições que visam garantir o bem-estar, o desenvolvimento e o melhor interesse da criança ou adolescente – uma verdadeira e desafiadora missão.

O poder familiar decorre da parentalidade, que não se confunde (e não pode se confundir) com a conjugalidade dos genitores.

Nesta toada, é fundamental esclarecer que o rompimento da convivência dos pais, via de regra, em nada deve afetar o poder familiar de ambos. A ruptura da relação conjugal não altera as relações dos ex-parceiros com os filhos em comum.

Silvana Maria Carbonera define a guarda como o meio jurídico mediante o qual se atribui a uma pessoa:

> Um complexo de direitos e deveres a serem exercidos com o objetivo de proteger e prover as necessidades de desenvolvimento de outra que dele necessite, colocada sua responsabilidade em virtude de lei ou decisão judicial. (2000, p. 47-48)

Considerando que a nomenclatura é importante e veiculam, a palavra guarda parece que tende a cair em desuso já que expressiva parte da corrente doutrinária entende objetificar a prole.

Segundo ensina Maria Berenice Dias em seu Manual de Direito das Famílias, a palavra "guarda" traz uma ideia de "coisificação" do menor, colocando este mais próximo da condição de objeto do que no lugar de "sujeito de direito" (2023, p. 477).

Nesse sentido, afirma Maria Berenice:

> Guarda de filho é uma expressão que tende a acabar. É que traz consigo um significante que está mais para objeto do que para sujeito; mais para posse e propriedade do que cuidado dos filhos. Atualmente, de modo muito mais adequado, fala-se em *convivência familiar*.

Com toda a deferência devida a esta nobre doutrinadora, que muito contribuiu para o avanço do Direito das Famílias, há de se estabelecer, aqui, uma diferença mais efetiva entre os conceitos de guarda e convivência.

De forma simplificada, pode-se dizer que a guarda diz respeito às decisões que nortearão a condução da vida daquela criança ou adolescente, tais como: em que escola vai estudar, qual esporte praticar, qual religião professar, o tipo de alimentação e inúmeras outras questões.

Por outro lado, a convivência costuma se referir a frequência e a circunstância em que um dos pais participará ativa e presencialmente na vida do filho, como quantidade de pernoites juntos, fins de semana, condução para atividades, entre outras. Diz respeito à participação efetiva no dia a dia do filho e veio substituir o inadequado termo "visita", que gerava uma ideia de não pertencimento deste filho à vida daquele genitor "visitado".

Conrado Paulino da Rosa (2020, p. 521) esclarece que

Embora constantemente confundido com guarda, o instituto da convivência familiar (anteriormente denominado de "visitas") será fixado em qualquer tipo de guarda, seja no compartilhamento, quer na unitária.

(...) embora presente a confusão teórica, até mesmo em decisões judiciais, é necessário ter de forma presente que são institutos afins mas, por outro lado possuem fundamentos legais distintos. Deixar de aplicar ou mencioná-los um a um na sentença ou nos termos de mediação é atitude temerária, podendo, inclusive, ter potencial de danos àqueles a quem a Constituição Federal reserva especial proteção.

Assim, o direito à convivência familiar, previsto expressamente no art. 227 da Constituição Federal, deve ser garantido, independentemente do tipo de guarda a ser exercida, seja compartilhada ou unilateral.

3. DA GUARDA COMPARTILHADA

A guarda é um importante instituto jurídico que visa a proteção dos filhos menores, principalmente quando não existe a sociedade conjugal vigente, seja pelo casamento ou pela união estável.

Como já dito, a guarda não se confunde com o poder familiar, e tampouco tem a pretensão de afastá-lo de qualquer dos genitores

Conforme ensinamentos do Prof. Mário Delgado (2018, p. 246),

A noção de guarda conjunta jurídica está ligada à ideia de uma cogestão da autoridade parental, como mostra Grisard: "A guarda conjunta é um dos meios de exercício da autoridade parental (...) é um chamamento dos pais que vivem separados para exercerem conjuntamente a autoridade parental, como faziam na constância da união conjugal.

Conjunta, portanto, é a prática do poder familiar, porque somente unidos pelo casamento ou pela estável convivência, em relação familiar de total harmonia, seria factível a adoção da guarda compartilhada física, pois nesse caso estariam os pais realmente compartilhando a custódia dos filhos, conciliando com sua estável relação e seu fluído diálogo e em honesta cooperação os interesses dos filhos comuns.

Eis, portanto, uma importante reflexão acerca do objetivo nobre, mas utópico, do legislador ao determinar a guarda compartilhada como regra legal. Seria muito bom que ambos os genitores fossem maduros o suficiente para, isolando quaisquer eventuais arestas remanescentes da relação que se rompeu, conduzissem conjunta e harmonicamente as decisões sobre a vida dos filhos. No entanto, quando um deles não é capaz de fazê-lo, o compartilhamento fica comprometido mesmo que a outra parte tenha condições de fazê-lo, uma vez que a assimetria da relação trará um desbalanceamento que pode prejudicar uma delas.

Ora, mesmo em relações vigentes é muito comum haver profundas diferenças sobre as diretrizes de criação dos filhos entre os genitores. Imagine-se quando há uma ruptura e cada qual passa a ter seu "turno de comando"? É campo aberto para a

GUARDA COMPARTILHADA EM CASOS DE VIOLÊNCIA DOMÉSTICA **235**

"livre" imposição de suas crenças, independentemente da (in)compatibilidade com o outro genitor, ficando as crianças e/ou adolescentes perdidos em meio a este impasse.

Conforme lição do Prof. Carlos Roberto Gonçalves (2019, p. 414),

> O poder familiar não tem mais o caráter absoluto de que se revestia no direito romano. Por isso, já se cogitou chamá-lo de "pátrio dever", por atribuir aos pais mais deveres do que direitos. No aludido direito denominava-se pátria *potestas* e visava tão somente ao exclusivo interesse do chefe de família. Este tinha o *jus viate et necis*, ou seja, o direito sobre a vida e a morte do filho. Com o decorrer do tempo restringiram-se os poderes outorgados ao chefe de família, que não podia mais expor o filho (*jus exponendi*), matá-lo (*jus vitae et necis*), ou entregá-lo como indenização (*noxae deditio*).
>
> Modernamente, graças ao Cristianismo, o poder familiar constitui um conjunto de deveres, transformando-se em instituto de caráter eminentemente protetivo, que transcende a órbita do direito privado para ingressar no âmbito do direito público. Interessa ao Estado, com efeito, assegurar a proteção das gerações novas, que representam o futuro da sociedade e da nação.

Neste sentido, o próprio Estatuto da Criança e do Adolescente (ECA) não deixa dúvidas de que a guarda pode ser autônoma, ou seja, a norma admite que, em certas circunstâncias, haja a autonomia na escolha do guardião, essencialmente para garantir o bem-estar e o desenvolvimento pleno do menor. Tal flexibilidade permite que a guarda seja atribuída a parentes próximos, como avós ou tios, ou até mesmo a pessoas sem vínculo de parentesco, desde que demonstrem capacidade de prover um ambiente seguro, afetuoso e propício ao melhor desenvolvimento da criança. Assim, ao permitir essa autonomia, o ECA reforça seu compromisso com a proteção integral, priorizando sempre o ambiente mais favorável para o desenvolvimento físico, emocional e social da criança ou adolescente – afastando-se da arcaica ideia de posse-propriedade de filhos pelo mero laço sanguíneo.

O Código Civil ensina em seus artigos 1.583 e seguintes que a guarda dos filhos pode ser exercida pelos pais – o que a doutrina chama de guarda civil –, havendo, ainda, a guarda estatutária, exercida por terceiros, tais como família substituta, tal como previsto no art. 28 do ECA.

Como regra, o artigo 98 do Estatuto da Criança e do adolescente dispõe sobre as medidas de proteção às crianças e adolescentes diante de uma situação de risco, dentre as quais consta a omissão ou abuso dos pais ou responsável.

No cenário jurídico brasileiro a guarda pode ser unilateral, compartilhada ou alternada.

Segundo o artigo 1.583, § 1º, do Código Civil brasileiro, a guarda unilateral será aquela atribuída a um só dos genitores ou a alguém que o substitua. Ao outro genitor restará o poder familiar, o direito de convivência e, ainda, o dever de supervisionar os interesses dos filhos submetidos à gestão do guardião.

A lei que instituiu a guarda compartilhada como regra – Lei 13.058/2014 – estabeleceu no parágrafo 2º do art. 1584 do Código Civil que, quando não houver acordo e ambos os pais forem aptos a exercer o poder familiar, será aplicada a guarda compartilhada.

Como explica Conrado Paulino da Rosa, patente, dessa forma, que a unilateralidade do exercício da guarda somente é possível em situações residuais. A primeira situação excepcional, prevista na codificação civil, seria na hipótese em que ambos os genitores não demonstrassem aptidão a exercer o poder familiar. Todavia, para que algum ascendente seja considerado inapto para o exercício da parentalidade, é imperiosa alguma manifestação judicial nesse sentido.

Segue o doutrinador explanando que a segunda situação prevista no código civil seria nas hipóteses em que "um dos genitores declarar ao juiz que não deseja a guarda do filho". Desde a vigência da atual previsão, boa parte da doutrina tem defendido que, mesmo que um dos pais manifeste a sua falta de interesse no exercício da guarda conjunta, o promotor e o magistrado, utilizando, se necessário, a equipe interdisciplinar, devem investigar os motivos que levam esse genitor a manifestar-se nesse sentido.

Mais recentemente, ocorreu uma inovação legislativa, decorrente de uma latente demanda da sociedade, pela qual foi promulgada a Lei 14.713/2023, a qual trouxe expressamente a terceira e última situação em que se reconhece a incompatibilidade da guarda compartilhada: nos casos em que haja violência doméstica e familiar.

Apenas a título elucidativo, há, ainda, a chamada guarda alternada – não prevista no ordenamento jurídico brasileiro –, segundo a qual o juiz divide o exercício exclusivo da responsabilidade parental, por meio de uma divisão matemática do tempo que o menor fica com cada um dos genitores. É como se houvesse sucessivas guardas unilaterais ou exclusivas exercidas pelo genitor que estiver com a custódia física do menor no respectivo período.

Essa alternância de poder costuma sofrer algumas críticas, especialmente no tocante à necessária rotina e referência para o desenvolvimento sadio e uniforme de crianças e adolescentes. Por tal razão, esta modalidade de guarda não é bem aceita pela doutrina, pois cria uma espécie de "filho nômade" ou "mochileiro" que passa grande parte da vida migrando entre a casa do pai e a casa da mãe. Em síntese, a figura da guarda alternada acaba dissipando o sentimento de pertencimento ao lar, como se não existisse um lar de referência para o filho.

Em que pese o Código Civil prever que na guarda compartilhada "o tempo de convívio com os filhos deve ser dividido de forma equilibrada com a mãe e com o pai", há uma essencial diferença em comparação à guarda alternada, consistente no compartilhamento efetivo da autoridade parental, ou seja, ambos os genitores convivem a seu tempo, mas as decisões devem ser tomadas de forma conjunta e alinhada.

Para Rolf Madaleno,

A guarda compartilhada procura fazer com que os pais, apesar da sua separação pessoal e da sua moradia em lares diferentes, continuem sendo responsáveis pela formação, criação, educação

GUARDA COMPARTILHADA EM CASOS DE VIOLÊNCIA DOMÉSTICA

e manutenção de seus filhos, seguindo responsáveis pela integral formação da prole, ainda que separados, obrigando-se a realizarem, da melhor maneira possível, suas funções parentais. O exercício dual da custódia considera a possibilidade de os pais seguirem exercendo da mesma maneira o poder familiar, tal como ocorria enquanto coabitavam, correpartindo a responsabilidade que têm no exercício das suas funções parentais e na tomada das decisões relativas aos filhos (2010, p. 458).

Conclui-se, portanto, que a guarda compartilhada emerge como uma abordagem fundamentalmente centrada no melhor interesse da criança e do adolescente. Ao promover a participação equitativa de ambos os pais na vida da criança, a guarda compartilhada pretende não apenas fortalecer os laços familiares, como também contribuir para o desenvolvimento psicossocial saudável do menor.

4. DESAFIOS E APLICAÇÃO DA NOVA LEI 14.713/2023

Como já mencionado, em 2023 houve uma importante alteração no que tange à guarda compartilhada como regra.

Segundo o atual artigo 1584, II, § 2º do Código Civil, quando não houver acordo entre a mãe e o pai quanto à guarda do filho, encontrando-se ambos os genitores aptos a exercer o poder familiar, será aplicada a guarda compartilhada, salvo se um dos genitores declarar ao magistrado que não deseja a guarda da criança ou do adolescente, ou quando houver elementos que evidenciem a probabilidade de risco de violência doméstica ou familiar.

O que a Lei 14.713/2023 trouxe de novidade está exatamente nesse último ponto. Antes da alteração dessa lei, a guarda, em regra, era compartilhada, exceto quando um dos genitores declarava ao magistrado que não desejava a guarda da criança. Com o advento da nova lei, passou a existir mais uma exceção: que a guarda não seja compartilhada perante a existência de indícios de risco de violência doméstica ou familiar.

Reforçando o que já foi esclarecido anteriormente, não se deve confundir os conceitos de guarda compartilhada e alternada. O enunciado 604 da VII Jornada de Direito Civil diz que a guarda compartilhada "não deve ser confundida com a imposição do tempo previsto pelo instituto da guarda alternada, pois esta não implica apenas a divisão do tempo de permanência dos filhos com os pais, mas também o exercício da guarda pelo genitor que se encontra na companhia do filho".

É necessário ter cautela com a expressão "dividida de forma equilibrada", utilizada no Código Civil, para que não se reforce a compreensível confusão. A mencionada divisão equilibrada não deve ser encarada pelos extremos, sob pena de grave prejuízo ao instituto, como bem observa o enunciado 603 da VII Jornada de Direito Civil, segundo o qual:

> A distribuição do tempo de convívio na guarda compartilhada deve atender precipuamente ao melhor interesse dos filhos, não devendo a divisão de forma equilibrada, a que alude o § 2º do art. 1.583 do Código Civil, representar convivência livre ou, ao contrário, repartição de tempo matematicamente igualitária entre os pais.

O enunciado 606 da VII Jornada de Direito Civil também vem explicar melhor a questão quando diz que

O tempo de convívio com os filhos "de forma equilibrada com a mãe e com o pai" deve ser entendido como divisão proporcional de tempo, da forma de cada genitor possa se ocupar dos cuidados pertinentes ao filho, em razão das peculiaridades da vida privada de cada um.

Mister esclarecer que a guarda compartilhada não exclui a fixação do regime de convivência. Esta ocorrerá independentemente do regime de guarda que se adote.

Esclareça-se, ainda, que a guarda compartilhada não implica na ausência de pagamento de pensão alimentícia. E, existindo a multiparentalidade, todos devem participar.

O advento da nova Lei 14.713/2023 trouxe um alívio àqueles que sabem quão prejudicial pode ser a necessidade de mães vítimas de violência compartilharem decisões com seus algozes.

Quem atua na área de família testemunha diariamente um tipo de violência que ainda é pouco discutido: o abuso pós-separação. Esse tipo de violência ocorre quando o agressor, após o fim da relação, passa a impor um controle coercitivo sobre aquela mulher em nome de sua suposta preocupação com os filhos. Mediante ligações, questionamentos, visitas inoportunas, cobranças e todo tipo de interferência, especialmente por meio dos filhos comuns, aquele ex-companheiro tenta manter o controle sobre a vida daquela mulher, cuja separação acabou por reduzir. Com o mesmo objetivo de manter os abusos e subjugar a ex-mulher, esses agressores costumam perseguir suas ex nos Tribunais através de litigância abusiva, com inúmeras ações judiciais, recursos protelatórios e toda sorte de alegações cujo único objetivo é desqualificar a vítima, usando o processo para violentá-la emocional e patrimonialmente.

É urgente que o Poder Judiciário não se preste a ser um instrumento de vingança entre as partes, apenas porque o direito de ação é livre. É necessário que, no lugar da simbólica venda vestida por Themis, sejam colocadas lentes que permitam aos magistrados enxergarem as coisas como elas efetivamente são. Apenas desta forma poderá haver a moralização da justiça, impedindo, para além do cometimento de violências sob o manto da "legalidade", que o próprio Poder Judiciário se mantenha em patamares de colapso com um número de demanda que impede e torna humanamente impossível entregar aos jurisdicionados uma resposta de qualidade e justa.

Também é urgente que as violências processuais sejam combatidas, não mais se admitindo que a imunidade profissional seja autorização incontestе para que advogados promovam desqualificações e violências contra as partes contrárias, suas advogadas ou assistentes técnicas. Do ponto de vista ético-profissional, é necessário que os(as) procuradores(as) de homens violentos se atenham às argumentações jurídicas, cujo esforço intelectual pela argumentação teórica dos direitos envolvidos deve ser a única "arma" contra as suas *ex adversas*.

Ainda tratando da moralização da Justiça, mister que os(as) advogados(as) não se prestem a realizar falsas denúncias assim, visando "facilitar" a obtenção de direitos paralelos. Além deste comportamento não se coadunar com os preceitos que devem reger a atuação de um profissional da advocacia, fragiliza as alegações reais que a maioria das mulheres denuncia e batalha para comprovar. A ausência deste tipo de consciência por parte dos profissionais do Direito acaba por causar mais sofrimento aos menores envolvidos, que ficam expostos nesta guerra entre seus genitores.

Antes da entrada em vigor da Lei 14.713/2023, havia declarações de abuso e de violência doméstica e familiar no curso de uma mediação ou do processo, mas os juízes das Varas de Família têm uma enorme resistência a "invadir" a competência dos Juizados de Violência Doméstica e Familiar contra a Mulher. Embora a Lei Maria da Penha ostente indiscutível natureza híbrida, é, infelizmente, muito comum presenciar o desprezo dos magistrados de Varas de Família quanto aos reflexos das violências trazidas no âmbito das discussões familiares – o que denota a necessidade urgente de capacitação dos servidores e a fiscalização dos Tribunais e do Conselho Nacional de Justiça.

Pelo receio de estar diante de uma possível falsa denúncia fundada em vingança ou na resistência da mulher em relação a permitir que o genitor possa ter uma vivência mais ampla com a prole comum, muitos magistrados acabam por desconsiderar relatos reais de violência e que, de fato, significam perigo real para as crianças e adolescentes, não apenas do ponto de vista do risco de uma violência direta, mas também de forma indireta, através dos danos emocionais e psicológicos, que levam ao aspecto transgeracional da violência, permitindo aos descendentes a perpetuação das violências testemunhadas em seus lares, seja na posição de futuras vítimas ou futuros agressores.

Fixar a guarda compartilhada como algo obrigatório é uma medida que tem um nobre objetivo: permitir que as figuras maternas e paternas contribuam para o melhor desenvolvimento daquela criança ou adolescente. A psicologia muito contribui para a compreensão sobre a importância dessas figuras no desenvolvimento infantojuvenil. No entanto, deve ser levado em conta que tais parâmetros consideram perfis saudáveis de genitores. Quando um deles ostenta comportamento violento e inadequado, é papel do Estado promover a proteção daquele menor.

Neste sentido, há de ser reconhecida a impossibilidade de guarda compartilhada em casos de violência doméstica, uma vez que o necessário alinhamento sobre as decisões da vida dos filhos certamente será palco de mais atritos e violências.

Ocorre que, como já dito, as Varas de Família vinham "fechando os olhos" para este problema sob a justificativa da sua limitação de competência. Neste sentido, a primeira e grande vantagem da Lei 14.713 está na obrigatoriedade de questionamento pelo magistrado sobre a ocorrência de violência doméstica, obrigando-o a enfrentar tal questão.

Assim, ainda que exista uma divisão de competências atribuídas às diversas serventias conforme o Código de Organização Judiciária de cada Tribunal, é imperioso que a notícia de violência doméstica e familiar não seja ignorada pelos magistrados, que devem considerar seus impactos no âmbito de suas próprias competências. Cada caso concreto merece um olhar atento a tais aspectos. É sabido que uma vítima de violência doméstica costuma ser amplamente manipulada, tem sua autoestima destruída, comprometido seu poder de autodeterminação e suas opiniões são sistematicamente tolhidas pelo seu agressor.

Seja por não ter uma compreensão completa sobre a dimensão das violências que sofre, seja por repetir um discurso propagado socialmente, pode ocorrer da própria mãe/vítima declarar que o seu agressor é um "bom pai". E aqui é extremamente necessário que os profissionais da Psicologia efetivamente especializados na temática auxiliem os magistrados na compreensão sobre o potencial de dano ao desenvolvimento da criança e do adolescente que a vivência de violências, ainda que apenas como mero espectador, pode causar e, a partir daí, primando pelo melhor interesse do menor, decidir a questão que lhe foi submetida.

Com o fim da conjugalidade, a relação entre homem e mulher chega ao fim, no entanto, a relação de parentalidade, entre pai, mãe e filhos, não.

O mundo ideal seria que, mesmo que na conjugalidade tivessem ocorrido conflitos e até mesmo violência, a parentalidade permanecesse intacta. E em alguns raros casos isso é possível, mas infelizmente não é a regra. Por tal razão, a nova lei vem afirmar o óbvio de impedir que a guarda compartilhada como regra continuasse a revitimizar mulheres e seus filhos.

Dado que a violência doméstica é transgeracional, ou seja, passa de geração por geração, é necessário que se rompa, quanto antes, com este fator de perpetuidade – e para esta função o Estado, especificamente na figura do Estado-Juiz, é o principal agente de transformação. Os estudos apontam que uma criança/adolescente que cresce em lar violento pode se tornar um adulto violento ou que aceite ser violentado, exatamente por estar acostumado e ter normalizado essa forma de "amor".

A lei 14713/2023, portanto, demonstra claramente que a preocupação do legislador é criar um mecanismo de reforço da proteção aos vulneráveis.

Buscando integrar tal preocupação ao rito processual, a lei 14.713 alterou o Código de Processo Civil, o qual passou a vigorar acrescido do seguinte art. 699-A:

> Art. 699-A. Nas ações de guarda, antes de iniciada a audiência de mediação e conciliação de que trata o art. 695 deste Código, o juiz indagará as partes e o Ministério Público se há risco de violência doméstica ou familiar, fixando o prazo de cinco dias para a apresentação da prova ou de indícios pertinentes."

Necessário ressaltar, mais uma vez, que guarda e convivência não são sinônimos. A ação de guarda a qual se refere o dispositivo acima costuma cumular a definição de guarda propriamente dita (se unilateral ou compartilhada) e o regime de convivência a ser estabelecido.

Neste ponto reside um problema que a nova lei, por mais bem intencionada que seja, não resolve. Isto porque, ainda que a guarda possa ser deferida unilateralmente ao genitor que sofreu as agressões, um regime de convivência muito intenso pode ser a via pela qual o agressor continue seu projeto delitivo. A violência vicária é uma realidade que precisa ser trazida, já que se constitui na utilização de outras pessoas (e muito usualmente os filhos comuns) como meio de agredir a companheira à qual tem o acesso mais restrito após a separação.

Além disso, há de se considerar a liberdade que o agressor terá quando estiver convivendo com os seus filhos, sem a supervisão de outro responsável. A depender do perfil do agressor, essas crianças e adolescentes podem estar sendo excessivamente expostos a riscos. Sabe-se que há muitos agressores com transtornos antissociais não diagnosticados e que, pela dinâmica sobrecarregada das equipes multidisciplinares dos tribunais, passam despercebidos pelas varas de família. Tal privação de recursos somada à displicência de quem vê processos como números – e não como pessoas – é uma verdadeira bomba-relógio que pode implodir inúmeras famílias.

Antes da nova lei, entendia-se que mesmo em caso de conflito, brigas e/ou violências, a guarda seria compartilhada. Os pais estariam "aptos", então, à guarda compulsoriamente compartilhada – caso em que a assimetria da relação violenta do ex--casal colocaria a parte mais vulnerável em condição de permanente vulnerabilidade.

Sabendo que a intenção de um agressor é exercer dominação sobre sua vítima, a exceção contida na lei não era uma forma de prevenção efetiva, porque, se a intenção do ex-parceiro for a de perturbar sua ex-parceira, ele não se exerceria a possibilidade legalmente prevista de declarar ao magistrado que não deseja a guarda do menor. Tal previsão apenas serve a legitimar aqueles que, não raras vezes, têm a intenção de abandonar afetivamente seus filhos, ou que, de forma ainda mais rara, reconhecem que o outro genitor dispõe de mais competência e empenho no exercício da paren-talidade (e este nível de humildade e reconhecimento é muito raro de se ver).

Não bastasse toda a resistência já mencionada, a nova lei traz mais um desafio quando prevê como exceção ao regramento da guarda compartilhada obrigatória a hipótese em que "houver *elementos que evidenciem a probabilidade de risco de violência* doméstica ou familiar". Ora, o que seriam os indícios aos quais a lei se refere? Tal subjetividade acaba por se constituir em mais um obstáculo para a efetividade da lei.

Aqui também temos pelo menos dois aparentes erros do legislador. As audiências de mediação e conciliação, em grande parte do Poder Judiciário Brasileiro, não são realizadas por juízes e nem por promotores de justiça e sim por mediadores/conci-liadores. Neste caso, estariam os conciliadores/mediadores aptos a fazer a indagação que o artigo expressamente diz ser função do juiz? Seria permitido ao mediador/conciliador fixar prazos para as partes? Isto porque, muitas vezes, há uma pressão muito grande para que as partes celebrem um acordo que ponha fim às demandas.

Muitas mulheres em situação de violência querem se ver livres de qualquer tipo de interação dispensável com seus agressores e, nesta linha, podem aceitar propostas desequilibradas e injustas, sem informar a situação de violência, e, assim, saindo com mais prejuízos desta relação.

Na prática da maioria dos tribunais brasileiros, judicializada a demanda, esta é remetida ao CEJUSC (Centros Judiciários de Solução de conflitos e cidadania), ou órgão equivalente, para mediação ou conciliação. Considerando que o artigo 2º da Lei 14.713/2023 é impositivo quando diz "o juiz indagará", deixando no ar os casos em que a audiência seja conduzida por mediador ou conciliador, sem que se questione a capacitação de cada um, mas sim seu limite de competência e atribuição legal. O mundo ideal seria que o próprio magistrado realizasse a referida audiência, exercendo o papel de sugestionar possíveis caminhos conciliatórios em benefício do melhor interesse do menor envolvido no caso concreto. Ocorre que não é essa a realidade da esmagadora maioria das Varas de Família que seguem encaminhando os processos para os CEJUSCs mesmo com a vigência da nova lei.

Para que os propósitos desta lei sejam alcançados, é necessário que se admita que o conciliador ou o mediador possam assumir o papel que a lei destina ao juiz e, assim, obrigatoriamente indagar se existe algum risco de violência contra aquela mulher para, ao menos, consignar em ata o eminente risco de violência doméstica e familiar na audiência que fora realizada, pedindo urgente conclusão do magistrado que avaliará o caso.

Do ponto de vista da eficiência e da celeridade processual, parece mais coerente o aproveitamento do ato realizado pelo conciliador/mediador, já que a finalidade legal terá sido atingida.

Outra crítica, agora à simetria do Código, diz respeito ao fato de que o artigo 699-A criado, referindo-se à audiência do artigo 695 do mesmo diploma, deveria figurar como a letra A deste artigo 695, e não naquele, para que a atenção a tal ponto fosse desde já exigida.

Na prática, há a nova imposição aos magistrados para indagarem as partes na audiência de mediação e conciliação (art. 695, CPC) se existe o risco de violência doméstica ou familiar, fixando prazo de 05 (cinco) dias para apresentação de provas ou indícios pertinentes.

Um dos grandes desafios dessa importante lei é, de fato, operacionalizar os seus termos exatos com a realidade da justiça brasileira.

Há de se ter cautela, ainda, para diferenciar evidências, provas e indícios.

Evidências dizem respeito a qualquer tipo de informação ou material apresentado no processo judicial que possa ajudar a formar a convicção do magistrado sobre os fatos trazidos à baila: testemunho, documentos, objetos etc.

Provas são as evidências que serão ou foram admitidas pelo juiz e são formalmente consideradas no processo para formar a convicção do(a) juiz(a): contrato escrito apresentado e aceito pelo julgador como prova de um acordo entre as partes.

Indícios são tipos de evidências que, por si só, não provam diretamente um fato, mas apontam na direção de uma conclusão. São importantes quando há, por exemplo, uma prova indireta robusta: a presença do acusado nas proximidades dos fatos alegados pela vítima, pode ser um indício de sua participação, mas não prova direta do crime.

No âmbito do Direito das Famílias, o standard probatório assume papel fundamental no exercício do livre convencimento motivado do magistrado, sendo crucial para a adequada resolução das demandas judiciais – tal como nos provoca o Professor e Magistrado Rafael Calmon. O standard probatório estabelece o grau de certeza necessário para que o julgador possa formar sua convicção a partir das provas apresentadas, garantindo, assim, uma decisão justa e equilibrada. Essa exigência é especialmente relevante em causas que envolvem questões sensíveis e complexas, de difícil comprovação, dado seu caráter íntimo e doméstico, como violências familiares, guarda de menores, regime de convivência, curatela, pensão alimentícia e tantos outros temas, onde o magistrado deve avaliar criteriosamente os elementos probatórios (ou seus mero indícios e/ou presunções), buscando assegurar a proteção dos direitos das partes envolvidas e o melhor interesse dos vulneráveis. Dessa forma, o standard probatório não apenas orienta o julgamento, mas também confere legitimidade e segurança jurídica às decisões judiciais no âmbito familiar, com observância dos princípios basilares como dignidade da pessoa humana e da proteção integral da vítima e sua prole.

Rafael Calmon ainda ensina que:

> Isso sem mencionar que não haveria como se falar em "estabilização da demanda" em casos envolvendo fatos "instáveis", como aqueles que envolvem crianças e adolescentes (que podem mudar completamente de opinião a respeito dos seus guardiões durante o tramitar do processo), a saúde física e mental dos cônjuges e companheiros (que pode se agravar durante o curso do processo, justamente em razão da demora na tramitação), e até a saúde financeira desses mesmos sujeitos (que pode variar intensamente durante o tramitar da causa, em decorrência do pagamento das despesas do processo).

> Em sendo verdadeiras essas premissas, o julgador estaria autorizado não só a proceder ao reenquadramento dos fatos alegados nas disposições normativas que entendesse condizentes com a resolução da controvérsia, mas também a efetivamente reconhecer fatos diferentes dos alegados, obviamente sob participação em contraditório das partes e Ministério Público, quando coubesse intervir, toda vez que eles resultassem da instrução processual e desde que conduzissem, de boa-fé, ao mesmo pedido formulado inicialmente pela parte (2023, p. 258).

Utilizando-se das lentes que o CNJ já propôs diante da resolução que trouxe o Protocolo de Julgamento com Perspectiva de Gênero para a atuação dos magistrados, a Lei 14.713 vem reforçar a necessidade de compreensão sobre as peculiaridades que existem nas violências domésticas. Por ocorrerem no âmbito privado, muitas vezes longe de quaisquer testemunhas, ou quando muito praticadas diante daqueles que a lei qualifica como meros informantes diante dos vínculos com as Partes, as violências consideradas para ensejar o questionamento do juízo podem ser trazidas com base em indícios. A proteção à mulher vulnerável e muitas vezes hipossuficiente se reforça quando a própria lei reconhece a dificuldade de produção de prova nestes casos, em que, não bastasse o ambiente íntimo em que ocorrem, são agressões promovidas pelos amados das vítimas, com quem possuem um projeto de família e cuja relação de afeto anuvia a própria percepção da violência pela vítima.

Obviamente, a previsão legal pode fomentar a inveracidade ou a distorção de fatos, mediante alegações falsas. Entretanto, os números mostram que tais casos são raras exceções num universo de reais violências perpetradas em todas as classes sociais, raças, níveis de escolaridade etc. Além disso, o ordenamento jurídico tipifica a conduta de mentir sobre o cometimento de crime que sabe não ter ocorrido, notificando-o para as autoridades, fato este que se coaduna ao crime de denunciação caluniosa, pelo qual a falsa denunciante responderá, além da possibilidade civil de ação reparadora por Danos Morais.

Na verdade, as leis avançam de uma maneira ainda tímida, tentando acompanhar as evoluções da sociedade.

A ruptura de padrões culturais ultrapassados e violadores de direitos é um grande desafio para qualquer sociedade. Não há dúvidas de que a paternidade ativa é um fator que beneficia não apenas o completo e saudável desenvolvimento de crianças e adolescentes, mas também corrobora com a luta feminista pela igualdade entre os gêneros, que passa necessariamente por uma divisão mais equilibrada das responsabilidades parentais e domésticas. Assim, não fosse o efetivo risco atrelado aos casos de violência, a regra geral da guarda compartilhada seria unanimemente comemorada e reforçada entre as mães.

Quando a Lei 11.698/2008 inseriu a guarda compartilhada no ordenamento jurídico brasileiro, entendia-se que "sempre que possível" a guarda seria compartilhada, mas na prática isso pouco mudou, em função da cultura patriarcal e machista que impõe papéis de gênero pelos quais as mães são consideradas naturalmente cuidadoras do lar e dos filhos, enquanto os pais são os provedores da família. As guardas, assim, continuavam sendo unilaterais maternas, havendo raríssimas decisões nos tribunais que contemplavam o genitor como guardião unilateral.

É certo que guarda compartilhada coativa, trazida com o advento da lei 13.058/2014, quebrou um pouco dessa resistência social e histórica, promovendo decisões que rompiam com o padrão da época.

No entanto, é necessário que não se caminhe de um extremo ao outro, sob o risco que fragilizar outros direitos e causar outros tipos de danos em casos cujas especificidades demandem uma análise mais detida, como são os casos que envolvem violência doméstica.

A dicção da lei, de que havendo elementos de risco, ou seja, que se verifique a possibilidade de uma violência doméstica ou familiar, não será viável guarda compartilhada. O Superior Tribunal de Justiça já enfrentava a temática muito antes de edição da lei em comento. Merecem destaque os seguintes julgados:

GUARDA COMPARTILHADA EM CASOS DE VIOLÊNCIA DOMÉSTICA

Civil e processual civil. Recurso especial. Família. Guarda compartilhada. Dissenso entre os pais. Possibilidade. 1. A guarda compartilhada deve ser buscada no exercício do poder familiar entre pais separados, mesmo que demande deles reestruturações, concessões e adequações diversas para que os filhos possam usufruir, durante a formação, do ideal psicológico de duplo referencial (precedente). 2. Em atenção ao melhor interesse do menor, mesmo na ausência de consenso dos pais, a guarda compartilhada deve ser aplicada, cabendo ao Judiciário a imposição das atribuições de cada um. *Contudo, essa regra cede quando os desentendimentos dos pais ultrapassarem o mero dissenso, podendo resvalar, em razão da imaturidade de ambos e da atenção aos próprios interesses antes dos do menor, em prejuízo de sua formação e saudável desenvolvimento (art. 1.586 do CC/2002). 3. Tratando o direito de família de aspectos que envolvem sentimentos profundos e muitas vezes desarmoniosos, deve-se cuidar da aplicação das teses ao caso concreto, pois não pode haver solução estanque já que as questões demandam flexibilidade e adequação à hipótese concreta apresentada para solução judicial.* 4. Recurso especial conhecido e desprovido (REsp 1.417.868/MG, Rel. Ministro João Otávio De Noronha, Terceira Turma, julgado em 10.05.2016, DJe 10.06.2016).

O voto dado no processo acima dispõe de trechos muito elucidativos que também merecem transcrição:

(...) Entendo que, diante de tais fatos, impor aos pais a guarda compartilhada apenas porque atualmente se tem entendido que esse é o melhor caminho, quando o caso concreto traz informações de que os pais não têm maturidade para o exercício de tal compartilhamento, seria impor à criança a absorção dos conflitos que daí, com certeza, adviriam. E isso, longe de atender seus interesses, põe em risco seu desenvolvimento psicossocial.

(...)

Seria temerário e deporia contra os interesses da menor que a imposição da guarda se transformasse num experimento disciplinar para os pais, pois aí se estaria primando pelos interesses destes em primeiro lugar, e não dos daquele – que não deve ser tal como um objeto a ser experienciado.

(...)

Em razão disso é que, quaisquer que sejam os entendimentos adotados, tratando-se de relações pessoais familiares, as exceções devem ser contempladas e adequadamente direcionadas. O que deve permanecer é a atenção ao interesse da menor em primeiro lugar. Tudo o que se decide tem por base e por fim tal interesse.

Não há dúvidas que a violência doméstica se constitui em fatos que, na maior parte das vezes, ultrapassam o "mero dissenso", tanto que demanda proteção instrumentalizada por lei especial.

Neste sentido, não há justificativa plausível que deva impor às Partes o compartilhamento de uma guarda que só tende a violentar a mãe e causar ainda mais danos aos filhos.

A própria justificação do Projeto de Lei 2.491/2019, que culminou com a edição da Lei 14.713/2023, traz o seguinte:

se houver prova de risco à vida, saúde, integridade física ou psicológica da criança ou do outro genitor, a guarda da criança deve ser entregue àquele que não seja o responsável pela situação de violência doméstica ou familiar. Dessa forma, se, no caso concreto, ficar provado que não se deve compartilhar a guarda, uma vez que ficou demonstrado a situação de violência doméstica ou familiar, envolvendo o casal ou os filhos, cabe ao juiz determinar, de imediato, a guarda unilateral ao genitor não responsável pela violência.

Além disso, o presente projeto também objetiva fazer com que o juiz e o representante do Ministério Público tomem conhecimento de situações de violência doméstica e familiar envolvendo as partes integrantes do processo de guarda.

Vê-se, portanto, que o objetivo é claro e que independe que a violência tenha sido (ou não) perpetrada diretamente contra a criança. Se houvesse quem duvidasse do destinatário da proteção trazida pela novel legislação, a justificativa de projeto não deixa dúvidas de que a guarda não deve ser compartilhada mesmo quando o risco de violência recair exclusivamente sobre a mãe. Temos que nos ater às repercussões práticas da Lei 14.713/2023 para que sua eficácia seja de fato alcançada.

Os magistrados ainda resistem a conceder guarda unilateral, mesmo com violências tendo sido reportadas, calcando-se na crença de que a violência conjugal não interfere na parentalidade. Boa parte da culpa por tais posicionamentos também reside nos laudos de estudos psicossociais emitidos em modelo-padrão pelas equipes multidisciplinares sobrecarregadas, que opinam tradicionalmente de forma alinhada à regra legal, primeiro por ser o mais prático, já que justificar a exceção demandaria um arrazoado de motivos e explicações que tomariam tempo e poderiam levar ao segundo motivo de resistência: deixar tais profissionais expostos a denúncias das Partes que se sentirem prejudicadas junto aos seus Conselhos de Classe. Ou seja, os agressores acabam violentando também os integrantes do sistema de justiça e os assistentes técnicos, desencorajando um posicionamento mais benéfico para a criança. O caminho do meio se mostra o mais confortável, até que uma violência mais grave aconteça e o Poder Judiciário seja novamente acionado para intervir.

CONSIDERAÇÕES FINAIS

Embora o advento da Lei 14.713/2023 seja uma conquista a ser, sim, muito festejada, não se pode permitir a ilusão de acreditar que resolve e reponde a todos os problemas atrelados às hipóteses de discussão de guarda em relações que tiveram ou tem violência doméstica.

A mera edição da lei não esgota o tema e tampouco impede reflexos de outras naturezas, ainda serem discutidos no decorrer de sua aplicação.

Muitas críticas têm sido direcionadas ao referido texto legal, sendo algumas sobre aspectos técnicos e práticos relacionados à sua aplicação e impacto no direito de família. Dentre elas, há a inclusão de uma nova etapa processual no trâmite, repercutindo em mais morosidade para o processo, no qual o juiz deverá indagar sobre a existência de violência antes da audiência de conciliação. Além disso, o prazo de 5 (cinco) dias para apresentação de provas ou indícios também é considerado exíguo e potencialmente prejudicial à parte que precisará comprovar as violências já tão difíceis de provar.

A legislação e alguns doutrinadores têm gerado uma imensa confusão entre os conceitos de guarda e direito de convivência. A guarda unilateral não implica necessariamente na suspensão do direito de convivência, mas a interpretação equivocada da lei pode levar à exclusão total de um dos genitores da vida da criança, o que pode ser prejudicial melhor interesse do menor, ou, por outro lado, pode permitir um regime de convivência com acesso intenso aos filhos que por si só já configure ocasião fértil para a prática de novas violências diretas e indiretas contra suas ex-parceiras ou contra os próprios filhos, inclusive pelo risco destes presenciarem ações violentas contra as novas parceiras dos genitores violentos.

Há, ainda, a discussão sobre a subjetividade de seus termos e o potencial risco de abusos, já que a "probabilidade de risco" de violência doméstica ou familiar é algo muito difícil de se aferir e dependerá excessivamente da particular crença de cada magistrado.

Por fim, há mais dois aspectos discutidos. O primeiro se refere ao possível impacto que falsas alegações de violência possam gerar sob a ótica da Alienação Parental, já que há o risco de redução da convivência entre pais e filhos neste possível cenário. O segundo diz respeito ao contexto social e patriarcal em que as decisões judiciais, sob a justificativa de proteger as crianças e suas mães, acabem por reforçar a sobrecarga materna no exercício da parentalidade, desobrigando ou aliviando os pais do poder-dever de cuidar e educar.

Fato é que não existe solução pronta e muito há que se avançar para que se alcance uma interpretação teleológica da Lei objeto do presente trabalho. A missão pretendida aqui é de fomentar a reflexão e jamais permitir que a letra fria da lei retire a humanidade daqueles que ostentam a nobre função de decidir sobre as vidas das pessoas em busca da paz social e um futuro melhor para todos.

REFERÊNCIAS

BRASIL. Conselho Nacional de Justiça. *Protocolo para julgamento com perspectiva de gênero [recurso eletrônico]*. Brasília: Enfam, 2021.

CALMON, Rafael. *Manual de Direito Processual das Famílias*. São Paulo: SaraivaJur, 2021.

CALMON, Rafael. *Manual de Direito Processual das Famílias*. 3. ed. São Paulo: SaraivaJur, 2023.

CARBONERA, Silvana Maria. *Guarda de filhos na família constitucionalizada*. Porto Alegre: Sergio Antônio Fabris, 2000.

DELGADO, Mario Luiz; COLTRO, Antônio Carlos Mathias. *Guarda compartilhada*. 3. ed. rev., atual. e ampl. Rio de Janeiro: Forense: 2018.

DIAS, Maria Berenice. *Manual de Direito das Famílias*. 14. ed. Salvador: JusPodivm, 2023.

GONÇALVES, C. R. *Direito Civil Brasileiro*. São Paulo: Saraiva Educação, 2019. v. 6: Direito de Família.

ISHIDA, Válter Kenji. *Estatuto da Criança e do Adolescente*: Doutrina e Jurisprudência. Salvador: JusPodivm, 2024.

MADALENO, Rolf. *Novos Horizontes no Direito de Família*. Rio de Janeiro: Forense, 2010.

ROSA, Conrado Paulino da. *Direito de Família Contemporâneo*. Salvador: JusPodivm, 2021.

ROSA, Conrado Paulino da. *Nova Lei da Guarda Compartilhada*. São Paulo: Saraiva, 2015.

LEI MARIA DA PENHA – TEMA REPETITIVO 983 DO STJ – DANOS MORAIS E PSICOLÓGICOS[1]

Rui Portanova

Doutor em Linguística Aplicada pela PUC/RS. Doutor em Direito UFPR. Mestre em Direito pela UFRS. Desembargador Aposentado do TJRS.

Sumário: Introdução – 1. Ação de compensação dos danos morais e indenização dos danos psicológicos – 2. Valores em debate – 3. Considerações de ordem processual – Referências.

INTRODUÇÃO

O tema repetitivo 983 do Superior Tribunal de Justiça, bem como o voto que lhe dá fundamento, são instrumentos eficientes para dar eficácia às finalidades da Lei Maria da Penha. Por igual atende aos termos da letra "f", do Art. 7 da Convenção Interamericana para Prevenir, Punir e Erradicar a Violência contra a Mulher – Convenção de Belém do Pará (1994).[2]

Neste passo estabelece procedimentos jurídicos justos e eficazes para a mulher que tenha sido submetida a violências, que incluam, entre outros, medidas de proteção, um julgamento oportuno e o acesso efetivo a tais procedimentos.

Diz a tese firmada no Tema Repetitivo 983 do STJ:

> Nos casos de violência contra a mulher praticados no âmbito doméstico e familiar, é possível a fixação de valor mínimo indenizatório a título de dano moral, desde que haja pedido expresso da acusação ou da parte ofendida, ainda que não especificada a quantia, independentemente de instrução probatória.

A fundamentação do acórdão que deu origem ao Tema 983, de relatoria do eminente Ministro Rogerio Schietti Cruz (REsp 1.675.874/MS, DJe de 08.03.2018), refere a possibilidade de a vítima intentar dois tipos de ações cíveis: (a) uma ação cível, em que a mulher agredida poderá buscar complementação do valor mínimo já fixado pela sentença, e (b) outra ação cível, em que a mulher agredida poderá buscar ressarcimento em razão dos demais danos sofridos, na linha das diversas formas de sofrimentos exemplificadamente alinhados no Art. 5º da Lei Maria da Penha.[3]

---

1. O presente capítulo contou com contribuições e críticas valiosas de Diego Machado Silva e Ana Gabriel Portanova, aos quais expresso minha gratidão e reconhecimento.
2. Art. 7º, "f" – *Estabelecer procedimentos jurídicos justos e eficazes para a mulher que tenha submetida a violência, que incluam, entre outros, medidas de proteção, um julgamento oportuno e o acesso efetivo a tais procedimentos.*
3. A mulher agredida pode intentar ação cível para, conforme o caso, buscar ressarcimento de todos os prejuízos, fruto de um conjunto de danos sofridos pela mulher à vista das diversas violências de que foi vítima. Por exemplo: (1) No que toca aos danos materiais, a indenização, em regra, deverá ter em vista os custos

Vale esclarecer que inclusive a sentença que absolveu o agressor na esfera criminal pode viabilizar a ação cível. Trata-se da incidência do princípio da independência das instâncias, previsto no art. 935 do Código Civil, o qual dá conta de que a sentença penal absolutória não vincule a esfera cível, salvo quando a absolvição criminal for fundamentada em excludentes de ilicitude ou estiver demonstrada a inexistência do fato ou de autoria.[4]

No ponto, veio no site de notícias do STJ a decisão, datada de 18.02.2024, dando conta do REsp 1.117.131, onde aparece voto da Ministra Nancy Andrighi no seguinte sentido:

> A decisão absolutória não pode obstar a execução da decisão proferida na ação civil proposta em face do recorrente, pois não ocorreu declaração de inexistência material do acidente que vitimou o esposo da autora da ação de indenização.

A 8ª Câmara de Direito Privado do Tribunal de Justiça de São Paulo julgou procedente ação cível, mesmo antes do trânsito em julgado da ação criminal. Para o relator do recurso, desembargador Benedito Antonio Okuno, apesar de a sentença criminal não ter transitado em julgado, a responsabilidade civil independe da criminal e os fatos foram suficientemente comprovados. No caso, o pai foi condenado a indenizar filha abusada sexualmente por ele.[5]

Para o relator do recurso, desembargador Benedito Antonio Okuno, apesar de a sentença criminal não ter transitado em julgado, a responsabilidade civil independe da criminal e os fatos foram suficientemente comprovados.

Este trabalho se limita a estudar somente os efeitos civis da sentença criminal condenatória, ou seja, aquela ação cível, tal como prevista na fundamentação do

---

para manter certas resistências contra a propensão de infecções, o que se consegue por meio de coquetéis de medicamentos (ou drogas poderosas), em combinação com medicações antivirais comuns, mais de finalidade inibidora, a serem ingeridos ciclicamente, mas em constante repetição. Deverá compreender as despesas médico-hospitalares e as exigidas para a assistência terapêutica e psicológica, bem como aquilo que a pessoa contaminada deixou de ganhar, se interrompida a atividade que exercia (REsp 1.760.943/MG, Rel. Ministro Luis Felipe Salomão, Quarta Turma, DJe 06.05.2019).

4. Apelação cível. Ação indenizatória por danos morais. Violência doméstica familiar. Violação à integridade física da mulher. Sentença de procedência. Insurgência do réu. Em razão do princípio da independência das instâncias, previsto no art. 935 do Código Civil, a sentença penal absolutória não vincula a esfera cível, salvo quando a absolvição criminal for fundamentada em excludentes de ilicitude ou estiver demonstrada a inexistência do fato ou de autoria. Parte Autora que comprovou ter sofrido lesão corporal que causou violação à sua integridade física cometida por seu até então companheiro, nos termos do art. 7° da Lei Maria da Penha. Réu que não adotou o devido cuidado e diligência, causando danos que devem ser indenizados na forma dos artigos 186 e 927 do CC. Entendimento do STJ no sentido de que o dano moral, em situação de violência doméstica é *in re ipsa*, ou seja, inexigível a produção de prova, porque, uma vez demonstrada a agressão à mulher, os danos psíquicos dela derivados são evidentes, não passível de exteriorização probatória, consoante Tema Repetitivo 983, do STJ. Sentença que deve ser integralmente mantida. Recurso ao qual se nega provimento (TJ-RJ – APL: 00086835220228190001 202300174992, Relator: Des(a). Humberto Dalla Bernardina de Pinho, Quinta Câmara de Direito Privado (Antiga 24ª Câmara), DJe: 27.10.2023).

5. Consultor Jurídico de 11 de junho de 2024. Disponível em: https://www.conjur.com.br/2024-abr-25/pai--e-condenado-pelo-tj-sp-a-indenizar-filha-abusada-sexualmente-por-ele/.

acórdão que ensejou o Tema Repetitivo 983 do STJ, em que a agredida busca complementação do valor mínimo fixado na sentença criminal transitada em julgado.

O Tema Repetitivo 983, transitado em julgado em 19.04.2018, refere-se somente ao dano moral. Contudo, a Lei 14.188, de 28 de julho de 2021, criou o tipo penal da violência psicológica contra a mulher, o que se deu com a adição do artigo 147-B. Graças a isso, hoje é possível pedir ao juízo criminal também a fixação de valor mínimo para o dano psicológico.

A partir da criação legislativa do dano psicológico, passa a ser lícito considerar a possibilidade de leitura do Enunciado 983 com acréscimo do dano psicológico ao lado do dano moral,[6] mais ou menos nos seguintes termos: nos casos de violência contra a mulher praticados no âmbito doméstico e familiar, é possível a fixação de valor mínimo compensatório para o dano moral e indenizatório para o dano psicológico, desde que haja pedido expresso da acusação ou da parte ofendida.

Aliás, recentemente, alinhando-se ao posicionamento da Sexta Turma, a Quinta Turma do STJ, na apreciação do AgRg no REsp 2.029.732/MS, sob a relatoria do Ministro Joel Ilan Paciornik, em julgamento realizado em 22.08.2023, DJe de 25.08.2023, passou a entender que *a fixação de valor mínimo para indenização dos danos causados pelo delito prescindia de instrução probatória acerca do dano psíquico, do grau de sofrimento da vítima, bastando a existência de pedido expresso na denúncia.*[7]

A Lei Maria da Penha não esgota os danos que a mulher agredida pode sofrer no ambiente doméstico. Por isso, é dito em seu artigo sétimo:

> Art. 7º São formas de violência doméstica e familiar contra a mulher, entre outras violências que causam danos.

Para além dos danos previstos na Lei Maria da Penha, é viável se pensar também em danos materiais, danos estéticos, danos à imagem e lucros cessantes, por exemplo. É cabível dizer também que *manterrupting*,[8] *mansplaining*,[9] *bropriating*[10] e *gaslighting*[11] são violências contra mulher que podem ocasionar danos morais e psicológicos.

---

6. Regimento Interno do Superior Tribunal de Justiça. Art. 256-S. É cabível a revisão de entendimento consolidado em enunciado de tema repetitivo, por proposta de Ministro integrante do respectivo órgão julgador ou de representante do Ministério Público Federal que oficie perante o Superior Tribunal de Justiça.

7. AgRg no REsp 2.089.673/RJ. Rel. Ministro Reynaldo Soares da Fonseca. Quinta Turma. J. em 30.11.2023.

8. O termo é usado para descrever quando a seguinte situação acontece: independente do ambiente, uma mulher é interrompida por um homem e não consegue concluir seu raciocínio e terminar a sua fala.

9. O termo é usado para descrever quando a seguinte situação acontece: comentar ou explicar algo a uma mulher de uma maneira condescendente, excessivamente confiante, e, muitas vezes, imprecisa ou de forma simplista.

10. Neologismo criado a partir da união de "bro", abreviatura da palavra em inglês "brother" e "appropriating". O termo é usado para indicar a situação onde um homem se apropria da ideia de uma mulher, levando o crédito no lugar dela.

11. O termo é usado para designar uma forma de abuso psicológico em que informações são manipuladas até que a vítima não consiga mais acreditar na própria percepção da realidade.

Nesse sentido este pequeno estudo trata da complementação dos valores mínimos fixados na sentença criminal, referentes, somente, aos danos morais e aos danos psicológicos que tiverem origem na decisão criminal que condenou o réu por violência doméstica.[12] Para tanto, na primeira parte, serão retratadas algumas peculiaridades dos danos morais e dos danos psicológicos. Já a segunda parte toma em consideração a certeza do direito da mulher e vai no rumo do entendimento dos princípios e valores em debate sobre "o que é valioso e por quê", visando a uma adequada, efetiva e justa aplicação do Tema Repetitivo 983 do STJ. Na conclusão algumas questões processuais serão resumidas e comentadas.

1. AÇÃO DE COMPENSAÇÃO DOS DANOS MORAIS E INDENIZAÇÃO DOS DANOS PSICOLÓGICOS

Na decisão vinda do TRT-5 no Recurso Ordinário 8126620125050031/BA, de 21.10.2014, aparece a distinção entre "dano moral" e "dano psíquico". Veja-se:

> Dano moral. Dano psíquico. Diferenças. O dano psíquico não se confunde com o dano de ordem moral puro. A lesão psíquica é aquela na qual a pessoa sofre um dano de ordem mental, psicológico ou psíquico. Já o dano moral puro se caracteriza por uma lesão ao sentimento da pessoa (dor, vexame, humilhação, angústia, constrangimento, vergonha, espanto, desgosto, aflição, injúria, tristeza, decepção etc.), sem causar-lhe uma lesão psicológica. E para estes sentimentos ou emoções não há tratamento. Já no dano psíquico ou psicológico a pessoa sofre uma lesão dessa natureza, caracterizada por distúrbios, transtornos, perturbações e disfunções (revelados por traumas, fobias, neuroses etc.), cabendo o tratamento psíquico pertinente. Em suma, neste último caso, ocorrem alterações na normalidade mental da pessoa de natureza estrutural, funcional ou comportamental. O dano psíquico, pois, é espécie de dano material, pois atinge a saúde mental da pessoa.

Segundo a jurisprudência do STJ, *pode-se definir danos morais como lesões a atributos da pessoa, enquanto ente ético e social que participa da vida em sociedade, estabelecendo relações intersubjetivas em uma ou mais comunidades, ou, em outras palavras, são atentados à parte afetiva e à parte social da personalidade.*[13]

Aqui e ali, é possível perceber alguma forma de ruído entre o "dano moral" e o "dano psíquico".[14] Por exemplo, o enunciado oficial da tese firmada no Tema Repetitivo 983 do STJ só fala em "dano moral". Já na fundamentação do voto condutor emanado no recurso que lhe deu origem (REsp 1.675.874/MS, DJe de 08/03/2018), é dito:

> (...) uma vez demonstrada a agressão à mulher, os danos psíquicos dela derivados são evidentes e nem têm mesmo como ser demonstrados (p. 21).

---

12. Contudo, vale lembrar que algumas absolvições no juízo criminal, ainda podem ser objeto de ações cíveis, tal como previsto nos artigos 66 e 67 do Código de Processo Penal.
13. REsp 1.641.133/MG. Rel. Min. Nancy Andrighi, J. em 20.06.2017.
14. *Danos psíquicos ou psiquiátricos constituem apenas o pressuposto fático do qual em tese poderia decorrer o dever de uma reparação patrimonial ou extrapatrimonial. Assim, a avença relativamente a dano moral abrange também danos psíquicos (psiquiátricos ou psicológicos) decorrentes do mesmo fato.* Processo 0010245-82.2020.5.03.0027 (ROT). Tribunal Regional do Trabalho. 3ª Região. Relator. Luis Felipe Lopes Boson.

No AgRg no REsp 2.056.589/MG, lê-se:

> A fixação de valor mínimo para indenização à vítima por danos morais não exige instrução probatória específica acerca do dano psíquico, do grau de seu sofrimento, nos termos do art. 387, IV do CPP (...) (AgRg no REsp 2.056.589/MG, Quinta Turma, Rel. Min. Joel Ilan Paciornik, DJe de 29.11.2023).[15]

Já no âmbito trabalhista, encontra-se:

> Danos psíquicos ou psiquiátricos constituem apenas o pressuposto fático do qual em tese poderia decorrer o dever de uma reparação patrimonial ou extrapatrimonial. Assim, a avença relativamente a dano moral abrange também danos psíquicos (psiquiátricos ou psicológicos) decorrentes do mesmo fato.[16]

Tais ruídos conceituais entre "dano psicológico" e "dano moral", talvez se justifiquem pelo fato que - tal como diz Nicole Duek Silveira Bueno - há quem afirme identidade entre os dois tipos de dano. No ponto, a autora é incisiva:

> Não obstante alguns autores afirmarem o contrário, este estudo científico tem por escopo demonstrar que o dano psicológico é distinto do dano moral. Isso porque, o dano psicológico configura patologia, diferente do dano moral, sendo certo que este segundo não implica na presença de doença.[17]

No mesmo sentido Maria Celeste Cordeiro Leite dos Santos vê os danos psíquicos *como uma espécie autônoma de dano moral, consistindo, os danos psíquicos em uma lesão das faculdades mentais e integrando-se na esfera jurídica de proteção constitucional da saúde. O dano à saúde compreende o dano psíquico, devendo ser objetivamente e cientificamente comprovado.*[18]

Com efeito, partindo-se do princípio hermenêutico de que a lei não possui palavras inúteis e que se deve compreender as palavras da lei como tendo algum significado,[19] é lícito afirmar a existência de diferenças conceituais entre "dano moral" e "dano psicológico".

O Artigo 5º da Lei Maria da Penha, quando enuncia e define os tipos de violências, faz enunciação expressa e separadamente de "violências morais" (que causam

---

15. Igualmente: *De outra parte, o pleito de condenação por danos morais, nos termos do art. 630 do CPP, não pode ser acolhido, pois, além de não haver a comprovação dos danos psíquicos, trata-se de erro imputável a ambas as partes*. RvCr 5990/PB. Rel. Ministro Joel Ilan Paciornik. Terceira Seção. J. em 22.05.2024.

16. TRT-3 – RO: 00102458220205030027 MG 0010245-82.2020.5.03.0027, Relator: Luis Felipe Lopes Boson, Data de Julgamento: 16.10.2020, Terceira Turma, Data de Publicação: 16.10.2020. DEJT/TRT3/Cad.Jud. p. 422.

17. Disponível em: https://www.tjdft.jus.br/institucional/imprensa/campanhas-e-produtos/direito-facil/edicao-semanal/violencia-psicologica-contra-a-mulher#:~:text=Por%20exemplo%2C%20podem%20caracterizar%20viol%C3%AAncia,%2C%20transtornos%20psicol%C3%B3gicos%2C%20entre%20outras.

18. Aspectos Críticos e Jurídicos do Dano Psíquico e a Neurociência. Disponível em: https://revistas.pucsp.br/index.php/fid/article/view/33.

19. "O eminente Ministro Rogerio Schietti Cruz, repete a máxima hermenêutica no julgamento do REsp 1.804.087-SP em julgamento de 27/outubro 2020, citando lição de Carlos Maximiliano. MAXIMILIANO, Carlos. *Hermenêutica e aplicação do direito*. Rio de Janeiro: Forense, 1993, p. 250.

danos morais) e "violências psicológicas" (que causam danos psicológicos). E depois, o artigo 7º, em seus incisos II e V, define:

> Art. 7º. II – a violência psicológica, entendida como qualquer conduta que lhe cause dano emocional e diminuição da autoestima ou que lhe prejudique e perturbe o pleno desenvolvimento ou que vise degradar ou controlar suas ações, comportamentos, crenças e decisões, mediante ameaça, constrangimento, humilhação, manipulação, isolamento, vigilância constante, perseguição contumaz, insulto, chantagem, violação de sua intimidade, ridicularização, exploração e limitação do direito de ir e vir ou qualquer outro meio que lhe cause prejuízo à saúde psicológica e à autodeterminação;
>
> V – a violência moral, entendida como qualquer conduta que configure calúnia, difamação ou injúria.

E mais. A partir da interpretação da Lei 14.188 de 2021, depreende-se que o "dano moral" está bem apartado do "dano psíquico", o que autoriza dizer: dano psíquico é crime, dano moral não é crime. A modificação vinda no artigo 147 do Código Penal – que incluiu o artigo 147-B e passou a prever, também, o tipo penal referente ao dano psicológico e sua respectiva indenização mínima – garante autonomia e tipicidade para a hipótese de dano psicológico. A saber:

> Art. 147-B. Causar dano emocional à mulher que a prejudique e perturbe seu pleno desenvolvimento ou que vise a degradar ou a controlar suas ações, comportamentos, crenças e decisões, mediante ameaça, constrangimento, humilhação, manipulação, isolamento, chantagem, ridicularização, limitação do direito de ir e vir ou qualquer outro meio que cause prejuízo à sua saúde psicológica e autodeterminação:
>
> Pena: reclusão, de 6 (seis) meses a 2 (dois) anos, e multa, se a conduta não constitui crime mais grave.

A Lei 14.188, de 2021, que instituiu o artigo 147-B e criou o dano psicológico para casos de violência doméstica, veio a lume com alguma dose de controvérsia. Eduardo Luiz Santos Cabette (2022) vê na norma tipo penal aberto, que viola o Princípio da Legalidade. E conclui:

> Enfim, o tipo penal do artigo 147 – B, CP é inoportuno, desnecessário, inconstitucional, assistemático e perigosamente gerador de imensa insegurança jurídica.

Alexandre Morais da Rosa e Ana Luisa Schmidt Ramos (2021) concordam que a lei é complexa, que tem desafios na aplicação e que deve ser cotejada com o tipo penal de lesão corporal; mas não veem mácula constitucional na Lei. E torcem para que uma *esquiva hermenêutica, própria de comportamento oportunista, não* inviabilize o objetivo da lei que é *aumentar a proteção à mulher.*

A doutrina costuma distinguir a natureza da reparação, tratando-a como uma "compensação" para o dano moral, e como uma "indenização" para o dano psicológico e demais danos. É o que se colhe da lição de Maria Celina Bodin de Morais, que distingue a natureza de "compensação" para dano moral (extrapatrimonial), e "indenização" para os demais danos, *embora o próprio texto constitucional, em seu artigo 5º, X, se refira à indenização do dano moral*" (2017, p. 52). Também, Fernando

Noronha (2003, p. 593) chama de princípio da satisfação compensatória... *pois o quantitativo pecuniário a ser atribuído ao lesado nunca poderá ser equivalente a um preço.*

No ponto, a ementa no AgInt no AREsp 2342723 / SP, de relatoria da Ministra Nancy Andrighi, DJe 10.04.2024, sintetiza: *Ação indenizatória por danos materiais e compensatória por danos morais.*

Portanto, a sentença criminal condenatória, desde que requerido na peça vestibular, deve fixar valor mínimo para a reparação do dano moral (tal como previsto no Tema Repetitivo 983) e do dano psíquico (na forma do Art. 147-B do Código Penal).

No que diz respeito aos efeitos jurídicos, tem-se que tanto nas ações cíveis que buscam "complementação da compensação" dos danos morais, quanto nas ações cíveis que buscam a "complementação do valor da indenização" dos danos psíquicos, não há mais possibilidade de novos questionamentos a respeito da autoria, materialidade, nexo causal e culpabilidade, uma vez que essa análise se esgotou no âmbito penal. A saber:

> Art. 91 Código Penal. São efeitos da condenação:
>
> I – tornar certa a obrigação de indenizar o dano causado pelo crime.

2. VALORES EM DEBATE

O interesse desta segunda parte se limita a trazer alguns elementos para reflexão em face dos valores violentados pela agressão, tais como respeito, liberdade, família, segurança, amor, lealdade, justiça e equilíbrio. Desse modo, neste segundo momento, toma-se em consideração princípios e motivações para reprimir os *danos morais contra pessoas, enquanto ente ético e social, na medida em que são atentados à parte afetiva e à parte social da personalidade.*[20]

De logo, cabe atenção ao fato de que Jules Falquet (2022) compara a violência doméstica à tortura política, *tanto no que concerne a suas condições concretas de exercício quanto a seus efeitos psicodinâmicos individuais e sociais* (p. 13). E ainda, alinha pontos comuns:

> A detenção em espaço fechado... lugar de onde os gritos raramente escapam... os testemunhos desaparecem, se calam ou não podem intervir... não é excepcional que eles (os homens) as tranquem e levem seus documentos e dinheiro... uso de armas mais ou menos sofisticadas (p. 34, 35, 36).

Vale lembrar a decisão do inesquecível Ministro Paulo de Tarso Sanseverino em que é repetida a orientação do STJ que divide em duas etapas o arbitramento do dano moral.[21] Na primeira etapa, deve-se estabelecer um valor básico para a indenização, considerando o interesse jurídico lesado, com base em grupo de Temas Repetitivos

---

20. REsp 1.426.710/RS, Terceira Turma, DJe 09.11.2016. No mesmo sentido REsp 1.641.133/MG, Rel. Ministra Nancy Andrighi.
21. REsp 959.780 – J. em 26.04.2010.

jurisprudenciais que apreciaram casos semelhantes. Já na segunda etapa, devem ser consideradas as circunstâncias do caso para fixação definitiva do valor da indenização, atendendo à determinação legal de arbitramento equitativo pelo juiz.

Maria Celina Bodin de Moraes (2017, p. 72) refere a existência de três ordens de mudança que embasam o Direito atual, as quais devem ser levadas em conta quando das decisões em caso de violência doméstica, e que *geram efeitos da maior importância na conceituação do dano moral e, como resultado, nos critérios a serem utilizados para fins de quantificação da sua reparação.* A primeira ordem diz respeito à mudança que a ciência jurídica sofreu quando o "mundo da segurança" deu lugar a um "mundo de insegurança e incertezas". Depois, *a ética da autonomia ou da liberdade foi substituída por uma ética da responsabilidade ou da solidariedade.* Por fim, como consequência, *a tutela da liberdade (autonomia) do indivíduo foi substituída pela noção de proteção à dignidade da pessoa humana.*

Eduardo Medina Guimarães afirma:

> (...) A maior característica do dano moral é justamente o seu caráter cultural, a sua ligação estrita com a educação, com a sedimentação de conceitos básicos como cidadania, ética, respeito e aceitação da diferença (2022, p. 52).

Se as decisões que julgam danos morais e psicológicos devem atentar a estas peculiaridades substanciais, mais se pode dizer da indispensabilidade da fundamentação sentencial. Não é por outra razão que vem de decisão do Supremo Tribunal Federal o temor que a fixação desproporcional do valor compensatório do dano moral gere mais discriminação à mulher. Com efeito, o julgamento das ADIs 5.870, 6.050. 6.069 e 6.082[22] mostrou como a composição do dano extrapatrimonial deve ter em consideração que o ato ilícito atingiu a esfera da personalidade da pessoa, por isso, a compensação deve *respeitar a individualidade do sofrimento causado e não gerar ainda mais discriminações.*

Como se sabe, o *quantum* indenizatório não tem parâmetro fixo:

> (...) De sorte que tal atividade insere-se no campo de discricionariedade do magistrado, o qual deve guiar-se pelos princípios da proporcionalidade e da razoabilidade, considerando, sobretudo, as condições pessoais dos envolvidos no fato e as circunstâncias do caso concreto (AREsp 2194270 – MS – 05.03.2024. Rel. Ministra Daniela Teixeira).

A fim de se evitar valor demasiadamente insignificante, o Ministro Reynaldo Soares da Fonseca é expresso em indicar a necessidade de interpretação principiológica nestes casos, dizendo que, nos termos da Lei Maria da Penha, ao se interpretar a referida *norma, deve-se levar em conta os fins sociais buscados pelo legislador, conferindo à norma um significado que a insira no contexto em que foi concebida* (AgRg no AREsp 2.319.409/DF, julgamento em 23.05.2023).

---

22. Rel. Ministro Gilmar Mendes, J. em 21.10.2021.

Eduardo Medina Guimarães dá um bom norte para fixação de uma compensação que não seja irrelevante quando afirma que *a maior característica do dano moral é justamente o seu caráter cultural, a sua ligação estrita com a educação, com a sedimentação de conceitos básicos como cidadania, ética, respeito e aceitação da diferença* (2022, p. 52).

Quando a mulher vai ao Judiciário buscar a reparação de danos morais e psicológicos sofridos pela via covarde da violência doméstica do agressor, é o momento em que o Estado-Juiz se confronta com a necessidade de fazer uma reparação que se reveste de uma busca de igualdade substantiva entre gêneros.

Volta-se aos fundamentos que embasaram o acórdão que deu origem ao Tema Repetitivo 983 do STJ para ressaltar que aquela decisão leva em boa conta os valores imateriais superiores que estão em jogo, quando se trata de reparar violência doméstica:

Ou seja, a fragilidade da mulher, sua hipossuficiência ou vulnerabilidade, na verdade, são os fundamentos que levaram o legislador a conferir proteção especial à mulher.[23]

Naquilo que é mais peculiar aos casos em julgamento, a orientação vinda na fundamentação do acórdão que deu origem ao Tema Repetitivo 983 do STJ dá o norte, qual seja:

Refutar, com veemência, a violência contra as mulheres implica defender sua liberdade (para amar, pensar, trabalhar, se expressar), criar mecanismos para seu fortalecimento, ampliar o raio de sua proteção jurídica e otimizar todos os instrumentos normativos que de algum modo compensem ou atenuem o sofrimento e os malefícios causados pela violência sofrida na condição de mulher.[24]

O texto do acórdão refere:

A influência dos princípios da dignidade da pessoa humana (CF, art. 1º, III), da igualdade (CF, art. 5º, I) e da vedação a qualquer discriminação atentatória dos direitos e das liberdades fundamentais (CF, art. 5º, XLI), e em razão da determinação de que "O Estado assegurará a assistência à família na pessoa de cada um dos que a integram, criando mecanismos para coibir a violência no âmbito de suas relações" (art. 226, § 8º).

Sobre este enfoque, diz o Ministro Luis Felipe Salomão:

A família deve cumprir papel funcionalizado, servindo como ambiente propício para a promoção da dignidade e a realização da personalidade de seus membros, integrando sentimentos, esperanças e valores, servindo como alicerce fundamental para o alcance da felicidade. No entanto, muitas vezes este mesmo núcleo vem sendo justamente o espaço para surgimento de intensas angústias e tristezas dos entes que o compõem, cabendo ao aplicador do direito a tarefa de reconhecer a ocorrência de eventual ilícito e o correspondente dever de indenizar.[25]

---

23. AgRg no AREsp 1.700.026/GO, J. em 03.11.2020.
24. Item número 2 da ementa do acórdão que deu origem ao Tema Repetitivo 983 do STJ (REsp 1.675.874/MS, DJe de 08.03.2018).
25. REsp 1.760.943/MG, j. em 19.03.2019.

Ademais, a violência doméstica, além de afetar a saúde das mulheres, também provoca impactos na saúde física e psicológica das crianças e dos adolescentes que vivem em ambientes violentos. Além de agressividade, depressão e isolamento, as crianças e adolescentes que presenciam situações de violência doméstica e familiar podem ter seu desenvolvimento comprometido, podendo apresentar dificuldades de aprendizado, déficit cognitivo, transtornos mentais, entre outros.[26]

Daí a necessidade de ser robusta a reparação dos danos morais relacionados à dor, ao sofrimento e à humilhação da vítima derivados da prática criminosa experimentada, tudo para bem atender à Constituição Federal que, em seu art. 5º, inciso V assegura o *direito de resposta, proporcional ao agravo, além da indenização por dano material, moral ou à imagem.*

Considerando que a compensação do dano moral em face da violência doméstica é caso que está iluminado pelo Tema Repetitivo 983 do STJ e suas motivações constitucionais e socioestruturais, tem-se que a reparação monetária dos atos de violência doméstica se revestem da mesma extraordinariedade que existe naqueles crimes de maior gravidade.

Nestes casos, o que se tem é uma vítima com sofrimento físico/psíquico superlativo. A fundamentação sentencial deve levar em conta valores superiores, pois vai interessar a melhor forma reparar um fato que afronta uma proteção com dignidade constitucional.

Por isto, é de rigor que se faça adequada interpretação dos princípios da razoabilidade e da proporcionalidade em face de um ato criminal incontroverso, que causou danos superlativos.

A quem vai fixar o valor da reparação dos danos, o que mais interessa, tal como diz o Ministro Rogerio Schietti Cruz, é "o atendimento integral à mulher em situação de violência doméstica, de sorte a reduzir sua revitimização e as possibilidades de violência institucional, consubstanciadas em sucessivas oitivas e pleitos perante juízos diversos" (Tema Repetitivo 983).

Tome-se em consideração as lições de Maria Celina Bodin de Morais, e se verá que

a transposição das normas diretivas do sistema de Direito Civil do texto do Código Civil para o da Constituição acarretou relevantíssimas consequências jurídicas que se delineiam a partir da alteração da tutela que era oferecida pelo Código Civil ao "indivíduo", para a proteção, garantida pela Constituição, à dignidade da pessoa humana, elevada à condição de fundamento da República Federativa do Brasil (2017, p. 74).

A Ministra Nancy Andrighi vai na mesma linha quando refere:

(...) onde se vislumbra a violação de um direito fundamental, assim eleito pela CF, também se alcançará, por consequência, uma inevitável violação da dignidade do ser humano.

---

26. Disponível em: https://www.tjpr.jus.br/web/cevid/impactos-violencia-domestica.

E conclui:

A compensação nesse caso independe da demonstração da dor, traduzindo-se, pois, em consequência *in re ipsa*, intrínseca à própria conduta que injustamente atinja a dignidade do ser humano. Aliás, cumpre ressaltar que essas sensações (dor e sofrimento), que costumeiramente estão atreladas à experiência das vítimas de danos morais, não se traduzem no próprio dano, mas têm nele sua causa direta (REsp 1.292.141-SP, Rel. Min. Nancy Andrighi, julgado em 04.12.2012).

Enfim, mais do que a agressão em si, estão sob julgamento os *danos morais como lesões a atributos da pessoa, enquanto ente ético e social que participa da vida em sociedade, estabelecendo relações intersubjetivas em uma ou mais comunidades, ou, em outras palavras, são atentados à parte afetiva e à parte social da personalidade* (REsp 1.641.133/MG).

Quando se pensa nas questões sociais, que a fixação do dano deve levar em consideração, não se pode perder de vista que no Brasil e em países sul-americanos, essa forma de violência atinge níveis epidêmicos. E o Brasil é o quinto país do mundo que mais mata suas mulheres.[27]

3. CONSIDERAÇÕES DE ORDEM PROCESSUAL

Para concluir, seguem algumas considerações de ordem processual.

O art. 40-A da Lei 11.340/06, acrescido pela Lei 14.550/23, visa a conferir presunção absoluta da existência da violência de gênero e da hipossuficiência da mulher em todas as situações previstas no art. 5º da Lei 11.340/06. Consequência para o juízo cível é o reconhecimento do direito da mulher ao benefício da gratuidade de justiça na ação cível, que em que a mulher agredida busca complementação do valor mínimo fixado na sentença criminal.

O art. 14 da Lei Maria da Penha refere competência híbrida para julgar casos de violência doméstica.

Em trabalho acadêmico, Larissa Fernanda Romão da Cunha (2023)[28] mostra que persiste o debate para implementação da efetiva competência híbrida de quem julga violência doméstica. A autora conclui que há duas posições antagônicas: de um lado, atores favoráveis, com uma visão redistributiva; de outro lado, grupos organizados da Magistratura parcialmente favoráveis, com uma visão gerencial.

---

27. Disponível em: https://www.tjdft.jus.br/institucional/imprensa/campanhas-e-produtos/artigos-discursos-
-e-entrevistas/entrevistas/2019/a-grande-causa-da-violencia-contra-a-mulher-esta-no-machismo-estrutu-
rante-da-sociedade-brasileira.

28. Dissertação apresentada ao Programa de Pós-Graduação em Direito, da Faculdade de Direito da Universidade de São Paulo, para obtenção do título de Mestre em Direito. Vale destacar trabalho de campo realizado por Gabriela Cortez Campos e Fabiana Cristina Severi, sobre a competência híbrida nas varas de violência doméstica e familiar contra a mulher de Cuiabá. Disponível em: https://revistaiusgenero.com/index.php/igal/article/view/42.

No uso de sua competência administrativa, o Conselho Nacional de Justiça (CNJ) poderia criar uma forma para, pouco a pouco, pelo menos incentivar os Judiciários Estaduais a efetivarem juízos com competência híbrida.

Menos mal que, em se tratando de violência doméstica, ao decidir sobre temas de ordem mais civil (tal como alimentos, por exemplo) a maioria do Superior Tribunal de Justiça não tem dado guarida às alegações que buscam defesa na incompetência do juízo.[29]

No que diz com o princípio da imparcialidade, a visada para os casos de violência doméstica é peculiar.

A imparcialidade, nestes casos, não diz só como a perspectiva subjetiva entre aquela pessoa que julga e as partes, pois, em se tratando de violência doméstica contra mulher, incide – indispensavelmente – a normativa vinda no Protocolo para um Julgamento com Perspectiva de Gênero (Resolução CNJ 492/2023).

Logo, tal como diz o Protocolo vindo do CNJ, é indispensável ter em conta que a sociedade brasileira é marcada por profundas desigualdades que impõem desvantagens sistemáticas e estruturais a determinados segmentos sociais, assim como "sofre grande influência do patriarcado, que atribui às mulheres ideias, imagens sociais, preconceitos, estereótipos, posições e papéis sociais(...) Agir de forma supostamente neutra, nesse caso, acaba por desafiar o comando da imparcialidade" (p. 34).

Logo, de acordo com o mesmo Protocolo, fere o sagrado princípio da imparcialidade, "a aplicação de normas que perpetuam estereótipos e preconceitos, assim como a interpretação enviesada de normas supostamente neutras ou que geram impactos diferenciados entre os diversos segmentos da sociedade, acabam por reproduzir discriminação e violência, contrariando o princípio constitucional da igualdade e da não discriminação" (p. 36).

Com vista à tomada de alguma dose de cautela, é bem de se ver que, na Lei Maria da Penha, com acréscimo da finalidade da Lei 11.719/2008, já se retira a possibilidade de proteção patrimonial dos bens da sociedade conjugal ou daqueles de propriedade particular da mulher, pela via do elenco de Medidas Protetivas de Urgência a prestação de caução provisória pelo agressor, mediante depósito judicial, por perdas e danos materiais decorrentes da prática de violência doméstica e familiar contra a ofendida.

Decisão do Supremo Tribunal Federal acolheu orientação doutrinária e do STJ, no sentido de que *as medidas protetivas previstas na Lei 11.340/03 objetivam resguardar a integridade física e psíquica da ofendida, prescindindo, portanto, da existência de ação judicial seja no âmbito criminal ou cível.*[30]

O Código de Processo Civil prevê em seus artigos 300 a 304 a possibilidade do juízo, por meio de decisão interlocutória, adiantar à mulher agredida, total ou

---

29. REsp 2.042.286/BA, Rel. Ministro Marco Aurélio Bellizze, Terceira Turma, DJe 15.08.2023.
30. HC 155187 AgR/MG. Relator(a): Min. Gilmar Mendes, J. em 05.04.2019.

parcialmente, os efeitos do futuro julgamento de mérito. Exemplo desta forma de medida assecuratória é um pedido que evite a venda e garanta a permanência de bens móveis (automóveis ou motos) ou imóveis em nome do agressor durante o curso da ação cível ou criminal.

Por igual, a interpretação sistemática do Artigo 5º, X, da Constituição, com o Artigo 387, IV, do Código de Processo Penal, também projeta a possibilidade de garantia do ressarcimento do dano moral pela via da caução real ou fidejussória pelo agressor.

Em tese, é possível a cumulação de ações que busquem tanto o complemento do valor mínimo fixado na decisão criminal, quanto o ressarcimento de outros danos. Mas tal situação pode aumentar a complexidade do caso e prolongar o julgamento. Seja como for, as peculiaridades de cada caso deverão orientar qual a melhor estratégia.

Uma vez transitada a sentença condenatória, é viável processo cumprimento de sentença, pois, nos termos do Artigo 515 do Código de Processo Civil:

> Art. 515. São títulos executivos judiciais, cujo cumprimento dar-se-á de acordo com os artigos previstos neste Título:
> VI – a sentença penal condenatória transitada em julgado.

A legitimação ativa da ação é da mulher agredida. Em caso de falecimento da vítima, nos termos da Súmula 642 do STJ, tem-se que *o direito à indenização por danos morais transmite-se com o falecimento do titular, possuindo os herdeiros da vítima legitimidade ativa para ajuizar ou prosseguir a ação indenizatória.*

Mais do que isso, é viável ação por ricochete.

O dano moral reflexo pode se caracterizar ainda que a vítima direta do evento danoso sobreviva. É que o dano moral em ricochete não significa o pagamento da indenização aos indiretamente lesados por não ser mais possível, devido ao falecimento, indenizar a vítima direta. É indenização autônoma, por isso devida independentemente do falecimento da vítima direta.[31]

No ponto, vale a pena ter em conta que pesquisa realizada pelo IPEA dá conta que a violência doméstica, *além de afetar a saúde das mulheres, também provoca impactos na saúde física e psicológica das crianças e dos adolescentes que vivem em ambientes violentos.*[32]

Não há de esquecer que o Precedente 983 tem como origem o juízo criminal, e como meta (naquilo que interessa ao âmbito cível), reconhecer a culpa e seus efeitos para fixação do valor mínimo indenizatório.

É nesse contexto que se deve entender o que veio na fundamentação do voto que deu origem ao Precedente 983 do STJ.

---

31. REsp 1.734.536/RS, Rel. Ministro Luis Felipe Salomão, DJe 24.09.2019.
32. Disponível em: https://www.tjpr.jus.br/web/cevid/impactos-violencia-domestica.

Tanto no que diz com danos morais, quanto no que diz com dano psicológico, a fundamentação do acórdão do eminente Relator, que instituiu o Tema Repetitivo 983 do STJ, projeta presunção que dispensa de prova a existência de danos morais e psicológicos:

> Entendo, pois, não haver razoabilidade na exigência de instrução probatória acerca do *dano psíquico*, do grau de humilhação, da diminuição da autoestima etc., se a própria conduta criminosa empregada pelo agressor já está imbuída de desonra, descrédito e menosprezo ao valor da mulher como pessoa e à sua própria dignidade.

E acrescentou:

> ... uma vez demonstrada a agressão à mulher, os danos psíquicos dela resultantes são evidentes e nem têm mesmo como ser demonstrados.

Vale lembrar que a responsabilidade civil é independente da criminal, não se podendo questionar mais, do ponto de vista da prova, sobre a existência do fato (o dano), quem seja o seu autor e o valor mínimo, tal como fixado na sentença criminal transitada em julgado. Ou seja, sobra para investigação cível a prova do valor que vai complementar aquele montante mínimo já fixado pelo juízo criminal, que é objeto deste artigo.

Tanto para a complementação dos danos morais, como para a complementação dos danos psíquicos, quem julga o processo cível poderá se valer de todos os meios de provas.

Contudo, na aplicação de presunções há diferenças.

No que diz com dano moral, encontra-se decisão dando conta que

> a jurisprudência do STJ, incorporando a doutrina desenvolvida acerca da natureza jurídica do dano moral, conclui pela possibilidade de compensação independentemente da demonstração da dor, traduzindo-se, pois, em consequência 'in re ipsa', intrínseca à própria conduta que injustamente atinja a dignidade do ser humano. Assim, em diversas oportunidades se deferiu indenização destinada a compensar dano moral diante da simples comprovação de ocorrência de conduta injusta e, portanto, danosa.[33]

Como se pode ver, a jurisprudência do STJ, a partir do reconhecimento de que se está diante de violação de um direito fundamental, entende que o dano moral

> independe da demonstração da dor, traduzindo-se, pois, em consequência "in re ipsa", intrínseca à própria conduta que injustamente atinja a dignidade do ser humano. Aliás, cumpre ressaltar que essas sensações (dor e sofrimento), que costumeiramente estão atreladas à experiência das vítimas de danos morais, não se traduzem no próprio dano, mas têm nele sua causa direta (REsp 1.292.141-SP, Rel. Min. Nancy Andrighi, j. em 04.12.2012).

---

33. REsp 1.644.405 – RS, Relatora Ministra Nancy Andrighi, j. em 09.11.2017.

Tal presunção também foi objeto de decisão em julgamento de Câmara de Direito Privado do Tribunal de Justiça do Rio de Janeiro que, como se verá, já decidiu com base no Precedente 983 do STJ:

> Entendimento do STJ no sentido de que o dano moral, em situação de violência doméstica é *in re ipsa*, ou seja, inexigível a produção de prova, porque, uma vez demonstrada a agressão à mulher, os danos psíquicos dela derivados são evidentes, não passível de exteriorização probatória, consoante Tema Repetitivo 983, do STJ.[34]

A ação cível para fixação do valor complementar do dano psicológico não segue a mesma sorte da compensação do dano moral. É dizer, diferente da sentença cível que fixa o valor complementar do dano moral, a sentença cível que complementa o valor do dano psicológico fixado na decisão criminal, não pode se fundamentar em presunção (*in re ipsa*).

A sentença cível que determinar o valor da complementação do dano psicológico deve se respaldar em profissional que traga aos autos o seu conhecimento (laudo, atestado, depoimento etc.) a respeito dos distúrbios emocionais (depressão, ansiedade, medo, fobia, por exemplo).

Ainda, no que diz com a prova, mais principalmente com o depoimento pessoal da vítima, sabe-se que – tal como disse o Supremo Tribunal Federal, no julgamento da ADPF 1.107/24 –

> é comum que, nesses processos, os acusados, advogados, policiais, testemunhas, membros do Ministério Público e juízes façam perguntas ou considerações sobre o comportamento e os modos de vida da vítima… essa prática é uma discriminação contra a mulher, pois tenta justificar o crime a partir do comportamento da vítima e dá a entender que a própria mulher teria culpa pela violência sofrida.

Por isto, na ADPF 1.107/24 veio a seguinte Tese de julgamento:

> É inconstitucional a prática de desqualificar a mulher vítima de violência durante a instrução e o julgamento de crimes contra a dignidade sexual e todos os crimes de violência contra a mulher, de modo que é vedada eventual menção, inquirição ou fundamentação sobre a vida sexual pregressa ou ao modo de vida da vítima em audiências e decisões judiciais (CF, arts. 1°, III; 3°, I e IV; 5°, *caput* e I; 226, § 5°).

No que diz com o requisito da fundamentação da sentença, é de rigor ter em conta que a violência contra a mulher se trata de um problema estrutural, originado de uma construção histórico-cultural que, de maneira extremamente violenta, incutiu socialmente a ideia da supremacia do homem sobre a mulher (Bazzo, 2023).

> Os estabelecidos papéis de gênero em vigência no sistema de opressão e privilégios que é o patriarcado têm na forma de matar parte importante da produção e da reprodução de *standards*… O "ser homem" é um valor estabelecido a partir de um padrão de virilidade implicado na estética

---

34. TJ-RJ – APL: 00086835220228190001 202300174992, Relator: Des(a). Humberto Dalla Bernardina De Pinho, J. em: 25.10.2023, Quinta Câmara De Direito Privado (antiga 24ª Câmara), DJe 27.10.2023).

da violência em seus diversos níveis, inclusive o mais decorativo... os corpos femininos que serão assujeitados pela ameaça, cujo efeito é o medo, a paralisia e a obediência (Tiburi, 2024 p. 48).

Uma fundamentação adequada, por exemplo, não perde de vista que *a grande causa da violência (contra a mulher) está no machismo estruturante da sociedade brasileira*, como diz a juíza de direito Fabriziane Stellet Zapata (2000).[35]

No mesmo passo, Neuracy Viana (2023) diz que o *machismo estrutural influencia no aumento dos números da violência contra a mulher.* Ou seja, é lícito dizer que só o machismo e outras motivações ideológicas podem levar a uma composição do dano moral e indenização dos danos psicológicos em valores irrisórios.

Eduardo Medina Guimarães (2022) entende que

o valor econômico das condenações assume importante papel transformador, como forma de inibir condutas lesivas e gerar desestímulo aos agressores (p. 98)... a condenação necessita ter um valor expressivo, voltado muito mais ao agente causador do dano do que à vítima (p. 108)... a jurisprudência, mesmo reconhecendo a ilicitude do agente e o dano da vítima, tem deixado escapar excelentes oportunidades de fixar valor adequado na compensação do dano moral e indenização do dano psíquico, criando uma sensação de impunidade sem vislumbrar que essa atitude reforça o dano, alimenta a doença social e cria essa atmosfera viciante de condutas reiteradas das mesmas lesões (p. 110) Aquele ser humano lesado, recebendo uma indenização, tem a oportunidade de experimentar um curativo de alma, um aceno de dias melhores, uma esperança a projetar um futuro mais radioso (p. 111).

Atento às circunstâncias do caso e às fases no julgamento dos danos, tem-se que, na segunda fase do julgamento nestes casos, - tal como acima referido como lição do Ministro Paulo de Tarso Sanseverino – o Superior Tribunal de Justiça, superando os obstáculos da Súmula 7 do STJ,[36] tem modificado os valores fixados nos danos quando irrisórios ou exagerados.

A ideia de valor irrisório prende-se, aqui mais do que nunca, a um juízo de proporcionalidade. Por isto, de um lado, é relevante que se guarde atenção à dimensão axiologicamente predominantemente na formação da sociedade brasileira e se evite que a mulher seja novamente vitimizada, agora pelo Poder Judiciário.

Desse modo, quando a sentença trata da fixação do valor da indenização ou compensação, vale a pena ter em conta que,

a jurisprudência do STJ entende, em regra, como razoável a fixação de indenização por danos morais entre 300 a 500 salários mínimos. Contudo, quando o caso dos autos (...) destoa das situações (tortura) não faz (ou não deveria fazer) parte dos riscos da vida em sociedade (...). Nesse contexto, o caso retratado nos autos representa situação repugnante, cuja reparação não pode ser comparada, em termos monetários, com aquela devida pelos danos causados em acidente de trânsito, por exemplo.[37]

---

35. Disponível em: https://www.tjdft.jus.br/institucional/imprensa/campanhas-e-produtos/artigos-discursos--e-entrevistas/entrevistas/2019/a-grande-causa-da-violencia-contra-a-mulher-esta-no-machismo-estruturante-da-sociedade-brasileira.
36. Súmula 7 do STJ: *A pretensão de simples reexame de prova não enseja recurso especial.*
37. AREsp 1.829.272/RJ. Relator Min. Francisco Falcão, Segunda Turma, DJe de 02.08.2022.

Para concluir, no que diz com recursos, a respeito do valor fixado para compensação do dano moral, pode-se pensar em levar a questão até o Supremo Tribunal Federal. Seja lícito tomar voto do Ministro Francisco Rezek, no julgamento do RE 172.720, reproduzido no livro de Maria Celina Bodin de Moraes, quando trata do dano moral como lesão à dignidade:

> Penso que o que o constituinte brasileiro qualifica como dano moral é aquele dano que se pode depois neutralizar com uma indenização de índole civil, traduzida em dinheiro, embora sua própria configuração não seja material. Não é como incendiar-se um objeto ou tomar-se um bem da pessoa. É causar a ela um mal evidente.

REFERÊNCIAS

FALQUET, Jules. *Pax Neoliberalis*: Mulheres e reorganização global da violência neoliberal. São Paulo: Sobinfluencia edições, 2022.

GUIMARÃES, Eduardo Medina. *A Moral do Dano*. Belo Horizonte: Fórum, 2022.

MORAES, Maria Celina Bodin de. *Danos à pessoa humana*: uma leitura civil-constitucional dos danos morais. 2. ed. rev. Rio de Janeiro: Editora Processo, 2017.

PROTOCOLO PARA UM JULGAMENTO COM PERSPECTIVA DE GÊNERO. Recomendação CNJ 128/2022.

SANTOS. Maria Celeste Cordeiro Leite dos. *Aspectos Críticos e Jurídicos do Dano Psíquico e a Neurociência*. Disponível em: https://revistas.pucsp.br/index.php/fid/article/view/33.

TIBURI, Márcia. *Piromachismo*. A Linguagem maníaco-incendiária do patriarcado. *Revista Cult*. Maio 2024.

VEIGA, Correia. *A fundamentação estruturada da sentença, o novo Código de Processo Civil e a sua compatibilidade com o processo do trabalho*. 2016. Disponível em: chrome-extension://efaidnbmnnnibp-cajpcglclefindmkaj/https://www.conjur.com.br/wp-content/uploads/2023/09/palestra-ministro--correa-veiga-tst.pdf.

VIANA. Neuracy. *Machismo estrutural influencia aumento dos números da violência contra mulher.* 2023. Disponível em: https://www.tjto.jus.br/comunicacao/noticias/machismo-estrutural-saiba-como-i-dentificar-e-como-se-proteger.

ZAPATA, Fabriziane Stellet. A grande causa da violência [contra a mulher] está no machismo estruturante da sociedade brasileira. 2000. Disponível em: https://www.tjdft.jus.br/institucional/imprensa/campanhas-e-produtos/artigos-discursos-e-entrevistas/entrevistas/2019/a-grande-causa-da-violencia-contra-a-mulher-esta-no-machismo-estruturante-da-sociedade-brasileira.

REAVALIANDO A PRESUNÇÃO DE VULNERABILIDADE: UMA ANÁLISE DA MUDANÇA DA JURISPRUDÊNCIA DO SUPERIOR TRIBUNAL DE JUSTIÇA SOBRE A NECESSIDADE DE PROVA DA SUBJUGAÇÃO FEMININA NO CONTEXTO DA VIOLÊNCIA DOMÉSTICA E FAMILIAR

Mirela Erbisti

Pós-graduada em Direito Público e Privado pela Escola de Magistratura do Estado do Rio de Janeiro (EMERJ). Especialista (MBA) em Poder Judiciário pela Fundação Getúlio Vargas e Mestranda em Direito Público pela Universidade Estácio de Sá. Membra do Comitê de Promoção de Igualdade de Gênero, de Apoio às Magistradas e Servidoras e de Prevenção ao Assédio e da Discriminação (COGEN) do Tribunal de Justiça do Estado do Rio de Janeiro. Juíza de Direito do Tribunal de Justiça do Estado do Rio de Janeiro.

> *"O grau de desenvolvimento de uma sociedade se mede pelo grau de liberdade da mulher."* François Marie Charles Fourier (1772-1837)

Sumário: Introdução – 1. Método de pesquisa – 2. Resultado da pesquisa – 3. A questão da prova da vulnerabilidade como condição para aplicação da Lei n. 11.340/06 – 4. A vulnerabilidade no direito brasileiro – 5. Consequências da aplicação ou não da Lei 11.340/06 – 6. A Lei 11.340/06 como política afirmativa de gênero – 7. O julgado paradigma – Considerações finais – Referências.

INTRODUÇÃO

A edição número 41 da publicação periódica digital *Jurisprudência em Teses* do Superior Tribunal de Justiça foi revisada em 16 de dezembro de 2022 a fim de noticiar a superação do entendimento anteriormente adotado pelo referido tribunal no sentido de exigir a demonstração da subjugação feminina para aplicação da Lei Maria da Penha no contexto da violência doméstica e familiar.

Segundo consta do ementário, com o julgamento pela Corte Especial do AgRg na MPUMP n. 6/DF, da relatoria da Ministra Nancy Andrighi, publicado no DJe de 20 de maio de 2022, o STJ passou a entender que a hipossuficiência e a vulnerabilidade da mulher nesse enquadramento são presumidas nas circunstâncias descritas na Lei 11.340/2006.

O presente trabalho parte da análise das decisões que exigiram a prova da vulnerabilidade, e das que a dispensaram, considerando que o tema é extremamente sensível em matéria de igualdade de tratamento entre as pessoas do gênero feminino. Isso porque a exigência dessa prova como requisito de aplicação da lei em questão - entendimento anterior do STJ – exclui da proteção da Lei Maria da Penha as vítimas de violência doméstica e familiar que de alguma forma se afastam do conceito tradicionalmente estabelecido de sujeitos passivos desse tipo de agressão, como mulheres transgênero e/ou que não se enquadram no estereótipo de feminilidade: fraca, dependente, incapaz e passiva (Gilson, 2016).

Desta forma, a compreensão do entendimento da corte superior sobre vulnerabilidade é questão fundamental para a análise da aplicabilidade da Lei Maria da Penha relativamente à pessoa da vítima. Para tanto, seguiu-se o método dedutivo e a pesquisa bibliográfica e jurisprudencial, esta exclusivamente do Superior Tribunal de Justiça desde o advento da norma legal até dezembro de 2023, quando do início da elaboração desse texto.

1. MÉTODO DE PESQUISA

A pesquisa foi realizada no site do Superior Tribunal de Justiça (https://scon.stj.jus.br/SCON/pesquisar.jsp), utilizando a combinação dos termos "vulnerabilidade e violência doméstica", tendo em vista que o que se perquire é, justamente, a relação entre os dois institutos. Dos 103 acórdãos encontrados, 4 foram excluídos da análise em razão de a vítima não ser do gênero feminino ou o gênero não ter sido especificado no julgado,[1] 1 foi excluído em razão de a questão controvertida ser a participação da Defensoria Pública na oitiva especializada das vítimas crianças e adolescentes,[2] 6 foram excluídos por força de a vulnerabilidade ser atribuída ao autor do fato e não à vítima[3] e 2 foram desconsiderados por se tratar de repetição de fatos já analisados (acórdão lançado em duplicidade[4] ou recursos diversos relativos à mesma causa[5]). Houve apreciação tanto do AgRg no AREsp 2099532/RJ quanto do EAREsp 2099532/RJ, eis que suscitados os embargos de divergência, prevaleceu a tese oposta ao julgamento inicial.

Consoante esteja em julgamento o Tema Repetitivo 1186 – cujo objeto é decidir se o gênero feminino, independentemente de a vítima ser criança/adolescente, é condição única para atrair a aplicabilidade da Lei 11.340/2006 (Lei Maria da Penha) nos casos de violência doméstica e familiar praticada contra a mulher, afastando-se, automaticamente, a incidência da Lei 8.069/1990 (Estatuto da Criança e do Adolescente) – não foram excluídos os acórdãos em que as vítimas são menores de idade. Restaram, ao fim, 90 acórdãos compatíveis com o objeto de pesquisa.[6]

---

1. Resp 2005974/RJ, REsp 1959697/SC, REsp 1958862/MG e REsp 1957637/MG.
2. RMS 70679/MG.
3. HC 304031/SP, AgRg no HC 581680/CE, AgRg no HC 600797/SP, AgRg no HC 597918/SP, AgRg no HC 726092/RS e AgRg no HC 719028/SP.
4. AgRg no AREsp 1626825/GO.
5. EDcl no AgRg no AREsp 1960334-MS (foi analisado o AgRg no AREsp 1960334/MS).
6. HC 92875/RS, CC 88027/MG, CC 96533/MG, HC 209154/MS, HC 176196/RS, HC 175816/RS, HC 181246/RS, HC 196877/RJ, RHC 34035/AL, REsp 1416580/RJ, HC 277561/AL, HC 280082/RS, AgRg

Após a coleta dos dados, utilizou-se o método qualitativo de análise de conteúdo e foram identificados e separados os acórdãos em duas categorias: os que determinaram a aplicação da Lei Maria da Penha e os que a afastaram. Foram catalogados os acórdãos registrando-se o número do processo, data de julgamento, nome do relator ou relatora, órgão julgador, resultado (maioria/unanimidade), link de acesso ao julgado (recurso que permitiu sanar dúvidas encontradas ao longo da pesquisa com maior celeridade), relação entre autor ou autora do fato e vítima, aplicação ou não da lei, exigência da prova da vulnerabilidade da vítima como requisito para sua aplicação, Juízo competente, trechos de destaque e outras informações consideradas relevantes, resultando em um quadro elaborado da seguinte forma:

Data do acórdão	
Número do processo	
Relatoria	
Link de acesso	
Órgão julgador	
Resultado	
Autor	
Vítima	
Aplicação da Lei 11.340/06	
Exigência de prova da vulnerabilidade	
Juízo considerado competente	
Trechos de destaque	
Outras informações relevantes	

Figura 1 – Categorização dos dados da pesquisa

---

no REsp 1430724 / RJ, RHC 55030 / RJ, PET no RHC 44798 / RJ, HC 265694 / SP, HC 344369 / SP, RHC 71049 / BA, AgRg no RHC 74107 / SP, AgRg no AREsp 936222 / MG, AgRg no REsp 1574112 / GO, AgRg no AREsp 620058 / DF, AgRg no AREsp 1022313 / DF, AgRg no AREsp 1095407 / ES, HC 403246 / MG, RHC 50636 / AL, HC 349851 / SP, AgRg no AREsp 1183832 / DF, REsp 1726181 / RS, REsp 1616165 / DF, HC 417150 / SE, RHC 92825 / MT, AgRg no AREsp 1310737 / ES, AgRg no AREsp 1020280 / DF, AgRg nos EDcl no REsp 1720536 / SP, RHC 100446 / MG, AgRg no AREsp 1361642/SP, RHC 108350/RN, HC 500314 / PE, AgRg no AREsp 1439546 / RJ, HC 500627 / DF, AgRg no REsp 1771251 / SP, AgRg no REsp 1842913 / GO, AgRg no AREsp 1546583 / SP, AgRg no REsp 1858694 / GO, AgRg no AREsp 1544860 / GO, AgRg no AREsp 1626825 / GO, AgRg no AREsp 1649406 / SP, AgRg no REsp 1829086 / GO, AgRg no AREsp 1593011/GO, AgRg no HC 584279/SC, AgRg no REsp 1861995/GO, AgRg no AREsp 1623974/SP, AgRg no REsp 1858438 / GO, AgRg no HC 581680 / CE, AgRg no HC 600797 / SP, RHC 121813 / RJ, AgRg no AREsp 1700026 / GO, AgRg nos EDcl no AREsp 1638190 / RJ, AgRg no AREsp 1700032 / GO, AgRg no HC 597918 / SP, REsp 1652968 / MT, AgRg no Resp 1900484 – GO, EDcl no AgRg no AREsp 1117349 / GO, AgRg no RE 1698077-GO, RMS 64832 / MT, AgRg no AGREsp 1819124-GO, HC 658.435 – MS, AgRg no AGREsp 1764781-GO, AgRg no HC 682283-MG, AgRg no AREsp 1563237-GO, AgRg no RE 193918-GO, AgRg no AGREsp 1964498-DF, AgRg no AgRg no AGREsp 1993476-DF, AgRg no Resp 1.973.072 – TO, AgRg no AREsp 1960334 /MS, AgRg no AREsp 1885687 / GO, RHC 160102-RO, RE 1977124-SP, AgRg no HC 726092 / RS, AgRg noAgRg no AgResp 1800543-SP, AgRg no HC 719028 / SP, Apn 943-DF, AgRg na MPUMP 6 DF, AgRg no AREsp 2099532 / RJ, AgRg no AREsp 2188038 / SP, EAREsp 2099532 / RJ, HC 728173/RJ, HC 762530/RS, Resp 1913762/GO, AgRg no Resp 1906303/SP, AgRg no RHC 174867/SP, AgRg no AREsp 2319409/DF, AgRg nos EDcl nos EDcl nos EDcl no AREsp 1920170/DF, REsp 1959697/SC, REsp 1958862/MG, REsp 1957637/MG, RESP 1.954.997/SC.

2. RESULTADO DA PESQUISA

A menção à vulnerabilidade como critério de aplicação ou não da Lei Maria da Penha esteve mais presente nos anos de 2020 (15 acórdãos), 2021 (12 acórdãos) e 2022 (14 acórdãos). Não foram encontrados julgados dos anos de 2006, 2007, 2009 e 2010 relativos ao tema.

Nenhum dos acórdãos apresentou o conceito de vulnerabilidade utilizado.

Restou apurado que 70% dos acórdãos aplicaram a Lei Maria da Penha ao caso analisado e 30% afastaram sua aplicação, como se vê na figura que segue:

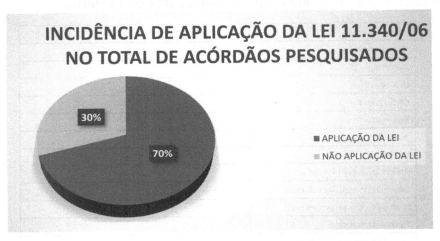

Figura 2 – Incidência de aplicação da Lei 11.340/06 na pesquisa realizada

Após o julgamento pela Corte Especial do AgRg na MPUMP 6/DF, de relatoria da Ministra Nancy Andrighi, publicado no DJe de 20 de maio de 2022 estabeleceu-se uma uniformidade no sentido da dispensa da prova da vulnerabilidade da vítima como requisito de acesso da mesma aos Juizados de Violência Doméstica e Familiar, como se observa no quadro abaixo.

De se destacar que no somatório ano a ano em 2022 apenas 2 acórdãos exigiram a referida prova, porém um deles é anterior ao julgamento do AgRg (AgRg no AgRg no AGREsp 1993476-DF, julgado em 15 de fevereiro) e o outro foi reconsiderado em embargos de divergência (AgRg no AREsp 2099532 / RJ modificado pelo EAREsp 2099532 / RJ), como mencionado acima.

Figura 3 – Aplicação da Lei 11.340/06 ano a ano

3. A QUESTÃO DA PROVA DA VULNERABILIDADE COMO CONDIÇÃO PARA APLICAÇÃO DA LEI N. 11.340/06

A Lei 11.340/06 "criou mecanismos para coibir e prevenir a violência doméstica e familiar contra a mulher", nos termos da Constituição da República e tratados internacionais dos quais o Brasil é signatário, e estabeleceu "medidas de assistência e proteção às mulheres em situação de violência doméstica e familiar." (artigo 1º). Ao contextualizar a destinatária da norma, o artigo 2º afirma que "(t)oda mulher, independentemente de classe, raça, etnia, orientação sexual, renda, cultura, nível educacional, idade e religião, goza dos direitos fundamentais inerentes à pessoa humana, sendo-lhe asseguradas as oportunidades e facilidades para viver sem violência, preservar sua saúde física e mental e seu aperfeiçoamento moral, intelectual e social".

O artigo 4º revela a forma de interpretação da norma, afirmando que "serão considerados os fins sociais a que ela se destina e, especialmente, as condições peculiares das mulheres em situação de violência doméstica e familiar."

O artigo 5º, por sua vez, considera violência doméstica e familiar contra a mulher qualquer ação ou omissão baseada no gênero que lhe cause morte, lesão, sofrimento físico, sexual ou psicológico e dano moral ou patrimonial.

A leitura dos dispositivos introdutórios permite concluir que o legislador quis proteger todas as mulheres em situação de violência doméstica e familiar. A exposição de motivos da norma deixou claro tratar-se de uma política afirmativa que visa a corrigir desigualdade histórica e promover a inclusão social.

De fato, não há um único dispositivo na norma jurídica que restrinja sua aplicação às mulheres subjugadas ou vulneráveis. A expressão *"baseada no gênero"* revela um histórico de dominação e hierarquia, não servindo para excluir da proteção legal aquelas que tentam se libertar do jugo masculino por meio da conquista da liberdade e independência.

Note-se que o vocábulo *"vulnerabilidade"* aparece uma única vez no texto legal, em seu artigo 23, que trata das medidas protetivas de urgência à ofendida e prevê (inciso VI) a concessão de auxílio-aluguel fixado em função de sua situação de *vulnerabilidade* social e econômica, por período não superior a 6 (seis) meses. Trata-se de dispositivo incluído no texto normativo pela Lei 14.674, de 2023. O vocábulo *"subjugação"* não aparece nenhuma vez no texto. O termo *"comprobatório"* aparece uma vez na norma, como exigência para o exercício da prioridade para a mulher vítima de violência doméstica matricular seus dependentes em instituição de educação básica mais próxima de seu domicílio, determinando a apresentação do registro da ocorrência policial ou do processo de violência doméstica e familiar em curso (artigo 9º, § 7º). *"Prova"* é registrado duas vezes, uma no artigo 12, inciso II como determinação para a autoridade policial no exercício de seu mister de promover o registro da ocorrência e outra no § 3º do mesmo dispositivo, afirmando que todo e qualquer laudo ou prontuário médico servirá de prova da violência sofrida.

Assim, tem-se que a exigência outrora feita pelo Superior Tribunal de Justiça sobre a prova da vulnerabilidade como requisito para aplicação da Lei 11.340/06 não é de natureza legal. Note-se que tal norma jurídica foi elaborada e sancionada após condenação da Comissão Interamericana de Direitos Humanos da Organização dos Estados Americanos (CIDH/OEA) por omissão, negligência e tolerância em relação a crimes contra os direitos humanos das mulheres no caso 12.051, de Maria da Penha Fernandes.

A própria biofarmacêutica Maria da Penha não se adequava ao padrão de vulnerabilidade individual. Mestre em Parasitologia na Faculdade de Ciências Farmacêuticas da Universidade de São Paulo (USP) e desquitada do primeiro esposo, casou-se com um estrangeiro que fazia pós-graduação na mesma instituição, ele, porém, beneficiário de uma bolsa de estudos. Tinha melhores condições financeiras do que ele e até ser vítima da primeira tentativa de homicídio não há relatos de que tenha sofrido violência física (Fernandes, 2012). Experimentava, porém, uma forma muito mais traiçoeira de violência quando se trata de prova: a psicológica, que não deixa marcas senão na mente da própria agredida.

Assim como Maria da Penha, muitas mulheres se desviaram do estereótipo clássico de sujeitos passivos desse tipo de crime. Dotadas de autonomia financeira, emocional e/ou sexual tais figuras desafiaram em algum momento o sistema patriarcal de subjugação, afastando-se dos padrões sociais esperados de fragilidade, como Luana Piovani, Luíza Brunet e as vítimas fatais Ângela Diniz e juíza Viviane Vieira do Amaral. A independência e liberdade, no entanto, não servem de blindagem contra a violência. Por vezes esse é justamente o ponto que revolta o dominador, frustrado em sua tentativa de submeter a mulher a todos os seus comandos e caprichos ou de mantê-la sob presa ao relacionamento abusivo e enxerga a violência e, em última análise o feminicídio, como alternativa para o insucesso de sua empreitada.

No julgamento de Doca Street pelo feminicídio (à época tipificado como homicídio) de Ângela Diniz essa questão restou muito clara. Evandro Lins e Silva apresentou a vítima aos jurados através do apelido que lhe havia sido dado por Ibrahim Sued e sugeria força, poder e independência, qual seja "Pantera de Minas". No entanto, complementou seu perfil chamando-a de "prostituta de alto luxo da Babilônia", numa clara tentativa de correlacionar a liberdade feminina a termos pejorativos. Por fim, descreveu sua personalidade da seguinte forma:

> Ela não podia admitir certos princípios. Ela queria a vida livre, libertina, depravada, senhores jurados! Desgraçadamente, fez uma opção, fez uma escolha naquele instante, deixou os filhos, veio para o Rio de Janeiro. Eu pergunto às senhoras do conselho, não sei se são mães, mas abandonariam três crianças, uma pequenina de quatro anos?

Em dado momento da sessão, a defesa do acusado chegou a afirmar que Ângela queria se matar e usou o réu para conseguir seu intento, sugerindo então que Doca seria a verdadeira vítima de um crime premeditado por uma mulher fora dos padrões.

Madeira (2016) alerta que a libertação dos papéis estereotipados de gênero não significa a extinção de estereótipos discriminatórios. Eles não desaparecem. Apenas transmudam. A mulher independente é vista como individualista e egocêntrica. A mãe que não se dedica exclusivamente aos filhos é vista como desnaturada. Essa "troca de papéis" ou o "exercício de papéis mistos" também leva ao incremento da violência de gênero e permite com que a vítima desse tipo de crime seja julgada por sua personalidade "desviada", tirando-se o foco do julgamento do fato criminoso.

Daí a delicadeza da questão da exigência da prova da subjugação ou da vulnerabilidade para fins de requisito de aplicação da Lei 11.340/06. Considerando-se que nenhum dos acórdãos pesquisados traz em seu bojo o conceito ou os elementos necessários para sua caracterização e levando-se em conta ainda que mesmo as mulheres economicamente independentes, sexualmente livres e que ocupam posições sociais de destaque também são vítimas de violência de gênero, a exigência dessa prova traz em seu bojo um tratamento desigual dentro do próprio gênero feminino.

Mulheres independentes também são vítimas de feminicídio e violência de gênero. A subordinação ou submissão, a inferioridade em matéria de força física, a dependência financeira, emocional ou psicológica, a diferença de raça ou classe social não são elementos indispensáveis para a prática desses crimes. Condicionar a aplicação da norma protetiva a esse tipo de relação ou, mais ainda, à prova de uma dessas condições é "criar um modelo específico de mulher que seria abrangida pela 11.340/06" (Silva e Carlos, 2018).

É preciso ter em mente que a subordinação feminina não é natural, e sim imposta pela sociedade. (Lerner, 2022). Para fins de evitar o pensamento incapacitante é necessário que tal circunstância não seja avaliada ou provada individualmente, no caso concreto, mas sim compreendida de forma coletiva, analisando-se o contexto histórico e social de uma sociedade patriarcal marcada por relações assimétricas de poder baseadas no gênero (Dutra, 2023).

4. A VULNERABILIDADE NO DIREITO BRASILEIRO

A vulnerabilidade é um vocábulo polissêmico e utilizado por diversas áreas da ciência. No âmbito do direito liga-se à ideia de suscetibilidade, característica de certos grupos fragilizados e mais expostos a riscos (Konder, 2021).

Os menores, por exemplo, são considerados vulneráveis e gozam de proteção integral no direito. O artigo 217-A do Código Penal tipificou como crime de estupro de vulnerável a conjunção carnal ou prática de ato libidinoso com pessoa menor de 14 anos de idade e o artigo 218-B considerou criminoso o favorecimento à prostituição ou outra forma de exploração sexual de menores de 18 anos. Em ambas as hipóteses foram equiparados aos menores quaisquer pessoas que, por enfermidade ou deficiência mental, não têm o necessário discernimento para a prática do ato, ou que, por qualquer outra causa, não podem oferecer resistência. As crianças e adolescentes são protegidas por Estatuto próprio, eis que considerados seres em desenvolvimento que dependem de tutela específica por parte do Estado, a despeito de características pessoais que lhes diferencie ou lhes garanta uma melhor ou pior compreensão dos fatos.

Há ainda uma vulnerabilidade no direito que merece especial consideração. Trata-se da situação do consumidor. A Lei 8.078/90 presumiu de forma absoluta a vulnerabilidade de todos os consumidores, sem exceção. Partiu-se do pressuposto de que os fornecedores de produtos e serviços detém a *expertise*, o controle dos meios de produção e da relação jurídica, por mais rico e qualificado que seja a pessoa (física ou jurídica) do outro lado do balcão. Não se exige para aplicação das leis de consumo a prova da vulnerabilidade concreta do usuário final do produto ou serviço. A mera alegação da condição de consumidor já autoriza a aplicação da inversão do ônus probatório e todos os prazos especiais e benefícios processuais e materiais trazidos pela norma, que, em razão de seu escopo, fora denominada Código de *Proteção* e *Defesa* do Consumidor.

Inexiste no direito um Estatuto ou um Código de Proteção e Defesa do Gênero Feminino que estabeleça benefícios materiais e processuais para as mulheres em razão da vulnerabilidade histórica e social. Embora o direito esteja se voltando cada vez mais para a questão, a norma infraconstitucional de maior valor protetivo na matéria é, indubitavelmente, a Lei Maria da Penha. E, vale reiterar, em seus comandos não há um único artigo que condicione sua aplicabilidade à prova da vulnerabilidade individual ou subjugação da vítima ao seu algoz. Estar em situação de violência doméstica e familiar – ou alegar estar – já deve ser condição suficiente para invocação e uso da norma, tal como no direito consumerista. A vinculação da aplicação da Lei Maria da Penha à prova de uma determinada condição se assemelha a institutos há muito abolidos, como exigência da virgindade para a configuração do crime de sedução e a figura da "mulher honesta" para fins de tipificação de outros crimes, casos em que a conduta submissa e sujeita a determinados padrões era determinante para a reprovabilidade da conduta do agressor.

5. CONSEQUÊNCIAS DA APLICAÇÃO OU NÃO DA LEI 11.340/06

A decisão acerca da incidência ou não da Lei 11.340/06 tem consequências jurídicas relevantes. Antes de sua entrada em vigor, aplicava-se a Lei 9.099/95 à maioria dos casos de violência de gênero, que eram considerados de menor potencial ofensivo e julgados perante os Juizados Especiais Criminais. Os mecanismos disponibilizados nesses Juizados se mostraram inadequados para os casos de violência doméstica e familiar, estimulando a ideia de impunidade aos autores dos crimes e, por via de consequência, desestimulando as vítimas a prosseguirem com a defesa de seus direitos (Chakian, 2020).

A exposição de motivos da Lei Maria da Penha retrata um pouco das dificuldades enfrentadas com a legislação até então vigente:

34. Os números mostram que, hoje, 70% dos casos julgados nos Juizados Especiais Criminais são de violência doméstica. A Lei 9.099/95, não tendo sido criada com o objetivo de atender a estes casos, não apresenta solução adequada uma vez que os mecanismos utilizados para averiguação e julgamento dos casos são restritos.

35. A Justiça Comum e a legislação anterior também não apresentaram soluções para as medidas punitivas nem para as preventivas ou de proteção integral às mulheres. Examinando-se o modo pelo qual a violência doméstica era tratada pela Justiça Comum, a pesquisa de Carrara, Vianna e Enne realizada no Rio de Janeiro de 1991/1995, "mostra que a Justiça condena apenas 6% dos casos de lesão corporal contra as mulheres, enviados pelas Delegacias da Mulher para a Central de Investigações, encarregada da distribuição às Varas Criminais.

(...) 37. O atual procedimento inverte o ônus da prova, não escuta as vítimas, recria estereótipos, não previne novas violências e não contribui para a transformação das relações hierárquicas de gênero. Não possibilita vislumbrar, portanto, nenhuma solução social para a vítima. A política criminal produz uma sensação generalizada de injustiça, por parte das vítimas, e de impunidade, por parte dos agressores.

38. Nos Juizados Especiais Criminais, o juiz, ao tomar conhecimento do fato criminoso, designa audiência de conciliação para acordo e encerramento do processo. Estas audiências geralmente são conduzidas por conciliadores, estudantes de direito, que não detêm a experiência, teórica ou prática, na aplicabilidade do Direito. Tal fato pode conduzir a avaliação dos episódios de violência doméstica como eventos únicos, quando de fato são repetidos, crônicos e acompanhados de contínuas ameaças.

39. A conciliação é um dos maiores problemas dos Juizados Especiais Criminais, visto que é a decisão terminativa do conflito, na maioria das vezes induzida pelo conciliador. A conciliação com renúncia de direito de representação geralmente é a regra.

40. Caso não haja acordo, o Ministério Público propõe a transação penal ao agressor para que cumpra as condições equivalentes à pena alternativa para encerrar o processo (pena restritiva de direitos ou multa). Não sendo possível a transação, o Ministério Público oferece denúncia e o processo segue o rito comum de julgamento para a condenação ou absolvição. Cabe ressaltar que não há escuta da vítima e ela não opina sobre a transação penal.

Com o advento da norma de 2006 criou-se um sistema multidisciplinar integrado de proteção da mulher em situação de violência doméstica e familiar, bem como de seus dependentes. Isso se deu em razão da circunstância apontada por Chakian (2020) de que a violência que acomete as mulheres é diferenciada. Via de regra, trata-se de crime que ocorre no espaço privado, no ambiente doméstico, e em que o autor da violência é pessoa do relacionamento da vítima. Em razão dessas características, o delito não tem natureza ocasional, mas habitual, e não raro se protrai no tempo, quase que de forma crônica.

Diante de sua especificidade, demandou-se um tratamento diverso. Assim, a Lei 11.340/06 em seu artigo 41 afastou a aplicação das medidas despenalizadoras da Lei 9.099/95 a esse tipo de crime.

Dentre suas inúmeras qualidades, a Lei Maria da Penha se destaca pelo fato de ter o olhar voltado também para a vítima, não apenas para o agressor. A norma não se limita a tipificar o crime, mas também busca formas de amenizar as suas consequências. Afasta-se do viés exclusivamente punitivista para abarcar um caráter protetivo. Tanto assim que traz em seu bojo uma série de medidas de urgência que restringem direitos do agressor em benefício da proteção da agredida e de seus familiares. Há instrumentos que determinam o afastamento do autor do fato do lar, a suspensão ou restrição de seu porte de arma de fogo, a imposição de sua saída da residência comum, a manutenção de distância da vítima, a proibição de frequentar locais indicados pela vítima, seu local de trabalho ou estudo, ou de manter contato com a vítima e seus familiares e a suspensão de visita aos filhos quando a violência também for dirigida a eles, dentre outros. Outras medidas são voltadas ainda mais diretamente à pessoa da vítima, como o encaminhamento da mesma a programas de atendimento e proteção, o afastamento do lar – resguardados direitos patrimoniais e relativos à guarda de filhos –, a recondução de seus dependentes ao lar, a fixação de alimentos provisórios ou provisionais em seu favor ou da prole, a restituição de bens subtraídos pelo agressor, a suspensão de procuração outorgada pela vítima ao agressor, o encaminhamento da vítima a programas de assistência e a prioridade na remoção no caso de servidora pública e a manutenção do vínculo empregatício no caso de empregado particular nos casos de necessidade de afastamento.

O rol de medidas protetivas de urgência é exemplificativo. O artigo 22, § 1º, da LMP permite a adoção pelo magistrado ou magistrada, de ofício ou mediante provocação da ofendida de outras medidas previstas na legislação em vigor, "sempre que a segurança da ofendida ou as circunstâncias o exigirem, devendo a providência ser comunicada ao Ministério Público."

Tais instrumentos são negados à vítima quando a aplicação da Lei Maria da Penha é afastada pelos tribunais.

6. A LEI 11.340/06 COMO POLÍTICA AFIRMATIVA DE GÊNERO

As inovações trazidas pela Lei 11.340/06 representaram uma mudança de paradigma na luta contra a violência doméstica e familiar. Como todo rompimento de padrões, sofreu duras críticas (Chakian, 2020) e teve sua constitucionalidade questionada perante o Supremo Tribunal Federal (ADC n. 19).

Com o passar do tempo (e a declaração de constitucionalidade), a norma tem se consagrado como uma das legislações mais avançadas do mundo sobre o tema da violência de gênero, tendo ficado em terceiro lugar no ranking estabelecido em 2008/2009 pelo Fundo de Desenvolvimento das Nações Unidas para a Mulher (2008), e estando em contínuo aperfeiçoamento. Sua criação atende não apenas aos comandos da Comissão Interamericana de Direitos Humanos da OEA, mas também a compromissos internacionais ratificados pelo Estado Brasileiro em convenções internacionais, dentre os quais se destacam a Convenção sobre a Eliminação de Todas as Formas de Discriminação contra a Mulher (Cedaw), o Plano de Ação da IV Conferência Mundial sobre a Mulher (1995), a Convenção Interamericana para Prevenir, Punir e Erradicar a Violência contra a Mulher (Convenção de Belém do Pará, 1994) e o Protocolo Facultativo à Convenção sobre a Eliminação de Todas as Formas de Discriminação contra a Mulher.

Além disso, a LMP atende a comandos constitucionais fundamentais, como o direito à vida, à saúde, à segurança, à liberdade, à integridade física, psicológica, sexual e moral. (Chakian, 2020), à igualdade de gênero e ao dever estatal de coibir a violência no âmbito das relações familiares, comando este inserto no artigo 226, § 8º da Constituição da República.

Dessa forma, é possível compreender a Lei Maria da Penha como uma política pública para coibir e prevenir a ocorrência de um crime que lamentavelmente se tornou corriqueiro no Brasil. Conforme retratado na exposição de motivos da norma, pesquisa realizada em 2001 pela Fundação Perseu Abramo, por meio do Núcleo de Opinião Pública, trouxe números eram assustadores, tendo sido apurado que:

> A projeção da taxa de espancamento (11%) para o universo investigado (61,5 milhões) indica que pelo menos 6,8 milhões, dentre as brasileiras vivas, já foram espancadas ao menos uma vez. Considerando-se que entre as que admitiram ter sido espancadas, 31% declararam que a última vez em que isso ocorreu foi no período dos 12 meses anteriores, projeta-se cerca de, no mínimo, 2,1 milhões de mulheres espancadas por ano no país (ou em 2001, pois não se sabe se estariam aumentando ou diminuindo), 175 mil/mês, 5,8 mil/dia, 243/hora ou 4/minuto – uma a cada 15 segundos.

Ainda hoje o Brasil segue como um dos países que mais mata mulheres por feminicídio. Em 2012 o Alto Comissariado das Nações Unidas para os Direitos Humanos (ACNUDH) classificou o país como o quinto pior do mundo no número de crimes dessa natureza. Em 2021, o Anuário Brasileiro de Segurança Pública contabilizou 3.913 homicídios contra mulheres, sendo 1.350 feminicídios, e 230.160 casos de lesão corporal dolosa por violência doméstica registrados nas delegacias de polícia.

Estamos longe de entender desnecessária a proteção da Lei Maria da Penha. Ao contrário. Proliferam-se cada vez mais ações afirmativas de gênero, com medidas diversas tendentes a estabelecer mecanismos em defesa da equidade, como o

Protocolo para Julgamento com perspectiva de Gênero instituído pela Portaria CNJ 27, de 2 de fevereiro de 2021. Esse olhar diferenciado para a questão é a única saída para o rompimento de estereótipos e para a efetivação dos direitos constitucionais garantidos indistintamente a todos e todas.

7. O JULGADO PARADIGMA

O acórdão paradigma foi assim ementado:

AgRg nas Medidas Protetivas de Urgência – Lei Maria da Penha 6 – DF (2021/0368985-4) relatora: ministra Nancy Andrighi, Agravante: A. C.; Advogado: William Antônio Simeone – SP145197; Agravado: M. T. P. M. C.; Agravado: S. P. M. C. Advogado: Edson Rodrigues da Costa – SP200600 Interes.: e a ementa agravo regimental e pedido de reconsideração. Notícia crime ofertada contra desembargador do tribunal de justiça do estado de São Paulo e Procurador de Justiça do Estado de São Paulo aposentado. Competência do Superior Tribunal de Justiça. Lei Maria da Penha. Medidas protetivas de urgência. Preenchimento dos requisitos legais. *Fumus boni iuri* e *periculum in mora*. Lei 11.340/2006. Hipótese de incidência. 1 – Notícia crime oferecida por S. P. M. C. e M. T. P. M. C. contra J. D. P. M. C., Desembargador do Tribunal de Justiça do Estado de São Paulo, e A. C., Procurador de Justiça do Ministério Público de São Paulo, atualmente aposentado, narrando que, conforme ocorrência policial, compareceram à Delegacia da Mulher para comunicar que foram vítimas de agressões físicas e psicológicas praticadas pelos requeridos. 2 – O propósito recursal consiste em dizer se é hígida a decisão que deferiu, em desfavor dos requeridos, a aplicação de medidas protetivas de urgência, com lastro nas agressões físicas e psicológicas narradas na notícia crime. 3 – É possível aferir a competência desta Corte Superior para analisar a presente demanda, máxime porque, como é competente para apreciar as medidas protetivas postuladas contra J. D. P. M. C., detentor de foro por prerrogativa de função, tal atribuição se estende, por conexão, ao agravante. 4 – A Lei 11.340/2006 criou a possibilidade de que mulheres, sob violência doméstica de gênero, pudessem valer-se de medidas protetivas de urgência, as quais decorrem, em grande medida, do direito personalíssimo de autodeterminação existencial e do princípio de dignidade humana. 5 – Na hipótese dos autos, depreende-se *o fumus boni iuri* do contexto inserido na notícia crime, em que as requerentes relacionam inúmeras agressões por elas sofridas, de cunho físico e moral, praticadas pelos requeridos, com a colação de documentos indiciários de prova. 6 – Revela-se, ainda, a existência do *periculum in mora*, em virtude de a situação emergencial envolver a tutela da integridade física e mental, além de outros direitos da personalidade de superlativa importância, como o próprio Documento: 2175101 – Inteiro Teor do Acórdão – Site certificado – DJe: 20.05.2022 Página 1 de 5 Superior Tribunal de Justiça direito à vida, cuja violação é perpetrada por pessoas que integram a unidade familiar. 7 – O afastamento do lar, bem como a proibição de aproximação e de contato com as requerentes são medidas adequadas para assegurar a preservação dos respectivos direitos, somando-se a isso o fato de a requerente M. T. P. M. C. ser idosa, de modo que tal condição, acrescida da suposta existência de agressões físicas e verbais praticadas pelo requerido A. C. contra ela, justificam a manutenção do provimento cautelar. 8 – Presume-se a necessidade de fixação de alimentos provisórios em favor da requerente M. T. P. M. C., em razão de sua avançada idade (90 anos), e as possibilidades financeiras de seu cônjuge, A. C., procurador de justiça aposentado. Nessas circunstâncias, até que as partes encaminhem os aspectos cíveis de seu divórcio e alimentos, é razoável manter-se a referida medida protetiva de urgência, nos termos do art. 22, V, da Lei 11.340/2006. 9 – O Superior Tribunal de Justiça entende ser presumida, pela Lei 11.340/2006, a hipossuficiência e a vulnerabilidade da mulher em contexto de violência doméstica e familiar. É desnecessária, portanto, a demonstração específica da subjugação feminina para que seja aplicado o sistema protetivo da Lei Maria da Penha, pois a organização social brasileira ainda é fundada em um sistema hierárquico de poder baseado no gênero, situação que o referido diploma legal busca coibir. 10 – Para a incidência da Lei Maria da Penha, é necessário que a violência doméstica e familiar contra a mulher decorra: a) de ação ou omissão baseada no gênero; b) no âmbito da unidade doméstica, familiar ou relação de afeto; tendo como consequência: c) morte, lesão, sofrimento físico, sexual ou psicológico, dano moral ou patrimonial. Precedentes. 11 – Na hipótese dos autos, não apenas a agressão ocorreu em ambiente doméstico, mas também familiar e afetivo, entre pais e filhos, marido e mulher e entre irmãos, eliminando qualquer dúvida quanto à incidência do subsistema da Lei 11.340/2006. 12 – As condutas descritas nos autos – a) bater a cabeça da vítima várias vezes contra a escada; b) xingar e agredir fisicamente a vítima após a descoberta de traição ao longo dos últimos 30 anos – são elementos próprios da estrutura de violência contra pessoas do sexo feminino. Demonstram, ainda, potencialmente, o modus operandi das agressões de gênero, a revelar o caráter especialíssimo do delito e a necessidade de imposição de medidas protetivas. 13 – Junta-se a isso o argumento de os requeridos se utilizarem das funções para exercer domínio sobre as requerentes, que não conseguem, sequer, registrar um boletim de ocorrência na autoridade policial competente, com a narrativa completa dos fatos elencados. 14 – A palavra da vítima, em harmonia com os demais elementos presentes nos autos, possui relevante valor probatório, especialmente em crimes que Documento: 2175101 – Inteiro Teor do Acórdão – Site certificado – DJe: 20.05.2022 Página 2 de 5 Superior Tribunal de Justiça envolvem violência doméstica e familiar contra a mulher. Precedente. 15 – Agravo regimental e pedido de reconsideração não providos.

Condensando diversos outros precedentes da Corte a Ministra Nancy Andrighi pontua em seu relatório que "a mulher possui, na Lei Maria da Penha, a proteção acolhida pelo país em direito convencional de proteção ao gênero, que independe da demonstração de concreta fragilidade, física, emocional ou financeira (AgRg no RHC 74.107/SP, Sexta Turma, DJe de 26/9/2016)" ou da "demonstração específica da subjugação feminina". Salienta que o "Superior Tribunal de Justiça entende ser presumida, pela Lei 11.340/2006, a hipossuficiência e a vulnerabilidade da mulher em contexto de violência doméstica e familiar". Traz como supedâneo da norma o fato de que "a organização social brasileira ainda é fundada em um sistema hierárquico de poder baseado no gênero, situação que o referido diploma legal busca coibir (AgRg no REsp 1931918/GO, Sexta Turma, DJe 30.09.2021)", demonstrando tratar-se de ação afirmativa. Por fim, esclarece que "para a incidência da Lei Maria da Penha, é necessário que a violência doméstica e familiar contra a mulher decorra: a) de ação ou omissão baseada no gênero; b) no âmbito da unidade doméstica, familiar ou relação de afeto; tendo como consequência: c) morte, lesão, sofrimento físico, sexual ou psicológico, dano moral ou patrimonial".

Posteriormente à publicação desse acórdão sobreveio a Lei 14.550/03 reafirmando em seu artigo 40-A a aplicação da norma independentemente da causa ou da motivação dos atos de violência e da condição do ofensor ou da ofendida, nos termos do artigo 5º. Tal lei ingressou no ordenamento jurídico ratificando o entendimento do acórdão paradigma e buscando afastar qualquer interpretação em sentido contrário.

CONSIDERAÇÕES FINAIS

A dispensa da prova da vulnerabilidade da vítima de violência doméstica para aplicação da Lei Maria da Penha pelo Superior Tribunal de Justiça veio em boa hora e em reforço a outras políticas afirmativas de igualdade de gênero. A medida acolhe comandos constitucionais e tratados internacionais dos quais o Brasil é signatário, no sentido de garantir os direitos humanos, respeitar a igualdade, facilitar o acesso à justiça e minimizar os efeitos de tão nefastos e persistentes crimes que assolam as mulheres.

Trata-se de mais um passo na quebra de paradigmas e preconceitos, mormente no que se refere às atitudes e características esperadas do que seria uma "vítima padrão". O atual entendimento do STJ protege igualmente tanto aquelas que ainda se encontram em posição de submissão quanto as que se afastam do perfil estereotipado de mulher frágil, dependente e contida. A exigência anterior, da prova da subjugação para efeito de aplicação da LMP, reforçava papéis de gênero que há muito se luta para serem superados. É preciso ter em mente que a violência doméstica e familiar não decorre da fragilidade da vítima e que, portanto, sofrer esse tipo de agressão não é nenhum demérito nem tem relação com algo que a mulher tenha ou não tenha feito. Em outras palavras, ser vítima não é culpa dela.

Olhar para a violência doméstica com olhos de que se trata de um crime exclusivamente contra pessoa submissa e vulnerável – e que, portanto, tal prova é imprescindível para a aplicação da norma protetiva – acarreta dois problemas: de um lado a revitimização daquelas mulheres que de fato estavam sob o jugo do seu agressor e assim se veem como causadoras do dano, pois ao revés, se tivessem reagido ou sido mais fortes, ou seja, lá o que se espera que tivessem feito, o fato não teria acontecido; e de outro a exclusão da proteção legal daquelas que não se enquadram nos padrões sociais de representantes do sexo frágil.

A jurisprudência não pode impor um fardo à liberdade da mulher – tão desejada e perseguida ao longo do tempo –, sob pena de servir de elemento de retrocesso social.

REFERÊNCIAS

ALMEIDA, Leonor Duarte de. Suscetibilidade: novo sentido para a vulnerabilidade. *Revista Bioética* 2010; 18(3): 537 – 48. Disponível em: https://revistabioetica.cfm.org.br/revista_bioetica/article/view/582/589. Acesso em: 09 jan. 2024.

BRASIL, Lei 11.340, de 7 de agosto de 2006. Cria mecanismos para coibir a violência doméstica e familiar contra a mulher, nos termos do § 8º do art. 226 da Constituição Federal, da Convenção sobre a Eliminação de Todas as Formas de Discriminação contra as Mulheres e da Convenção Interamericana para Prevenir, Punir e Erradicar a Violência contra a Mulher; dispõe sobre a criação dos Juizados de Violência Doméstica e Familiar contra a Mulher; altera o Código de Processo Penal, o Código Penal e a Lei de Execução Penal; e dá outras providências. Brasília, DF: Diário Oficial da União, 2006.

CAMPOS, Amini Haddad (Organizadora). *Vulnerabilidades e direitos*: a perspectiva da realidade nos debates de direitos humanos. Dedicado à ministra Rosa Weber. Londrina, PR: Toth, 2023.

CHAKIAN, Silvia. *A construção dos direitos da mulheres*: histórico, limites e diretrizes para uma proteção penal eficiente. 2. ed. rev. e atual. Rio de Janeiro, Lumen Juris, 2020.

DUTRA, Bruna Martins Amorim. *Lei Maria da Penha*: as alterações da Lei 14.550/23 com perspectiva de gênero. Disponível em: https://www.conjur.com.br/2023-abr-25/tribuna-defensoria-maria-penha--alteracoes-lei-14550-perspectiva-genero/. Acesso em: 09 jan. 2023.

FERNANDES, Maria da Penha: *Sobrevivi... posso contar*. 2. ed. Fortaleza: Armazém da Cultura, 2012.

FÓRUM BRASILEIRO DE SEGURANÇA PÚBLICA. *Anuário brasileiro de segurança pública*. Ano 15, 2021. Disponível em: https://forumseguranca.org.br/wp-content/uploads/2021/07/anuario-2021-completo-v6-bx.pdf. Acesso em: 08 jan. 2024.

GILSON, Erinn Cunniff: *Vulnerability and Victimization*: Rethinking Key Concepts in Feminist Discourses on Sexual Violence. Disponível em: https://www.journals.uchicago.edu/doi/full/10.1086/686753. Acesso em: 22 dez. 2023.

KONDER, Carlos Nelson e KONDER, Cíntia Muniz de Souza. O conceito jurídico de hipervulnerabilidade é necessário para o direito? In: OLIVEIRA, Adriana Vidal de et al.; TEIXEIRA, Ana Carolina Brochado; MENEZES, (Coord.). *Gênero, Vulnerabilidade e Autonomia*: Repercussões Jurídicas. 2. ed. Indaiatuba: Foco, 2021.

LERNER, Gerda. *A criação da consciência feminista e a luta de 1.200 anos das mulheres para libertar suas mentes do pensamento patriarcal*. São Paulo: Cultrix, 2022.

MADEIRA, Camila Luce. *A vulnerabilidade de gênero revisitada a partir dos standards jurídicos nos julgados da Corte Interamericana de Direitos Humanos relacionados à Discriminação contra a Mulher*. São Leopoldo, 2013. Dissertação (Mestrado em Direito) – Universidade do Vale do Rio dos Sinos. Disponível em: http://repositorio.jesuita.org.br/handle/UNISINOS/3994. Acesso em: 1º jan. 2024.

MELLO, Adriana Ramos de e PAIVA, Lívia de Meira Lima. *Lei Maria da Penha na prática*. 3. ed. rev., atual. e ampl. São Paulo: Thomson Reuters Brasil, 2022.

PIOSIADLO, Laura Christina Macedo, FONSECA, Rosa Maria Godoy Serpa da Fonseca e GESSNER, Rafaela. *Subalternidade de gênero*: refletindo sobre a vulnerabilidade para violência doméstica contra a mulher. Disponível em: https://www.scielo.br/j/ean/a/LZGcmCkx8YzyqmdChrLFGMc/. Acesso em: 1º jan. 2024.

RADIO NOVELO: *Praia dos Ossos*. Apresentação e idealização: Branca Vianna. Podcast. Disponível em: https://radionovelo.com.br/originais/praiadosossos/. Acesso em: 09 jan. 2024.

SILVA, Vanessa Ramos da e CARLOS, Paula Pinhal de. Violência de gênero e Tribunal de Justiça do Rio Grande do Sul: usos e percepções sobre gênero segundo o discurso dos desembargadores e das desembargadoras e reflexos na aplicação da Lei Maria da Penha. *Revista de Estudos Empíricos em Direito Brazilian Journal of Empirical Legal Studies*, v. 5, n. 1, p. 49-55, mar. 2018.

TEIXEIRA, Ana Carolina Brochado e MENEZES, Joyceane Bezerra de (Coord.). *Gênero, Vulnerabilidade e Autonomia. Repercussões Jurídicas*. 2. ed. Indaiatuba: Foco, 2021.

LEI MARIA DA PENHA E AS PERSONALIDADES LGBTQIAPN+: UM DEBATE SOBRE GÊNERO, CORPOS E SEXUALIDADE NA PERSPECTIVA DO STJ E DO PROTOCOLO PARA JULGAMENTO COM PERSPECTIVA DE GÊNERO

Samantha Khoury Crepaldi Dufner

Mestre em Direitos Humanos Fundamentais. Especialista em Direito Notarial e Registral. Coordenadora da Pós-graduação em Direito das Famílias e Sucessões do Proordem Goiânia. Professora de Direito Civil em cursos de pós-graduação, preparatórios para concursos e OAB. Parecerista da Revista dos Tribunais. Autora de artigos e obras jurídicas. Advogada.

"Este julgamento versa sobre a vulnerabilidade de uma categoria de seres humanos, que não pode ser resumida à objetividade de uma ciência exata.

As existências e as relações humanas são complexas, e o direito não se deve alicerçar em discursos rasos, simplistas e reducionistas, especialmente nestes tempos de naturalização de falas de ódio contra minorias".

(Ministro Rogerio Schietti Cruz, STJ, 2022)[1]

Sumário: Introdução – 1. Gênero, sexo, corpos e orientação sexual – 2. A violência de gênero na Lei 11.340/06 – 3. A jurisprudência do Superior Tribunal de Justiça sobre a natureza de direitos humanos da Lei Maria da Penha e as identidades de gênero das pessoas trans – 4. A influência do protocolo para julgamento com perspectiva de gênero na hermenêutica da Lei 11.340/06 – 5. Perspectivas de corpos e gênero diversas da cisgeneridade: pessoa intersexo e de gênero neutro – 6. Considerações finais – Referências.

INTRODUÇÃO

O mapeamento da violência de gênero ocorrida no Brasil denunciou que três a cada dez mulheres sofreram violência dentro dos lares, isto sem considerar a subnotificação. Mulheres são vítimas da cultura patriarcal, sexista e misógina imposta por homens em ambientes sociais, do trabalho, familiares, em relacionamentos, relações afetivas e sexuais. Apesar dos avanços da Lei 11.340/06 (Lei Maria da Penha)

---

1. Notícias do STJ. *Lei Maria da Penha é aplicável à violência contra mulher trans, decide Sexta Turma.* 06.04.2022. Disponível em: https://www.stj.jus.br/sites/portalp/Paginas/Comunicacao/Noticias/05042022-Lei-Maria--da-Penha-e-aplicavel-a-violencia-contra-mulher-trans--decide-Sexta-Turma.aspx. Acesso em: 7 jan. 2024, 15h45min.

para prevenir e punir a violência de gênero, a desigualdade estrutural entre o gênero feminino e masculino segue marcada pela subordinação, dominação e restrição de liberdades. Em caso de ruptura deste ciclo são vistas violências físicas, psicológicas, sexuais, patrimoniais e morais praticadas por agressores homens e mulheres contra mulheres.

A problemática trabalhada neste artigo é a do apagamento das pessoas LGB-TQIAPN+ na Lei 11.340/06, sendo a LGBTfobia, outro fenômeno inafastável dos marcadores da violência em razão e motivada pelo gênero no Brasil. Na época em que a lei foi elaborada (2006) consideraram as vítimas e agressores pela ótica cis/heteronormativa – apesar de que a LGBTfobia não é fenômeno recente. Todavia, dada a evolução das temáticas de gênero, corpos, orientação sexual e sexualidade, a invisibilidade de vítimas na lei em comento torna-se inaceitável, mormente porque se trata de lei cuja natureza é de direitos humanos.

O Superior Tribunal de Justiça promoveu a reforma destes olhares na jurisprudência contemporânea, assim como fizeram, STF e o CNJ, ao partir das diferenças entre gênero e sexo morfológico para reconhecimento de identidades próprias de pessoas trans: transgêneras, transexuais e travestis. A concessão de direitos como de alteração de nome social e sexo nos documentos, pela via extrajudicial, trouxe à luz as personalidades transfemininas para necessário alargamento da expressão 'mulheres' contida na Lei Maria da Penha. Porém, a questão é polêmica nos tribunais estaduais e enfrenta resistência.

A influência do recente protocolo para julgamento com perspectiva de gênero (CNJ) não pode ser afastada, pois é vinculante para o poder judiciário. Nele, a LGBTfobia é apontada como um dos marcadores da violência de gênero. Portanto, necessário e urgente é o debate sobre a inclusão de mulheres trans e pessoas com diferenças sexuais de corporalidade e gênero não binários na Lei 11.340/06. Se latente a resistência do poder legislativo para efetiva alteração da norma, pela hermenêutica teleológica e sistemática dos direitos humanos fundamentais pode ser realizada a expansão do rol de vítimas.

O referencial teórico foi apoiado na legislação, doutrina, análise de informativos de jurisprudência do Superior Tribunal de Justiça, de outras decisões judiciais e do Protocolo para Julgamento com perspectiva de gênero (CNJ). A metodologia da pesquisa bibliográfica, legal, documental e jurisprudencial é realizada pelo método comparativo, dedutivo e sistemático à luz dos direitos humanos e garantias constitucionais.

1. GÊNERO, SEXO, CORPOS E ORIENTAÇÃO SEXUAL

Tal qual a sociedade, a temática de gênero, sexualidade e sua orientação tiveram forte impulso progressista. Michel Foucault escreveu sobre a sexualidade burguesa como mecanismo de controle do proletariado e descreveu a revolução do sexo como uma luta antirrepressiva nas sociedades ocidentais.[2] Assim como o filósofo, Judith Butler desconectou os conceitos de sexo e gênero para inserir o gênero numa *interpretação múltipla do sexo*.[3] Gênero é categoria independente das genitálias, aparelhos sexuais e reprodutivos das pessoas para ser entendido como autopercepção e expressão performática, social, cultural e política da pessoa, mutável, fluída e construída ao longo da existência. As questões de gênero e da sexualidade enquadram-se no direito de existir que se desdobra nos direitos de interiorizar a identidade, afirmá-la e expressá-la sem julgamentos e reprimendas sociais. Tais direitos reafirmam a autodeterminação, nomes sociais, maneirismos,[4] comportamentos, relações afetivas e familiares divergentes na busca da felicidade individual.

Das várias possibilidades de manifestação de gênero recortamos aquela que pode coincidir ao conjunto de aparelhos sexuais, reprodutivos e hormonais surgida no nascimento, alinhada à cisgeneridade dos corpos e gêneros binários correspondentes aos masculinos ou femininos tal qual é a visão do mundo. Mas o gênero pode destoar deste olhar sexista, trazendo a ocorrência de gêneros desconexos dos corpos de nascimento, fenômeno que é observado em pessoas transgêneras.

Na evolução dessas definições, gênero é apresentado como *construção social, cultural, performática*, profundamente sentida e autopercebida pelo ser humano, enquanto, de raiz estreita, sexo[5] é condição atrelada ao *corpo biológico* correspondente ao acervo de órgãos sexuais e reprodutores internos e externos da pessoa. Ademais, se as múltiplas identidades ostentam almas, personalidades e corpos nem sempre coincidentes aos olhares cis/heteronormativos das sociedades binárias,[6] as relações culturais, afetivas e familiares formar-se-ão a partir do desejo, afinidades, prazer, impulsos eróticos e sexuais dessas pessoas.

A atração afetiva, erótica e sexual para eleição dos parceiros é denominada orientação pessoal. A orientação nem sempre é compatível às práticas heteronormativas, apresentando perfis homossexuais de gays e lésbicas, bissexuais de pessoas interessadas em homens e mulheres, de assexuados que raras vezes sentem impulso sexual ou romântico, demissexuais que sentem desejo após forte vínculo afetivo e pansexuais que podem desejar pessoas de outro sexo, mesmo sexo e de gênero similar ou distintos.[7]

---

2. FOUCAULT, Michel. *História da sexualidade*: a vontade de saber. 9. ed. Paz e Terra: Rio de Janeiro, São Paulo, 2019.

3. BUTLHER, Judith. *Problemas de gênero*. Feminismo e subversão da Identidade. Rio de Janeiro: Civilização Brasileira, 2020. p. 26-51.

4. GAY LATINO; Aliança Nacional LGBTI+; *Manual de comunicação LGBTI+*, 2018. Disponível em: https://aliancalgbti.org.br/wp-content/uploads/2022/01/manual-de-comunicacao-gaylatino-V-2021-WEB.pdf. Acesso em: 16 jan. 2024; 17:47min.

5. Sociedades binárias são as que reconhecem pessoas a partir do eixo masculino e feminino. Alemanha e Argentina alteraram as legislações para admitir o gênero diverso ou neutro.

6. SERRANO, Mariana; CLARO, Amanda. *Vidas LGBTQIA+*. Reflexões para não sermos idiotas. São Paulo: Matrioska editora; 2021.

7. DUFNER, Samantha. *Famílias multifacetadas. Direito Civil Constitucional das Famílias*. São Paulo: RT, 2023.

Tais estudos influenciaram compreensões judiciais, legais e interpretativas nos Estados. A Carta Internacional de Princípios da Yogyakarta (2006) foi escrita por equipe multidisciplinar de vários estados, composta por profissionais de atividades diversas que em comum tinham a salvaguarda dos direitos humanos da comunidade LGBTQIAPN+. Juntos confeccionaram um destacado documento internacional de princípios e normas vinculantes para uma agenda mundial compatível aos direitos humanos e ao desenvolvimento sustentável promovendo paz, inclusão e igualdade. Nesta Carta constam os conceitos de gênero, identidade de gênero e orientação sexual antes explicados, bem como normas, recomendações e narrativas para alterações das legislações nacionais a fim de efetivar as premissas da dignidade humana, liberdade, igualdade, cidadania, não preconceito e discriminação dos seres em razão do sexo e das identidades de gênero.

Como afirmou o jurista português Paulo Mota Pinto, a personalidade humana foi encontrada pelo Direito porque preexistente a ele, o que impõe seu reconhecimento e tutela na categoria de direitos inatos.[8] Por isso são chamados de *direitos da humanidade, direitos fundamentais* (quando inseridos nas Constituições) *e direitos da personalidade* (contidos em leis infraconstitucionais). Em sobreposição, reafirmam a dignidade da pessoa, a autodeterminação para o gozo dos direitos, o mínimo existencial e a felicidade. Ao adotar as normativas da Carta Internacional protetiva dos direitos humanos LGBTQIAPN+, os Estados internacionais saem do campo principiológico para promover ações afirmativas deste grupo estigmatizado nas respectivas esferas de jurisdição.

2. A VIOLÊNCIA DE GÊNERO NA LEI 11.340/06

A Lei Maria da Penha surgiu para coibir a violência física, psicológica, sexual, patrimonial e moral praticada contra as mulheres, consideradas pelo art. 6º da lei como violações de direitos humanos. A lei não assegura somente a integridade das mulheres, ainda que sejam as vítimas mais comuns na sociedade patriarcal e sexista, mas, também são sujeitos da tutela legal outros membros da entidade familiar (art. 226, § 8º, CF, capítulo da proteção da família), como filhos menores ou maiores, idosos[9] e pessoas não parentes que façam parte do ambiente doméstico, familiar ou das relações íntimas de afeto.

Para efeito da lei é considerado espaço doméstico o ambiente de convívio permanente com ou sem vínculo familiar, como ambiente de trabalho, escolar, social.

---

8. PINTO, Paulo Mota. *Direitos de personalidade e direitos fundamentais*. Estudos. Coimbra: Gestlegal, 2018, p. 25.

9. "Violência doméstica e familiar contra mulher. Delito praticado por neto contra avó. Situação de vulnerabilidade. Lei 11.340/2006. Aplicabilidade. Constatada situação de vulnerabilidade, aplica-se a Lei Maria da Penha no caso de violência do neto praticada contra a avó". (Superior Tribunal de Justiça. Informativo de Jurisprudência n. 671, de 5 de junho de 2020. Disponível em: https://processo.stj.jus.br/jurisprudencia/externo/informativo/?aplicacao=informativo&acao=pesquisar&livre=@CNOT=%27019536%27. Acesso em: 17 jan. 2024, 15:37min.)

Sobre o núcleo familiar, foi a primeira normativa a expandir o conceito de unidade familiar para além da biologização, alcançando os elos da afetividade que tocam famílias conjugais e parentais. Ao mencionar as relações íntimas de afeto, a lei protegeu pessoas nas relações de amor doentio, de ego ferido, de paixões não correspondidas e do ódio surgido em relacionamentos em curso ou encerrados dos namoros, noivados, casamentos, uniões estáveis, casos, amantes, concubinatos, encontros casuais (art. 7º c/c art. 5. da Lei 11.340/06).

A Lei Maria de Penha, na interpretação finalística, assegura a cidadania feminina, protege a mulher da violência de gênero garantidora da dominação masculina, da desigualdade estrutural estereotipada, do controle das liberdades, da objetificação dos corpos e da dependência feminina ao patriarcado. Trata-se de reconhecer e punir uma violência estruturada em razão do gênero ou motivada por ele, que é aquela em que o agressor objetiva permanecer em posição de controle sobre a vítima, subtraindo liberdades e direitos. Como explicado por Maria Berenice Dias,[10] a mulher se torna dependente psicológica e economicamente do homem, deprimida (sensação de *menos valia* que faz a vítima acreditar que não é digna de uma vida melhor), permanecendo submissa, estagnada e vulnerável no ciclo permanente de violência.

A 10ª Pesquisa Nacional de Violência contra a mulher realizada pelo Data Senado em parceria com o Observatório da Mulher contra a Violência (OMV), divulgada em 21.11.2023, revelou que três a cada dez mulheres brasileiras já sofreram violência doméstica provocada por homens, fora os casos não notificados.[11] Mecanismos processuais e administrativos foram introduzidos na legislação para permitir que delegados determinassem a medida de proibição de aproximação, policiais femininas fossem responsáveis pelo atendimento nas Delegacias das Mulheres, Varas da Violência Doméstica e Familiar fossem instaladas com competência híbrida dos magistrados nas esferas penal e familiar, a fim de decretar divórcios,[12] alimentos, guarda de filhos, proibição de aproximação, sanções penais, dentre outras medidas que visam dar agilidade e eficiência ao combate da violência.

Apesar dos benefícios da Lei Maria da Penha para as mulheres, a lei foi contextualizada numa visão binária dos padrões cis/heteronormativos de masculino e feminino compatíveis com o sexo do nascimento. Além da cisgeneridade imposta

---

10. DIAS, Maria Berenice. *A Lei Maria da Penha na Justiça*. A efetividade da Lei 11.340/2006 de combate à violência doméstica e familiar contra a mulher. 3. ed. São Paulo: RT, 2012.

11. "A pesquisa apontou que a violência psicológica é a mais recorrente (89%), seguida pela moral (77%), pela física (76%), pela patrimonial (34%) e pela sexual (25%). As mulheres com menor renda são as que mais sofrem violência física, diz o estudo. Cerca de metade das agredidas (52%) sofreram violência praticada pelo marido ou companheiro, e 15%, pelo ex-marido, ex-namorado ou ex-companheiro. De acordo com o documento, a maior parte das vítimas tem conseguido terminar casamentos abusivos. Também é majoritária a parcela de vítimas que estão saindo de namoros violentos. Do total de mulheres que revelaram ter sofrido violência, 48% disseram que houve descumprimento de medidas protetivas de urgência". (Agência Senado. DataSenado aponta que 3 a cada 10 brasileiras já sofreram violência doméstica. 21.11.2023. Disponível em: https://www12.senado.leg.br/noticias/materias/2023/11/21/datasenado-aponta-que-3-a-cada-10-brasileiras-ja-sofreram-violencia-domestica. Acesso em: 8 jan. 2024, 00:54min).

12. Artigos 10 a 14-A inseridos pela Lei 13.894 de 2019.

como cultura e padrão de comportamento, os papéis de macho e fêmea são regados de sexismo, desenhando atributos de poder e poderio econômico aos homens, de fragilidades às mulheres e apagamento das outras existências LGBTQIAPN+.

> Cissexismo é o neologismo usado para condensar duas ideias colonizadoras, em que uma opera enquanto norma governamental (cisgeneridade) e a segunda atua enquanto caráter de dominação, hierarquização e inclusão da diferença (sexismo). Estes dois conceitos vão agir sobre processos de exclusão sobre o corpo que escapa da crença de que o gênero de pessoas cisgêneras é, de alguma forma, mais legítimo que aqueles de pessoas transgêneras; aliado à misoginia, são marcadores importantes no apagamento do engajamento da população trans nas conquistas por direitos LGBTQ+.[13]

A única menção à universalidade LGBTQIAPN+ encontra-se no artigo 5°, parágrafo único, da Lei 11.340/06, ao reconhecer a violência de gênero fora das relações heteronormativas, ao prescrever que as violações independem da orientação sexual de vítima e agressor. A inclusão da diversidade na Lei Maria da Penha encerrou-se neste ponto, o que é insuficiente. Desta feita, foram amparadas vítimas mulheres em relações heterossexuais e homossexuais entre mulheres (lésbicas), ainda que nesta hipótese a agressora seja mulher, conforme reconhecido pelo TJSP no Recurso 1502999-94.2019.8.26.0482, Rel. Des. França Carvalho, j. 16.06.2020, 13ª Câmara de Direito Criminal. Ainda, consideremos quanto às orientações sexuais que, se a vítima for mulher bissexual, assexual ou pansexual, é aplicável a proteção da Lei 11.340/06, sendo o agressor homem ou mulher, um ponto positivo.

O tema das orientações sexuais foi pacificado no STJ em Jurisprudência em Teses, edição n. 41, Violência Doméstica e Familiar contra a mulher, item 3 "O sujeito passivo da violência doméstica objeto da Lei Maria da Penha é a mulher, já o sujeito ativo pode ser tanto o homem quanto a mulher, desde que fique caracterizado o vínculo de relação doméstica, familiar ou de afetividade, além da convivência, com ou sem coabitação".[14]

Neste ponto a problemática pede reflexão, pois se por um lado as relações afetivas lésbicas tiveram expressa proteção, de outro, a lei silenciou a respeito do gênero como construção performática psicossocial autopercebida da pessoa, silenciou sobre as multifacetadas identidades de gênero, os gêneros não binários, os corpos intersexo e as personalidades trans. O contrassenso é evidente, a lei possui a natureza de direitos humanos por expressa menção em seu art. 6°, seu escopo é coibir a violência em razão do gênero e por motivação dele, então por que as outras pessoas LGBTQIAPN+ não foram incluídas no lastro de proteção da Lei 11.340/06 se a vulnerabilidade delas está exatamente na repulsa à diversidade de gênero na sociedade cis/heteronormativa?

---

13. CUNHA, Neon; YORK, Sara Wagner. O corpo transmigrante e o vácuo cis. In: CUNHA, Neon; OLIVEIRA, Liamar; DIAS, Jussara; PRESTES, Clélia (Org.). *Enfrentamento dos efeitos do racismo, cissexismo e transfobia na saúde mental*. São Paulo: Editora Dandara: Instituto AMMA Psique e Negritude, 2021. p. 82.

14. Item 6: "A vulnerabilidade, hipossuficiência ou fragilidade da mulher têm-se como presumidas nas circunstâncias descritas na Lei n. 11.340/2006".

3. A JURISPRUDÊNCIA DO SUPERIOR TRIBUNAL DE JUSTIÇA SOBRE A NATUREZA DE DIREITOS HUMANOS DA LEI MARIA DA PENHA E AS IDENTIDADES DE GÊNERO DAS PESSOAS TRANS

O Superior Tribunal de Justiça firmou jurisprudência no sentido de que a Lei Maria da Penha é instrumento e microssistema de direitos humanos derivado de vários tratados internacionais em que o Brasil é signatário, bem como de normas fundantes da Constituição para prevenir e coibir a violência contra a mulher. Inclusive, o Informativo de Jurisprudência da Corte de n. 788, de 26 de setembro de 2023,[15] citou a Convenção sobre a Eliminação de Todas as Formas de Discriminação contra as Mulheres e a Convenção Interamericana para Prevenir, Punir e Erradicar a Violência contra a Mulher, especificamente.

Tampouco, diante da visão dominante cis/heteronormativa que conecta gênero feminino e masculino ao sexo biológico do nascimento, tanto lei, como doutrina e jurisprudência concedem a tutela protetiva para mulheres cisgêneras, e em regra, indeferem o alcance para mulheres trans: trangêneras, travestis e transexuais. Pessoas trans são aquelas que possuem identidade de gênero autopercebida e sentida não correspondente ao sexo atribuído ao nascer, incluindo o senso em relação ao próprio corpo, expressões, modo de falar, vestimentas e maneirismos.[16] Noutras palavras, são pessoas que transitam entre os gêneros.

Explique-se que o termo transgênera abrange as espécies: travesti e transexuais. Segundo Paulo Iotti, as personalidades transexuais, em geral, não sentem prazer na utilização do órgão genital e tendem a ocultar a transexualidade após a transição corporal via cirurgia de redesignação sexual, sendo a cirurgia um caminho desejado por elas.[17] As travestis consideram-se um terceiro gênero,[18] nem feminino nem masculino, de fato acreditam numa identidade própria e política que vivencia papéis

---

15. "(...) A medida protetiva de urgência requerida para resguardar interesse individual de mulher vítima de violência doméstica tem natureza indisponível, e, pela razoabilidade, não se pode entender pela disponibilidade do direito, haja vista que a Lei 11.340/2006 surgiu no ordenamento jurídico brasileiro como um dos instrumentos que resguardam os tratados internacionais de direitos humanos, dos quais o Brasil é parte, e assumiu o compromisso de resguardar a dignidade humana da mulher, dentre eles, a Convenção sobre a Eliminação de Todas as Formas de Discriminação contra as Mulheres. A Lei Maria da Penha foi criada como mecanismo para coibir e prevenir a violência doméstica e familiar contra a mulher, nos termos do § 8º do art. 226 da Constituição da República, da Convenção sobre a Eliminação de Todas as Formas de Violência contra a Mulher, da Convenção Interamericana para Prevenir, Punir e Erradicar a Violência contra a Mulher e de outros tratados internacionais ratificados pela República Federativa do Brasil; dispõe sobre a criação dos Juizados de Violência Doméstica e Familiar contra a Mulher; e estabelece medidas de assistência e proteção às mulheres em situação de violência doméstica e familiar". (Superior Tribunal de Justiça. Informativo de Jurisprudência n. 788, de 26 de setembro de 2023. Disponível em: https://processo.stj.jus.br/jurisprudencia/externo/informativo/. Acesso em: 9 jan. .2024, 16h:36min).

16. Conceito tirado e adaptado da carta de Princípios da Yogyakarta (2006). Disponível em: https://www.clam.org.br/uploads/conteudo/principios_de_yogyakarta.pdf . Acesso em: 17 jan. 2024; 15:43min.

17. VECCHIATTI, Paulo Roberto Iotti; *Manual da homoafetividade: da possibilidade jurídica do casamento civil, da união estável e da adoção para casais homoafetivos*. Bauru, SP: Spessotto, 2022. p. 180.

18. Ibidem.

femininos de maneira peculiar. As travestis são pessoas não-binárias que apresentam características e vivências femininas.

O dossiê produzido pelo Observatório de Mortes e Violência LGBTI+ no Brasil denunciou que, em 2022, ocorreram *"273 mortes LGBT* de forma violenta no país. Dessas mortes *228 foram assassinatos, 30 suicídios e 15 outras causas"*. As travestis e mulheres transexuais correspondem a 58,29% destes números.[19] Outro dado alarmante é que a expectativa de vida das pessoas trans é de 35 (trinta e cinco) anos.[20] Este é o retrato de pessoas que se encontram em extrema vulnerabilidade nos dados oficiais da violência praticada em razão do gênero e motivada por ele, as quais, por premissa de igualdade e dignidade humana carecem da tutela da Lei Maria da Penha.[21]

Alguns tribunais brasileiros reconheceram que mulheres trans são mulheres consideradas as identidades de gênero autodeclaradas, como foi o caso do Tribunal de Justiça do Distrito Federal, no julgamento da 1ª Turma Criminal, Des. George Lopes, do Recurso em sentido estrito n. 20171610076127RSE (0006926-72.2017.8.07.0020), no qual uma mulher transexual recebeu amparo da Lei 11.340/06.[22] O mesmo ocorreu no Tribunal de Justiça do Acre, Rel. Des. Gustavo Bomfim A. da Silva, Vara de Proteção à Mulher (virtual) da Comarca de Rio Branco, j. 25.06.2020, entendendo pela extensão da proteção da Lei Maria da Penha para lésbicas, travestis e transexuais por agressões praticadas nas relações íntimas de afeto.[23]

---

19. Observatório de Mortes e Violência LGBTI no Brasil. *Dossiê denuncia 273 mortes e violências de pessoas LGBT em 2022. 08.05.23.* Disponível em: https://observatoriomorteseviolenciaslgbtibrasil.org/dossie/mortes-lgbt-2022/ . Acesso em: 9 jan. 2024, 17:41min.
20. UOL NOTÍCIAS. *Brasil lidera ranking de mortes de pessoas trans.* 27/01/2023. Disponível em: https://noticias.uol.com.br/ultimas-noticias/deutschewelle/2023/01/27/brasil-lidera-ranking-de-mortes-de-pessoas-trans.htm. Acesso em: 16 jan. 2023, 18:33min.
21. Destacamos e citamos o protocolo: "O relatório da Comissão Interamericana de Direitos Humanos chama à atenção para as ameaças de regressão no que diz respeito ao reconhecimento de direitos das pessoas LGBTQIA+ na região latino-americana. Esses desafios incluem, dentre outros, a persistência da violência contra essas pessoas; a persistência da criminalização de orientações sexuais, identidades e expressões de gênero não normativas em vários estados; a adoção de leis e outras medidas estatais contrárias ao princípio de igualdade e não discriminação; campanhas e iniciativas de desinformação que proliferam estigmas e estereótipos contra as pessoas LGBTQIA+, como aquelas autodenominadas como sendo contra a "ideologia de gênero"; e o avanço de grupos e movimentos contrários ao reconhecimento dos direitos das pessoas LGBTQIA+. Nesse sentido, a comissão insta os estados a continuar avançando na adoção de legislação e políticas públicas para garantir os direitos humanos das pessoas LGBTQIA+13." (Conselho Nacional de Justiça (Brasil). Protocolo para julgamento com perspectiva de gênero [recurso eletrônico] / Conselho Nacional de Justiça. Brasília: Conselho Nacional de Justiça – CNJ; Escola Nacional de Formação e Aperfeiçoamento de Magistrados – Enfam, 2021; p. 19. Disponível em: http:// www.cnj.jus.br e www.enfam.jus.br. Acesso em: 16 jan. 2023; 18:41min.)
22. "Penal e processual penal. Recurso do ministério público contra decisão do juizado de violência doméstica. Declinação da competência para vara criminal comum. Inadmissão da tutela da lei maria da penha. Agressão de transexual feminino não submetida a cirurgia de redesignação sexual (CRS). Pendência de resolução de ação cível para retificação de prenome no registro público. Irrelevância. Conceito extensivo de violência baseada no gênero feminino. Decisão reformada" (Disponível em Migalhas: https://www.migalhas.com.br/arquivos/2018/5/art20180509-16.pdf. Acesso em: 9 jan. 2024, 18:00).
23. DUFNER, Samantha. *Famílias Multifacetadas. Direito Civil Constitucional das Famílias.* São Paulo: RT, 2023; p. 94.

As decisões retromencionadas são progressistas na seara jurídica, garantidoras dos direitos humanos fundamentais tal qual é a linha do Superior Tribunal de Justiça. A Sexta Turma assegurou a proteção da Lei 11.340/06 em favor de uma filha trans por agressões praticadas pelo pai no ambiente familiar, motivadas por transfobia, considerando-a mulher dada a identidade de gênero manifestada, como frisou o Ministro Rogerio Schietti Cruz.[24] A decisão está em sintonia com o Protocolo para Julgamento com Perspectiva de Gênero, de efeito obrigatório desde a Resolução CNJ 492/2023, adotando os conceitos de gênero e sexo morfológico, as identidades de gênero femininas, e utilizando a lente de gênero ao caso, ao reconhecer a histórica vulnerabilidade LGBTQIAPN+ e a necessidade de garantir instrumentos de prevenção e coibição da violência de gênero.[25]

O Informativo de Jurisprudência 732 do Superior Tribunal de Justiça, de 11 de abril de 2022, decidiu o Tema: "Violência doméstica contra mulher trans. Aplicação da Lei 11.340/2006. Lei Maria da Penha. Afastamento de aplicação do critério exclusivamente biológico. Distinção entre sexo e gênero. Identidade. Relação de poder e *modus operandi*. Alcance teleológico da lei". Como destaque do tema: "A Lei 11.340/2006 (Maria da Penha) é aplicável às mulheres trans em situação de violência doméstica", sendo o Inteiro teor:

> A aplicação da Lei Maria da Penha não reclama considerações sobre a motivação da conduta do agressor, mas tão somente que a vítima seja mulher e que a violência seja cometida em ambiente doméstico, familiar ou em relação de intimidade ou afeto entre agressor e agredida. Importa enfatizar que o conceito de gênero não pode ser empregado sem que se saiba exatamente o seu significado e de tal modo que acabe por desproteger justamente quem a Lei Maria da Penha deve proteger: mulheres, crianças, jovens, adultas ou idosas e, no caso, também as trans. Para alicerçar a discussão referente à aplicação do art. 5º da Lei Maria da Penha quando tratar-se de mulher trans, necessária é a diferenciação entre os conceitos de gênero e sexo, assim como breves noções de termos transexuais, transgêneros, cisgêneros e travestis, com a compreensão voltada para a inclusão dessas categorias no abrigo da Lei em comento, tendo em vista a relação dessas minorias com a lógica da violência doméstica contra a mulher. A balizada doutrina sobre o tema leva à conclusão de que as relações de gênero podem ser estudadas com base nas identidades feminina e masculina. Gênero é questão cultural, social, e significa interações entre homens e mulheres. Uma análise de gênero pode se limitar a descrever essas dinâmicas. O feminismo vai além, ao mostrar que essas relações são de poder e que produzem injustiça no contexto do patriarcado. Por outro lado, sexo refere-se às características biológicas dos aparelhos reprodutores feminino e masculino, bem como ao seu funcionamento, de modo que, o conceito de sexo, como visto, não define a identidade de gênero. Em uma perspectiva não meramente biológica, portanto, mulher trans mulher é. Estabelecido entendimento de mulher

---

24. Superior Tribunal de Justiça. Sexta Turma estendeu proteção da Lei Maria da Penha para mulheres trans. *Notícias do STJ*. 29.01.2023. Disponível em: https://www.stj.jus.br/sites/portalp/Paginas/Comunicacao/Noticias/2023/29012023-Sexta-Turma-estendeu-protecao-da-Lei-Maria-da-Penha-para-mulheres-trans.aspx. Acesso em: 9 jan. 24, 18:04min.

25. Conselho Nacional de Justiça. (Brasil). Protocolo para julgamento com perspectiva de gênero [recurso eletrônico] / Conselho Nacional de Justiça. Brasília: Conselho Nacional de Justiça – CNJ; Escola Nacional de Formação e Aperfeiçoamento de Magistrados – Enfam, 2021; p. 19. Disponível em: http://www.cnj.jus.br e www.enfam.jus.br. Acesso em: 16 jan. 2023; 18:41min. Protocolo para Julgamento com Perspectiva de Gênero.

trans como mulher, para fins de aplicação da Lei 11.340/2006, vale lembrar que a violência de gênero é resultante da organização social de gênero, a qual atribui posição de superioridade ao homem. A violência contra a mulher nasce da relação de dominação/subordinação, de modo que ela sofre as agressões pelo fato de ser mulher. Com efeito, a vulnerabilidade de uma categoria de seres humanos não pode ser resumida à objetividade de uma ciência exata. As existências e as relações humanas são complexas e o Direito não se deve alicerçar em argumentos simplistas e reducionistas. Assim, é descabida a preponderância de um fator meramente biológico sobre o que realmente importa para a incidência da Lei Maria da Penha, com todo o seu arcabouço protetivo, inclusive a competência jurisdicional para julgar ações penais decorrentes de crimes perpetrados em situação de violência doméstica, familiar ou afetiva contra mulheres.[26]

A jurisprudência recomenda a proteção das mulheres transgêneras englobando as travestis e transexuais. A Corte fez expressa alusão a duas técnicas de hermenêutica: a) a deontológica ou finalística da lei, ou seja, a proteção aos direitos humanos das mulheres contra toda forma de violência em razão do gênero; b) a interpretação evolutiva do gênero para efeito de aplicação da Lei 11.340/06. A técnica da interpretação consiste na determinação *do sentido e alcance da norma em análise* assegurando a contemporaneidade da lei no tempo e sua finalidade. Como explica o Min. Luís Roberto Barroso,[27] a interpretação evolutiva resulta na aplicação da lei à situação não contemplada quando da sua edição por não terem as questões sido antecipadas à época, porém, se enquadram no espírito e nas possibilidades semânticas do texto legal. Ao nosso sentir, tal qual o exercício do STJ sobre mulheres trans.

Ademais, merecem lembrança outros precedentes da Corte na garantia dos direitos trans, como nome social e identidade de gênero: REsp 1.008.398, em 2009; em 2017, a 4ª Turma, relator Min. Luis Felipe Salomão, decidiu que o nome social não dependia de cirurgias; depois foi definido o Tema 761 de repercussão geral no STF, da ADI 4275 e do Provimento 73/18 CNJ.[28]

4. A INFLUÊNCIA DO PROTOCOLO PARA JULGAMENTO COM PERSPECTIVA DE GÊNERO NA HERMENÊUTICA DA LEI 11.340/06

O Protocolo surgiu do Grupo de Trabalho instituído pela Portaria CNJ 27, de 2 de fevereiro de 2021, e tornou-se norma vinculante ao poder judiciário e para ampliar o acesso à justiça por mulheres e meninas, pela Resolução n. 492/2023. Trata-se de instrumento principiológico e obrigatório para orientar magistrados no julgamento das diversas demandas a partir das *lentes de gênero*, para reconhecer, no caso concreto, as dificuldades históricas, estruturais, sociais e interseccionais que atingem mulheres nessa sociedade patriarcal cis/heteronormativa. Este referencial fez-se claro desde

---

26. Superior Tribunal de Justiça. Informativo de Jurisprudência 732, de 11 de abril de 2022.
27. BARROSO, Luís Roberto. *Curso de direito constitucional contemporâneo:* os conceitos fundamentais e a construção do novo modelo. 4. ed. São Paulo: Saraiva, 2013. p. 152-153.
28. Superior Tribunal de Justiça (Brasil). *Decisões do STJ foram marco inicial de novas regras sobre alteração no registro civil de transgêneros.* Notícias. 29.01.2023. Disponível em: https://www.stj.jus.br/sites/portalp/Paginas/Comunicacao/Noticias/2023/29012023-Decisoes-do-STJ-foram-marco-inicial-de-novas-regras--sobre-alteracao-no-registro-civil-de-transgeneros.aspx. Acesso em: 16 jan. 2023; 19:17min.

que a Lei Maria da Penha descortinou as desigualdades estruturais materiais entre homens e mulheres pela violência doméstica, familiar e relações íntimas de afeto.

De início, o protocolo abraçou a interpretação evolutiva do gênero, das sexualidades, das orientações e a vulnerabilidade que a comunidade LGBTQIAPN+ enfrenta na sociedade brasileira pelo viés das interseccionalidades de raça, classe social e sexualidades que acometem mulheres e meninas. Definiu a violência de gênero como "aquela que ocorre em razão de desigualdades estruturais de gênero" e dentre os fatores que a influenciam denunciou como fatores ideológicos: "a erotização das mulheres, que se encontra, muitas vezes, por trás de crimes de abuso sexual, e a misoginia e a cis/heteronormatividade, que encorajam feminicídios e atos de LGBTfobia".[29]

Dois pontos merecem reflexão na análise do entrelaçamento da Lei 11.340/06 ao público LGBTQIAPN+.

Primeiro, o protocolo traz a *desigualdade estrutural entre gêneros como raiz da questão. Não restringiu a violência aos gêneros binários de homem e mulher cis/heteronormativos, de modo que, no nosso sentir, é plausível concluir que, em sendo o gênero uma construção social de identidades com performances variadas, pode existir desigualdade estrutural entre gêneros binários e não-binários, ou seja, entre homem-mulher, mulher-mulher, gêneros neutros e binários, não binários e não binários, decorrentes da LGBTfobia.*

O ineditismo desta lógica enfatiza a importância de rediscutir a violência de gênero quando a vítima declarar-se não-binária e sofrer os atos de violência com desigualdade estrutural de gênero no ambiente doméstico, familiar ou numa relação íntima de afeto.

Segundo, no julgamento conjunto da ADO 26 e MI 4733 no STF ficou decidido que as violências homotransfóbicas são crimes de racismo. A Corte declarou que enquanto o Congresso Nacional não cumprir o papel constitucional para editar lei específica no intuito de coibir a violência homotransfóbica, tal violência é subtipo de racismo com punição pela Lei 7.716/89. Esse tipo de violência se dá em razão do gênero e motivada por ele, enquadrando-se, em certos casos, na Lei Maria da Penha, se a vítima estiver no ambiente doméstico, familiar ou relação íntima de afeto com desigualdade estrutural entre gêneros.

Afinal, julgar com perspectiva de gênero significa "estar atento a como o direito pode se passar como neutro, mas, na realidade, perpetuar subordinações, por ser destacado do contexto vivido por grupos subordinados. E, a partir daí, interpretar o direito de maneira a neutralizar essas desigualdades".[30] A interpretação evolutiva,

---

29. Conselho Nacional de Justiça. (Brasil). Protocolo para julgamento com perspectiva de gênero [recurso eletrônico] / Conselho Nacional de Justiça. Brasília: Conselho Nacional de Justiça – CNJ; Escola Nacional de Formação e Aperfeiçoamento de Magistrados – Enfam, 2021; p. 31. Disponível em: http://www.cnj.jus.br e www.enfam.jus.br. Acesso em: 16 jan. 2023; 18:41min.

30. Conselho Nacional de Justiça. (Brasil). Protocolo para julgamento com perspectiva de gênero [recurso eletrônico] / Conselho Nacional de Justiça. Brasília: Conselho Nacional de Justiça – CNJ; Escola Nacional

finalística e sistemática da Lei 11.340/06 permite desconstruir estereótipos, discriminações, desigualdades e subordinações para assegurar a dignidade LGBTQIAPN+.

5. PERSPECTIVAS DE CORPOS E GÊNERO DIVERSAS DA CISGENERIDADE: PESSOA INTERSEXO E DE GÊNERO NEUTRO

A violência pela subordinação e submissão da vítima ao agressor também é imposta em razão da existência de corpos e gêneros destoantes do binarismo masculino e feminino. Não encontramos abordagem doutrinária e jurisprudencial a respeito da aplicação da Lei Maria da Penha para pessoas intersexo e de gênero diverso ou neutro.

Para 1,7% da população mundial, condições congênitas de desenvolvimento do sexo cromossômico, gônadas e anatômicas são atípicas, trazendo características mistas de aparelhos sexuais e reprodutores de corpos tipicamente masculinos e femininos. Não é possível descrever um rol dessas variações fenotípicas em pessoas intersexo, e considerada a incompatibilidade com a corporeidade cisnormativa, há *grave e equivocado consenso de órgãos de saúde e Estados pela "correção cirúrgica" destes corpos a fim de adaptá-los aos padrões binários de homem ou mulher.*

A despatologização é necessária, trata-se de corporalidade não-binária que poderá conduzir a identidades de gênero diversas. Via de regra, tais corpos não comprometem a saúde das pessoas, devem ser compreendidos como condições compatíveis à diferenciação sexual sem que o fenômeno careça de respostas clínicas e médicas.

A condição intersexo foi objeto da Campanha "Livres & Iguais" da ONU, em 2015, surgindo a primeira Nota Informativa dos direitos das pessoas intersexo. Em 2017 foi publicada a Carta de Princípios de Yogyakarta (Plus 10) para inclusão da diferenciação das características sexuais, esculpindo o Princípio 32 (YP+10)[31] garantista do direito à integridade corporal e mental, sem modificações forçadas determinadas por pais, médicos e equipe de saúde às crianças e recém-nascidos intersexo.

No Brasil, a Resolução n. 1664/2003 do Conselho Federal de Medicina autorizou a submissão dos corpos intersexo à determinação sexual eleita pelos pais desde o nascimento do filho e até os 12 (doze) anos de idade. Como recomendação deontológica, o art. 4º da Resolução/CFM recomenda que: equipe multidisciplinar e pais decidam sobre a definição e adoção do sexo do filho recém-nascido.[32] Por amor à

---

de Formação e Aperfeiçoamento de Magistrados – Enfam, 2021; p. 52. Disponível em: http:// www.cnj.jus. br e www.enfam.jus.br. Acesso em: 16 jan. 2023; 18:47min.

31. Carta Internacional de Princípios da Yogyakarta Plus 10 (2017). Disponível em: www.mpf.mp.br/pfdc/ midiateca/outras-publicacoes-de-direitos-humanos/pdfs/principios-de-yogyakarta-mais-10-2017-1/view. Acesso em: 17 jan. 2024; 16:06min.

32. Conselho Federal de Medicina. Resolução 1664/2003. Disponível em: https://sistemas.cfm.org.br/normas/ arquivos/resolucoes/BR/2003/1664_2003.pdf. Acesso em: 17 jan. 2024. 16:01min. "Art. 4º Para a definição final e adoção do sexo dos pacientes com anomalias de diferenciação faz-se obrigatória a existência de uma equipe multidisciplinar que assegure conhecimentos nas seguintes áreas: clínica geral e/ou pediátrica,

coerência, questionamos, haveria violência maior no ambiente familiar, motivada em razão das características sexuais e do gênero não binário da vítima, praticada pelos pais no uso indevido do poder familiar, numa relação desestrutural permeada em hipervulnerabilidades dos filhos menores?

Curioso que doutrina e jurisprudência utilizam a Lei Maria da Penha na proteção das crianças e adolescentes contra atos de pais agressores no ambiente familiar, contudo, não observamos no campo científico proteção dos infantes pela violência física das inaceitáveis cirurgias de 'correção sexual' equiparadas a mutilações irreversíveis. Pelo contrário, as práticas cirúrgicas em recém-nascidos e crianças no Brasil são: a) abalizadas por normativa ética do CFM; b) não são vistas como atentatórias e violentas ainda que tais procedimentos sejam condenados pela ONU; c) são incompatíveis com a política de proteção integral do ECA com foco no art. 17 que garante o direito fundamental ao respeito.[33]

Quanto às demais pessoas conhecidas como agênero ou portadoras de gênero neutro ou não binárias ou gênero diverso ou outro, o Brasil é silente em todos os aspectos e para além da Lei 11.340/06. As legislações da Alemanha, Portugal e Argentina reconheceram o direito de alteração de prenome e gênero nos documentos registrais para padrão diverso do masculino e feminino, independentemente de ações judiciais. Sociedades binárias impõem legislações e direitos pelos olhares cis/heteronormativos, como o Brasil. Uma importante decisão foi exarada na justiça catarinense para reconhecer o direito a gênero e identidade não compatível com o masculino nem feminino, sob fundamento dos direitos humanos fundamentais dessas pessoas, combate ao preconceito e discriminação. Até o momento, as alterações devem ser judiciais.

Não temos notícia da aplicação da Lei Maria da Penha para pessoas de gênero neutro já que a lei foi pensada nos estereótipos de homem e mulher cis, entretanto, diante da necessidade de interpretação evolutiva e progressista do gênero e do sexo, tal qual o Protocolo para julgamento com perspectiva de gênero do CNJ, devemos admitir, ainda que por hipótese que, soa possível que a violência de gênero ocorra devido à desconexão da vítima dos padrões cis de homem e mulher, dentro do ambiente familiar, doméstico ou relação íntima de afeto, na qual ainda se vê uma desestrutura de subordinação e dominação do gênero binário ao não binário.

---

endocrinologia, endocrinologia-pediátrica, cirurgia, genética, psiquiatria, psiquiatria infantil; Parágrafo 1º Durante toda a fase de investigação o paciente e seus familiares ou responsáveis legais devem receber apoio e informações sobre o problema e suas implicações. Parágrafo 2º O paciente que apresenta condições deve participar ativamente da definição do seu próprio sexo. Parágrafo 3º No momento da definição final do sexo, os familiares ou responsáveis legais, e eventualmente o paciente, devem estar suficiente e devidamente informados de modo a participar da decisão do tratamento proposto. Parágrafo 4º A critério da equipe médica outros profissionais poderão ser convocados para o atendimento dos casos.".

33. "Art. 17. O direito ao respeito consiste na inviolabilidade da integridade física, psíquica e moral da criança e do adolescente, abrangendo a preservação da imagem, da identidade, da autonomia, dos valores, ideias e crenças, dos espaços e objetos pessoais" (Estatuto da Criança e do adolescente. Brasil. Lei 8069/90).

6. CONSIDERAÇÕES FINAIS

O Brasil ostenta índices alarmantes de violência de gênero contra mulheres e meninas na unidade familiar, ambiente doméstico ou relações íntimas de afeto. O olhar da cultura patriarcal, cissexista e misógina busca enjaular liberdades e direitos emancipatórios de mulheres, estigmatizando e punindo aquelas que rompem padrões da submissão pelo feminismo. Como conquista da cidadania feminina e dos direitos humanos, a Lei Maria da Penha coíbe a violência de gênero praticada com desigualdade estrutural entre gêneros para conduzir a vítima à subordinação, dominação e violação das esferas física, psicológica, sexual, patrimonial e moral.

Os constantes aprimoramentos da normativa foram importantes para mulheres cisgêneras, mas ignoram as interseccionalidades de raça, classe social e sexualidades. A única menção no texto à comunidade LGBTQIAPN+ se dá para o reconhecimento da violência de gênero independentemente da orientação sexual da vítima e agressores, amparando mulheres lésbicas, bissexuais, pansexuais e abalizando a punição de mulheres agressoras.

Isto porque a Lei Maria da Penha foi concebida em 2006 sob olhares e saberes cis/heteronormativos. Ignorou mulheres trans – transgêneras, travestis e transexuais, – que se declaram com identidades de gênero femininas, num atual descompasso das conquistas trans no STJ e STF. Por este olhar restritivo do gênero pelo prisma do sexo de nascença, tribunais estaduais não são unânimes na proteção de mulheres transfemininas pela Lei 11.340/06.

O Superior Tribunal de Justiça decidiu a temática pelos direitos humanos publicando o Informativo de Jurisprudência 732, de 11 de abril de 2022: "Violência doméstica contra mulher trans. Aplicação da Lei 11.340/2006. Lei Maria da Penha. Afastamento de aplicação do critério exclusivamente biológico. Distinção entre sexo e gênero. Identidade. Relação de poder e modus operandi. Alcance teleológico da lei". E concluiu como destaque do tema: "A Lei 11.340/2006 (Maria da Penha) é aplicável às mulheres trans em situação de violência doméstica".

A jurisprudência do STJ é vanguardista no combate da LGBTfobia, pois reconheceu as identidades de gênero, a mudança do nome social e de sexo nos documentos pela via extrajudicial, a transferência de transexuais para presídios femininos e a aplicação da Maria da Penha em cenário de violência doméstica e familiar. Nas revolucionárias decisões, o fundamento da proteção sempre esteve nos direitos humanos fundamentais, na dignidade, não preconceito, igualdade e não discriminação. Mais recentemente, pelas lentes de gênero, vulnerabilidades e interseccionalidades promovidas pelo novo Protocolo para Julgamento com perspectiva de gênero do CNJ, norma vinculante para o poder judiciário pela Resolução 492/2023, os fundamentos de antes fizeram-se obrigatórios para todo o poder judiciário.

A influência hermenêutica e progressista do protocolo conduz à fronteira que insere o gênero como construção social e performática autopercebida, aflorada em identidades, maneirismos, falas e modos de viver. Se assim é, precisamos de uma releitura contemporânea dos conceitos de violência de gênero na Lei Maria da Penha, para, sem prejuízo da proteção de mulheres e meninas cis, incluir personalidades como mulheres trans, travestis que se autodenominam não-binárias e transexuais.

Porém, ainda é preciso ir além. Para evoluir no combate da violência de gênero consideremos outras condutas transfóbicas no ambiente familiar, doméstico e relações íntimas de afeto contra vítimas invisíveis. Corpos não binários de pessoas intersexo e pessoas de gênero neutro ou diverso são submetidos a violências com subordinação e desigualdade estrutural entre gêneros. Não raras vezes, deparamo-nos com notícias de estupro corretivo de lésbicas, o que causa indignação. A mesma indignação deve ser utilizada para a correção sexual de recém-nascidos ou crianças intersexo e para as transfobias contra crianças, adolescentes, jovens e adultos em lares, relações afetivas, parentais, conjugais, em ambientes domésticos como escolas, clubes, transportes públicos ou trabalho.

O olhar da lei é o dos direitos humanos, da afirmação da dignidade, da cidadania sexual e da igualdade de direitos. Logo, é imperativo aplicá-la num contexto social efetivo no intuito de assegurar a vítimas LGBTQIAPN+, em idêntica situação, sem apagamento das suas existências.

Para tanto, as estruturas dos poderes devem enraizar a separação de sexo (a seara biológica do ser) e gênero (a *performance* psicossocial da identidade pessoal), abastecendo os administrados com informações claras e construtivas, reescrevendo legislações, políticas públicas e decisões judiciais. Eis a inteligência progressista afinada à Agenda 2030 da ONU que o Brasil prometeu atender, bem como à ODS n. 5 sobre a igualdade de gênero e ODS n. 10 para redução das desigualdades, combatendo a violência com amparo dos grupos vulneráveis como o LGBTQIAPN+.

REFERÊNCIAS

AGÊNCIA SENADO. *DataSenado aponta que 3 a cada 10 brasileiras já sofreram violência doméstica.* 21.11.2023. Disponível em: https://www12.senado.leg.br/noticias/materias/2023/11/21/datasenado-aponta-que-3-a-cada-10-brasileiras-ja-sofreram-violencia-domestica. Acesso em: jan. 2024, 00:54min.

BARROSO, Luís Roberto. *Curso de direito constitucional contemporâneo:* os conceitos fundamentais e a construção do novo modelo. 4. ed. São Paulo: Saraiva, 2013.

BRASIL. Constituição Federal (1988). *Constituição da República Federativa do Brasil de 1988.* Brasília, DF: Presidente da República, 2016.

BRASIL. Lei Maria da Penha. Lei 11.340, de 7 de agosto de 2006.

BRASIL. Estatuto da Criança e do adolescente. Lei federal 8.069, de 13 de julho de 1990. Rio de Janeiro: Imprensa Oficial, 2002.

BUTLHER, Judith. *Problemas de gênero.* Feminismo e subversão da identidade. Rio de Janeiro: Civilização Brasileira, 2020.

CARTA INTERNACIONAL DE PRINCÍPIOS DA YOGYAKARTA (2006). Disponível em: https://www.clam.org.br/uploads/conteudo/principios_de_yogyakarta.pdf. Acesso em: 19 jan. 2024; 18:35min.

CARTA INTERNACIONAL DE PRINCÍPIOS DA YOGYAKARTA PLUS 10 (2017). Disponível em: www.mpf.mp.br/pfdc/midiateca/outras-publicacoes-de-direitos-humanos/pdfs/principios-de-yogyakarta-mais-10-2017-1/view. Acesso em: 17 jan. 2024; 16:06min

CONSELHO FEDERAL DE MEDICINA. Resolução n. 1664/2003. Disponível em: https://sistemas.cfm.org.br/normas/arquivos/resolucoes/BR/2003/1664_2003.pdf. Acesso em: 17 jan. 24. 16:01min.

CONSELHO NACIONAL DE JUSTIÇA. (Brasil). Protocolo para julgamento com perspectiva de gênero [recurso eletrônico] / Conselho Nacional de Justiça. Brasília: Conselho Nacional de Justiça – CNJ; Escola Nacional de Formação e Aperfeiçoamento de Magistrados – Enfam, 2021. Disponível em: http:// www.cnj.jus.br e www.enfam.jus.br. Acesso em: 16 jan. 2023; 18:41min

CUNHA, Neon; YORK, Sara Wagner. O Corpo Transmigrante e o vácuo Cis. In: CUNHA, Neon; OLIVEIRA, Liamar; DIAS, Jussara; PRESTES, Clélia (Org.). *Enfrentamento dos efeitos do racismo, cissexismo e transfobia na saúde mental*. São Paulo: Editora Dandara: Instituto AMMA Psique e Negritude, 2021.

DIAS, Maria Berenice. *A Lei Maria da Penha na Justiça*. A efetividade da Lei 11.340/2006 de combate à violência doméstica e familiar contra a mulher. 3. ed. São Paulo: RT, 2012.

DUFNER, Samantha. *Famílias multifacetadas*. Direito civil constitucional das famílias. São Paulo: Revista dos Tribunais, 2023.

FOUCAULT, Michel. *História da sexualidade*: a vontade de saber. 9. ed. Paz e Terra: Rio de Janeiro, São Paulo, 2019.

GAY LATINO; ALIANÇA NACIONAL LGBTI+; *Manual de Comunicação LGBTI+;* 2018. Disponível em: https://aliancalgbti.org.br/wp-content/uploads/2022/01/manual-de-comunicacao-gaylatino-V--2021-WEB.pdf. Acesso em: 16 jan. 2024; 17:47min.

MOREIRA, Adilson José. *Tratado de direito antidiscriminatório*. São Paulo: Editora Contracorrente, 2020.

OBSERVATÓRIO de Mortes e Violência LGBTI no Brasil. *Dossiê denuncia 273 mortes e violências de pessoas LGBT em 2022. 08.05.23*. Disponível em: https://observatoriomorteseviolenciaslgbtibrasil.org/dossie/mortes-lgbt-2022/. Acesso em: 9 jan. 2024, 17:41min.

PINTO, Paulo Mota. *Direitos de personalidade e direitos fundamentais*. Estudos. Coimbra: Gestlegal, 2018.

SERRANO, Mariana; CLARO, Amanda. *Vidas LGBTQIA+*. Reflexões para não sermos idiotas. São Paulo: Matrioska editora; 2021.

SUPERIOR TRIBUNAL DE JUSTIÇA. Informativo de Jurisprudência n. 788, de 26 de setembro de 2023. Disponível em: https://processo.stj.jus.br/jurisprudencia/externo/informativo/. Acesso em: 9 jan. 2024, 16h:36min.

SUPERIOR TRIBUNAL DE JUSTIÇA. Informativo de Jurisprudência 671, de 05 de junho de 2020. Disponível em: https://processo.stj.jus.br/jurisprudencia/externo/informativo/?aplicacao=informativo&acao=pesquisar&livre=@CNOT=%27019536%27. Acesso em: 17 jan. 2024, 15:37min.

SUPERIOR TRIBUNAL DE JUSTIÇA. Informativo de Jurisprudência n. 788, de 26 de setembro de 2023. Disponível em: https://processo.stj.jus.br/jurisprudencia/externo/informativo/. Acesso em: 9 jan. 2024, 16h:36min.

SUPERIOR TRIBUNAL DE JUSTIÇA. Informativo de Jurisprudência n. 732, de 11 de abril de 2022. Disponível em: https://processo.stj.jus.br/jurisprudencia/externo/informativo/. Acesso em: 9 jan. 2024, 16h:39min

SUPERIOR TRIBUNAL DE JUSTIÇA. Notícias do STJ. *Decisões do STJ foram marco inicial de novas regras sobre alteração no registro civil de transgêneros. 29.01.2023*. Disponível em: https://www.stj.jus.br/sites/portalp/Paginas/Comunicacao/Noticias/2023/29012023-Decisoes-do-STJ-foram-marco-inicial-de-novas-regras-sobre-alteracao-no-registro-civil-de-transgeneros.aspx. Acesso em: 16 jan. 2023; 19:17min.

SUPERIOR TRIBUNAL DE JUSTIÇA. Notícias do STJ. *Lei Maria da Penha é aplicável à violência contra mulher trans, decide Sexta Turma*. 06.04.2022. Disponível em: https://www.stj.jus.br/sites/portalp/Paginas/Comunicacao/Noticias/05042022-Lei-Maria-da-Penha-e-aplicavel-a-violencia-contra-mulher-trans--decide-Sexta-Turma.aspx. Acesso em: 7 jan. 2024, 15:45min.

SUPERIOR TRIBUNAL DE JUSTIÇA. Notícias STJ. *Sexta Turma estendeu proteção da Lei Maria da Penha para mulheres trans*. 29.01.23. Disponível em: https://www.stj.jus.br/sites/portalp/Paginas/Comunicacao/Noticias/2023/29012023-Sexta-Turma-estendeu-protecao-da-Lei-Maria-da-Penha-para--mulheres-trans.aspx. Acesso em: 9 jan. 2024, 18:04min.

SARLET, Ingo Wolfgang. *Dignidade da pessoa humana e direitos fundamentais na Constituição Federal de 1988*. 9. ed. Porto Alegre: Livraria do advogado, 2012.

UOL NOTÍCIAS. *Brasil lidera ranking de mortes de pessoas trans*. 27.01.2023. Disponível em: https://noticias.uol.com.br/ultimas-noticias/deutschewelle/2023/01/27/brasil-lidera-ranking-de-mortes--de-pessoas-trans.htm. Acesso em: 16 jan. 2023, 18:33min.

VECCHIATTI, Paulo Roberto Iotti. *Manual da homoafetividade*: da possibilidade jurídica do casamento civil, da união estável e da adoção para casais homoafetivos. Bauru, SP: Spessotto, 2022.

A REVOGAÇÃO DAS MEDIDAS PROTETIVAS DE URGÊNCIA: UMA REANÁLISE DO FORMULÁRIO DE AVALIAÇÃO DE RISCO

Tatiana Maria Bronzato Nogueira

Pós-Graduanda em Direito Constitucional, Políticas Públicas e Acesso à Justiça pela Universidade Federal de Goiás. Defensora Pública Coordenadora do Núcleo Especializado de Defesa e Promoção dos Direitos da Mulher da Defensoria Pública do Estado de Goiás.

Sumário: Introdução – 1. Do ciclo da violência – Mecanismos legais para frear ou cessar o agravamento das violências – 2. Dos grupos reflexivos para agressores – Efetividade na diminuição da reincidência – 3. Da análise dos riscos – Do formulário nacional de avaliação de risco – Conclusão – Referências.

INTRODUÇÃO

Um dos maiores obstáculos no enfrentamento à violência contra a mulher é a superação do chamado ciclo da violência ou ciclo do relacionamento abusivo. A atuação ordinária em defesa das mulheres que possuem processos nos Juizados de Violência Doméstica demonstra que um dos maiores peticionamentos solicitados por essas mulheres é justamente a revogação das medidas protetivas.

A título de exemplo, os dados colhidos pelo NUDEM (Núcleo Especializado de Defesa e Promoção dos Direitos da Mulher) da Defensoria Pública do Estado de Goiás demonstram que de agosto de 2022 a agosto de 2023,[1] foram realizados 685 pedidos de revogação de medidas protetivas. O número representa um percentual de 61,1% de todos os peticionamentos em favor das vítimas perante os Juizados de Violência Doméstica. São números mais representativos do que o quantitativo de pedidos de manutenção e complemento de medida protetiva, tais como alimentos provisórios (21,6%), notificações de descumprimento (6,1%) e queixas-crime (1,42%) e ações de danos morais (1,24%).

A dinâmica do ciclo do relacionamento é conhecida por quem atua na área. A pesquisa desenvolvida pela psicóloga norte-americana Lenore E. Walker demonstra que agressores de mulheres seguem um padrão que é comum. O ciclo é caracterizado pelo padrão de comportamento da seguinte forma: construções das tensões (controle de comportamento, isolamento da mulher, ofensas verbais e humilhações); explosão da violência (agressão física, patrimonial, moral, sexual ou psicológica) e lua de mel (o agressor pede perdão, promete mudanças, e há a reconciliação do casal).

---

1. Os dados referem-se aos peticionamentos realizados pela Defensoria em favor de mulheres vítimas de violência doméstica de Goiânia.

O ciclo se repete e a escalada da violência, em regra, aumenta. A naturalização dos comportamentos violentos promove uma intensificação das agressões: de moral à física, de patrimonial à sexual, e de física até o feminicídio.

Outros estudos demonstram ainda que alguns fatores específicos, tais como uso abusivo de álcool e drogas, porte de arma de fogo ou processo de divórcio em curso são fatores que acentuam a tensão e aumentam o risco de ofensa corporal grave ou feminicídio.

Foi precisamente em virtude desses fatores que foi promulgada a Lei 14.149/2021 que Instituiu o Formulário Nacional de Avaliação de Risco a ser aplicado à mulher vítima de violência doméstica.

Dispõe a Lei que

> o Formulário Nacional de Avaliação de Risco tem por objetivo identificar os fatores que indicam o risco de a mulher vir a sofrer qualquer forma de violência no âmbito das relações domésticas, para subsidiar a atuação dos órgãos de segurança pública, do Ministério Público, do Poder Judiciário e dos órgãos e das entidades da rede de proteção na gestão do risco identificado, devendo ser preservado, em qualquer hipótese, o sigilo das informações.

O formulário,[2] construído pelo Conselho Nacional de Justiça, após preenchido, deve ser avaliado sobre o grau de risco apresentado. Segundo o Manual de Aplicação Conselho Nacional do Ministério Público,[3] três são as modalidades: baixo, moderado e elevado.

O grau baixo indica que os itens assinalados não indicam, em primeira análise, a probabilidade da ocorrência de ofensas corporais graves ou de homicídio a curto prazo. Já o grau médio indica que "estão presentes fatores de risco que podem constituir perigo real de ofensa corporal grave/homicídio se existirem mudanças no contexto ou nas circunstâncias". O grau elevado, todavia, indica que "refere-se à existência de fatores de risco que denotam a probabilidade de ocorrer a prática de ofensa corporal grave ou homicídio a qualquer momento".

O Manual de Aplicação do Conselho Nacional do Ministério Público estabelece ainda uma série de medidas a serem tomadas a depender do grau de risco constatado. O risco elevado, a título de exemplo, reclama a avaliação da necessidade de encaminhamento do agressor a programas de reflexão psicossocial, encaminhamento do caso ao serviço de policiamento para acompanhamento periódico, busca ativa do serviço psicossocial e, ainda, a avaliação de eventual desconsideração da retratação da vítima em caso de ameaça.

Ocorre que, no dia a dia de atuação perante o Sistema de Justiça, percebe-se que a análise do Formulário de Avaliação de Risco é realizada apenas no momento

---

2. Disponível em: https://www.cnj.jus.br/wp-content/uploads/conteudo/arquivo/2019/07/ab16d15c52f36a-7942da171e930432bd.pdf. Acesso em: 11 jan. 2024.

3. Disponível em: https://www.cnmp.mp.br/portal/images/Publicacoes/documentos/2019/FRIDA_2_WEB.pdf. Acesso em: 06 nov. 2023.

da concessão das medidas protetivas, não sendo minimamente analisado quando ocorre o pedido de revogação.

Sob o argumento de autonomia plena da mulher e alegada contradição de reconciliação de relacionamento e manutenção de determinadas medidas protetivas, diariamente pedidos de inclusão do agressor a programas de reflexão psicossocial quando ocorre a reconciliação do casal são negados pelo Judiciário. Assim, o Sistema de Justiça percebe a ocorrência do ciclo do relacionamento abusivo, os fatores de risco presentes, mas entende que nada pode fazer sobre o caso.

É evidente que a postura precisa ser modificada, de modo a se alcançar os objetivos previstos pela Lei 11.340/2006, dentre os quais coibir e prevenir a violência doméstica e familiar.

O presente artigo objetiva, portanto, demonstrar a necessidade de que sejam tomadas medidas de proteção mesmo no caso em ocorra o pedido de revogação de medidas protetivas a pedido da vítima, nos casos em que o formulário de avaliação de risco indica risco elevado de feminicídio e, bem assim, seja constatada a dinâmica do ciclo do relacionamento abusivo.

1. DO CICLO DA VIOLÊNCIA – MECANISMOS LEGAIS PARA FREAR OU CESSAR O AGRAVAMENTO DAS VIOLÊNCIAS

É sabido que o chamado ciclo da violência é uma *constante nos relacionamentos abusivos*. Após a agressão, o autor da violência promete mudanças e o casal ingressa na *fase de lua de mel*.

Dados colhidos dos atendimentos junto ao Núcleo de Defesa e Promoção dos Direitos da Mulher da Defensoria Pública do Estado de Goiás demonstram que de agosto de 2022 a agosto de 2023 foram realizados um total de 1.122 (um mil cento e vinte e dois) peticionamentos decorrentes dos atendimentos à mulher em situação de violência. Destes, 61,1 % são pedidos de revogação de medidas protetivas.

Foram catalogados no período, as principais motivações para os pedidos de revogação e, bem assim, o grau de risco que o Formulário de Avaliação de Risco apresentava.

Destes, destaca-se que 34,5% reataram o relacionamento, 34% acreditavam que o ofensor não oferecia mais riscos, 15,3% para possibilitar a convivência do pai com os filhos, 9,6% não queriam prejudicar o ofensor ou tiveram pressão dos familiares para que não o prejudicasse, e 6,5% revogaram por dependência financeira.

De janeiro a dezembro de 2023, dentre os 723 pedidos de revogação de medidas protetivas, em 31,8% dos casos as mulheres estavam em classificação de risco elevado[4]

---

4. Dados referentes ao atendimento de mulheres atendidas pelo Núcleo Especializado de Defesa e Promoção dos Direitos da Mulher, com atuação na Capital do estado de Goiás, perante os 4 Juizados de Violência Doméstica. No risco moderado, encontravam-se 45,3% delas, e 23% em risco considerado baixo pelo Formulário.

pelo Formulário de Avaliação de Risco instituído pelo CNJ, ou seja, apresentavam probabilidade de ocorrência de lesão corporal grave ou feminicídio a qualquer tempo.

Em alguns dos casos, inclusive, a ficha de antecedentes criminais do agressor apontava outros episódios de agressão no âmbito da violência doméstica.

Parece-nos claro que a reconciliação do casal, neste cenário, aponta para a presença do ciclo da violência, com a possibilidade de agravamento das condutas e ocorrência de feminicídio.

Lado outro, mesmo sendo o pedido de revogação de protetiva motivada por outros fatores (v.g. cuidado com os filhos), em casos de risco elevado pelo formulário, medidas de cautela se mostram importantes para cessar a escalada da violência.

Em casos que tais, se mostra importante incluir medidas de inclusão do agressor a programas de reflexão e ressocialização (art. 22, VI e VII da Lei 11.340/2006), como forma, inclusive, de frear ou cessar a escalada da violência, mesmo que ocorra simultaneamente o pedido de revogação das demais medidas protetivas, a exemplo das de proibição de aproximação e contato.

Ocorre que parte dos Juízos de primeiro grau negam o pedido, ao argumento de que seria contraditório revogar as medidas protetivas de urgência a pedido da própria vítima e ampliar o pleito para incluir uma protetiva que obriga ao ofensor. Argumenta-se, ainda, sobre a autonomia da mulher em retirar a protetiva, em nada devendo intervir o poder judiciário.

O que se indaga, nesse cenário, é se os objetivos da Lei, nestes casos, estão sendo cumpridos e o sistema de justiça está atuando de modo a prevenir e coibir as violências.

Note-se o seguinte cenário: mulher pede a revogação de protetiva de caso envolvendo lesão corporal de natureza grave. Seu formulário de avaliação de risco apresenta risco elevado, indicando que há probabilidade de ocorrência de feminicídio a qualquer tempo. O agressor, reincidente em crimes de gênero. Ela quer reatar o relacionamento. Ele prometeu a mudança e o casal está na conceituada fase de lua de mel. A inclusão deste agressor em grupos de reflexão psicossocial não parece recomendável para frear a reincidência? Há que se falar em prejuízo à autonomia plena da mulher em situação de ciclo da violência?

De plano, impende registrar que a inclusão do agressor em grupos reflexivos em nada interfere na rotina, autonomia e dignidade da mulher.

Lado outro, não há como se furtar ao fato de que uma mulher inserta o ciclo do relacionamento abusivo, com episódios de lesões corporais e risco apontado como elevado ao feminicídio perpassa por inúmeras pressões emocionais ou sociais para se manter em um relacionamento disfuncional. O cuidado com os filhos, a pressão dos familiares, a vergonha em expor o cenário de violência, dentre outros. Dentro desse cenário, cogitar-se de plena autonomia, sem qualquer hipótese de vício de vontade não parece razoável.

Sobre o tema, oportuno registrar alguns trechos do julgamento histórico proferido pelo STF no julgamento da ADI 4424[5] ao tornar incondicionada a ação penal por lesão corporal no âmbito da violência doméstica. Na ocasião, fora justamente essa ausência de plena autonomia tratada no julgamento.

Na ocasião, pontuou-se que:

> Reconhecer a condição hipossuficiente da mulher vítima de violência doméstica e/ou familiar não implica invalidar sua capacidade de reger a própria vida e administrar os próprios conflitos. *Trata-se de garantir a intervenção estatal positiva, voltada à sua proteção e não à sua tutela. (...) Não se coaduna com a razoabilidade, não se coaduna com a proporcionalidade, deixar a atuação estatal a critério da vítima, a critério da mulher, cuja espontânea manifestação de vontade é cerceada por diversos fatores da convivência no lar, inclusive a violência a provocar o receio, o temor, o medo de represálias. (...)Deixar a cargo da mulher autora da representação a decisão sobre o início da persecução penal significa desconsiderar o temor, a pressão psicológica e econômica, as ameaças sofridas, bem como a assimetria de poder decorrente de relações histórico-culturais, tudo a contribuir para a diminuição de sua proteção e a prorrogação da situação de violência, discriminação e ofensa à dignidade humana. Implica relevar os graves impactos emocionais impostos pela violência de gênero à vítima, o que a impede de romper com o estado de submissão. Entender que se mostra possível o recuo, iniludivelmente carente de espontaneidade, é potencializar a forma em detrimento do conteúdo. Vejam que, recebida a denúncia, já não pode haver a retratação. Segundo o dispositivo ao qual se pretende conferir interpretação conforme à Carta da República, ocorrida a retratação antes do recebimento da denúncia, embora exaurido o ato agressivo, a resultar em lesões, é possível dar-se o dito pelo não dito e, com grande possibilidade, aguardar, no futuro, agressão maior, quadro mais condenável* (destaquei).

O Ministro Lewandowski, inclusive, ressalta o cenário de vício de vontade:

> Mas eu me permitiria trazer à colação, ao debate, um outro aspecto. Eu gostaria de salientar que penso que nós estamos diante de um *fenômeno psicológico e jurídico que os juristas denominam de vício da vontade, que é conhecido e estudado desde os antigos romanos.* E as mulheres – como está demonstrado estatisticamente, isso foi salientado por todos os oradores e todos os magistrados que me *antecederam – não representam criminalmente contra o companheiro ou o marido em razão da permanente coação moral e física que sofrem, e que inibe a sua livre manifestação da vontade.* Esse vício da vontade, que é conhecido e estudado pelos juristas brasileiros, consta de nossa legislação civil e penal desde muito tempo. O Código Penal, por exemplo, no artigo 22, fala em "coação irresistível", inclusive afasta a punibilidade daqueles que agem sob uma coação irresistível. E o Código Civil vigente, no artigo 151, também trata da coação como *um vício insanável da vontade,* que anula inclusive o ato ou negócio jurídico quando uma das partes age sob – e aqui leio o dispositivo – "fundado temor de dano iminente e considerável a sua pessoa, a sua família, ou aos seus bens." (...)O que *acontece com a mulher, sobretudo a mulher fragilizada,* que se situa nos extratos inferiores da camada social? Ela está exatamente nesta condição: sob permanente temor de sofrer um dano pessoal, ou que os seus filhos ou familiares sofram um dano, ou que o seu patrimônio, de certa maneira, sofra também algum atentado. *Portanto, a mulher não*

---

5. BRASIL. Supremo Tribunal Federal (Tribunal Pleno). ADI 4424. Ação Penal – Violência doméstica contra a mulher – Lesão corporal – Natureza. A ação penal relativa a lesão corporal resultante de violência doméstica contra a mulher é pública incondicionada – Considerações. Relator: Min. Marco Aurélio, 209 de fevereiro de 2012. Disponível em: https://portal.stf.jus.br/processos/downloadPeca.asp?id=245474001&ext=.pdf. Acesso em: 10 jan. 2024.

representa porque sua vontade é viciada. Este é um argumento que eu, modestamente, aduzo aos debates aqui travados, mas concluindo que adiro integralmente ao douto voto do eminente Ministro Marco Aurélio para julgar procedente a ação e dar também interpretação conforme ao artigo 41 da Lei Maria da Penha, nos exatos termos que foram colocados pelo Relator (destaquei).

Ora no julgamento histórico da ADI 4424 um intenso debate sobre o tema foi levantado a fim de compreender que as pressões sociais, financeiras, psicológicas e emocionais em mulheres inseridas no ciclo da violência são tamanhas, que sua manifestação, por vezes, pode ser eivada de vício de vontade. Por esta razão, decidiu-se que no âmbito da violência doméstica, a ação para responsabilização do crime de lesão corporal, mesmo a leve, é incondicionada.

Compreendeu-se que é preciso que junto ao Sistema de Justiça se tenha uma postura proativa na proteção da mulher que, por diversas razões, deseja cessar o processo ou as protetivas não como ato de sua esfera de plena autonomia, mas inserta de pressões que lhe viciam a vontade.

Outro ponto que merece relevo é que dados do Fórum Brasileiro de Segurança Pública, na Edição Sobre Violência contra Meninas e Mulheres da Edição de 2023[6] demonstram que os feminicídios ocorrem, em regra, em face de quem não possui medidas protetivas. É seguro dizer que medidas protetivas salvam vidas e que sua manutenção evita o feminicídio:

> Ações desta natureza são especialmente importantes quando verificamos o percentual de mulheres vítimas de feminicídio que acessaram os dispositivos previstos na Lei Maria da Penha. O quadro abaixo sistematiza pesquisas produzidas pelas Secretarias Estaduais de Segurança para compreender o perfil das vítimas dos feminicídios em cada estado. Embora cada uma tenha um ano de referência, a proposta aqui *é compreender se a mulher vitimada por feminicídio está amparada por medida protetiva de urgência.* Os dados indicam que nos 8 estados aqui analisados, *a grande maioria das vítimas não tinha uma Medida Protetiva de Urgência vigente quando foram mortas,* com percentuais variando de 3% no Mato Grosso a 15,3% no Rio de Janeiro. Em média, apenas 11,1% das 1.026 vítimas de feminicídio desta amostra tinham MPU vigente quando foram mortas (destaquei).

Assim, mesmo com a revogação das medidas de aproximação e contato a pedido da vítima, é possível incluir o pedido de inclusão do agressor a programas de reflexão psicossocial como medida protetiva quando as circunstâncias demonstrarem ser recomendável para prevenir a ocorrência de novas violências.

No Tribunal de Justiça de Goiás, já se constatam alguns precedentes que compreendem que basta a declaração de vontade da vítima para ser deferida a inclusão do agressor em grupos reflexivos[7] e que mesmo em caso de revogação de medidas

---

6. Disponível em: https://forumseguranca.org.br/wp-content/uploads/2023/11/violencia-contra-meninas--mulheres-2023-1sem.pdf. Acesso em: 09 jan. 2024.
7. GOIÁS. Tribunal de Justiça. Apelação Criminal 5207477-20.2023.8.09.0051. Relator: Des. Fernando de Mello Xavier, 4ª Câmara Criminal. Julgado em 09.10.2023, DJe de 09.10.2023.

de aproximação e contato, é viável à mulher pedir a medida de reflexão psicossocial ao agressor.[8]

O Superior Tribunal de Justiça também compreende como cabível ao Magistrado adotar medidas de proteção mesmo quando ocorra o pedido de revogação de medidas protetivas por parte da vítima:

> Recurso em habeas corpus. Penal e processo penal. Ameaça e vias de fato. Lei Maria da Penha. Medidas protetivas. Fundamentação idônea. Vítima que manifesta interesse na revogação das restrições impostas ao acusado. Extrema vulnerabilidade econômica e familiar da ofendida. Exame fático-probatório incabível na via estreita.

> 1. No presente caso, após ser preso em flagrante sob a imputação de ameaça e vias de fato contra sua companheira, o Juízo de primeiro grau concedeu liberdade provisória ao acusado e fixou medidas protetivas em seu desfavor. Na ocasião, o ora recorrente foi proibido de se ausentar do Distrito Federal, afastado do lar de convivência com a vítima, além de proibido de ter contato e aproximação com a ofendida a uma distância inferior a 500 metros.

> Também foi aplicada ao recorrente a medida cautelar de monitoramento eletrônico e, em acréscimo, o Magistrado determinou a suspensão da posse/porte de arma de fogo, haja vista tratar-se o suposto ofensor de policial militar reformado.

> 2. Da leitura da decisão combatida, vê-se que houve expressa menção à situação concreta de risco à integridade física e psicológica da vítima, pois o recorrente, após ter um relacionamento extraconjugal descoberto por sua companheira, passou a ameaçar e a agredir a ofendida, que narrou de forma clara e segura a sua situação de risco com as atitudes praticadas pelo autor dos fatos. Verifica-se, assim, a idoneidade da fundamentação para imposição, num primeiro momento, das medidas protetivas dispostas no art. 22 da Lei 11.340/2006, o que afasta o alegado constrangimento ilegal.

> 3. A manifestação da vítima declarando o desinteresse na manutenção das medidas protetivas, por si só, não levaria ao afastamento das restrições impostas. No presente caso, o Magistrado de piso, ao se manifestar sobre o pedido da vítima para revogação das medidas protetivas, ressaltou que a ofendida é "altamente dependente do então companheiro, tanto economicamente quanto em relação aos cuidados com o filho dela, pessoa com deficiência, o que evidencia alto risco à segurança dela". Ressaltou, ainda, em sua decisão tratar-se de acusado que é policial militar reformado, cujo comportamento, segundo apurado, tem se mostrado agressivo e ameaçador à vítima.

> 4. Diante do contexto de extrema vulnerabilidade da vítima e de razoabilidade na manutenção das medidas protetivas impostas, inviável a reforma do decidido pela instância ordinária, devendo o mérito da controvérsia ser julgado em ação originária, pois incabível, na via estreita do habeas corpus, a análise de questões que demandem o reexame do conjunto fático-probatório dos autos.

> Precedentes.

> 5. Recurso desprovido.

> (RHC 125.349/DF, relator Ministro Antonio Saldanha Palheiro, Sexta Turma, julgado em 23.06.2020, DJe de 1º.07.2020).

---

8. GOIÁS. Tribunal de Justiça. Apelação Criminal 5333787-71.2023.8.09.0051 Relator: Des. Roberto Horácio de Rezende, 3ª Câmara Criminal. Julgado em 28.08.2023, DJe de 28.08.2023.

Da íntegra do acórdão do STJ,[9] percebe-se que o Juízo de primeiro grau, com acerto, ao receber o pedido de revogação de protetivas formulado pela vítima, acentuou que:

> É óbvio que eventual retomada da relação está na esfera de decisão do casal, contudo, é importante ao poder público, por meio de encaminhamentos dos envolvidos a programas e campanhas de enfrentamento à violência doméstica, oferecer recursos para que a reconciliação não seja mais uma etapa do ciclo de violência. É salutar, para a qualidade da relação e para coibir a violência doméstica, que a resolução de reatar o relacionamento seja consciente, o que somente é possível mediante educação e reflexões, tanto para que a mulher saiba identificar e se reconhecer em uma situação de violência quando experimentá-la, quanto para o homem ponderar sobre formas alternativas e pacíficas de resolução de conflitos.

Entendemos de grande acerto o teor da decisão judicial. Não se trata de ferir autonomia da mulher, mas reconhecer a presença de sua dependência emocional e financeira, a presença de fatores de risco, e a notória ocorrência do ciclo da violência.

Em suma, entendemos que nos casos em que a vítima solicitar a revogação das protetivas, se constatada a ocorrência da dinâmica do ciclo do relacionamento abusivo ou nos casos em que o formulário de avaliação de risco apontar risco elevado para o feminicídio, é dever do Estado prevenir a ocorrência de novas violências e medidas de proteção devem ser tomadas, viabilizando à vítima seu desejo (v.g., de reconciliar) mas incluindo o agressor em grupos para reflexão psicossocial para frear a escalada da violência.

2. DOS GRUPOS REFLEXIVOS PARA AGRESSORES – EFETIVIDADE NA DIMINUIÇÃO DA REINCIDÊNCIA

A Lei 11.340/2006, no Capítulo II, prevê as hipóteses de medidas protetivas de urgência. Duas são as grandes espécies de medidas protetivas: as que obrigam ao ofensor (art. 22) e aquelas aplicáveis à ofendida (art. 23).

Dentre as medidas que obrigam o ofensor, verifica-se algumas que possuem natureza reeducativa e podem permanecer ativas mesmo nos casos em que as medidas protetivas de aproximação e contato sejam revogadas, tais como o comparecimento do agressor a programas de recuperação e reeducação e acompanhamento psicossocial do agressor, por meio de atendimento individual e/ou em grupo de apoio (art. 22, IV e V da LMP).

Também o art. 35, inciso V da Lei 11.340/2006 dispõe que a União, os Estados, o DF e os Municípios poderão criar centros de educação e de reabilitação para os agressores. O art. 45 da Lei 11.340/2006 alterou igualmente a Lei de Execuções Pe-

---

9. BRASIL. Superior Tribunal de Justiça (Sexta Turma). RHC N. RHC 125.349/DF, relator Ministro Antonio Saldanha Palheiro, Sexta Turma, julgado em 23.06.2020, DJe·de 1°.07.2020. Disponível em: https://scon. stj.jus.br/SCON/GetInteiroTeorDoAcordao?num_registro=202000741490&dt_publicacao=01/07/2020. Acesso em: 10 jan. 2024.

nais para incluir no art. 152 que aduz que "nos casos de violência doméstica contra a mulher, o juiz poderá determinar o comparecimento obrigatório do agressor a programas de recuperação e reeducação".

Dados colhidos no Mapeamento dos Grupos Reflexivos no Brasil[10] aponta que os grupos de reflexão psicossocial determinados pela lei possuem grau de eficácia para a cessação da reincidência quando bem executados.

O mapeamento dos dados obtidos a partir do levantamento realizado com todas as unidades da federação, numa parceria entre o Grupo de pesquisa Margens, da Universidade Federal de Santa Catarina, e o Colégio de Coordenadores Estaduais das Mulheres em Situação de Violência Doméstica e Familiar dos Tribunais de Justiça Estaduais (COCEVID), contando com respostas de 312 iniciativas de todo o Brasil demonstra que:

> É importante salientar que, tendo em vista *que os grupos, quando bem executados, são capazes de prevenir não apenas futuras violências contra a mulher, mas impactar positivamente na subjetividade de seus participantes,* há possível benefício econômico-financeiro de médio a longo prazo para o Estado em nível municipal, estadual e federal. É sabido que as condutas violentas ligadas à performance de masculinidades desbordam, em muito, na violência doméstica (Martins, 2020, p. 36 a 77). Considerando que os comportamentos tidos como masculinos são socialmente aprendidos, ou seja, que não há uma ligação biológica entre ter um pênis e ser violento (Fine, 2018), mas sim uma construção social abrangente que vincula o ser homem a demonstrar força, ter baixos níveis de autocuidado, dominar a si e a outras pessoas (Zanello, 2018), acredita-se *que a transformação de masculinidades pode trazer significativa economia aos cofres públicos, em especial se se considerar que a necessidade de retrabalhar os laços artificiais entre masculinidades e violências vai além do fenômeno da violência doméstica, inserindo-se em áreas como saúde pública, segurança pública lato sensu, trânsito e assim por diante* (desataquei. p. 101).

Em arremate, pontua que:

> Pensando em outros caminhos para as masculinidades, os grupos podem representar uma importante encruzilhada na vida dos sujeitos encaminhados, uma forma *de ação preventiva em políticas públicas que poderia ser amplificada para muito além da seara da violência contra a mulher (...) O Poder Judiciário representa, portanto, um ponto nodal nas políticas de desarme de masculinidades,* uma encruzilhada de transformação subjetiva de homens com fins de impacto político-criminal sobre as violências contra a mulher. *Daí a importância de se compreender de que forma os homens são encaminhados, em quais momentos do processo, bem como as formas de participação nos grupos* (destaquei p. 131).

A importância de compreender a natureza cíclica do relacionamento abusivo e fomentar a criação de grupos reflexivos é tamanha que o CNJ emitiu a Recomendação 124, que "recomenda aos Tribunais de Justiça dos Estados que instituam e mantenham programas voltados à reflexão e sensibilização de autores de violência doméstica e familiar, com o objetivo de efetivar as medidas protetivas de urgência previstas nos incisos VI e VII da Lei Maria da Penha (Lei no 11.340/2006)".

---

10. Disponível em: https://ovm.alesc.sc.gov.br/wp-content/uploads/2021/11/grupo-reflexivo.pdf. Aceso em: 09 jan. 2024. p. 101.

Segundo a recomendação, são diretrizes do programa, dentre outros, o foco em processos de reflexão e responsabilização dos autores, a promoção da reflexão sobre as questões de gênero, os direitos humanos e fundamentais da mulher e a construção social da masculinidade; fomento à cultura de paz, aos métodos de promoção do diálogo e de controle emocional.

Ainda, o enunciado 26 do FONAVID[11] é claro ao dispor que "A juíza ou o juiz, a título de medida protetiva de urgência, poderá determinar o comparecimento obrigatório do autor de violência para atendimento psicossocial e pedagógico, como prática de enfrentamento à violência doméstica e familiar contra a mulher".

A propósito, o enunciado 30 do FONAVID[12] orienta ainda que "o juiz/juíza, a título de medida protetiva de urgência, poderá determinar a inclusão do agressor dependente de álcool e/ou outras drogas em programa de tratamento, facultada a oitiva da equipe multidisciplinar, preferencialmente encaminhando as pessoas em uso de álcool e outras drogas para a Rede de Atenção Psicossocial (Raps), que integra o Sistema Único de Saúde (SUS)".

A Recomendação Geral 35 do Comitê da Cedaw também serve de norte ao recomendar aos Estados membros que se atentem a posturas de prevenção do Estado no enfrentamento à violência contra as mulheres.

Consta da Recomendação:

28. O Comitê também recomenda que os Estados Partes tomem as seguintes medidas nos domínios *da prevenção, da proteção,* da acusação, da punição, da reparação, da coleta e do monitoramento de dados e da cooperação internacional para acelerar a eliminação da violência de gênero contra as mulheres. Todas as medidas devem ser implementadas com uma abordagem centrada nas vítimas/nas sobreviventes, reconhecendo as mulheres como sujeitos de direitos e promovendo sua atuação e autonomia, incluindo a capacidade evolutiva de meninas, desde a infância até a adolescência. Além disso, essas medidas devem ser projetadas e implementadas com a participação das mulheres e tendo em vista a situação particular das mulheres afetadas por formas interseccionais de discriminação.

30. O Comitê recomenda que os Estados Partes implementem as seguintes medidas preventivas:

ii. *Programas de conscientização* que promovam a compreensão da violência de gênero contra as mulheres como inaceitável e prejudicial, fornecendo informações sobre os recursos legais disponíveis contra tal violência e encorajando a denúncia de tal violência e a intervenção de terceiros; lidar com o estigma experimentado pelas vítimas/pelas sobreviventes de tal violência; e desmantelar as crenças comumente promovidas de que a mulher é responsável por sua própria segurança e pela violência que sofre. Os programas devem ter como público-alvo mulheres e homens em todos os níveis da sociedade, assim como os profissionais das áreas de educação, saúde, serviços sociais e aplicação da lei e outros profissionais e agentes, até mesmo em nível local, envolvidos em respostas de prevenção e proteção; líderes tradicionais e religiosos, *além dos perpetradores de qualquer forma de violência de gênero, de modo a evitar a reincidência.*

---

11. Aprovado no IV FONAVID.
12. Alterado por unanimidade no XIV FONAVID – Belém (PA).

ii. Fornecimento de *mecanismos de proteção apropriados* e acessíveis *para prevenir violência futura ou em potencial*, sem a precondição para as vítimas/as sobreviventes iniciarem ações legais, inclusive por meio da remoção de barreiras de comunicação para vítimas com deficiência. Esses mecanismos devem *incluir avaliação e proteção quanto a riscos* imediatos, que compreendem ampla gama de medidas efetivas e, quando apropriado, a emissão e o monitoramento de ordens de expulsão, proteção, restrição ou emergência contra supostos agressores, incluindo sanções adequadas por descumprimento. As medidas de proteção devem evitar impor carga financeira, burocrática ou pessoal indevida às mulheres vítimas/sobreviventes. Os direitos ou as reivindicações dos agressores, ou supostos agressores, durante e após processos judiciais, inclusive em relação à propriedade, privacidade, custódia, acesso e visita à criança, devem ser determinados à luz dos direitos humanos relacionados à vida e à integridade física, sexual e psicológica das mulheres e das crianças, orientados pelo princípio do melhor interesse da criança.

Em suma, o nosso sistema jurídico fomenta a atuação da rede de proteção em ações preventivas, sendo importante que seja avaliado o risco a que está submetida a mulher e, bem assim, atentem-se para medidas preventivas de violência, como a inclusão do agressor em programa reflexivo, sobretudo quando constatado o ciclo da violência e houver a revogação das demais medidas protetivas a pedido da vítima.

3. DA ANÁLISE DOS RISCOS – DO FORMULÁRIO NACIONAL DE AVALIAÇÃO DE RISCO

O Formulário Nacional de Risco, formulado pelo Conselho Nacional de Justiça (CNJ) e o Conselho Nacional do Ministério Público (CNMP) por meio da Resolução Conjunta CNJ/CNMP 5/2020 e *previsto na Lei 14.149/2021*, se presta a identificar o grau de riscos a que está submetida uma mulher em situação de violência.

Objetiva atuar *na prevenção de novas agressões ou no agravamento da situação vivenciada pela vítima.*

Dois são os principais manuais orientadores sobre o risco, um formulado pelo Conselho Nacional do Ministério Público e outro, formulado pelo Ministério Público do Distrito Federal e Territórios.

De acordo com o Manual CNMP,[13] os fatores de risco são avaliados após a somatória das respostas marcadas como "sim, não, e não se aplica" na tabla constante do Manual (p. 26). Assim, a título de exemplo, caso a mulher responda sim a mais da metade das respostas válidas, seu risco per si já é elevado.

Lado outro, o Manual desenvolvido pelo MPDFT[14] aponta outros fatores de risco que, mesmo sem atingir o grau máximo da tabela, apontam para um cenário de risco.

---

13. Disponível em: https://www.cnmp.mp.br/portal/images/Publicacoes/documentos/2019/FRIDA_2_WEB. pdf. Acesso em: 06 nov. 2023.
14. Vide estudos constantes do Guia de Avaliação de Risco para o Sistema de Justiça do MPDFT. Disponível em: https://www.mpdft.mp.br/portal/pdf/imprensa/cartilhas/Guia_avaliacao_risco_sistema_justica_MPDFT. pdf. Acesso em: 06 nov. 2023.

Um dos exemplos de grau de risco aponta para o uso abusivo de álcool e drogas pelo agressor. Segundo estudos coletados no Manual:

> O uso, abusivo ou não, de álcool e outras substâncias psicoativas é apontado pela literatura como um fator que pode aumentar a possibilidade de ocorrência de violência, pois diminui as inibições e a capacidade de julgamento e altera o estado de consciência (Medeiros, 2015). Estudos identificaram que o uso nocivo de álcool está associado a um aumento, em 4,6 vezes, do risco de exposição à violência praticada pelo parceiro íntimo (Gil-Gonzalez et al., 2006 apud OMS, 2012) (p. 20).

Outro ponto relevante é a análise se a vítima ou outro familiar já foi ameaçado com faca ou arma de fogo. Os estudos demonstram que:

> O uso de armas nos episódios de violência é apontado pela literatura como um fator de risco importante (Medeiros, 2015). Estudos indicam que mulheres ameaçadas ou agredidas com arma têm 20 vezes mais probabilidade de serem vítimas de feminicídio (AMCV, 2013) (p. 21).

A prática de atos sexuais sem consentimento da vítima e episódios de violência durante a gestação também aponta um cenário de agravamento de risco:

> A literatura considera a violência sexual um fator de risco tanto de reincidência, quanto de feminicídio (Medeiros, 2015). Estudos apontam que a probabilidade de ocorrência de feminicídio é 7,5 maior quando existe histórico de violência sexual (Campbell et al., 2003 e Koziol-Mclain et al., 2006 apud AMCV, 2013) (...) A violência durante a gestação está relacionada ao risco de feminicídio (Campbell et al., 2003). Limitações físicas e psicológicas decorrentes do período gestacional podem acentuar a situação de vulnerabilidade da mulher. Identificar episódios de violência durante a gravidez é relevante para a avaliação da dinâmica relacional (Medeiros, 2015). (p. 22).

Outros ainda são os fatores de risco apontados pelo Manual, tais como conflitos relacionados à guarda visita ou pensão dos filhos; vítima isolada de amigos, familiares ou do trabalho, separação recente ou tentativa de separação; ameaça ou tentativa de suicídio por parte do autor, descumprimento de medidas protetivas anteriormente, dentre outros.

O fato é que a doutrina especializada e os estudos até então existentes permitem aferir o grau de risco de modo objetivo, tornando segura a classificação de risco a nortear a necessidade de tomadas de medidas preventivas à violência mesmo quando as medidas protetivas de aproximação e contato sejam revogadas a pedido da vítima, a exemplo da inclusão do autor em grupos reflexivos.

CONCLUSÃO

Existem parâmetros objetivos para que o Sistema de Justiça possa atuar para coibir e prevenir a prática de novas violências, mesmo nos casos em que a revogação das medidas protetivas decorre de pedido da vítima.

A dinâmica própria do ciclo do relacionamento abusivo, a necessidade de auxílio do autor da agressão no cuidado dos filhos, pressão dos familiares, vergonha, medo e dependência financeira ou emocional são alguns dos motivos mais comuns para que as mulheres, mesmo violentadas, solicitem a revogação das medidas protetivas.

A análise do Formulário de Avaliação de Risco instituído pela Lei 14.149/2021 deve ocorrer não apenas no momento de deferimento de medidas protetivas, mas também, quando da ocasião de sua revogação. Não por outra razão os manuais de aplicação do Formulário de Avaliação de Risco preveem, inclusive, que em situações de risco elevado de ocorrência de feminicídio deve ser avaliada inclusive a desconsideração do pedido de retratação da representação pelo crime de ameaça, demonstrando que a análise de risco deve permear todo o andamento processual.

Nos casos em que se constate que o pedido de revogação de medidas protetivas decorra da própria vítima, mas a análise do Formulário de Avaliação de Risco indique risco elevado para ofensas graves ou feminicídio a qualquer tempo, medidas preventivas de novas violências devem ser tomadas, a exemplo da inclusão do agressor em programas de reflexão psicossocial previsto no art. 22, VI e VII da Lei 11.340/2006.

Os estudos vêm indicando bons resultados para diminuição dos episódios de reincidência em relação aos acusados que comparecem aos programas de reflexão psicossocial, tal como os grupos reflexivos. Em um cenário de retorno ao relacionamento em situação típica da natureza cíclica dos relacionamentos abusivos, tal medida certamente se mostra salutar para prevenir novos episódios de violência e cessar o ciclo, que tende a se agravar até ocorrência do feminicídio.

Os Dados do Fórum Nacional de Segurança Pública reforçam que os feminicídios ocorrem em sua maior parte em face de mulheres que não possuem medidas protetivas, o que demonstra a necessidade imprescindível de o Sistema de Justiça redobrar a atenção e os cuidados em adotar medidas preventivas quando ocorra o pedido de revogação de protetivas, resguardando-se assim a integridade física da mulher.

Não se deve cogitar de malferimento de autonomia da mulher ao se estabelecer medidas de proteção mesmo havendo pedido de revogação de protetivas de aproximação e contato. A uma, porque as medidas que obrigam apenas ao ofensor, como a inclusão em grupos reflexivos, em nada interferem na vida, autonomia e dignidade das mulheres. Lado outro, num cenário de inserção típica de ciclo de relacionamento abusivo, a mulher perpassa por inúmeros fatores que lhe acometem de vícios de vontade, a exemplo de pressões familiares, dependência financeira, necessidade de amparo com filhos, medo, temor, vergonha, despersonalização, baixa autoestima, depressão, dentre outros.

Não por outra razão, no julgamento histórico da ADI 4424 o STF abordou a temática e compreendeu que, neste cenário, a vulnerabilidade extrema da mulher deve ser levada em conta, deixando-se de lado o argumento simplista de que a mesma age dentro de sua esfera de plena autonomia e que eventual incursão do Judiciário se mostraria desmedida. A missão da rede de proteção e do sistema de justiça, nesse cenário, deve seguir a *mens legis* da Lei 11.340/2006, atuando não só de forma a coibir, mas de prevenir a ocorrência da violência doméstica e familiar.

REFERÊNCIAS

BEIRAS, Adriano et al. *Grupos reflexivos e responsabilizantes para homens autores de violência contra mulheres no Brasil*: mapeamento, análise e recomendações [recurso eletrônico]. Dados eletrônicos. Florianópolis: CEJUR, 2021.

BRASIL. Conselho Nacional do Ministério Público. Formulário de avaliação de risco FRIDA: um instrumento para o enfrentamento da violência doméstica contra a mulher / Conselho Nacional do Ministério Público. Brasília: CNMP, 2019.

BRASIL. Fórum Brasileiro de Segurança Pública. Violência contra meninas e mulheres no 1º semestre de 2023/ Fórum Brasileiro de Segurança Pública. São Paulo, 2023.

BRASIL. Ministério Público do Distrito Federal e Territórios. Guia de Avaliação de Risco Para o Sistema de Justiça / Ministério Público do Distrito Federal e Territórios – Brasília: MPDFT, 2018.

BRASIL. Lei 11.340, de 07 de agosto de 2006. Cria mecanismos para coibir a violência doméstica e familiar contra a mulher, nos termos do § 8º do art. 226 da Constituição Federal, da Convenção sobre a Eliminação de Todas as Formas de Discriminação contra as Mulheres e da Convenção Interamericana para Prevenir, Punir e Erradicar a Violência contra a Mulher; dispõe sobre a criação dos Juizados de Violência Doméstica e Familiar contra a Mulher; altera o Código de Processo Penal, o Código Penal e a Lei de Execução Penal; e dá outras providências. Brasília, DF: Diário Oficial da União, 2006.

BRASIL. Lei 14.149, de 05 de maio de 2021. Institui o Formulário Nacional de Avaliação de Risco, a ser aplicado à mulher vítima de violência doméstica e familiar, DF: Diário Oficial da União, 2021.

BRASIL. Supremo Tribunal Federal (Tribunal Pleno). ADI 4424. Relator: Min. Marco Aurélio, 20 de fevereiro de 2012. Disponível em: https://portal.stf.jus.br/processos/downloadPeca.asp?id=245474001&ext=.pdf. Acesso em: 10 jan. 2024.

BRASIL. Superior Tribunal de Justiça (Sexta Turma). RHC N. RHC 125.349/DF, relator Ministro Antonio Saldanha Palheiro, Sexta Turma, julgado em 23.06.2020, DJe de 1º.07.2020. Disponível em: https://scon.stj.jus.br/SCON/GetInteiroTeorDoAcordao?num_registro=202000741490&dt_publicacao=01/07/2020. Acesso em: 10 jan. 2024.

CONSELHO NACIONAL DE JUSTIÇA. Recomendação Geral 35 sobre violência de gênero contra as mulheres do Comitê para Eliminação de Todas as Formas de Discriminação Contra a Mulher (CEDAW). Brasília: CNJ, 2019. 34 p. (Tratados Internacionais de Direitos Humanos).

GOIÁS. Tribunal de Justiça. Apelação Criminal 5207477-20.2023.8.09.0051. Relator: Des. Fernando de Mello Xavier, 4ª Câmara Criminal. Julgado em 09.10.2023, DJe de 09.10.2023.

GOIÁS. Tribunal de Justiça. Apelação Criminal 5333787-71.2023.8.09.0051 Relator: Des. Roberto Horácio de Rezende, 3ª Câmara Criminal. Julgado em 28.08.2023, DJe de 28.08.2023.

"NUNCA PRATIQUEI CRIME, SÓ LEI MARIA DA PENHA": AS AUDIÊNCIAS DE CUSTÓDIA E O ENFRENTAMENTO À VIOLÊNCIA CONTRA A MULHER[1]

André Pereira Crespo

Mestre e Doutorando em Direito e Políticas Públicas pelo Centro Universitário de Brasília (UniCEUB). E-mail: andrepcrespo@gmail.com

Bruno Amaral Machado

Doutor em Direito pela Universidade de Barcelona. Professor do Programa de Mestrado e Doutorado em Direito do UniCEUB. Procurador de Justiça no Distrito Federal. E-mail: brunoamachado@hotmail.com.

Sumário: Introdução – 1. Dados oficiais sobre o crescimento de crimes violentos contra as mulheres no Brasil e a necessidade do aprimoramento das políticas públicas – 2. A violência doméstica e familiar contra a mulher no sistema de justiça criminal brasileiro: um mapeamento parcial – 3. A violência doméstica nas audiências de custódia do Distrito Federal – 4. O monitoramento eletrônico como medida de proteção às vítimas – Conclusões – Referências.

INTRODUÇÃO

A violência contra a mulher é fenômeno complexo, multidimensional, forma de discriminação que inibe a capacidade de as mulheres gozarem de direitos e liberdades com base na igualdade com os homens (Cedaw, 1992). O Comitê para a Eliminação da Discriminação contra as Mulheres é órgão da Organização das Nações Unidas (ONU) que supervisiona o cumprimento das medidas recomendadas. Além de emitir relatório anual e oferecer consultoria aos Estados, o Comitê emite Recomendações Gerais para o cumprimento de obrigações impostas. A Recomendação Geral 19/1992 considera a violência familiar como uma das formas mais insidiosas de violência contra as mulheres e em seu item 23 aponta a dependência econômica como um dos fatores que alimentam o ciclo de violência familiar:

A violência familiar é uma das formas mais insidiosas de violência contra as mulheres. Ela é prevalente em todas as sociedades. No âmbito das relações familiares as mulheres de todas as idades são submetidas a violência de todos os tipos, incluindo agressões físicas, estupro e outras formas de violência sexual, mental, e outras formas de violência, que são perpetuadas por atitudes

---

1. Esse artigo foi publicado em agosto de 2021 como destaque do volume 182, ano 29, p. 261-291, da Revista Brasileira de Ciências Criminais. CRESPO, André Pereira; MACHADO, Bruno Amaral. "Nunca pratiquei crime, só Lei Maria da Penha": as audiências de custódia e o enfrentamento à violência contra a mulher. *Revista Brasileira de Ciências Criminais*. v. 182. ano 29. p. 261-291. São Paulo: Ed. RT, ago. 2021.

tradicionais. A ausência de independência econômica força muitas mulheres a se manterem nas relações violentas. A anulação das responsabilidades delas pelos homens pode ser uma forma de violência e coerção. Estas formas de violência colocam as mulheres em risco e reduzem sua habilidade de participar na vida familiar e pública numa base de igualdade. (Cedaw, 1992, p. 4).

A Convenção de Belém do Pará identifica as relações desiguais de poder entre homens e mulheres como a principal causa da violência contra a mulher.[2] Diferentemente da Lei Maria da Penha, que se aplica somente à violência doméstica e familiar contra a mulher, a Convenção de Belém do Pará, adotada em 1994, possui âmbito de incidência mais amplo. Requer o compromisso do Estado para assegurar medidas que reconheçam e assegurem a plena igualdade das mulheres perante a lei. Adverte-se que se trata de problema universal e atinge todos os grupos sociais. Relata-se que as proporções são epidêmicas e assumem características específicas e interseccionadas com vários marcadores simbólicos como raça, etnia e classe social em cada contexto sociocultural considerado (Bandeira; Almeida, 2015).

O tema é amplo e abre diferentes perspectivas de análise e linhas de pesquisa. O objetivo do artigo é analisar o potencial das audiências de custódia como arranjo institucional para o enfrentamento da violência contra as mulheres no Distrito Federal. O texto contextualiza o campo de estudos da violência doméstica e familiar contra as mulheres no sistema de justiça criminal brasileiro. Apresenta dados oficiais disponibilizados no sítio eletrônico do Tribunal de Justiça do Distrito Federal (TJ-DFT) desde a implantação do Núcleo de Audiências de Custódia (NAC/DF) em 2016 até 2019. Em seguida, o foco direciona-se às práticas das audiências de custódia do Distrito Federal, com base nos dados coletados em pesquisa de campo.

A metodologia do estudo compreende a análise documental de pesquisas acadêmicas, de dados empíricos disponibilizados pelos órgãos oficiais e de dados empíricos coletados pela observação direta em pesquisa de campo. A pesquisa de campo foi realizada entre abril e setembro de 2019, período de coleta de informações de 794 custodiados em 700 audiências. Ao todo, 6 meses de pesquisa com 48 incursões a campo. Nesse período, observou-se, em média, 14,5 audiências nos dias dedicados à pesquisa de campo. Em 700 audiências selecionadas e analisadas, houve 198 autuações (28,28%) pela prática da violência contra a mulher.

No DF, as audiências de custódia acontecem todos os dias da semana. A cada dia, aproximadamente 30 pessoas são apresentadas às audiências de custódia no NAC/DF (Crespo, 2020, p. 55). A pesquisa coletou dados todos os dias da semana, de forma aleatória, a fim de evitar distorções no resultado da pesquisa. Esse método não se confunde com controle de dados pelo pesquisador. A coleta de dados proporcionalmente distribuída por todos os dias da semana evita vieses no resultado da pesquisa (Morettin, 2000, p. 23-24).

---

2. Adotamos a definição prevista no artigo 1.º da Convenção de Belém do Pará segundo a qual é violência contra a mulher "qualquer ato ou conduta baseada no gênero, que cause morte, dano ou sofrimento físico, sexual ou psicológico à mulher, tanto na esfera pública como na esfera privada" (CIDH, 1994).

As informações verbais dos relatos dos custodiados e das manifestações orais dos operadores jurídicos ocorridos em audiência de custódia foram fruto da observação direta das audiências. A observação direta da pesquisa[3] foi conduzida pelos seguintes problemas centrais: Os arranjos institucionais das audiências de custódia estão em consonância com os tratados internacionais de Direitos Humanos? Os arranjos institucionais das audiências de custódia do Distrito Federal se coadunam com os objetivos declarados na Resolução 213/2015 do CNJ? As práticas dos operadores jurídicos adotadas nas audiências de custódia do Distrito Federal estão conforme os arranjos institucionais? As audiências de custódia do Distrito Federal são o meio mais eficaz ao enfrentamento da violência no momento da prisão? (Crespo, 2020).

O campo da violência doméstica e familiar contra as mulheres não constituía objetivo inicial da pesquisa, com foco nos arranjos institucionais idealizados para as audiências de custódia no Distrito Federal. Porém, o elevado número de autuações redirecionou o estudo para o recorte que propomos neste artigo. Assim, o formulário de pesquisa[4] não contemplou perguntas específicas a respeito do tema. Após a alimentação de banco de dados com o preenchimento dos formulários, o programa *Google Forms®* gerou planilha *Microsoft Office Excel®* 2019 com dados globais da pesquisa. A extração de dados específicos sobre violência doméstica e familiar contra as mulheres foi obtida por meio da aplicação de filtro específico para selecionar as audiências de custódia que tratava de crimes praticados no contexto de violência doméstica. O texto orienta-se pela seguinte pergunta: como os atores acionados pelo arranjo institucional reagem e atuam diante dos relatos dos acusados da prática de crimes contra as mulheres?

1. DADOS OFICIAIS SOBRE O CRESCIMENTO DE CRIMES VIOLENTOS CONTRA AS MULHERES NO BRASIL E A NECESSIDADE DO APRIMORAMENTO DAS POLÍTICAS PÚBLICAS

A edição de 2019 do Atlas da Violência indica crescimento de homicídios femininos no Brasil, em 2017. Foram 4.936 mulheres mortas, o que corresponde a uma média diária de 13 homicídios. No contexto nacional, entre 2007 e 2017, o aumento da taxa de homicídios de mulheres foi de 20,7%, elevando a taxa em 17 UFs (IPEA, 2019).

O homicídio de mulheres é apontado como crime que expressa a conjugação perversa entre desigualdades sociais e a cultura patriarcal.[5] No Brasil, ingrediente

---

3. A pesquisa de campo originou a dissertação, adaptada para o livro *Audiências de custódia no Distrito Federal*: arranjos institucionais e práticas do sistema de justiça, publicado pela Editora *Lumen Juris* em 2020.

4. CRESPO, 2020, p. 299-326.

5. Há extensa literatura sobre o tema. A cultura patriarcal apresenta-se como característica de um sistema social estruturado em relações hierárquicas entre gêneros. Na cultura patriarcal os homens posicionam-se de forma privilegiada nas relações sociais. Rita Segato (2003) conceitua o patriarcado como norma instituída e, ao mesmo tempo, projeto de autorreprodução que contempla mecanismos para a manutenção da sujeição das mulheres. Machado (2000, p. 3) sustenta que "o termo patriarcado remete, em geral, a um sentido fixo, uma estrutura fixa que imediatamente aponta para o exercício e presença da dominação masculina". Por sua vez, "o termo gênero remete a uma não fixidez nem universalidade das relações entre homens e mulheres. Articula-se com a ideia de que as relações simbólicas são construídas e transformáveis".

que agrava essa fórmula é o enraizamento de redes de criminalidade em comunidades periféricas nas grandes cidades, áreas onde se concentram as taxas mais altas de feminicídio. Os contextos de homicídios de mulheres são diversificados e obedecem a dinâmicas sociais distintas dos homicídios de homens. O desafio das políticas públicas é reconhecer os variados contextos e as diferentes vulnerabilidades produzidas pela subordinação de gênero (Portella, 2019).

Em 2017, o DF respondeu pela segunda menor taxa de feminicídios (2,9 por 100 mil mulheres) no Brasil. Somente o Estado de São Paulo teve indicador menor (2,2). Em termos de variação, a maior redução (29,7%) da taxa foi na capital do país em comparação com as capitais dos 26 Estados da Federação (IPEA, 2019).

A violência doméstica não é praticada apenas contra as esposas. Há vítimas mães, irmãs e filhas, mulheres negras em sua maioria.[6] Pesquisa indica percentual mais elevado de violência doméstica e familiar contra mulheres negras, sendo que as mulheres em idade reprodutiva (entre 20 e 59 anos) são vítimas mais frequentes (Severi, 2017, p. 240).

A taxa de homicídios de mulheres não negras cresceu 4,5% entre 2007 e 2017, ao passo que entre as negras teve crescimento de 29,9%. Em 2017, a taxa de homicídio de mulheres não negras foi de 3,2 a cada 100 mil mulheres não negras. De outro lado, foi de 5,6 para cada 100 mil mulheres negras. Mulheres negras representaram 66% de todas as mulheres assassinadas no país em 2017 (IPEA, 2019).

As mulheres negras integram o grupo de maior vulnerabilidade em todos os âmbitos sociais. As desigualdades de oportunidades persistem nas piores condições socioeconômicas, nas quais as chances de mobilidade social são menores. Argumenta-se que o racismo e o sexismo são alicerces das desigualdades. A raça e o sexo são categorias utilizadas para justificar discriminações e subalternidades, estruturam relações de poder e determinam os lugares sociais (Carneiro, 2019). Alerta-se ainda para a vitimização de mulheres negras em revistas vexatórias e dos deveres informais que surgem quando os companheiros são presos (Valença; Mello, 2020).

A percepção de crescimento de feminicídios no país, nos últimos anos, tem chamado atenção, mas não se sabe ao certo se o aumento dos registros do crime pelas polícias reflete efetivamente aumento no número de casos. Uma hipótese é a diminuição da subnotificação como resultado da recente implantação da Lei 13.104/2015, Lei do Feminicídio, no sistema de justiça criminal (Brasil, 2015a). A maioria das mortes violentas intencionais contra as mulheres ocorrem dentro das residências,

---

6. Para o Superior Tribunal de Justiça (STJ), a Lei 11.340/2006 (BRASIL, 2006) possui abrangência ampla. No entendimento do Tribunal Superior, o enfrentamento da violência doméstica nos termos propostos pela Lei Maria da Penha pode ser cometida por qualquer pessoa, inclusive por outra mulher, que tenha relação familiar ou afetiva com a vítima. Há precedentes do STJ, com fundamento no artigo 5º, III, da Lei n.º 11.340/2006, pela aplicabilidade da Lei em delitos de violência doméstica às esposas, companheiras ou amantes, bem como à mãe, filhas, netas, sogra, avó ou qualquer outra mulher que mantenha vínculo familiar ou afetivo com o agressor, vide HC 310.154 (BRASIL, 2015b) e HC 277.561 (BRASIL, 2014). Ainda em relação ao amplo alcance da Lei, o entendimento consolidado no enunciado da súmula 600 do STJ é a desnecessidade de coabitação entre autor e vítima para a configuração de violência doméstica e familiar.

sendo esse possível parâmetro para mensurar o feminicídio e evidenciar a evolução nas taxas do crime no Brasil. Pesquisadores advertiram que o risco de envolvimento em feminicídio está associado a desigualdades sociais. Apesar de a raiz da violência contra a mulher estar na discriminação de gênero, a interseccionalidade revela como as discriminações de gênero se agravam em países marcados pela colonialidade (Ávila et al., 2020). O legado colonial multiplica violências às mulheres socialmente excluídas. Os dados oficiais apontam, nos últimos 10 anos, para o crescimento de 29,8% de assassinatos de mulheres, dentro das residências (IPEA, 2019).

Pesquisas apontam para muitos casos de morte de mulheres dentro das residências, e alertam para a multiplicidade de fatores de risco presentes e conhecidos e a necessidade de respostas articuladas do sistema de segurança para evitá-los (Strey; Jardim, 2019). Sugere-se que a resposta mais efetiva requer trabalho em rede entre serviços e profissionais em âmbitos distintos (Strey; Jardim, 2019). Dessa forma, poderia aperfeiçoar a qualidade dos serviços prestados às mulheres e potencializaria a eficiência de estratégias preventivas. A *eficiência* é conceituada como a virtude de produzir um efeito ao menor custo (Holanda, 2010). No campo das políticas públicas, Ballart (1992) define eficiência como a medida dos custos efetivos para produzir o resultado pretendido por um programa determinado.

Apenas em 2017 mais de 221 mil mulheres noticiaram nas delegacias de polícia do Brasil terem sido vítimas de lesões corporais dolosas. No entanto, o medo ou a vergonha de denunciar os agressores podem subestimar esse número. Além disso, a facilitação da posse de arma de fogo em residência pode deixar as mulheres ainda mais vulneráveis e contribuir para o aumento do número de vítimas de violência doméstica (IPEA, 2019).

Os dados demonstram crescimento de registros oficiais de crimes violentos contra as mulheres no Brasil nos últimos anos. Deve-se considerar que nem sempre os números refletem a realidade; ou seja, há um aumento dos casos ou maior confiança e empenho dos atores envolvidos na judicialização do grave problema social. O alerta não descarta, de outro lado, a necessidade do aprimoramento das políticas públicas.

No Distrito Federal, Ávila (2018) esclarece que o projeto de proteção integral à mulher em situação de violência doméstica surgiu a partir da demanda da rede de enfrentamento à violência doméstica e da necessidade de construção de mecanismos mais eficientes de articulação interinstitucional com foco na proteção à mulher. A atuação multidisciplinar articulada em rede para o enfrentamento à violência doméstica contribuiu para a conscientização dos direitos das mulheres e proporciona mecanismos que lhe permitam posicionar-se frente à relação violenta. Um dos principais espaços de articulação da rede tem sido a Casa da Mulher Brasileira (CMB), que articula, no mesmo espaço físico, os diversos serviços de atendimento à mulher e permite seu acesso a todos os serviços em um mesmo local, evitando sua "peregrinação" nos serviços públicos. Em relação à avaliação de riscos, a utilização de questionários contribui para a construção de planos de segurança, intervenções mais céleres e a individualização das respostas pelas agências do Estado. A identificação de fatores de risco específicos também permite intervenções individualizadas para reduzir a probabilidade de o conflito evoluir para um resultado mais gravoso. A construção de rotinas para referência e contrarreferência entre os integrantes da rede de proteção, especialmente de comunicação aó Sistema de Justiça para eventual reavaliação das medidas protetivas de urgência ou decretação de prisão preventiva nos casos de desobediência às medidas protetivas de urgência. Medidas de proteção integral à mulher, implementadas entre a ocorrência do fato e a decisão do juiz da custódia, podem contribuir para a proteção da mulher vítima de violência doméstica.

Os variados contextos e as diferentes vulnerabilidades produzidas pela subordinação de gênero precisam ser compreendidos e integrados às ações dos poderes públicos. Neste contexto, é importante analisar as práticas do sistema de justiça criminal no enfrentamento à violência doméstica e familiar contra as mulheres.

2. A VIOLÊNCIA DOMÉSTICA E FAMILIAR CONTRA A MULHER NO SISTEMA DE JUSTIÇA CRIMINAL BRASILEIRO: UM MAPEAMENTO PARCIAL

O processo de institucionalização das demandas dos movimentos de mulheres para coibir a violência contra as mulheres é representado por três momentos emblemáticos: na década de 1980, com o início da implantação das delegacias da mulher, em meados da década seguinte, com a criação dos Juizados Especiais Criminais e com o advento da Lei Maria da Penha em 2006 (Brasil, 2020). A Lei Maria da Penha (LMP) é fruto de engajamento do Estado brasileiro no Sistema Interamericano de Proteção de Direitos Humanos das mulheres. A partir de sua implantação tornou-se marco importante para a redução do índice de violência contra a mulher.

Há acúmulos de reflexões teóricas e achados empíricos sobre a atuação do sistema de justiça no enfrentamento à violência contra a mulher, e as nossas escolhas pretendem unicamente ilustrar uma parte dos acúmulos de conhecimento no campo. A diversidade e qualidade de pesquisas nos últimos anos torna complexo o levantamento, que demanda estudos de cunho bibliográfico, o que não é o nosso propósito. Na vigência da Lei 9.099/95, estudos evidenciaram entraves para o enfrentamento à violência contra a mulher com os instrumentos despenalizadores instituídos. Em Porto Alegre, pesquisadores demonstraram a ineficácia da Lei 9.099/95 (Brasil, 1995) no enfrentamento da violência doméstica. Na perspectiva dos autores, a violência doméstica é forma de expressão da violência de gênero e se consubstancia em "condutas ofensivas realizadas nas relações de afetividade ou conjugalidades hierarquizadas entre os sexos, cujo objetivo é a submissão ou subjugação, impedindo ao outro o livre exercício da cidadania" (Campos; Carvalho, 2006). A possibilidade de diálogo entre esses discursos se daria sob a perspectiva da vítima no momento do crime e a perspectiva do autor do fato durante o processo penal. A perspectiva crítica dos discursos direciona-se à classificação legal de inúmeras formas de violência doméstica como "delito de menor potencial ofensivo" e, em consequência dessa classificação, a forma de processualização consensual.

Relata-se que os crimes de ameaça e de lesões corporais abrangidos pela Lei 9.099/95 são majoritariamente cometidos contra mulheres e somam cerca de 60% a 70% do volume processual dos Juizados (Campos; Carvalho, 2006). Na perspectiva dos pesquisadores, o novo procedimento de remessa obrigatória do Termo Circunstanciado ao Poder Judiciário proporcionou mais visibilidade ao problema da violência contra as mulheres. No entanto, não teria aumentado a efetividade no seu enfrentamento. A Lei 9.099/95 considera como de menor potencial ofensivo os crimes cuja pena máxima não ultrapasse dois anos, critério que se aplica indistintamente aos casos de violência conjugal e nega tutela jurídica aos direitos fundamentais das mulheres (Brasil, 1995). Outro problema apontado foi o fato de a composição civil dos danos e a transação penal contribuírem para a renovação da disputa conjugal em desfavor da vítima e devolverem "poder" ao autor da violência ao condicionar os termos da proposta à sua aceitação. Concluíram os autores que a diminuição das possibilidades de intervenção nas discussões reduziria a possibilidade de escuta das vítimas. Ainda, a Lei 9.099/95 (Brasil, 1995) estaria em dissonância com a proteção dos direitos humanos das mulheres, em especial a prevista na Convenção de Belém do Pará (CIDH, 1994), notadamente pela falta de previsão de medidas que garantam sua integridade física e emocional. A proteção aos direitos fundamentais ficaria prejudicada pela incapacidade de os operadores lidarem com a violência de gênero ao suprimirem a capacidade de fala das vítimas. Destacaram incapacidade de escuta dos operadores jurídicos em geral, sobretudo dos juízes. Outro problema detectado seria a possibilidade de os Juizados Especiais Criminais servirem de palco para o narcisismo de operadores jurídicos que se julgam preparados para o papel de conciliadores quando nem conseguiram se libertar da cultura inquisitiva e decisionista (Campos; Carvalho, 2006).

Certamente as críticas às práticas dos juizados especiais criminais nos casos de violência contra a mulher foram também relevantes nos debates e proposição de novos arranjos institucionais que levaram à Lei Maria da Penha. De outro lado, na vigência desta lei surgem novos cenários e outros desafios para implantação das políticas públicas idealizadas pelo diploma legal. Somam-se outros estudos nos últimos anos que permitem adensar o campo de estudos.

Tavares (2015) discutiu os desafios para a aplicação da Lei Maria da Penha em Salvador a partir do depoimento de onze mulheres em situação de violência doméstica e familiar. Essas mulheres verbalizaram queixas e demandas sobre a rede de atendimento em uma Roda de Conversa no Conselho de Desenvolvimento da Comunidade Negra (CNDN) no dia 5 de junho de 2012. A Roda de Conversa é metodologia participativa. Além de promover debate e reflexões, buscou produzir material para subsidiar a elaboração de um dossiê a ser entregue à Comissão Parlamentar Mista de Inquérito (CPMI) da Violência na Bahia. Pelo teor dos depoimentos, as mulheres consideraram insatisfatório o atendimento recebido no Disque 190, nas Delegacias Especiais de Atendimento à Mulher (DEAM's), no Ministério Público e na Justiça. Essas mulheres relataram sentimentos de desproteção, desrespeito e de serem reféns das situações de violência.

Pesquisadores coletaram dados de amostra composta por 197 prontuários de mulheres vítimas de qualquer tipo de violência doméstica atendidas na Unidade de Proteção Especial à Mulher no Estado do Ceará entre os anos de 2001 e 2012 (Amaral et al., 2016). Os resultados evidenciaram que 53,5% das mulheres agredidas eram jovens e 47,2% eram mulheres pardas, em sua maioria (69%) sem união estável, com baixa escolaridade (91,4%). Os pesquisadores constataram que após a promulgação da LMP os agressores passaram a ostentar mais antecedentes criminais e envolvimento com drogas ilícitas, se comparado ao período anterior à lei. Constataram ainda que apesar da elevada subnotificação de casos de violência doméstica, aumentou o número de denúncias após o advento da LMP. Ciúmes, contrariedades, uso de álcool e suspeitas de traição foram os fatores mais frequentes que teriam desencadeado as agressões contra as mulheres. Nesse ponto não haveria diferenças regionais, pois tanto no Ceará como em Florianópolis (Amaral et al., 2016) esses são os fatores apontados pelas mulheres como deflagradores de violência doméstica. No Ceará, em São Paulo e no Rio Grande do Sul, a face e o crânio das mulheres foram identificados como os alvos preferidos dos agressores. O perfil das práticas de violência em âmbito doméstico sofreu modificações após a promulgação da LMP (Brasil, 2020), cenário que demanda o desenvolvimento de ações sociais e de saúde, voltadas para a erradicação e assistência efetiva desse grave problema social e de saúde pública (Amaral et al., 2016).

Ainda no Ceará, pesquisa analisou as formas de enfrentamento à violência doméstica após a denúncia. Entre os meses de agosto e setembro de 2007, nove mulheres declaradas vítimas de violência doméstica participaram da pesquisa qualitativa no Centro Estadual de Referência e Apoio à Mulher (CERAM). O medo, a dependência financeira, a vergonha, a maternidade e a cultura emergiram como barreiras ao enfrentamento da violência doméstica. Por outro lado, as vítimas relataram que o apoio da família e de amigos, a lei, os setores de proteção e o maior engajamento em atividades religiosas foram importantes para encarar o problema (Parente; Nascimento; Vieira, 2009).

Na Grande São Paulo, pesquisa realizada em 2010 analisou a atuação de psicólogos em rede de serviços prestados às mulheres em situação de violência. Pela análise de 100 entrevistas, as pesquisadoras notaram grande diversidade de práticas e o frequente ajustamento das intervenções aos objetivos, à cultura institucional e à vocação assistencial dos serviços. Apontou-se como possível razão desses problemas a baixa disseminação das diretrizes técnicas dos protocolos e normatizações da política pública (Hanada; D'Oliveira; Schraiber, 2010).

Ainda na percepção das pesquisadoras, psicólogos não conseguiram preencher lacunas de capacitação de policiais no atendimento de mulheres vítimas de violência. Em um dos serviços pesquisados não havia atendimento a casos de violência doméstica por ausência de profissionais qualificados. A mediação, prática diversa da clínica tradicional, foi outra das práticas dos psicólogos observadas nos serviços jurídicos analisados. Com a mediação buscava-se a superação de conflitos conjugais para evitar a impetração de ações judiciais litigiosas. Outra percepção foi a invisibilidade da violência sexual por parceiros. Concluíram as pesquisadoras pela reduzida compreensão das possibilidades do trabalho dos psicólogos no atendimento às mulheres vítimas de violência (Hanada; D'Oliveira; Schraiber, 2010).

As práticas de magistrados encarregados de aplicar a LMP foram também analisadas em Santa Catarina em estudo de 2015. Por meio da observação etnográfica, entrevistas e análise de processos penais, pesquisa realizada em Vara Criminal e em Juizado de Violência contra a Mulher revelou diferentes "estilos" de condução das audiências de ratificação pelos magistrados, o que leva os processos a tomarem rumos variados, sobretudo pela relação estabelecida com mulheres e acusados. A pesquisa constatou que nas audiências de ratificação a provável causa da violência foi tratada, por vezes, como objeto secundário (Bragagnolo; Lago; Rifiotis, 2015).

Em Santa Catarina, pesquisa compilou dados coletados em 8 anos, com o objetivo de contextualizar a proposta de atendimento em rede para subsidiar avanços com a política de atendimento às mulheres em situação de violência doméstica e familiar (Pasinato, 2015). Alguns dos obstáculos encontrados na rede de atendimento às mulheres: pequena quantidade de serviços especializados, deficiências estruturais que muitos desses serviços apresentaram e problemas relativos à composição, tamanho e especialização das equipes profissionais (Pasinato, 2015). Além desses problemas, pesquisas também mostraram que os serviços funcionam precariamente conectados, em relações que se baseiam, na maior parte das vezes, em relações pessoais entre profissionais que se organizam para atendimentos individuais privados. Detectou-se ainda obstáculos relacionados à natureza afetiva das relações violentas, às condições que são dadas às mulheres para conhecerem seus direitos e aos mecanismos que devem ser acionados para se reconhecerem como sujeitas de direitos (Pasinato, 2015).

Em 2020, Valença e Mello analisaram a atuação de juízes nos casos previstos pela Lei Maria da Penha nas audiências de custódia no Recife e em Olinda. Na percepção das pesquisadoras, o compartilhamento de espaço entre agressores de mulheres com ladrões e traficantes contribuiu para o esvaziamento da gravidade da violência doméstica. A geração de decisões liberatórias seria consequência dessa prática que, por si só, não seria problema, mas poderá se tornar diante da falta de assistência específica à vítima. As autoras enfatizaram possíveis avanços, pois, além de possibilitar maior possibilidade de controle da atividade policial, as audiências de custódia constituem espaço com potencial para o aperfeiçoamento das decisões judiciais. No entanto, alertam para os riscos de práticas de viés punitivista e entraves burocráticos do sistema de justiça criminal. Ao final da pesquisa, as autoras propuseram diálogo entre a Lei Maria da Penha e as audiências de custódia para minorar a revitimização da mulher no processo penal.

3. A VIOLÊNCIA DOMÉSTICA NAS AUDIÊNCIAS DE CUSTÓDIA DO DISTRITO FEDERAL

A Portaria Conjunta 70/2017 do TJDFT dispõe que "nas hipóteses de violência doméstica e familiar contra a mulher que trata a Lei 11.340, de 2006, o juiz, ao deliberar sobre a prisão, poderá conceder medidas protetivas de urgência, sem prejuízo de posterior reexame pelo respectivo juízo do conhecimento" (Brasil, 2017b).

Os relatórios disponibilizados pelo TJDFT informam que em 11.348 audiências de custódia realizadas entre janeiro de 2016 e 6 de janeiro de 2017, primeiro ano de funcionamento do Núcleo, foram deferidas 1.172 medidas protetivas em crimes praticados no contexto de violência doméstica, número que representa 10,32% do total de audiências realizadas no período (TJDFT, [2019b]).

Na amostra pesquisada, a média de prisões dos agressores de mulheres foi inferior à média geral de prisões desde a implantação do NAC. Enquanto de 2016 a 2019 a média geral de decretações de prisões preventivas no NAC/DF foi de 45,64% (Tabela 1), somente 19% dos autores de crimes praticados em contexto doméstico contra as mulheres tiveram suas prisões preventivas decretadas.

Tabela 1 – Dados gerais – anos de 2016, 2017, 2018 e 2019

Períodos	Audiências de Custódia realizadas	Casos que resultaram em liberdade	Casos que resultaram em prisão preventiva	% de casos que resultaram em prisão preventiva
2016	11240	5607	5633	49,88%
2017	11203	5445	5758	51,39%
2018	11298	5698	5511	48,77%
2019	12316	8020	4121	33,46%
Total	46.057	24.770	21.023	45,64%

Fonte: Tribunal de Justiça do Distrito Federal e Territórios. *Núcleo de Audiências de Custódia*. Brasília, [2020b]. Disponível em: http://bit.ly/34sDBkP. Acesso em: 4 nov. 2019.

O Brasil ainda não conta com um sistema nacional de estatísticas criminais, havendo poucas iniciativas isoladas. Em 2005, o Instituto de Segurança Pública do Rio de Janeiro começou a publicar estatísticas de violência contra a mulher com base em registros de ocorrências da polícia civil. No Distrito Federal, o MPDFT publica anualmente relatórios técnicos de análise estatística referente à violência doméstica e familiar contra mulher (Estatística, 2019). Essas publicações evidenciam o espaço doméstico como principal *locus* de ocorrência de lesões corporais e revelam que a violência é perpetrada por alguém que a vítima conhece e com quem mantém ou manteve relacionamentos (Pitanguy; Barsted, 2019).

Os crimes contra as mulheres foram os mais registrados na amostra pesquisada no Distrito Federal: das 700 audiências observadas, houve 198 autuações (28,28%) por delitos praticados nesse contexto. Os tipos penais mais incidentes na amostra foram lesão corporal, injúria e ameaça, conforme demonstra o Gráfico a seguir:

Gráfico – Dados globais dos tipos penais

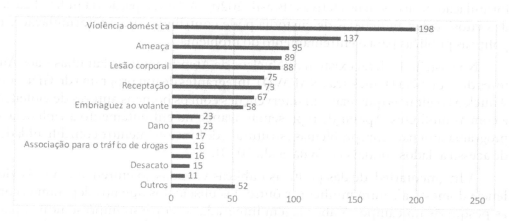

Fonte: Elaboração própria a partir de dados coletados nas audiências de custódia.

A LMP é o principal marco normativo criado para o enfrentamento à violência doméstica e familiar contra a mulher. O inciso I do artigo 8º da LMP prevê "a integração operacional do Poder Judiciário, do Ministério Público e da Defensoria Pública com as áreas de segurança pública, assistência social, saúde, educação, trabalho e habitação" (BRASIL, 2020) como iniciativa integrada de enfrentamento do problema. Nesse sentido, as audiências de custódia podem constituir-se em oportunidade de resposta imediata e articulada dos sistemas policial e de justiça e, a longo prazo, constituir-se em importante ferramenta de prevenção da violência contra a mulher.

Pesquisadoras alertam para a existência de poucos estudos acerca da efetividade das políticas públicas para a prevenção da violência doméstica e familiar contra as mulheres. O poder público falha no monitoramento, na avaliação e na busca pelo aperfeiçoamento das políticas públicas. Além disso, faltam críticas independentes. Relatórios publicados pelos próprios executores ressaltam os aspectos positivos de políticas por eles aplicadas. Sugere-se a aplicação de metodologias de avaliação de impacto a fim de mensurar resultados e formular proposições de aperfeiçoamento das políticas, projetos e ações (Pasinato; Machado; Ávila, 2019). As audiências de custódia podem constituir importante ferramenta ou janela de oportunidade para proposições de aperfeiçoamento.

Recentemente, a LMP passou a prever a condição de que o agressor participe de programas de recuperação e reeducação, além de determinar o acompanhamento psicossocial (Brasil, 2020). O elevado número de casos e a complexidade do assunto sugerem o caminho da abordagem sistêmica e não medidas pontuais. Há necessidade de mais estudos acerca da efetividade das políticas públicas adotadas ao enfrentamento da violência doméstica e familiar contra as mulheres. Há falhas na avaliação e no monitoramento que prejudicam o aperfeiçoamento da política pública. Como solução, sugere-se a adoção de metodologias de avaliação de impacto para possibilitar formulação de ações mais efetivas (Brasil, 2020). A "antecipação da judicialização dos fatos" pelas audiências de custódia pode contribuir para a reformulação das políticas públicas para o enfrentamento do problema.

No Distrito Federal existem os Núcleos de Atendimento às Famílias e aos Autores de Violência Doméstica (NAFAVD), integrantes de um programa do GDF com 9 núcleos regionais que realizam intervenções com os homens autores de violência e com as mulheres. Apesar de representar avanço no enfrentamento à violência, o programa se depara com problemas estruturais, de funcionamento e com dificuldades de acesso a dados confiáveis (Ávila et al., 2020).

A fragmentariedade das políticas públicas voltadas ao enfrentamento da violência doméstica contra mulheres é outro dos obstáculos que nos deparamos com as pesquisas no campo. A abordagem integrada seria passo imprescindível para consolidação de um sistema de proteção social dos direitos sociais das mulheres. A fragmentariedade e a pontualidade das políticas públicas constituem-se em obstáculos à concretização dos direitos das mulheres na medida em que desarticulam os serviços assistenciais (Ávila et al., 2020). As audiências de custódia podem instituir-se como *locus* privilegiado para o enfrentamento da violência contra a mulher, o que supõe um olhar cuidadoso sobre as práticas dos atores envolvidos nas audiências de custódia.

Não há padrão de aplicação da Lei Maria da Penha entre os magistrados. A partir das observações de campo, análises documentais e entrevistas, o relatório do IPEA (2019) classificou os magistrados em três perfis típicos. Na tipologia adotada pelo Instituto, haveria juízes comprometidos, moderados e conservadores na aplicação da LMP. A aplicação de medidas protetivas é um dos critérios utilizados na definição do perfil dos magistrados. Magistrados que comumente deferem medidas protetivas foram considerados comprometidos, ao passo que os tendentes a indeferir a concessão de medidas protetivas foram classificados como resistentes. Ainda pelo relatório, moderados seriam os juízes que não possuem tendências definidas na análise de medidas protetivas.

Em 2017, no Distrito Federal, o percentual de aplicação de medidas protetivas se manteve em aproximadamente 10% do número de audiências realizadas. Durante todo o ano, 11.203 pessoas foram apresentadas e 1.153 medidas protetivas foram deferidas em crimes praticados no contexto de violência doméstica (TJDFT, [2017]).

No ano seguinte, nas 11.298 audiências de custódia realizadas, 2.010 medidas protetivas foram deferidas, o que representa aumento percentual para aproximadamente 18% (TJDFT, [2019a]). Já em 2019 foram determinadas 2.249 medidas em 12.316 audiências, mantendo o percentual de 18% de medidas protetivas concedidas (TJDFT, [2020a]). No dia 3 de abril de 2020 foi publicada a Lei 13.984 (Brasil, 2020) que acrescentou outras duas medidas protetivas de urgência ao artigo 22 da LP. Com isso, o agressor poderá ser obrigado a frequentar programas de recuperação e reeducação, além da possibilidade de ser determinado o seu acompanhamento psicossocial por meio de atendimento individual ou em grupo de apoio.

Pesquisa realizada no Distrito Federal documentou que em 88% dos casos não há novas comunicações de atos de violência doméstica entre as partes quando há deferimento das medidas protetivas de urgência (Diniz; Gumieri, 2016). A taxa de retorno sugere a necessidade de adoção de políticas públicas mais efetivas. As descrições das audiências são elucidativas para a análise e se apresentam como dado empírico relevante para observação das práticas dos operadores e reação dos autuados.

Outro estudo no Distrito Federal evidenciou que aproximadamente metade das mulheres e a maioria dos homens envolvidos nos feminicídios ostentavam passagens pregressas pelos serviços de saúde por episódios de violência. Em todos os casos de feminicídio pesquisados, o agressor possuía histórico de outras violências, mas em apenas 23,5% dos casos houve prévio registro de ocorrência policial. Padrões violentos repetitivos permitem a intervenção, evitam mortes e proporcionam condições para a interrupção do ciclo de violência. Ao não intervir no momento oportuno, mulheres continuam perdendo a vida em virtude de lacunas da atuação protetiva do Estado (Ávila et al., 2020).

A pesquisa de campo no NAC/DF detectou a presença de autores multirreincidentes em delitos praticados no contexto de violência doméstica, indicador que pode contribuir para o aperfeiçoamento das políticas públicas sobre o tema. Na amostra pesquisada, dos 198 detidos em flagrante por crimes praticados no contexto doméstico, 66 custodiados (34%) ostentavam uma passagem criminal por delitos dessa natureza. Outros 23 custodiados (12%) apresentados às audiências de custódia ostentavam múltiplas condenações anteriores por crimes contra mulheres no contexto doméstico. Esses 23 custodiados tiveram a prisão preventiva decretada na audiência de custódia e o histórico criminal foi utilizado para fundamentar a decisão.

Na audiência 298, que durou 4 minutos, efetivou-se a 14ª autuação de um custodiado pela prática de violência doméstica. Destaca-se que as informações transcritas abaixo foram coletadas em diálogos orais em audiências durante a pesquisa. No caso, a defesa limitou sua manifestação pela liberdade, sem fundamentar o pedido: "Defesa: a defesa oficia pela liberdade" (Formulários, 2019, p. 21-22). A necessidade de manutenção da ordem pública e da integridade física e psicológica da vítima foram os fundamentos que o magistrado utilizou para decretar a prisão preventiva. A forma como a audiência transcorreu sugere que o convencimento do magistrado pela decretação da prisão poderia ter sido formado antes do início da audiência, conforme nos informa trecho do diálogo:

Juiz: O senhor já respondeu por algum crime?

Autuado: Maria da Penha

Juiz: Algumas né? Quantas passagens o senhor já teve? Se lembra ou já perdeu as contas?

Autuado: *13* (Informação verbal) (Formulários, 2019, p. 22).

A frase "algumas né?" evidencia que o juiz tinha acesso aos antecedentes criminais quando inquiria o autuado". Ainda na audiência 298, a prisão preventiva do autuado já havia sido decretada em audiência de custódia por crime anterior praticado em contexto de violência doméstica. O juiz determinou o uso de tornozeleira eletrônica e, mais uma vez, o autuado cometeu nova violência contra a mulher. A sequência reiterada de crimes sugere a inefetividade da medida de enfrentamento até então adotada. A continuidade do diálogo é elucidativa:

Autuado: foi. No dia 6 de maio.

Juiz: Aí lá na audiência a juíza te informou sobre as medidas, né? Você estava na audiência no dia 6 de maio?

Autuado: tava sim.

Juiz: Vou fazer perguntas sobre a sua prisão, se o senhor quiser pode ficar calado. No momento da abordagem dos policiais o senhor foi agredido pelos policiais?

Autuado: não.

MP: Não é caso de relaxamento. *Quanto aos fatos, consta que o autuado teria descumprido protetivas. Dessa maneira, considerando que as medidas menos gravosas não são suficientes para conter.* O Ministério Público oficia pela conversão da prisão em flagrante em prisão preventiva, visando manter a ordem pública e preservar a integridade física e psíquica da vítima.

Juiz: decreto a prisão preventiva para *manter a ordem pública* e manter a integridade física e psicológica da vítima (informação verbal) (Formulários, 2019, p. 22).

Considerando os dados sobre o sexo, tem-se que a diferença percentual das mulheres autuadas em flagrante e apresentadas às audiências de custódia no DF foi de 1% de 2016 para 2017. Em 2016, elas representavam 8%, ao passo que em 2017 somavam 7% (TJDFT, [2017]).

Não houve diferença percentual relevante na comparação entre 2018 (TJDFT, [2019a]) e 2019 (TJDFT, [2020a]) em relação ao sexo. A partir de informações fornecidas pelo TJDFT ([2020b]), consta compilado na Tabela 2 os números de pessoas do sexo masculino e feminino desde o início da contabilização desses dados pelo NAC. Não foram divulgados, no sítio eletrônico do TJDFT, os dados numéricos de 2015.

Tabela 2 – número de autuados por sexo – 2016/2019

Ano	2016	2017	2018	2019
Sexo masculino	9.609	10.424	10.328	11.275
Sexo feminino	790	779	970	1.040
Outros	–	–	–	1
Total	10.339	11.203	11.298	12.316

Fonte: Elaboração própria a partir de Tribunal de Justiça do Distrito Federal e Territórios. Núcleo de Audiências de Custódia. Brasília, [2020b]. Disponível em: https://bit.ly/2IEW9J5. Acesso em: 4 nov. 2019.

No Rio de Janeiro, em 2016, o percentual de custodiadas apresentadas às audiências de custódia foi próximo ao do DF. No Rio, após um ano de implantação, as mulheres somaram 7,3% do total de pessoas presas. A liberdade provisória foi concedida em 68,11% dos casos. Além disso, a cada 4 mulheres presas, 3 eram mães (Rio de Janeiro, 2016).

A partir de 2018, o NAC/DF passou a publicar o número de medidas cautelares diversas da prisão, o que contribui para a visualização dos números. Em 2018 e 2019, a "proibição de ausentar da comarca sem autorização judicial" foi a medida cautelar mais utilizada. Em 2018, essa medida foi utilizada em 4.539 (79,65%) das 5.698 liberdades provisórias concedidas (TJDFT, [2019a]).

Em 2019, o percentual de vezes que os magistrados decretaram a "proibição de ausentar-se da comarca" subiu para 83,67%. A medida foi utilizada 6.711 vezes, em 8.020 liberdades provisórias concedidas no NAC/DF (TJDFT, [2020a]).

Certamente, a prisão preventiva não impede que medidas judiciais protetivas e cautelares sejam decretadas em conjunto, o que geralmente ocorre por precaução do juiz. A decretação de medidas judiciais diversas da prisão visa garantir a integridade da vítima, caso o autuado reste solto durante o processo e o juiz tenha receio de que, em liberdade, a vítima sofra risco concreto de ser novamente ofendida. Durante a pesquisa de campo, em 7 do total de 37 audiências de custódia em que a prisão preventiva foi decretada, os magistrados também determinaram o afastamento do lar e a proibição de contato, por qualquer meio com a vítima.

Nas 161 audiências de custódia em que os magistrados decidiram pela liberdade provisória, a proibição de contato do autuado com a vítima foi determinada em 127 audiências de custódia (78%), sendo a medida protetiva mais aplicada; o afastamento do lar foi determinado em 92 vezes (57%); a proibição de o autuado ausentar-se do DF por mais de 30 dias foi decretada em 68 audiências (42%); e em 38 audiências de custódia (19%) o autuado foi encaminhado ao atendimento psicossocial, sendo que nenhum custodiado foi encaminhado ao atendimento psicossocial após a decretação da prisão preventiva.

Ao final da pesquisa, as 5 medidas que se revelaram mais aplicadas nas audiências de custódia foram: proibição de manter contato com a vítima (298 vezes), dever de informar ao juízo eventual mudança de endereço (289 vezes), proibição de ausentar-se do Distrito Federal por mais de 30 dias (268 vezes), restrição geográfica em relação à vítima (124 vezes) e afastamento do lar (122 vezes).

Quando perguntados, alguns dos custodiados com histórico de múltiplas passagens por crimes praticados contra mulheres no contexto doméstico negam terem respondido pela prática de crime. A resposta desses autuados sugere que crimes cometidos nesse contexto não são representados como conduta criminosa, revelam resquícios da cultura patriarcal e instigam discussões sobre gênero e patriarcado para a compreensão do fenômeno da violência contra a mulher (Machado, 2000). O tema é importante e deve ser objeto de futuras incursões, conforme sugere o material empírico. O intuito central desse artigo é, neste momento, compreender como os atores acionados pelo arranjo institucional reagem e atuam diante dos relatos dos acusados da prática de crimes contra as mulheres. O diálogo transcrito da audiência 295 demonstra um desses casos:

Juiz: *o senhor já respondeu por algum crime?*

Autuado: *não senhor.*

Juiz: *você nunca respondeu por nenhum crime? Você esteve aqui no NAC no dia 13 de junho do ano passado, o senhor tem algumas passagens por violência doméstica, para não dizer várias né. Se o senhor quiser pode ficar calado. No momento da abordagem o senhor foi agredido?*

Autuado: não (informação verbal) (Formulários, 2019, p. 21).

A transcrição não nos parece uma falha na compreensão do autuado durante a audiência. Há outras evidências de que os agressores não representam a prática de violência doméstica como conduta criminosa, razão pela qual transcrevemos diálogos ocorridos na audiência de custódia 15, cuja vítima havia sido ameaçada de morte com arma de fogo pelo marido, reincidente em crimes dessa espécie. Em audiência de 15 minutos, a defesa havia justificado o pedido de liberdade sob o argumento de que a prisão somente persistia pela falta de condições financeiras de pagar o valor de R$ 1.000,00 arbitrado como fiança. Para a Defesa, a carência financeira do custodiado seria a causa da privação da liberdade.

O magistrado analisou a periculosidade concreta do fato e entendeu que a mulher estava exposta a uma situação de risco que justificava a decretação da prisão preventiva do marido. De fato, o caso foi submetido à análise judicial porque a fiança não havia sido paga. Caso tivesse sido efetuado o pagamento do referido valor, a pessoa não estaria mais detida. A facilidade de concessão da liberdade provisória mediante o pagamento de fiança em crimes praticados no contexto de violência doméstica é um ponto que merece reflexão. A audiência teve início com perguntas sobre o perfil socioeconômico do custodiado, seguidas dos diálogos abaixo:

Juiz: *o senhor já foi preso ou processado antes?*

Autuado: *só por Maria da Penha. Estou respondendo.*

Juiz: *o senhor já está assinando?*

Autuado: *já.*

Juiz: *entendi. O senhor antes de vir aqui conversou com a Defensoria, né? Foi orientado direitinho?*

Autuado: sim (Informação verbal) (Formulários, 2019, p. 21).

Ao ser perguntado pelo juiz se já foi "preso ou processado antes", o autuado responde "só por Maria da Penha". A palavra *só*, nesse contexto, sugere que os crimes tipificados na LMP, na forma como é representada pelo autuado, revelaria gravidade inferior aos crimes comuns. Responder por crimes previstos nessa lei não seria tão grave quanto responder por outros delitos. A palavra *só* nos sugere a cultura patriarcal que envolve as práticas dessas violências. Destaca-se ainda o fato de o autuado teria descumprido medida protetiva determinada pela prática de crime anterior no contexto doméstico contra a mesma vítima.

O custodiado relata ainda que pensou em perguntar se havia dinheiro para pagar a sua fiança à mesma mulher agredida por ele e em relação a quem foi determinado seu afastamento. O agressor também estava proibido de manter contato com a vítima, mas ele desconsidera, descumpre a medida e relata em audiência com naturalidade a intenção de fazer contato:

> Juiz: O senhor disse que teve uma medida protetiva anterior. O senhor está assinando ainda?
>
> Autuado: tô.
>
> Juiz: o Ministério Público tem perguntas?
>
> MP: não.
>
> Juiz: A Defensoria?
>
> Defensoria: já teve audiência dessa medida protetiva que o senhor está assinando?
>
> Autuado: não. Estou só assinando todo mês.
>
> Juiz: Está assinando aonde?
>
> Autuado: em Planaltina, desde 2018.
>
> Juiz: *A medida protetiva era de não se aproximar?*
>
> Autuado: *sim*
>
> Juiz: *o senhor quebrou a medida protetiva?*
>
> Autuado: *não. A gente conversa por telefone quando ela me pede dinheiro para pagar as coisas.*
>
> Juiz: tá, mas a gente vai se basear nas alegações dos condutores (do flagrante). Por aqui, as medidas que foram decretadas foram afastamento do lar, proibição de aproximação de 200 metros, proibição de contato. *Foi proibido até contato.* (Informação verbal) (Formulários, 2019, p. 21).

Nesse caso, a vítima havia se recusado a representar contra o autor. Em relação à medida protetiva anteriormente fixada em razão de fato praticado pelo autuado, a Defesa argumentou que ele não teria descumprido medida protetiva anteriormente determinada, mas o descumprimento da medida havia sido confirmado pelo próprio autuado minutos antes na audiência.

> Defensoria: Excelência, trata-se de prisão capitulada no artigo 14 da lei do desarmamento[7] onde a pena não é superior a 4 anos, oportunidade em que a autoridade policial fixou a fiança em R$ 1.000,00 cujo pagamento não teria ocorrido, haja vista o custodiado aqui presente. *O Boletim de Ocorrência menciona que a suposta vítima se recusou a assinar o termo de representação e também renunciou qualquer conduta.* E também Excelência, em sua manifestação na delegacia não consta qualquer (sic) descumprimento à medida de proibição de aproximação de 200 metros, entendendo que a autoridade policial que entrou em contato tanto com o custodiado quanto com a vítima e terceiros teve a melhor oportunidade de avaliar o possível descumprimento, o que não se menciona em nenhum momento no auto de prisão. Nesse tocante Excelência, trata-se de auto de prisão em flagrante pelo artigo 14 onde o custodiado hoje conta com 39 anos e nunca foi preso em relação a qualquer tipo de crime. Entende-se que tal conduta não se enquadra na Lei Maria da Penha, e entende-se que há impossibilidade da prisão. Nesse tocante, a defesa requer a liberdade provisória do custodiado sem arbitramento de fiança, haja vista que o motivo da prisão do custodiado diz respeito apenas a valores. (Informação verbal) (Formulários, 2019, p. 21).

---

7. O fato foi tipificado como porte ilegal de arma de fogo no contexto de violência doméstica.

Chama a atenção o fato de o autuado, ao ser questionado pelo juiz se "quebrou a medida protetiva" anteriormente fixada, respondeu que "não. A gente conversa por telefone quando ela me pede dinheiro para pagar as coisas".

Atento a essa narrativa do custodiado, o juiz constou em sua decisão que o autuado "vinha fazendo contato com a vítima sem qualquer notificação ao juízo para que as medidas protetivas fossem revogadas". A narrativa na audiência de custódia foi determinante para o magistrado afastar a alegação da Defesa e considerar que o autuado havia descumprido de fato a medida aplicada.

> Juiz: Há narrativa de que se estava com uma arma com o objetivo de fazer grave mal a sua esposa, sobre quem anteriormente já havia medida protetiva determinando a proibição de aproximação, de contato com a própria vítima e testemunha por quaisquer meios. *No entanto, nessa assentada o custodiado afirmou que já vinha fazendo contato com a vítima sem qualquer notificação ao juízo para que as medidas protetivas fossem revogadas.* Diante disso, nada obstante não tenha em nenhum momento afirmado o descumprimento de medida protetiva e a própria suposta vítima tenha renunciado ao direito de representação pela ameaça, verifica-se que no contexto de violência doméstica, como é o caso dos autos, há obrigação do Estado intervir para dar guarida para as pessoas que estão em situação de risco e no caso maior proteção à mulher, notadamente quando se encontra em situação de risco e malgrado lhe venha a ser mal impingido. É caso de custódia cautelar, seja pelo descumprimento da medida protetiva, conforme a natureza do artigo 41-A da Lei 11.340/06 a qual dispensa a formalidade do prazo mínimo de imposição de pena, seja pela periculosidade concreta decorrente do artigo 14 da Lei 10.826/03. Diante disso, eu converto a prisão em flagrante em prisão preventiva e determino o retorno do custodiado ao Centro de Detenção (informação verbal) (Formulários, 2019, p. 21).

O campo evidencia que as violências domésticas vitimizam mães, irmãs, esposas e filhas. Nos diálogos ocorridos na audiência 16 transcritos a seguir, o agressor narra que machucou a mão ao dar um murro na irmã. Ele foi apresentado à audiência de custódia porque não teve dinheiro para pagar a fiança arbitrada em R$ 1.000,00 e, ao final, foi dispensado de pagar o valor e posto em liberdade. A audiência iniciou com perguntas do juiz sobre o perfil socioeconômico:

> Juiz: *o senhor tá machucado?*
>
> Autuado: *só a mão que eu cortei*
>
> Juiz: *quando deu o murro?*
>
> Autuado: *sim senhor.*
>
> ...
>
> Juiz: a Defesa tem perguntas?
>
> Defesa: *sobre a fiança arbitrada no valor de R$ 1.000,00, tem condições de arcar?*
>
> Autuado: *não tenho.*
>
> Defesa: sem mais Excelência.
>
> ...
>
> Juiz: como o custodiado informou a possibilidade de estar residindo na residência de sua mãe e o imóvel onde reside não é de sua propriedade, mas de seu pais, é possível a concessão de medidas protetivas, razão pela qual eu as defiro para determinar o afastamento do lar e a proibição de aproximação da ofendida e seus demais familiares, desde que não sejam familiares próximos do ora custodiado, irmãos

pais entre outros. No que toca os parentes exclusivos da vítima será proibido qualquer contato. Diante disso, eu *determino a concessão de liberdade provisória sem fixação de fiança e determino a aplicação de medidas protetivas de urgência*, a saber, o afastamento do lar e a proibição de aproximação e de contato. Além disso, serão fixadas medidas cautelares diversas da prisão: você vai ter que comparecer a todos os atos do processo, não pode se ausentar ou se mudar ou se ausentar do DF sem comunicar o juízo. O novo endereço deve ser comunicado ao juízo nos próximos 8 dias. Em relação à mudança de endereço, o juízo vai autorizar (informação verbal) (Formulários, 2019, p. 21).

Na audiência de custódia 16, o juiz determinou a "aplicação de medidas protetivas de urgência, a saber, o afastamento do lar e a proibição de aproximação e de contato". O magistrado não determinou nesse caso, mas a utilização de tornozeleira eletrônica pelo autuado é medida bastante utilizada pelos juízes do NAC/DF (Formulários, 2019, p. 21). O artigo 310 do CPP passou a prever o prazo de 24 horas para a realização das audiências de custódia, a contar da detenção do acusado, sob pena de ilegalidade da prisão, caso nesse prazo a audiência não seja realizada sem motivação idônea (Brasil, 2019a). A possibilidade de apreciação judicial dos fatos em curto espaço de tempo possibilita intervenção judicial mais adequada às necessidades de cada caso concreto. Esse momento pode também ser oportuno para a atuação da rede assistencial. O atendimento às vítimas e autores podem gerar material valioso à compreensão do problema e possibilitaria o aperfeiçoamento das políticas públicas de enfrentamento à violência doméstica e familiar contra as mulheres.

Durante a pesquisa de campo vigorava o Formulário Nacional de Avaliação de Risco em Violência Doméstica e Familiar contra a Mulher (Frida) (Orientações..., 2019) que poderia constituir valiosa ferramenta ao enfrentamento desse grave problema social. O formulário, proposto pelo CNMP, concebido cientificamente e amparado em modelos internacionais, pode contribuir para a redução da repetição de atos violentos contra as mulheres. O documento foi concebido para trazer a mulher ao centro das decisões como estratégia de fortalecimento para a saída da situação de violência em que se encontra.

O FRIDA foi idealizado para indicar, com base nas respostas dadas às perguntas do formulário, de forma objetiva, o grau de risco em que a mulher vítima de violência em ambiente doméstico está exposta. A iniciativa pretende reduzir a probabilidade de ocorrência ou repetição de atos violentos contra mulher no ambiente doméstico. No entanto, durante a pesquisa, não presenciamos menção ao FRIDA nas audiências de apresentação de autuados por crimes praticados no contexto de violência doméstica. Os operadores jurídicos silenciaram em relação a esse ponto.

4. O MONITORAMENTO ELETRÔNICO COMO MEDIDA DE PROTEÇÃO ÀS VÍTIMAS

O monitoramento eletrônico foi utilizado de forma recorrente pelos juízes lotados[8] do NAC/DF, sobretudo nos crimes praticados no contexto de violência

---

8. Nos referimos a juízes lotados em relação aos designados para atuarem no NAC/DF. Juízes plantonistas aos que atuam nos feriados e nos finais de semana.

doméstica. O início efetivo do uso dessa medida se deu no dia 13 de julho de 2007 na Paraíba. Pela primeira vez no Brasil, como parte do projeto "Liberdade Vigiada, Sociedade Protegida", o sistema foi testado em 5 presos condenados ao regime fechado na cidade de Guarabira (Isidro, 2009).

Em 2010 foi sancionada a Lei 12.258, que alterou a Lei de Execução Penal (LEP) e contemplou a possibilidade de aplicação de monitoramento em caso de saída temporária de preso que estivesse em regime semiaberto e no cumprimento domiciliar. A Lei ainda instrui acerca dos deveres e dos cuidados que o condenado deveria adotar com o equipamento eletrônico, além da previsão de possibilidades de revogação da medida (Brasil, 2010).

No ano seguinte, a previsão do monitoramento eletrônico foi inserida pela primeira vez no Código de Processo Penal (CPP). Com o objetivo de reduzir o alto índice de presos provisórios no Brasil, a Lei 12.403 (Brasil, 2011) admitiu a possibilidade de monitoramento eletrônico também como medida cautelar diversa da prisão. O monitoramento, que antes ficava restrito à fase de execução penal, passou a ter utilização em pessoas detidas ainda no curso do inquérito policial e acusados ao longo do processo judicial.[9]

Em 2017, o Conselho Nacional de Política Criminal e Penitenciária (CNPCP) do DEPEN publicou a Resolução 5 dispondo sobre a política de implantação de monitoração eletrônica e disciplinando a utilização do equipamento no âmbito de medidas protetivas de urgência, procedimentos investigatórios, processo penal de conhecimento e de execução penal (Brasil, 2017c). A Resolução do CNPCP trata do caráter sigiloso das informações atinentes à pessoa monitorada e estabelece princípios que regem a monitoração, em especial os que garantem a intervenção penal mínima em face do caráter excepcional da medida. Ainda, faz alusão aos aspectos conceituais sobre área de exclusão e área de inclusão e destaca procedimentos que se sucedem ao descumprimento da decisão concessiva de monitoração (Brasil, 2017c).

No âmbito do Distrito Federal, a Portaria do Gabinete da Corregedoria do TJ-DFT 141/2017 regulamenta a aplicação do Programa de Monitoração Eletrônica de Pessoas no âmbito do primeiro grau de jurisdição (Brasil, 2017a). O artigo 2º, § 3º, da Portaria estabelece que a concessão de monitoração eletrônica como providência cautelar diversa da prisão é medida excepcional, recomendada quando não se mostrar adequada ou suficiente a aplicação, de forma isolada ou cumulada, das demais medidas alternativas diversas da prisão, previstas no artigo 319 do CPP. O mesmo dispositivo da Portaria prevê que o monitoramento eletrônico deve ser evitado em pessoas portadoras de transtornos mentais, em situação de rua e em uso excessivo de álcool ou de outras drogas.

A possibilidade de monitoramento por meio de tornozeleiras eletrônicas pode impactar no número de prisões preventivas. No NAC/DF há o Centro de Monitora-

---

9. Nos termos do art. 319 do CPP, "são medidas cautelares diversas da prisão: IX – monitoração eletrônica" (Brasil, 1941).

mento Eletrônico (CIME), local onde os equipamentos são instalados. No início da pesquisa, o CIME funcionava somente em dias úteis, não havendo possibilidade de instalação aos finais de semana, fator que poderia contribuir para aumentar a quantidade de prisões preventivas nos finais de semana. No entanto, ao final da pesquisa, os números revelaram que não houve diferença significativa entre o número de prisões decretadas entre juízes fixos e plantonistas, apesar de as tornozeleiras eletrônicas passarem a ser alternativa de decisão para os juízes plantonistas do NAC/DF.

A pesquisa de campo acompanhou 209 audiências presididas por juízes plantonistas aos sábados, domingos e feriados, quando foram apresentados 240 presos, dos quais 83 (34,5%) tiveram a prisão em flagrante convertida em prisão preventiva. Em dias úteis, nas 491 audiências presididas por juízes fixos do NAC/DF foram apresentados 554 custodiados. Desse total, 178 (32%) tiveram a prisão em flagrante convertida em prisão preventiva. A variação percentual foi de 3%. Os juízes plantonistas prenderam 3% a mais em comparação aos juízes fixos. Portanto, a ausência de funcionamento do CIME no início da pesquisa não impactou significativamente o número de prisões decretadas nos finais de semana.

Para ilustrar práticas sobre a determinação do uso de tornozeleira eletrônica, transcrevemos o diálogo a seguir, ocorrido em audiência de custódia em que o magistrado determinou o monitoramento eletrônico:

> Defesa: Supostamente o autuado teria ameaçado com uma faca. Acrescente-se, ainda, que as passagens do autuado são por crimes patrimoniais e são todas antigas, de 2008 para trás, sem violência ou grave ameaça, e um porte ilegal de arma de fogo de 2005. Assim entendo, que liberdade é a medida mais adequada que pode ser por monitoração eletrônica.
>
> Juiz: a medida seria a monitoração eletrônica. Mas como eu vou determinar a monitoração eletrônica com o telefone de sua esposa. Como eu vou colocar o telefone dela se você está cumprindo medida protetiva e não pode se aproximar dela? Complicado, né?
>
> Autuado: não pode ser no (telefone) da minha tia, não?
>
> Juiz: não. Tem que ser no seu. Você tem telefone?
>
> Autuado: não.
>
> Juiz: Então vai ficar preso.
>
> Autuado: senhora, eu faço qualquer outra coisa. Me ajuda por favor.
>
> Juiz: Que telefone o senhor vai arrumar?
>
> Autuado: Eu dou o telefone da minha tia.
>
> Juiz: qual o telefone da sua tia? Então você vai ser monitorado. Se for ficar preso, o telefone aparece rapidinho.
>
> Autuado: eu faço qualquer coisa pra ficar com minha liberdade (informação verbal) (Formulários, 2019, p. 22).

A pesquisa de campo no NAC/DF evidenciou o uso recorrente do monitoramento eletrônico, apesar de a previsão normativa estabelecer a sua adoção como providência cautelar excepcional. A medida foi determinada para 62 (31%) dos 198 presos em flagrante por delitos praticados no contexto de violência doméstica. A reiteração de casos de atos violentos, de outro lado, sugere pouca efetividade dessa medida no enfrentamento à violência doméstica e familiar contra as mulheres, o que requer futuros estudos a fim de aprofundar qualitativamente as dinâmicas nos casos detectados.

CONCLUSÕES

No período de 6 meses da pesquisa, constatamos que os crimes contra as mulheres foram os mais registrados na amostra. Nesse período, foram 198 autuações por delitos praticados nesse contexto, o que corresponde a 28,28%. Desde a implantação do Núcleo em 2016, as mulheres representam cerca de 8% das pessoas apresentadas nas audiências de custódia no Distrito Federal.

O alto número de autuações por crimes contra as mulheres praticados no contexto doméstico não nos permite concluir pelo aumento do número de crimes, comparativamente a outros tipos penais. As notificações oficiais sugerem que as mulheres buscam o apoio das instituições envolvidas no enfrentamento à violência contra a mulher. Neste artigo o foco foi entender os desdobramentos dessas notificações nas audiências de custódia.

As narrativas dos agressores nas audiências de custódia sugerem que os crimes previstos na LMP seriam de menor gravidade comparativamente aos crimes comuns. Segundo as narrativas, responder por crimes previstos nessa lei seria menos gravoso que responder por outros delitos, não sendo incomum o descumprimento das medidas protetivas determinadas judicialmente.

A pesquisa detectou a presença de autores multirreincidentes em delitos praticados no contexto de violência doméstica nas audiências de custódia no DF. Na amostra, 66 (33%) dos 198 detidos em flagrante por crimes praticados no contexto doméstico ostentavam passagens criminais por delitos praticados nesse contexto. Entre os reincidentes, 23 custodiados (12%) presos em flagrante delito por crimes praticados no contexto doméstico, registravam ao menos duas condenações anteriores por crimes praticados no contexto doméstico. Todos tiveram a prisão preventiva decretada na audiência de custódia e o histórico criminal foi utilizado para fundamentar a decisão.

A celeridade das audiências chamou a atenção. Em uma das audiências de custódia com custodiado com 13 autuações anteriores por crimes contra mulheres durou apenas 4 minutos. Por sua vez, a sequência reiterada de crimes nos sugere a inefetividade da política de enfrentamento adotada. Na 14.ª autuação por violência doméstica e familiar contra a mulher a prisão preventiva do custodiado foi decretada na audiência de custódia.

A média de prisões dos agressores de mulheres foi inferior à média geral de prisões desde a implantação do Núcleo. Enquanto de 2016 a 2019 a média geral de decretações de prisões preventivas no NAC/DF foi de 45,64%, somente 19% dos autores de crimes praticados em contexto doméstico contra as mulheres tiveram suas prisões preventivas decretadas. A imposição de medidas protetivas impacta na decretação de prisões preventivas. Em 2018 e em 2019 foram aplicadas aproximadamente 18% de medidas protetivas em relação ao total de pessoas apresentadas às audiências de custódia no Distrito Federal. Em 2017, o percentual foi de 10%. A proibição de manter contato com a vítima e a determinação ao autuado de informar ao juízo eventual mudança de endereço e a proibição de ausentar-se da comarca por mais de 30 dias foram as três medidas protetivas mais aplicadas na amostra pesquisada.

Os estudos que destacamos ao longo do texto certamente dialogam com nossa pesquisa, alguns deles diretamente (Ávila et al., 2020). Os arranjos institucionais idealizados para as audiências de custódia podem se constituir em janela de oportunidade para ações intersetoriais e integradas que permitam ampliar respostas estatais para o enfrentamento à violência contra a mulher. O que supõe a incorporação de protocolos e o engajamento dos atores envolvidos para agirem diante das violências contra a mulher.

REFERÊNCIAS

AMARAL, Luana Bandeira de Mello et al. Violência doméstica e a Lei Maria da Penha: perfil das agressões sofridas por mulheres abrigadas em unidade social de proteção. *Estudos Feministas,* Florianópolis, v. 24, n. 2, maio/ago. 2016. Disponível em: https://bit.ly/3kCUgdQ. Acesso em: 27 out. 2020.

ÁVILA, Thiago Pierobom de; MEDEIROS, Marcela Novais; CHAGAS, Cátia Betânia; VIEIRA, Elaine Novaes; MAGALHÃES, Thais Quezado Soares; PASSETO, Andrea Simoni de Zappa. Políticas públicas de prevenção ao feminicídio e interseccionalidades. *Revista Brasileira de Políticas Públicas,* v. 10, n. 2. p. 375-407. Brasília, 2020.

ÁVILA, Thiago Pierobom de. Articulação do trabalho em rede para a proteção à mulher em situação de violência doméstica e familiar. Violência contra a mulher. Um olhar do Ministério Público. *Conselho Nacional do Ministério Público.* Brasília: CNMP, 2018. Disponível em https://bit.ly/3gdd6GT. Acesso em: 3 dez. 20.

BALLART, Xavier. *Como evaluar programas y servicios públicos?* Aproximación sistemática y estudios de caso Madrid: Ministerio para las Administraciones Publicas, 1992. (Colección Estudios).

BANDEIRA, Lourdes Maria; ALMEIDA, Tânia Mara Campos. Vinte Anos da Convenção de Belém do Pará e a Lei Maria da Penha. *Estudos Feministas,* v. 23, n. 2, Florianópolis, maio/ago. 2015. Disponível em: https://bit.ly/2SUn1q6. Acesso em: 23 jul. 2020.

BRAGAGNOLO, Regina Ingrid; LAGO, Mara Coelho de Souza; RIFIOTIS, Theophilos. Estudo dos modos de produção de justiça da Lei Maria da Penha em Santa Catarina. *Estudos Feministas,* v. 23, n. 2, Florianópolis, maio/ago. 2015. p. 601, 613. Disponível em: https://bit.ly/376Eunz. Acesso em: 23 jul. 2020.

BRASIL. Conselho Nacional de Justiça. *Relatório Analítico Propositivo:* Justiça Pesquisa: Direitos e garantias fundamentais: Audiência de Custódia, Prisão Provisória e Medidas Cautelares: obstáculos institucionais e ideológicos à efetivação da liberdade como regra. Brasília: Conselho Nacional de Justiça, 2018. Disponível em: http://bit.ly/2YbN7ZX. Acesso em: 16 jul. 2019.

BRASIL. Decreto-lei 3.689, de 3 de outubro de 1941. Código de Processo Penal. Brasília: Presidência da República, 1941. Disponível em: http://bit.ly/2YbEMBw. Acesso em: 10 jul. 2019.

BRASIL. Lei 9.099, de 26 de setembro de 1995. Dispõe sobre os Juizados Especiais Cíveis e Criminais e dá outras providências. Brasília, DF: Presidência da República, 1995. Disponível em: https://bit. ly/38DSbeo. Acesso em: 20 out. 2020.

BRASIL. Lei 10.778, de 24 de novembro de 2003. Estabelece a notificação compulsória, no território nacional, do caso de violência contra a mulher que for atendida em serviços de saúde públicos ou privados. Brasília, DF: Presidência da República, 2003. Disponível em: https://bit.ly/356RaYA. Acesso em: 11 fev. 2020.

BRASIL. Lei 11.340, de 7 de agosto de 2006. Cria mecanismos para coibir a violência doméstica e familiar contra a mulher, nos termos do § 8º do art. 226 da Constituição Federal, da Convenção sobre a Eliminação de Todas as Formas de Discriminação contra as Mulheres e da Convenção Interamericana para Prevenir, Punir e Erradicar a Violência contra a Mulher; dispõe sobre a criação dos Juizados de Violência Doméstica e Familiar contra a Mulher; altera o Código de Processo Penal, o Código Penal e a Lei de Execução Penal; e dá outras providências. Brasília, DF: Presidência da República, 2006. Disponível em: https://tinyurl.com/22v3ujjm. Acesso em: 21 out. 2024.

BRASIL. Lei 12.258, de 15 de junho de 2010. Altera o Decreto-Lei 2.848, de 7 de dezembro de 1940 (Código Penal), e a Lei 7.210, de 11 de julho de 1984 (Lei de Execução Penal), para prever a possibilidade de utilização de equipamento de vigilância indireta pelo condenado nos casos em que especifica. Brasília, DF: Presidência da República, 2010. Disponível em: https://bit.ly/3eJtfmm. Acesso em: 15 fev. 2020.

BRASIL. Lei 12.403, de 4 de maio de 2011. Altera dispositivos do Decreto-Lei 3.689, de 3 de outubro de 1941 – Código de Processo Penal, relativos à prisão processual, fiança, liberdade provisória, demais medidas cautelares, e dá outras providências. Brasília, DF: Presidência da República, 2011. Disponível em: https://bit.ly/3eNlvj0. Acesso em: 2 fev. 2020.

BRASIL. Lei 13.104, de 9 de março de 2015. Altera o art. 121 do Decreto-Lei 2.848, de 7 de dezembro de 1940 – Código Penal, para prever o feminicídio como circunstância qualificadora do crime de homicídio, e o art. 1º da Lei 8.072, de 25 de julho de 1990, para incluir o feminicídio no rol dos crimes hediondos. Brasília, DF: Presidência da República, 2015a. Disponível em: https://bit.ly/2VUZmGY. Acesso em: 14 nov. 2019.

BRASIL. Lei 13.931, de 10 de dezembro de 2019. Altera a Lei 10.778, de 24 de novembro de 2003, para dispor sobre a notificação compulsória dos casos de suspeita de violência contra a mulher. Brasília, DF: Presidência da República, 2019a. Disponível em: https://bit.ly/2Ks6WDJ. Acesso em: 24 fev. 2020.

BRASIL. Lei 13.984, de 3 de abril de 2020. Altera o art. 22 da Lei 11.340, de 7 de agosto de 2006 (Lei Maria da Penha), para estabelecer como medidas protetivas de urgência frequência do agressor a centro de educação e de reabilitação e acompanhamento psicossocial. Brasília, DF: Presidência da República, 2020. Disponível em: https://bit.ly/2VQ3Tuv. Acesso em: 10 abr. 2020.

BRASIL. Mensagem 495, de 9 de outubro de 2019. Brasília, DF: Presidência da República, 2019b. Disponível em: https://bit.ly/2H9Cq3C. Acesso em: 11 abr. 2020.

BRASIL. Portaria CG 141 de 13 de setembro de 2017. Regulamenta a aplicação do Programa de Monitoração Eletrônica de Pessoas no âmbito do primeiro grau de jurisdição da Justiça do Distrito Federal e dos Territórios. Brasília, DF: TJDFT, 2017a. Disponível em: https://bit.ly/3awhoVi. Acesso em: 12 dez. 2019.

BRASIL. Portaria Conjunta 70 de 17 de agosto de 2017. Regulamenta os procedimentos relativos às audiências de custódia realizadas no âmbito do primeiro grau de jurisdição da Justiça do Distrito Federal. Brasília, DF: TJDFT, 2017b. Disponível em: https://bit.ly/2yyjo1W. Acesso em: 19 jun. 2019.

BRASIL. Presidência da República. Lei 13.964, de 24 de dezembro de 2019. Aperfeiçoa a legislação penal e processual penal. Brasília, DF: Presidência da República, 2019a. Disponível em: https://bit.ly/3aKRbD8. Acesso em: 15 fev. 2020.

BRASIL. Resolução 5, de 10 de novembro de 2017. Dispõe sobre a política de implantação de Monitoração Eletrônica e dá outras providências. Brasília, DF: Ministério da Justiça, 2017c. Disponível em: https://bit.ly/3eMO3Jt. Acesso em: 12 mar. 2020.

BRASIL. Superior Tribunal de Justiça (5. Turma). *Habeas Corpus 277.561 – AL (2013/0316886-6)*. Habeas Corpus. Impetração originária. Substituição ao recurso ordinário cabível. Impossibilidade. Respeito ao sistema recursal previsto na Carta Magna. Não conhecimento. Relator: Ministro Jorge Mussi, 6 de novembro de 2014. Disponível em: https://tinyurl.com/2a73pjum. Acesso em: 21 out. 2024.

BRASIL. Superior Tribunal de Justiça (6. Turma). *Habeas Corpus 310.154 – RS (2014/0312171-3)*. Habeas Corpus substitutivo de recurso especial. Não cabimento. Violência doméstica e familiar contra a mulher. Maus tratos e injúria supostamente praticados contra genitora. Incidência da Lei Maria da Penha. Inexistente manifesto constrangimento ilegal. Relator: Ministro Sebastião Reis Júnior, 28 de abril de 2015b. Disponível em: https://tinyurl.com/24bfjxnc. Acesso em: 21 out. 2024.

CAMPOS, Carmen Hein de; CARVALHO, Salo de. Violência doméstica e Juizados Especiais Criminais: análise a partir do feminismo e do garantismo. *Estudos Feministas*, v. 14, n. 2, Florianópolis, maio/ago. 2006. Disponível em: https://bit.ly/2GWpvSt. Acesso em: 20 out. 2020.

CARNEIRO, Suelaine. Mulheres negras e violência doméstica: decodificando os números. In: PASINATO, Wânia; MACHADO, Bruno Amaral; ÁVILA, Pierobom Thiago de; (Coord.). *Políticas Públicas de Prevenção à Violência contra a Mulher*. Brasília: Fundação Escola, 2019.

CEDAW COMMITTEE. *General Recommendation No. 19 on Violence Against Women*. Genebra: The Observatory on the Universality of Rights, 1992. Disponível em: https://bit.ly/2XWr8FO. Acesso em: 9 mar. 2020.

COMISSÃO INTERAMERICANA DE DIREITOS HUMANOS. Organização dos Estados Americanos. *Convenção Interamericana para Prevenir, Punir e Erradicar a Violência Contra a Mulher, "Convenção de Belém do Pará"*. Belém, 9 jun. 1994. Disponível em: https://bit.ly/3eVu6AZ. Acesso em: 8 mar. 2020.

CRESPO, André Pereira. *Audiências de Custódia no Distrito Federal*: arranjos institucionais e prática no sistema de justiça. Rio de Janeiro: Lumen Juris, 2020.

DINIZ, Debora; GUMIERI, Sinara. Implementação de medidas protetivas da Lei Maria da Penha no Distrito Federal entre 2006 e 2012. In: PARESCHI, Ana Carolina Cambreses; ENGEL, Cíntia Liara; BAPTISTA, Gustavo Camilo (Org.). *Direitos humanos, grupos vulneráveis e segurança pública*. Brasília: Ministério da Justiça e Cidadania, 2016.

ESTATÍSTICA. Violência doméstica e familiar contra a mulher. *Ministério Público do Distrito Federal e Territórios*. Distrito Federal, 2019. Disponível em: https://bit.ly/2VzA2qs. Acesso em: 3 dez. 2020.

FORMULÁRIOS de audiências. [Coletânea de transcrições de audiências do período de 10/04/2019 a 11/09/2019 no Núcleo de Audiência de Custódia do DF]. Brasília, 2019. Disponível em: https://bit.ly/3nDqnLl. Recurso eletrônico.

HANADA, Heloisa; D'OLIVEIRA, Ana Flávia Pires Lucas; SCHRAIBER, Lilia Blima. Os psicólogos na rede de assistência a mulheres em situação de violência. *Estudos Feministas*, v. 18, n. 1, Florianópolis, jan./abr. 2010. Disponível em: https://bit.ly/2SWMI9B. Acesso em: 15 out. 2020.

HOLANDA, Aurélio Buarque de. *Dicionário Aurélio da Língua Portuguesa*. 5. ed. São Paulo: Positivo, 2010.

INSTITUTO DE PESQUISA ECONÔMICA APLICADA. *Atlas da Violência 2019*. Brasília: IPEA, 2019. Disponível em: https://bit.ly/2xCEwEs. Acesso em: 12 jan. 2020.

INSTITUTO DE PESQUISA ECONÔMICA APLICADA. *O Poder Judiciário no enfrentamento à violência doméstica e familiar contra as mulheres*. Brasília: IPEA, 2019. Disponível em: https://bit.ly/2L4j0Pb. Acesso em: 3 dez. 2020.

ISIDRO, Bruno César Azevedo. *Liberdade vigiada* – sociedade protegida, 2009. Disponível em: https://bit.ly/2XWvn4c. Acesso em: 13 fev. 2020.

MACHADO, Lia Zanotta. *Perspectivas em Confronto*: Relações de Gênero ou Patriarcado? Brasília: Departamento de Antropologia, Universidade de Brasília, 2000. Disponível em: https://bit.ly/2JrZBa1. Acesso em: 1º dez. 2020.

MORETTIN, Luiz Gonzaga. *Estatística Básica*: São Paulo: Pearson Makron Books, 2000. v. 2: Inferência.

ORIENTAÇÕES para o uso do Formulário de Avaliação de Risco FRIDA. Brasília: Conselho Nacional do Ministério Público, 2019. Disponível em: https://bit.ly/3nSUy1o. Acesso em: 24 nov. 2020.

PARENTE, Eriza de Oliveira; NASCIMENTO, Rosana Oliveira do; VIEIRA, Luiza Jane Eyre de Souza. Enfrentamento da violência doméstica por um grupo de mulheres após a denúncia. *Estudos Feministas*, v. 17, n. 2, Florianópolis, maio/ago. 2009. Disponível em: https://bit.ly/3e0EO8C. Acesso em: 27 out. 2020.

PASINATO, Wânia. Oito anos de Lei Maria da Penha. Entre avanços, obstáculos e desafios. *Estudos Feministas*, v. 23, n. 2, Florianópolis, maio/ago. 2015. Disponível em: https://bit.ly/2Ius5zB. Acesso em: 15 out. 2020.

PASINATO, Wânia; MACHADO, Bruno Amaral; ÁVILA, Thiago Pierobom de. *Políticas públicas de prevenção à violência contra a mulher*. Brasília: Fundação Escola, 2019.

PITANGUY, Jacqueline; BARSTED, Leila Linhares. Violência contra as mulheres e homens autores de violência: os serviços de responsabilização. In: PASINATO, Wânia; MACHADO, Bruno Amaral; PIEROBOM, Thiago de Ávila (Coord.). *Políticas Públicas de Prevenção à Violência contra a Mulher*. Brasília: Fundação Escola, 2019.

PORTELLA, Ana Paula. Para além da violência doméstica: o reconhecimento das situações de feminicídio como imperativo para a eficácia das políticas de prevenção. In: PASINATO, Wânia; MACHADO, Bruno Amaral; PIEROBOM, Thiago de Ávila (Coord.). *Políticas Públicas de Prevenção à Violência contra a Mulher*. Brasília: Fundação Escola, 2019.

RIO DE JANEIRO (Estado). Defensoria Pública do Estado do Rio de Janeiro. Diretoria de Estudos e Pesquisas de Acesso à Justiça. *Relatório*: um ano de audiência de custódia no Rio de Janeiro. Rio de Janeiro: DPRJ, 2016. Disponível em: https://bit.ly/33CTiXc. Acesso em: 21 mar. 2020.

SEGATO, Rita Laura. *Las estructuras elementales de la violencia*. Ensayos sobre género entre la antropología, el psicoanálisis y los derechos humanos. Bernal, Universidad Nacional de Quilmes, 2003.

SEVERI, Fabiana Cristina. *Enfrentamento à violência contra as mulheres e à domesticação da Lei Maria da Penha: elementos do projeto jurídico feminista no Brasil*. 2017. 240. Tese (Livre Docência em Direito Público) – Faculdade de Direito, Universidade de São Paulo, Ribeirão Preto, 2017. Disponível em: https://bit.ly/2TAbeO6. Acesso em: 28 out. 2020.

STREY, Marlene Neves; JARDIM, Renata Teixeira. Avaliação e gestão de risco para mulheres em situação de violência doméstica e familiar: a experiência da rede de enfretamento à violência em Canoas/RS. In: PASINATO, Wânia; MACHADO, Bruno Amaral; PIEROBOM, Thiago de Ávila (Coords.). *Políticas Públicas de Prevenção à Violência contra a Mulher*. Brasília: Fundação Escola, 2019.

TAVARES, Márcia Santana. *Roda de Conversa entre mulheres*: denúncias sobre a Lei Maria da Penha e descrença na justiça. *Estudos Feministas*, v. 23, n. 2, Florianópolis, maio/ago. 2015. Disponível em: https://bit.ly/33YQYeR. Acesso em: 15 out. 2020.

TRIBUNAL DE JUSTIÇA DO DISTRITO FEDERAL E TERRITÓRIOS. *Ano de 2018*. Brasília, [2019a]. Disponível em: http://bit.ly/34sDBkP. Acesso em: 4 nov. 2019.

TRIBUNAL DE JUSTIÇA DO DISTRITO FEDERAL E TERRITÓRIOS. *Ano de 2019*. Brasília, [2020a]. Disponível em: https://bit.ly/3f2dqYi. Acesso em: 4 nov. 2019.

TRIBUNAL DE JUSTIÇA DO DISTRITO FEDERAL E TERRITÓRIOS. *Núcleo de Audiências de Custódia*. Brasília, [2020b]. Disponível em: https://bit.ly/2IEW9J5. Acesso em: 4 nov. 2019.

TRIBUNAL DE JUSTIÇA DO DISTRITO FEDERAL E TERRITÓRIOS. *Audiência de Custódia*: Relatório 2015-2016. Brasília: TJDFT, [2017]. Disponível em: https://bit.ly/2Kp5z8M. Acesso em: 3 mar. 2020.

TRIBUNAL DE JUSTIÇA DO DISTRITO FEDERAL E TERRITÓRIOS. *Relatório da Gestão 2016-2018*: Núcleo de Audiência de Custódia – NAC. Brasília: TJDFT, [2019b]. Disponível em: http://bit.ly/35JmThh. Acesso em: 3 mar. 2020.

VALENÇA, Manuela Abath; MELLO, Marília Montenegro Pessoa de. "Pancada de amor não dói": a audiência de custódia e a visibilidade invertida da vítima nos casos de violência doméstica. *Revista Direito e Práxis*, v. 11, n. 2, p. 1238-1274, Rio de Janeiro, 2020. Disponível em: https://bit.ly/39e-9V0m. Acesso em: 24 nov. 2020.